ESV

GRUNDLAGEN DER GERMANISTIK

Herausgegeben von Werner Besch und Hartmut Steinecke

37

Fachsprachen

von

Thorsten Roelcke

2., durchgesehene Auflage

ERICH SCHMIDT VERLAG

Bibliografische Information der Deutschen Bibliothek
Die Deutsche Bibliothek verzeichnet diese Publikation in der Deutschen Nationalbibliografie; detaillierte bibliografische Daten sind im Internet über dnb.ddb.de abrufbar.

Weitere Informationen zu diesem Titel finden Sie im Internet unter
ESV.info/3 503 07938 6

1. Auflage 1999
2. Auflage 2005

ISBN 3 503 07938 6

www.ESV.info

Dieses Papier erfüllt die Frankfurter Forderungen der Deutschen Bibliothek und der Gesellschaft für das Buch bezüglich der Alterungsbeständigkeit und entspricht sowohl den strengen Bestimmungen der US Norm Ansi/Niso Z 39.48-1992 als auch der ISO-Norm 9706.

Druck und Bindung: Danuvia Druckhaus, Neuburg

Für Charlotte

Vorwort

Die Welt um die Wende vom 20. zum 21. Jahrhundert ist durch eine fortlaufend stärkere Spezialisierung menschlicher Kenntnisse und Tätigkeiten geprägt, die ständig neue Bedingungen der Verständigung untereinander mit sich bringt. Zu denken ist hier insbesondere an die Bereiche Technik, Medizin, Wirtschaft, Kultur, Politik oder Verwaltung. Mit dieser Spezialisierung geht zudem oftmals auch eine Popularisierung solcher Kenntnisse und Tätigkeiten einher, welche durch deren Bedeutung im Alltag bedingt ist und hier ebenfalls zu laufend geänderten Verständigungsbedingungen führt. Vor diesem Hintergrund kommt dem Gebrauch von Sprache als einem Mittel der fachlichen Verständigung eine besondere Bedeutung zu. Die Beschäftigung mit Fachsprachen geht hierbei davon aus, dass der Gebrauch von Sprache in solch verschiedenen Bereichen jeweils eigenständige und dabei doch miteinander vergleichbare Züge aufweist, welche die Verständigung unterstützen. Trotz dieser weitgehend einvernehmlichen Annahme erweist sich die Beschäftigung mit Fachsprachen selbst indessen als ein ausgesprochen ungeordnetes Gebiet. Der Grund hierfür besteht zum einen darin, dass eine solche Beschäftigung die längste Zeit allein in den einzelnen Fachbereichen selbst erfolgte und eine übergreifende Betrachtung bis heute kaum umfassend erfolgt. Zum anderen gilt die Beschäftigung mit Fachsprachen über viele Jahrhunderte hinweg zumeist unmittelbar der Verbesserung der fachlichen Verständigung und weniger deren unvoreingenommener Beschreibung. Die eigentliche Fachsprachenforschung stellt sich somit als eine verhältnismäßig junge und noch unselbständige Disziplin dar, die sich mit den Vorgaben der geschichtlich überlieferten Beschäftigung mit Fachsprachen auseinanderzusetzen hat.

Der vorliegende Band setzt sich daher das Ziel, aus germanistischer Sicht in die Grundlagen der Beschäftigung mit Fachsprachen einzuführen und dabei die Bemühungen um einen Sprachgebrauch, der die Verständigung in bestimmten Kenntnis- oder Tätigkeitsbereichen unterstützt, in ihrem Spannungsverhältnis zwischen Theorie und Praxis zu erörtern. Vor diesem Hintergrund werden im ersten Kapitel verschiedenartige Bestimmungen von Fachsprache erörtert und dabei sprach- wie kommunikationswissenschaftlich von einander abgegrenzt. Diese Bestimmungen werden im weiteren Verlauf des Bandes wiederholt aufgegriffen und lassen so jeweils die unterschiedlichen theoretischen Grundlagen innerhalb der Fachsprachenforschung zutage treten. Dies gilt bereits für das zweite Kapitel, das der Gliederung von Fachsprachen gewidmet ist, sowie für die folgenden drei systemorientierten Kapitel zu den Eigenschaften von Fachsprachen in den Bereichen Wortschatz, Grammatik und Text. In den darauf folgenden drei anwendungsorientierten Kapiteln, deren Gegenstand Fachsprachennormung, Fachlexikographie sowie Fachsprachenübersetzung und -unterricht bilden, werden diese theoretischen Bestimmungen ebenfalls deutlich. Das neunte Kapitel umfasst eine kurze Übersicht über die Geschichte der deutschen Fachsprachen vom Mittelalter bis in die Moderne. Im zehnten Kapitel werden darauf eine Wissenschafts- und eine Technikspräche (jeweils unter Berücksichtigung institutionensprachlicher Gesichtspunkte) im Hinblick auf ihre sprachlichen Merkmale und kommunikativen Besonderheiten vorgestellt, während das elfte Kapitel zu guter Letzt der humorvollen Beschäftigung mit Fachsprachen gewidmet ist.

Neben der Berücksichtigung des Spannungsverhältnisses zwischen Theorie und Praxis steht in der vorliegenden Darstellung die Annahme im Mittelpunkt, dass gerade auch der fachliche Gebrauch von Sprache bestimmten kognitiven Anlagen des Menschen und (hiermit verbunden) bestimmten funktionalen Erfordernissen seiner Verständigung entspricht. In kognitiver Hinsicht stehen dabei Assoziation und Dissoziation als grundlegende menschliche Denkmethoden und die hiermit verbundenen synthetischen und analytischen Strukturen humaner Informationsverarbeitung im Vordergrund. Aus funktionalem Blickwinkel gilt das Augenmerk der Effizienz fachlicher Verständigung, die hier in einem Höchstmaß an Informationsvermittlung bei gegebenem sprachlichen Aufwand oder in einem möglichst geringen sprachlichen Aufwand im Hinblick auf die Übermittlung einer bestimmten fachlichen Information besteht. Der Gebrauch von Sprache in Wissenschaft, Technik und Verwaltung ist seit seines Bestehens Gegenstand von zum Teil heftiger Sprachkritik gewesen: Nicht allein Laien, sondern auch Fachleute sehen sich immer wieder mit fachsprachlichen Unzulänglichkeiten konfrontiert, die aus einer zu geringen Kenntnis oder einer mangelnden Beherrschung fachsprachlicher Erscheinungen erwachsen. Gerade solche Unzulänglichkeiten erschweren jedoch nicht allein die fachliche Verständigung, sondern tragen unter Umständen darüber hinaus auch zu einer Vermeidung oder gar Ablehnung der ihnen entsprechenden Fachbereiche und deren Inhalte selbst bei. Vor diesem Hintergrund erscheint eine eingehende Beschäftigung mit Fachsprachen in Schule und Studium von großer Bedeutung: Sie kann fachliche Verständigungsprobleme, wenn nicht gar Berührungsängste abbauen helfen und somit eine erfolgreiche Beschäftigung mit Wissenschaft, Technik oder Institutionen sichern.

Der vorliegende Band richtet sich an Studierende im weiterführenden Grund- sowie im Hauptstudium und versteht sich dabei zunächst als Einführung und Übersichtsdarstellung. Vor diesem Hintergrund dürfen hier sprachwissenschaftliche Vorkenntnisse und Selbstständigkeit in fachsachlicher wie fachsprachlicher Hinsicht vorausgesetzt werden. Um Wiederholungen zu vermeiden, erfolgen Literaturhinweise (von einzelnen Zitaten und Kommentaren abgesehen) oftmals nur kursorisch und sollen damit ihrerseits zur eigenständigen Beschäftigung mit den genannten Werken anregen. Mit diesen Anmerkungen sei darauf hingedeutet, dass sich der vorliegende Band nicht allein als einführende Forschungsübersicht versteht, sondern auch und gerade zu einem selbständigen Umgang mit sprachwissenschaftlichen und fachsprachlichen Erscheinungen anregen möchte; aus diesem Grunde werden hier auch einige neuere Forschungsansätze eingeführt. Sollte dieses Buch darüber hinaus auch Interesse, wenn nicht gar Freude an einem faszinierenden Gegenstand wissenschaftlicher Betrachtung wecken, hätte es seine Bestimmung erfüllt.

Bernau im Schwarzwald, Januar 1999 Thorsten Roelcke

Vorwort zur 2., durchgesehenen Auflage

Die ausgesprochen freundliche Aufnahme dieses Bandes nach seinem Erscheinen im Jahr 1999 hat beizeiten eine neue Auflage erforderlich gemacht. Die nun vorliegende, zweite Auflage bietet eine Durchsicht der ersten: Dabei wurden einige kleinere Korrekturen und Ergänzungen im Text und hinsichtlich der Literaturangaben (insbesondere Monographien und Sammelbände) vorgenommen sowie auf die neue Rechtschreibung umgestellt. Eine gründliche Überarbeitung des Bandes, in der dann auch neuere Forschungsergebnisse und -richtungen Berücksichtigung finden werden, soll (aus fachlichen, nicht zuletzt aber auch aus persönlichen Gründen) einer dritten Auflage vorbehalten bleiben.

Bernau im Schwarzwald, Dezember 2004 Thorsten Roelcke

Inhalt

1. Bestimmung von Fachsprache

1.1 Konzeptionen fachsprachlicher Kommunikation

Die Bestimmung von Fachsprache hängt von den jeweils gewählten wissenschafts- und sprachtheoretischen Voraussetzungen ab. Diese Voraussetzungen lassen sich aus historischer wie aus systematischer Sicht unter Zuhilfenahme eines einfachen Kommunikationsmodells[1] einordnen. Dabei berücksichtigt das **fachsprachliche Kommunikationsmodell** die folgenden Grundelemente sowie deren Verknüpfungen (vgl. Abb. 1): Den Produzenten eines (schriftlichen oder mündlichen) Fachtextes, diesen Fachtext selbst sowie dessen Rezipienten. Die Textproduktion erfolgt mit sog. „Rückkoppelungsprozessen“, bei denen der Produzent die Produktion und Rezeption seines Textes kontrolliert, während die Textrezeption selbst ebenfalls einen aktiven Prozess darstellt, bei dem sich der Rezipient den Textinhalt selbständig erarbeitet. Fachkommunikation verläuft nicht zwangsläufig zwischen zwei Personen in eine Richtung: Sie kann zum einen von mehreren Produzenten ausgehen (Autorengruppe) oder mehrere Rezipienten erreichen (Rezipientengruppe, Mehrfachadressierung) und zum anderen in mehrere Richtungen verlaufen, so dass die Kommunikationsbeteiligten jeweils mindestens einmal die Rolle des Produzenten sowie diejenige des Rezipienten übernehmen. Produzent und Rezipient verfügen jeweils über eigene (fach)sprachliche Zeichensysteme, Text- und Weltkenntnisse (Kotexte und Kontexte), die sich mehr oder weniger weit decken und während der fachlichen Kommunikation vorausgesetzt werden.

Vor dem Hintergrund dieses fachsprachlichen Kommunikationsmodells lassen sich nun mindestens drei grundsätzlich verschiedene Forschungsansätze und die ihnen jeweils entsprechenden **Fachsprachenkonzeptionen** unterscheiden. Hier ist zuerst das systemlinguistische Inventarmodell zu nennen, wie es vor allem

[1] Vgl. Roelcke 1994[a], 7-23; 1999.

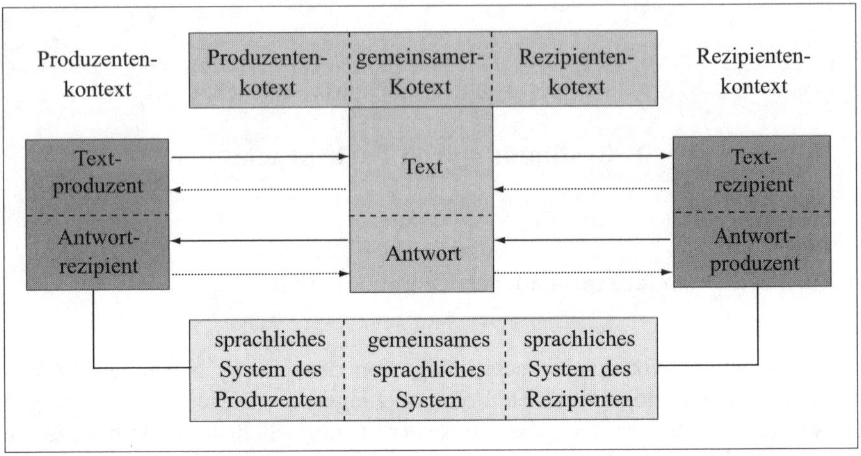

Abb. 1: Vereinfachtes Modell fachsprachlicher Kommunikation unter Berücksichtigung der Interessenschwerpunkte verschiedenartiger Fachsprachenkonzeptionen: Systemlinguistisches Inventarmodell (hell unterlegt), pragmalinguistisches Kontextmodell (mittel unterlegt), kognitionslinguistisches Funktionsmodell (dunkel unterlegt).

vom Beginn der linguistischen Fachsprachenforschung in den 50er Jahren des 20. Jahrhunderts bis etwa in die 70er Jahre hinein mit recht unterschiedlichen Ausprägungen vertreten wurde. Dieses Modell ist vor allem an dem gemeinsamen Zeichensystem von Produzent und Rezipient orientiert und betrachtet eine Fachsprache dementsprechend als ein System sprachlicher Zeichen, das im Rahmen fachlicher Kommunikation Verwendung findet. Als zweite Konzeption ist das pragmalinguistische Kontextmodell anzuführen, das insbesondere in den 80er und zu Beginn der 90er Jahre vertreten wurde und dabei eine Revision des systemlinguistischen Inventarmodells erforderlich machte. Dieses Modell leugnet zwar nicht das Bestehen fachsprachlicher Zeichensysteme, setzt jedoch den Schwerpunkt der Betrachtung auf den Fachtext sowie auf dessen kotextuellen und kontextuellen Zusammenhang, wobei den kommunikativen Verhältnissen, unter denen Fachtexte produziert und rezipiert werden, besondere Berücksichtigung zuteil wird. Fachsprachen zeigen sich hiernach eben nicht allein als Systeme von Zeichen, die fachliche Kommunikation ermöglichen, sondern vielmehr als Äußerungen, mit denen fachliche Kommunikation selbst vollzogen wird. Im Rahmen der dritten Konzeption rücken nun der Produzent und der Rezipient der fachsprachlichen Kommunikation selbst in den Vordergrund der Forschung. Mit dem kognitionslinguistischen Funktionsmodell werden die intellektuellen und emotionalen Voraussetzungen von Produzent und Rezipient bei dem Gebrauch fachsprachlicher Zeichen in fachsprachlichen Texten zum Schwerpunkt des wissenschaftlichen Interesses erhoben, wobei sowohl systemlinguistische als auch pragmalinguistische Fragestellungen und Ergebnisse eine zum Teil entscheidende Neubewertung erfahren.[2]

1.2 Fachsprachen als Zeichensysteme

Das **systemlinguistische Inventarmodell** ist an dem sprachlichen System, das fachlicher Kommunikation zugrunde liegt, orientiert und setzt in der Regel an dessen lexikalischem Inventar und syntaktischen Regeln an. Mit die bekannteste Definition von *Fachsprache*, die diesem Modell folgt, stammt aus der Mitte der 70er Jahre von Lothar Hoffmann und lautet: „Fachsprache – das ist die Gesamtheit aller sprachlichen Mittel, die in einem fachlich begrenzbaren Kommunikationsbereich verwendet werden, um die Verständigung zwischen den in diesem Bereich tätigen Menschen zu gewährleisten."[3] Bei der näheren Betrachtung dieser Definition fällt ein zweifacher Zirkel auf, der vor allem für die ältere Fachsprachenforschung nicht untypisch ist: Zum einen wird *Fach* allein durch „fachlich" bestimmt, und zum anderen findet auch *Sprache* durch „Gesamtheit sprachlicher Mittel" eine kaum weiterführende und somit wenig brauchbare Erläuterung; allein der Bezug auf einen „Kommunikationsbereich" weist bereits auf eine kommunikationstheoretische bzw. pragmalinguistische Grundlegung des Fachsprachenkonzepts hin.

Die Bestimmung dessen, was eigentlich unter ***Fach*** zu verstehen ist, fällt jedoch nicht allein aus fachsprachenlinguistischer, sondern darüber hinaus auch aus wissenschaftstheoretischer Perspektive selbst schwer.[4] Bei Fach handelt es sich ganz offensichtlich um einen Begriff, der im soziokulturellen Kontext der modernen Forschung zwar evident, nicht aber hinreichend definierbar ist. Wenn

---

[2] Die jüngste Übersicht über sprachtheoretische Grundlagen fachsprachlicher Konzeptionen bietet Gardt 1998; vgl. daneben etwa auch Albrecht 1974. Allgemeine Gesichtspunkte der Fachkommunikation behandelt Kapitel I von Fachsprachen, Bd.1 (1998), 1-117.

[3] Hoffmann, 2. Aufl. 1985, S.53 (1. Aufl. 1976). Vgl. zum Beispiel auch Möhn/Pelka 1984, 26.

[4] Vgl. Kalverkämper 1998[a]; Posner 1988.

überhaupt, erweist sich hier eine handlungsbezogene Bestimmung als tragfähig, der zufolge ein Fach als ein mehr oder weniger spezialisierter menschlicher Tätigkeitsbereich aufzufassen ist. Zumindest sind dieser Bestimmung einige andere Ansätze insofern unterlegen, als sie sich hiervon ableiten lassen. Zu diesen Ansätzen gehören erstens die referentielle Bestimmung von Fach anhand des betreffenden Gegenstandsbereichs, der jedoch selbst allein erst aufgrund menschlichen Handelns konstituiert wird; zweitens die soziologische Bestimmung anhand einer Gruppe von wie auch immer tätigen Personen, die jedoch selbst wiederum erst im Hinblick auf einen gemeinsamen Tätigkeitsbereich von anderen Gruppen abgegrenzt werden kann; oder drittens die linguistische oder semiotische Bestimmung, die ein Fach an dem Gebrauch sprachlicher oder nichtsprachlicher Zeichen im Rahmen eines bestimmten menschlichen Tätigkeitsbereichs festmacht.

Auch das systemlinguistische Vorverständnis von Sprache als lexikalischem Inventar und syntaktischen Regeln birgt Probleme hinsichtlich der Bestimmung von *Fachsprache*. Hierfür sind nicht allein die grundsätzlichen Defizite einer rein system- gegenüber einer pragma- oder kognitionslinguistischen Betrachtungsweise verantwortlich zu machen, sondern bereits Unsicherheiten hinsichtlich des sog. **„Status“** von Sprache innerhalb der systemlinguistisch geprägten Fachsprachenkonzeption selbst.[5] Hiernach ist zum einen fraglich, ob unter Fachsprache ein einheitliches oder ein mehrheitliches Sprachsystem zu verstehen ist, mit anderen Worten: ob von „der Fachsprache“ oder besser von „den Fachsprachen“ zu sprechen ist. Zum anderen gilt es zu klären, ob ein solches fachsprachliches System nur im Hinblick auf einzelne Sprachen wie etwa das Englische oder das Deutsche oder für sämtliche Sprachen gleichermaßen, d.h. übereinzelsprachlich beschrieben werden kann. Im Rahmen der vorliegenden Betrachtung deutscher Fachsprachen wird davon ausgegangen, dass innerhalb der Einzelsprache Deutsch schon allein aufgrund der unterschiedlichen fachlichen Kommunikationsbereiche auch verschiedene Fachsprachen bestehen, die jedoch eine ganze Reihe an einzelsprachlichen Gemeinsamkeiten und darüber hinaus auch solche mit Fachsprachen anderer Einzelsprachen zeigen.

Diese Statusauffassung legt es nun nahe, die systemlinguistische Bestimmung von Fachsprachen an eine varietätenlinguistische Konzeption anzubinden; hiernach werden **Fachsprachen als Varietäten** einer Einzelsprache verstanden, die sich von deren anderen Varietäten mehr oder weniger deutlich unterscheiden. Unter einer Varietät[6] wird dabei ein sprachliches System verstanden, das einer bestimmten Einzelsprache untergeordnet und durch eine Zuordnung bestimmter

5 Vgl. Ammon 1998.

6 Vgl. beispielsweise Becker/Hundt 1998; Berruto 1987; Nabrings 1981; Steger 1988.

innersprachlicher Merkmale einerseits und bestimmter außersprachlicher Merkmale andererseits gegenüber weiteren Varietäten abgegrenzt wird. Innersprachliche Merkmale können dabei auf den Beschreibungsebenen Laut und Schrift, Lexik, Syntax sowie Text jeweils unter den Beschreibungsgesichtspunkten Inventar, Semantik, Grammatik oder Pragmatik festgestellt werden. Außersprachliche Merkmale ergeben sich aus dem landschaftlichen Raum, der gesellschaftlichen Gruppe, dem menschlichen Tätigkeitsbereich und der geschichtlichen Periode, für welche die betreffenden innersprachlichen Merkmale als charakteristisch gelten dürfen: Je nach Dominanz dieser außersprachlichen Merkmale werden hiernach dann regionale, soziale, funktionale und historische Varietäten unterschieden.

Bei der Interpretation von Fachsprachen als Varietäten stehen nun insbesondere **funktionale und soziale Bedingungen** im Vordergrund. In der Regel werden Fachsprachen als funktionale Varietäten angesehen, bei deren Bestimmung regionale, soziale und historische Gesichtspunkte gegenüber der Funktion in bestimmten menschlichen Tätigkeitsbereichen in den Hintergrund rücken.[7] Dabei darf jedoch nicht übersehen werden, dass bei der Betrachtung fachsprachlicher Varietäten nicht ausschließlich solche funktionalen Bedingungen herangezogen werden. Vielmehr sind hierbei die anderen Bedingungen sprachlicher Kommunikation, auch wenn sie gegenüber den funktionalen als zweitrangig betrachtet werden, ebenfalls von Bedeutung. Man denke hier an historische Bedingungen angesichts der Fortentwicklung technischer Fachsprachen zur Zeit der industriellen Revolution, an regionale Bedingungen im Rahmen eines Vergleichs fachsprachlicher Erscheinungen innerhalb der See- und Binnenschifferei oder an soziale Bedingungen, wie sie etwa von mittelalterlichen Bauhütten bekannt sind oder im Rahmen von Prüfungsgesprächen deutlich werden. Gerade diesen sozialen Bedingungen wird nun von Seiten der Fachsprachenlinguistik ebenfalls erhebliche Aufmerksamkeit geschenkt. Dies führt gelegentlich dazu, dass Fachsprachen nicht primär als funktionale, sondern vielmehr als primär soziale Varietäten oder als sog. Gruppensprachen bestimmt werden, indem ein bestimmter menschlicher Tätigkeitsbereich nicht als gruppenkonstitutiv betrachtet, sondern vielmehr selbst von dem Erkenntnis- oder Handlungsinteresse dieser Gruppe abhängig gemacht wird.

Neben diesen varietätenlinguistischen sind einige **weitere Fachsprachenkonzeptionen** entwickelt worden, die einer systemlinguistischen Betrachtungsweise

[7] Zu den fachsprachlichen Funktionen vgl. das Ende dieses Kapitels; die Gliederung von menschlichen Tätigkeitsbereichen und deren Fachsprachen ist Gegenstand von Kapitel 2, deren verschiedene innersprachliche Merkmale sind Gegenstand der Kapitel 3 bis 5.

zumindest recht nahe stehen.[8] Diesen Konzeptionen ist gemeinsam, dass sie sich aus der Bestimmung von Fachsprachen als funktionale Varietäten bestimmter Tätigkeitsbereiche mehr oder weniger leicht ableiten lassen.[9] Zu diesen Konzeptionen zählt unter anderem die referentielle Bestimmung von Fachsprache als Subsprache: Dabei ist unter einer Subsprache ein sprachliches System innerhalb einer Einzelsprache zu verstehen, das der Kommunikation über einen bestimmten Gegenstandsbereich dient. Die Feststellung einer Abhängigkeit der referentiellen von der funktionalen Fachsprachenbestimmung ergibt sich unter der Annahme, dass dieser Gegenstandsbereich selbst wiederum über den entsprechenden menschlichen Tätigkeitsbereich bestimmt, wenn nicht gar erst durch die funktional spezifizierte Kommunikation in diesem Bereich konstituiert wird. Zu den systemlinguistisch orientierten Fachsprachenkonzeptionen gehört des weiteren auch die primär stilistische Bestimmung von Fachsprache als Funktionalstil oder als Register: Eine Fachsprache gilt hiernach als eine Menge stilistischer Erscheinungen, die auf bestimmte Funktionen innerhalb der fachlichen Kommunikation zurückgeführt werden können und somit eine situativ mehr oder weniger verbindliche Norm darstellen. Diese Funktionen ergeben sich nun ihrerseits wieder aus den kommunikativen Anforderungen des betreffenden menschlichen Tätigkeitsbereiches selbst und laufen somit ebenfalls auf eine Bestimmung von Fachsprachen als funktionale Varietäten hinaus.

Angesichts der varietätenlinguistischen und der hiervon abzuleitenden weiteren systemlinguistischen Bestimmungen von Fachsprachen stellt sich die Frage nach den sprachlichen Unterschieden, die zwischen fachsprachlichen Varietäten einerseits und nichtfachsprachlichen Varietäten andererseits bestehen. Diese Fragestellung hat bereits die Fachsprachenforschung der 60er und 70er Jahre mitbestimmt und erscheint hier in der Regel unter der thematischen Formel **Fach- und Gemeinsprache**.[10] Aus dieser Forschungsarbeit sind einige wichtige Erkenntnisse über fachliche Sprachsysteme hervorgegangen. Die angestrebte Abgrenzung innersprachlicher Merkmale fachsprachlicher und nichtfachsprachlicher Varietäten ist dabei jedoch aufgrund unzureichender Bestimmung und Abgrenzung von Fach- und Gemeinsprache selbst nicht befriedigend gelungen. Vor diesem Hintergrund bietet es sich an, von einer strengen Unterscheidung zwischen fachlichen und nichtfachlichen Varietäten abzusehen und statt dessen lediglich innersprachliche Merkmale zu bestimmen, die für verschiedene außer-

---

[8] Vgl. hier insbesondere Kittredge/Lehrberger 1982; Spillner 1987; zusammenfassend auch Kapitel II von Fachsprachen, Bd.1 (1998), 118-229.

[9] Vgl. auch Bolten 1992.

[10] Vgl. etwa Klute 1975; Mentrup 1979; Möhn 1968; Seibicke 1959; zuletzt Knobloch/Schaeder 1996. Zum Verhältnis und Wechselwirkung zwischen Fachsprachen und Nichtfachsprachen vgl. Kapitel X von Fachsprachen, Bd. 1 (1998), 679-800.

sprachliche, genauer funktionale Bedingungen charakteristisch sind. Diese innersprachlichen Merkmale, die bestimmte kognitive Funktionen im Rahmen der kommunikativen Bewältigung menschlicher Tätigkeitsbereiche erfüllen, erscheinen hiernach in recht verschiedenartigen „fachlichen und nichtfachlichen" Varietäten und stellen dabei einen Indikator für den Grad an Fachlichkeit, der diesen Varietäten jeweils zuzuschreiben ist, dar.

1.3 Fachsprachen als Textäußerungen

Trotz aller Erfolge der systemlinguistischen Betrachtung von Fachsprachen ist im Rahmen der Fachsprachenforschung wie in anderen linguistischen Teildisziplinen in den 70er, spätestens seit den 80er Jahren eine verstärkte Hinwendung zu pragmalinguistischen und textwissenschaftlichen Fragestellungen zu beobachten. Diesen Ansätzen, denen anstelle des systemlinguistischen Inventarmodells ein **pragmalinguistisches Kontextmodell** zugrunde liegt, ist eine Konzeption von Fachsprache eigen, die diese als Äußerungen von Texten im Rahmen einer fachlichen Kommunikation betrachtet. Fachliche Sprachsysteme und deren Beschreibung werden hierbei letztlich weder theoretisch noch methodisch in Frage gestellt: Das neue Modell erweitert vielmehr den Blickwinkel von dem lexikalischen Inventar und den syntaktischen Regeln, denen fachsprachliche Äußerungen folgen, auf die Äußerungen und die Bedingungen, unter denen sie vorgenommen werden, selbst.

Dieser wissenschaftsgeschichtliche Schritt von einer Konzeption von Fachsprachen als Zeichensystemen weg und hin zu einer solchen als Textäußerungen wird von Lothar Hoffmann, dessen systemlinguistische Fachsprachendefinition zu Beginn dieses Kapitels vorgestellt wird, gleichfalls nachvollzogen. So definiert Hoffmann Ende der 80er Jahre nicht mehr *Fachsprache*, sondern vielmehr ***Fachtext***: „Der Fachtext ist Instrument und Resultat der im Zusammenhang mit einer spezialisierten gesellschaftlich-produktiven Tätigkeit ausgeübten sprachlich-kommunikativen Tätigkeit; er besteht aus einer endlichen, geordneten Menge logisch, semantisch und syntaktisch kohärenter Sätze (Texteme) oder satzwertiger Einheiten, die als komplexe sprachliche Zeichen komplexen Propositionen im Bewusstsein des Menschen und komplexen Sachverhalten in der objektiven Realität entsprechen."[11] Diese Definition lässt die Verlagerung

[11] Hoffmann 1985, 233f.; vgl. auch Hoffmann 1988, 126. Darüber hinaus: Busch-Lauer/Fiedler/Ruge 1995; Ehlich 1992; Schröder 1991.

der Betrachtung von Fachsprachen als sprachlichen Systemen, die fachlicher Kommunikation zugrunde liegen, zu einer solchen, die Fachsprachen als sprachliche Äußerungen und somit als Ergebnis fachlicher Kommunikation begreifen, deutlich werden.

Die hier vertretene Isomorphiethese, nach der „komplexe sprachliche Zeichen", „komplexe Propositionen im Bewusstsein der Menschen" sowie „komplexe Sachverhalte in der objektiven Realität" einander entsprechen, ist einem erkenntnistheoretischen und sprachphilosophischen Realismus verpflichtet, der im Bereich der system- wie pragmalinguistischen Fachsprachenforschung durchaus üblich ist. Diese **realistische Sprachauffassung** besteht in der Annahme, dass es so etwas wie eine tatsächliche, von menschlicher Erkenntnis unabhängige Welt von Gegenständen und Sachverhalten gibt, die vom Menschen durch entsprechende Begriffe und Urteile erkannt sowie durch Wörter und Sätze, die diesen wiederum entsprechen, vermittelt werden kann. Die umgekehrte, idealistische Auffassung, nach welcher sich der Mensch die ihn umgebende Wirklichkeit durch sein sprachliches und epistemisches Handeln erst selbst erschafft, ist, obwohl sie sich gerade auch in der jüngeren Geschichte der Sprachphilosophie größerer Beliebtheit erfreut,[12] fachsprachenlinguistischen Konzeptionen in der Regel fremd.

Die Konzeption von Fachsprachen als Textäußerungen macht zunächst eine möglichst genaue Bestimmung derjenigen Gegebenheiten erforderlich, welche die fachliche Kommunikation bestimmen. **Fachkommunikative Gegebenheiten** dieser Art sind zunächst einmal auch die bereits aus der systemlinguistischen Fachsprachenkonzeption bekannten innersprachlichen Merkmale (Laut und Schrift, Wortschatz, Syntax sowie Text) und außersprachlichen Bedingungen (landschaftlicher Raum, gesellschaftliche Gruppe, menschlicher Tätigkeitsbereich sowie geschichtliche Zeit). Diese Merkmale und Bedingungen werden hier jedoch nicht allein im Hinblick auf die Bestimmung sprachlicher Systeme mehr oder weniger fest umrissener Varietäten betrachtet, sondern bezüglich deren Bedeutung im Rahmen einzelner fachsprachlicher Äußerungen selbst. Für dieses Anliegen erscheinen jedoch die außersprachlichen Bedingungen, wie sie im Rahmen system- und varietätenlinguistischer Ansätze bestimmt werden, nicht hinreichend differenziert, so dass eine genauere Bestimmung der innersprachlichen Merkmale und vor allem der außersprachlichen Bedingungen, die dann auf einzelne fachliche Textsorten bezogen werden, erforderlich wird.

Bei der genaueren Bestimmung außersprachlicher Bedingungen fachlicher Kommunikation gerät die Fachsprachenlinguistik in enge Berührung mit ande-

[12] Vgl. etwa Albrecht 1991; Hennigfeld 1982; Sprachphilosophie 1992-1994.

ren wissenschaftlichen Disziplinen. Diese zunehmende **Interdisziplinarität der Fachsprachenforschung** zeigt sich bereits im Rahmen einer näheren Bestimmung verschiedener Fachbereiche, bei der immer wieder Bezüge zur Erforschung der Fach- und Wissenschaftsgeschichte selbst hergestellt werden.[13] Des weiteren macht eine differenzierte Beschreibung der an der fachlichen Kommunikation beteiligten Personen und der durch diese Personen bedingten kommunikativen Situationen insbesondere Anlehnungen bei verschiedenen soziologischen und psychologischen Disziplinen erforderlich. Und nicht zuletzt wird neben dem Rückgriff auf semiotische und kommunikationswissenschaftliche Erkenntnisse auch die Anwendung statistischer Verfahrensweisen notwendig.

Die Erforschung von Fachsprachen als Textäußerungen im Rahmen eines pragmalinguistischen Kontextmodells berücksichtigt vor allem die folgenden **soziologischen Gesichtspunkte**: Erstens das Alter und das Geschlecht der an der fachlichen Kommunikation beteiligten Personen. Zweitens deren sozialer Status: Symmetrie (Betriebsbesprechung unter Facharbeitern) und Asymmetrie (Arbeitsanweisung vom Ingenieur zum Facharbeiter) zwischen den Kommunikationsbeteiligten. Drittens deren fachlicher Status mit den (grob vereinfachten) Möglichkeiten der Kommunikation von gemeinsamen Fachleuten eines bestimmten Faches (intrafachliche Kommunikation), der Kommunikation zwischen Fachleuten verschiedener Fächer (interfachliche Kommunikation) oder der Kommunikation zwischen Fachleuten und Laien (extrafachliche Kommunikation). Viertens der Grad an Vertrautheit zwischen den Kommunikationsbeteiligten untereinander, der jeweils zwischen hoher Bekanntheit und (weitgehender) Unbekanntheit anzusiedeln ist. Fünftens der Grad an Öffentlichkeit der Fachkommunikation selbst, die etwa von einer privaten Unterredung, einer geschlossenen Besprechung bis hin zu einer offiziellen Festrede reichen kann. Sechstens die kulturelle Einbettung der Kommunikationsbeteiligten, die sich beispielsweise in ihrer politischen Weltanschauung oder in ihren sozialen Wertvorstellungen niederschlägt: Da fachliche Kommunikation oft international erfolgt, kommt der Betrachtung kultureller Besonderheiten und interkultureller Gemeinsamkeiten eine erhebliche Bedeutung zu und avanciert derzeit zu einem Modethema der Fachsprachenlinguistik.

Psychologische Gesichtspunkte, denen bei der Betrachtung von Fachsprachen als Textäußerungen eine besondere Bedeutung zukommt, sind unter anderem die folgenden: Erstens die intellektuellen Fähigkeiten und Fertigkeiten der Fachsprachenverwender im allgemeinen (Konzentrationsfähigkeit, Abstraktionsvermögen, Befähigung zu analytischem Denken, Übersichtsvermögen,

---

[13] Vgl. hierzu die Literaturhinweise in den folgenden Kapiteln.

Phantasie und Kreativität usw.) sowie zweitens deren (fach)sprachliche Kompetenz („aktive und passive" Beherrschung allgemeiner fachsprachlicher Erscheinungen sowie einzelner Charakteristika der betreffenden Fachsprache) im Besonderen. Drittens deren situativer psychischer und physischer Zustand (Freundlichkeit, Agressionspotential, Grad der Vorbereitung, Ermüdungszustand usw.). Viertens die Kommunikationsmotivation und -intention der Kommunikationsbeteiligten sowie die Erwartungshaltung, die diese jeweils gegenüber der betreffenden fachlichen Kommunikation und ihrem Kommunikationspartner einnehmen. Fünftens der Grad an Verbindlichkeit, die sich aus der Kommunikation ergibt: Die Skala reicht hier von einer handschriftlichen Notiz oder einem kurzen Erfahrungsaustausch unter Kollegen auf der einen bis hin zu ausbildungsbeschließenden Prüfungsgesprächen oder projektentscheidenden Gutachten auf der anderen Seite.

Als **semiotische und kommunikationswissenschaftliche Gesichtspunkte** der Fachsprachenforschung seien unter anderem die folgenden genannt: Erstens die Zahl der an der Fachkommunikation beteiligten Personen. Zweitens deren Kommunikationsmedium (schriftliche und mündliche Texte, sog. „neue Medien"). Drittens das räumliche und zeitliche Verhältnis zwischen Textproduktion und -rezeption, wie es in der Unterscheidung zwischen direkter Fachkommunikation (etwa in einem gemeinsamen Gespräch vor Ort oder mittels Fernsprecher) und indirekter Fachkommunikation (etwa mit einem wissenschaftlichen Aufsatz, der an verschiedenen Orten und zu verschiedenen Zeiten produziert und rezipiert wird) zum Ausdruck kommt. Und viertens die Festlegung und Verbindlichkeit des Kommunikationsthemas, das im Rahmen einer Unterhaltung durchaus schwanken kann, während es im Rahmen einer Podiumsdiskussion oder einer Klausur weitgehend feststeht.

Diese verschiedenartigen soziologischen, psychologischen, semiotischen und kommunikationswissenschaftlichen Gesichtspunkte veranlassen die moderne Fachsprachenforschung zu einer zunehmend integrativen Forschungsarbeit, bei der sie und einige weitere wissenschaftliche Ansätze miteinander verbunden und einer ganzheitlichen Fragestellung untergeordnet werden. So ist beispielsweise der Buchtitel von Klaus-Dieter Baumann „Integrative Fachtextlinguistik" bereits Programm: Hier wird „ein interdisziplinärer Ansatz gewählt, der Analyseverfahren der Sprachsoziologie, Psychologie, Pragmalinguistik, Sprechakttheorie, Terminologielehre, Komparativistik, Statistik und anderer Forschungsrichtungen kombiniert."[14] Eine solche fachsprachenlinguistische **Integration interdisziplinärer Forschungsansätze** im Rahmen des pragmalinguistischen Kontextmodells erweist sich nun gegenüber dem Ansatz der früheren Fach-

[14] Baumann 1992. Vgl. auch Kalverkämper 1996; 1998[a-c].

sprachenlinguistik im Rahmen des systemlinguistischen Inventarmodells in zweierlei Hinsicht als vorteilhaft.

Der erste Vorteil besteht in einer höheren **Beschreibungsgenauigkeit**. Diese Genauigkeit ist durch die ungleich feinere Bestimmung der außersprachlichen Bedingungen bzw. des Kontextes fachlicher Kommunikation bedingt, die selbst wiederum eine wesentlich differenziertere Bestimmung fachsprachlicher Varietäten bzw. Textsorten selbst erlaubt und diese somit einer erheblich effektiveren Beschreibung hinsichtlich ihrer innersprachlichen Charakteristika zugänglich macht. Hiermit hat sich die Fachsprachenforschung unter dem pragmalinguistischen Kontextmodell zunächst einmal konzeptionell (Fachsprachen als Textäußerungen) und empirisch (differenziertere Forschungsergebnisse), noch nicht aber methodisch von derjenigen unter dem systemlinguistischen Inventarmodell entfernt: Bleiben doch deren Ergebnisse hinsichtlich fachlicher Textäußerungen zu diesem Stand der Argumentation letztlich noch immer dem Verfahren einer bloßen Zuordnung von innersprachlichen Merkmalen und außersprachlichen Bedingungen verhaftet.

Der zweite Vorteil der fachsprachenlinguistischen Integration interdisziplinärer Forschungsansätze im Rahmen des pragmalinguistischen Kontextmodells zeigt sich in der **Anwendbarkeit von Forschungsergebnissen**. Diese Anwendbarkeit der nach systemlinguistischer Methode ermittelten Forschungsergebnisse im Rahmen pragmalinguistischer Fragestellungen zeigt sich wiederum in zweifacher Hinsicht: Zum einen gestatten diese eine wissenschaftlich fundierte Fachsprachenkritik, indem einzelne Fachtexte an den außer- und innersprachlichen Charakteristika ihrer entsprechenden Fachtextsorten gemessen werden können. Und zum anderen werden durch solche differenzierten Ergebnisse sowohl eine Fachsprachennormierung als auch eine Fachsprachendidaktik auf wissenschaftlich abgesicherter Grundlage ermöglicht, indem diese jeweils die genaue Kenntnis der innersprachlichen Merkmale und außersprachlichen Bedingungen der einzelnen Fachtextsorten zum Ausgangspunkt ihrer Bemühungen machen.

Trotz dieser Vorteile birgt die Integration interdisziplinärer Forschungsansätze im Rahmen der Fachsprachenforschung auch eine gewisse Gefahr, da mit der Berücksichtigung solcher interdisziplinärer Gesichtspunkte bei all ihrer Bedeutung doch genuin fachsprachenlinguistische Fragestellungen zu verwässern drohen. Dieser Hinweis darf nicht dahingehend missverstanden werden, dass von interdisziplinären Ansätzen im Rahmen der Fachsprachenforschung etwa ganz Abstand genommen werden sollte. Im Gegenteil: Die Fortschritte, die innerhalb der Fachsprachenlinguistik durch diese Ansätze möglich wurden und werden, lassen es wichtig erscheinen, gerade auch im Rahmen interdisziplinärer

Arbeiten eine klare **Abgrenzung der Fachsprachenlinguistik** als Erforschung der innersprachlichen Merkmale von Fachsprachen unter Berücksichtigung von deren außersprachlichen Bedingungen einerseits und anderen Bereichen der Fachsprachenforschung wie Fachsprachensoziologie oder Fachsprachenpsychologie als Erforschung der außersprachlichen Bedingungen von Fachsprachen selbst andererseits vorzunehmen. Eine solch klare Scheidung ist letztlich nicht allein für das Selbstverständnis der Fachsprachenlinguistik, sondern auch für dasjenige anderer Disziplinen der Fachsprachenforschung von Vorteil, da sie ihrerseits nur so eine selbständige wissenschaftliche Entwicklung nehmen können.

1.4 Fachsprachliche Kognitionsfunktionen

Die herkömmliche Fachsprachenforschung, die dem systemlinguistischen Inventar- oder dem pragmalinguistischen Kontextmodell verpflichtet ist, hat immer wieder Beiträge zur Erforschung funktionaler und psychologischer Aspekte fachsprachlicher Kommunikation geleistet: Zu denken ist hier einerseits an die Bestimmung von Fachsprachen als funktionale Varietäten oder an die Fachsprachenbetrachtung im Rahmen der Funktionalstilistik sowie andererseits an die Berücksichtigung psychologischer Gesichtspunkte wie der intellektuellen Fähigkeiten und Fertigkeiten oder der Kommunikationsmotivation und Kommunikationsintention der an der Fachkommunikation jeweils beteiligten Personen. Der Ansatz der neueren Fachsprachenlinguistik seit den 90er Jahren, für die das **kognitionslinguistische Funktionsmodell** als charakteristisch gelten darf, setzt nun ebenfalls solche Gesichtspunkte in den Mittelpunkt der Betrachtung. Dabei werden jedoch die kognitiven Anlagen des Menschen selbst zum Ausgangspunkt einer linguistischen Betrachtung, die Form und Funktion sprachlicher Äußerungen von den intellektuellen Anforderungen des Menschen ableitet und dabei wiederum auf die Ergebnisse interdisziplinärer Forschung zurückgreift.[15]

Auch Lothar Hoffmann, dessen Fachsprachenkonzeptionen im Rahmen eines systemlinguistischen Inventar- und eines pragmalinguistischen Kontextmodells oben bereits vorgestellt wurden, folgt dieser Neuorientierung der Fachsprachenlinguistik. So definiert er zu Beginn der 90er Jahre ***Fachkommunikation*** wie

[15] Vgl. programmatisch Bierwisch 1987. Zusammenfassend Schwarz 1992; Ungerer/Schmid 1996.

folgt: „Aus kognitiv-kommunikativer Sicht ergibt sich die folgende Definition, die eingangs angemahnt wurde: *Fachkommunikation* ist die von außen oder von innen motivierte bzw. stimulierte, auf fachliche Ereignisse oder Ereignisabfolgen gerichtete Exteriorisierung und Interiorisierung von Kenntnissystemen und kognitiven Prozessen, die zur Veränderung der Kenntnissysteme beim einzelnen Fachmann und in ganzen Gemeinschaften von Fachleuten führen.“[16] Diese Definition steht nun nicht prinzipiell im Widerspruch zu den älteren Definitionen, im Gegenteil: Das System einer Fachsprache und die hiernach getroffenen fachsprachlichen Äußerungen entsprechen den kognitiven Anlagen des Menschen und können erst anhand dieser hinreichend erklärt werden. Gerade die oftmals unzureichende kognitive Orientierung früherer Untersuchungen der Fachsprachenlinguistik hat hier regelmäßig zu einer zum Teil erheblichen Fehleinschätzung fachsprachlicher Erscheinungen geführt.

Es sind nun vor allem vier **Bereiche menschlicher Kognition**, an denen die jüngere Fachsprachenforschung ansetzt.[17] Erstens die Anlage des Kenntnis- und des Verarbeitungssystems des menschlichen Geistes selbst. Hierbei interessieren dann vor allem die sprachlichen Möglichkeiten, solche kognitiven Strukturen und Prozesse wiederzugeben und zu unterstützen, so dass hier von einem kognitiv-lingualen Erkenntnisinteresse der kognitiven Fachsprachenlinguistik zu sprechen ist. Zweitens Abstraktion und Konkretisation als solche kognitiv-lingualen Verfahren der Verallgemeinerung und der Vereinzelung von Kenntnissen. Drittens (und dabei mit den Verfahren der Abstraktion und Konkretisation eng verbunden) Assoziation und Dissoziation innerhalb des menschlichen Denkens, also diejenigen kognitiv-lingualen Verfahren, die in der allgemeinen Erkenntnistheorie als synthetisches und analytisches Denken charakterisiert werden und mit denen Gemeinsamkeiten und Unterschiede der Gegenstände, Sachverhalte, Abläufe oder Verfahren innerhalb bestimmter Kenntnisbereiche ausgemacht werden. Und viertens schließlich die Interiorisierung und Exteriorisierung von Kenntnissen, also der kognitiv-linguale Erwerb und die kognitiv-linguale Vermittlung von Wissen über solche Sachverhalte, Abläufe oder Verfahren. Andere wichtige Gesichtspunkte der kognitiven Linguistik wie die Herkunft der kognitiven Strukturen und Prozesse vor dem Hintergrund der Evolution des Menschen oder deren neuronale Entsprechung innerhalb des zentralen Nervensystems spielen innerhalb der kognitiven Fachsprachenlinguistik eine untergeordnete Rolle und bleiben (bislang) einer allgemeinen kognitiven Linguistik vorbehalten.

---

[16] Hoffmann 1993, 614.

[17] Vgl. neben Schwarz 1992 unter anderem auch Müller 1990 oder Schnelle 1996 mit weiteren Literaturhinweisen.

Angesichts der genannten fachsprachlichen Interessensbereiche menschlicher Kognition wird deutlich, dass die kognitionslinguistische Fachsprachenlinguistik wie zuvor auch die system- und die pragmalinguistische Fachsprachenlinguistik vor allem an den Strukturen und Prozessen interessiert ist, die der sprachlichen Wiedergabe und Verarbeitung von Kenntnissen über außersprachliche (oder wie hier: über objektsprachliche) Gegenstände oder Sachverhalte sowie Abläufe oder Verfahren dienen. Dabei tritt die Interdependenz von Sprache und Denken, auf die innerhalb der neuzeitlichen Wissenschaftstheorie seit Wilhelm von Humboldt immer wieder hingewiesen wird,[18] zunehmend in den Blick und trägt somit auch hier zu einer erheblichen Differenzierung der realistischen Sprachauffassung bei. Darüber hinaus wird dieser Interessenschwerpunkt auf der **Darstellungs- oder Symbolfunktion** von Fachsprache[19] gerade auch im Rahmen kognitionslinguistischer Ansätze um symptom- und appellfunktionale Gesichtspunkte bereichert.

Innerhalb der Fachsprachenlinguistik werden wiederholt ganz verschiedenartige **funktionale Eigenschaften von Fachsprachen** genannt, die jeweils eng mit der Darstellungsfunktion von Sprache verknüpft sind. Deren wissenschaftliche Konzeption ist dabei in starkem Maße von dem system-, pragma- oder kognitionslinguistischen Modell abhängig, auf dessen Grundlage die betreffende Fachsprachentheorie entwickelt wird. So führen pragmalinguistische Konzeptionen zumeist zu einer Erweiterung und Differenzierung systemlinguistischer Konzeptionen, während kognitionslinguistische Ansätze wiederum in der Regel eine theoretische Neubestimmung und Neubewertung der system- und pragmalinguistischen Konzeptionen mit sich bringen. Im Einzelnen sind es nun die funktionalen Eigenschaften Deutlichkeit, Verständlichkeit, Ökonomie und Anonymität, daneben auch Identitätsstiftung, die in der Forschungsliteratur immer wieder als charakteristisch für Fachsprachen angesehen werden.[20]

Diejenige funktionale Eigenschaft, die Fachsprachen am häufigsten zugeschrieben wird – und dies nicht allein von Seiten der Sprachwissenschaft, sondern auch im Alltag –, ist **Deutlichkeit** im weitesten Sinne. Die grundlegende Vorstellung ist hierbei, dass Fachsprachen der Darstellungsfunktion in besonderer Weise gerecht werden, indem sie einen (wie auch immer) möglichst adäquaten Bezug zu den fachlichen Gegenständen und Sachverhalten sowie Abläufen und

---

[18] Vgl. neben der oben genannten Literatur auch von Humboldt 1988 sowie Gipper 1971.

[19] Bühler 1934. Zur fachsprachlichen Nomination vgl. jüngst Knobloch/Schaeder 1996.

[20] So denn zuletzt und dabei zusammenfassend auch in Kapitel V von Fachsprachen, Bd.1 (1998), 373-407. Vgl. darüber hinaus Baumann 1995; Becker 1990; Budin 1993; Fuchs-Khalkar 1987; Jahr 1993; von Randow 1992; Roelcke 1991; 2002c; 2002i; 2002f; Schüttler 1994; Selting 1987; Weinrich 1994.

Verfahren herstellen. Im Rahmen eines systemlinguistischen Inventarmodells wird diese Deutlichkeit an spezifischen Besonderheiten des fachsprachlichen Systems festgemacht, wobei vor allem die Bedeutung des Wortschatzes hervorgehoben wird. Auf der Grundlage des pragmalinguistischen Kontextmodells verlagert sich diese Deutlichkeit vom fachsprachlichen System auf fachsprachliche Äußerungen; hierbei finden sowohl der inner- als auch der außersprachliche Kontext (Ko- und Kontext) Beachtung. Im Rahmen des kognitionslinguistischen Funktionsmodells wird die Deutlichkeit von Fachsprachen gleichermaßen im Hinblick auf das sprachliche System wie auf sprachliche Äußerungen betrachtet und dabei in Abhängigkeit von verschiedenartigen kognitiven Erscheinungen gestellt.

Neben Deutlichkeit wird auch **Verständlichkeit** als eine der wesentlichen Eigenschaften angesehen, die Fachsprachen eigen ist oder zumindest eigen sein sollte. Auch hier ist die Vorstellung leitend, dass diese Eigenschaft die Darstellungsfunktion unterstützt. Dabei geht es jedoch nicht um den Bezug zu dem betreffenden Kenntnisbereich selbst, sondern um die (wie auch immer) adäquate Herstellung dieses Bezugs für den Rezipienten. Fachsprache gestattet hiernach eine möglichst fehlerfreie Vermittlung fachlicher Kenntnisse. Eine solcherart verständliche Kenntnisvermittlung wird systemlinguistischen Ansätzen zufolge nun durch einige Besonderheiten des fachlichen Sprachsystems (Lexik und Syntax) garantiert, während sie pragmalinguistischen Ansätzen nach erst durch eine ko- und kontextabhängige Gestaltung fachsprachlicher Äußerungen geleistet wird. Zu diesem Kontext gehören hier auch die fachlichen und sprachlichen (Vor-) Kenntnisse des Rezipienten selbst, so dass hiernach keine Fachtextverständlichkeit per se, sondern lediglich eine solche für bestimmte Rezipienten angenommen werden darf. Im Unterschied hierzu wird die Verständlichkeit von fachsprachlichen Äußerungen im Rahmen eines kognitionslinguistischen Ansatzes zusätzlich vor dem Hintergrund des menschlichen Kenntnis- und Verarbeitungssystems selbst betrachtet und auf die Entsprechung dieser Äußerungen zu solchen kognitiven Strukturen und Prozessen hin untersucht; dabei spielen wiederum sowohl sprachsystematische als auch sprachpragmatische Gesichtspunkte eine Rolle.

Eine dritte wichtige funktionale Eigenschaft von Fachsprachen wird in deren **Ökonomie** gesehen. Die Vorstellung einer Unterstützung der Darstellungsfunktion von Fachsprache ist hiermit ebenfalls verbunden, und zwar im Hinblick auf den (wie auch immer) bestehenden sprachlichen Aufwand, der bei fachlicher Kommunikation erforderlich ist. Dabei wird Ökonomie jedoch oftmals falsch als minimaler sprachlicher Einsatz bei maximaler fachlicher Darstellung bestimmt. Der Fehler liegt hier darin, dass beide Größen (also Kommunikationsaufwand und Kommunikationsergebnis) zugleich als veränderlich betrachtet werden. Wird jeweils eine der beiden Größen unveränderlich gehalten, ist eine zutreffende Bestimmung fachsprachlicher Ökonomie im Sinne fachsprachlicher Darstellungseffizienz möglich: Diese besteht dann entweder darin, dass bei einem bestimmten sprachlichen Einsatz eine maximale fachliche Darstellung erzielt wird, oder dass eine bestimmte fachliche Darstellung durch einen minimalen sprachlichen Einsatz erfolgt. Bei aller Einigkeit der verschiedenen Fachsprachenkonzeptionen hinsichtlich der Annahme fachsprachlicher Ökonomie überhaupt, sind hier jedoch im Einzelnen wiederum starke Unterschiede zu bemerken: Im Rahmen systemlinguistischer Ansätze wird sie am Sprachsystem, bei pragmalinguistischen an den Sprachäußerungen und von kognitionslinguistischen in deren Entsprechung zu kognitiven Strukturen und Prozessen festgemacht. Wie bereits im Falle der fachsprachlichen Verständlichkeit gilt auch hier, dass fachsprachliche Ökonomie keine funktionale Eigenschaft von Fachsprachen per se darstellt, sondern immer in Abhängigkeit von den Produzenten und Rezipienten fachsprachlicher Kommunikation zu betrachten ist.

Anonymität hat der einschlägigen Forschungsliteratur folgend ebenfalls als eine fachsprachliche Eigenschaft zu gelten, die der Unterstützung der Darstellungsfunktion dient. Sie besteht danach in einer Zurücknahme der sprachlichen Kennzeichnung des fachlichen Textproduzenten und dient damit der fachsprachlichen Darstellung insofern, als der Bezug zu den fachlichen Gegenständen und Sachverhalten sowie Abläufen und Verfahren weitgehend unmittelbar hergestellt und nicht durch die Einschaltung des Produzenten selbst verstellt wird. Eine solche Auffassung mag auf den ersten Blick plausibel erscheinen und ist vor dem Hintergrund eines einfachen Sprachrealismus nachvollziehbar, doch bereits ein differenzierter sprachrealistischer Ansatz, bei dem die Interdependenz von Sprache und Denken anerkannt wird, lässt das Bestreben, einen sprachlichen Bezug zu fachlichen Kenntnisbereichen ohne Berücksichtigung desjenigen, welcher diesen Bezug selbst herstellt, indem er einen Text produziert, haltlos erscheinen. Insofern hat Anonymität nicht als eine Eigenschaft von Fachsprachen zu gelten, die bestimmten kognitiven Strukturen oder Prozessen des Menschen entspricht, sondern als eine solche, die aus einer bestimmten sprachphilosophischen Position heraus für die Produktion und Rezeption von Fachsprachen postuliert wird.

Die letzte funktionale Eigenschaft von Fachsprachen, auf die hier hinzuweisen ist, stellt die **Identitätsstiftung** dar. Wie bereits anlässlich der Bestimmung von Fach- als Gruppensprachen erläutert, können Fachsprachen über die Personengruppen bestimmt werden, die mit ihnen über bestimmte Kenntnisbereiche kommunizieren. Diese Bestimmung erweist sich insofern als sinnvoll, als nicht allein eine Gruppe den Gebrauch einer gemeinsamen Sprache oder Varietät begründen kann, sondern ihrerseits anhand dieser wiederum sowohl von Außenstehenden als auch von Angehörigen der Gruppe selbst zu identifizieren ist. Extreme Fälle solcher fachsprachlichen Gruppenidentität finden sich etwa in Geheimbünden; sie tritt aber auch in der charakteristischen Redeweise bestimmter Forschungsrichtungen oder auch einzelner Betriebe auf, wo sie zur (durchaus auch ausgrenzenden) Bildung wissenschaftlicher Schulen oder zur Festigung der Firmenzugehörigkeit (corporate identity) beiträgt. Hiernach zeigen Fachsprachen also neben darstellungs- auch bedeutsame symptomfunktionale Züge. Diese sind jedoch selbst wiederum auch in darstellungsfunktionaler Hinsicht von Bedeutung, da die Identifikation von Mitgliedern einer fachlichen Gruppe kommunikative Voraussetzungen schafft, die für den sprachlichen Bezug auf den betreffenden Kenntnisbereich relevant werden. So beeinflussen die gruppenspezifischen sprachlichen und fachlichen (Vor-) Kenntnisse die Produktion und Rezeption von Fachtexten, indem sie auf deren Verständlichkeit und Ökonomie einen erheblichen Einfluss nehmen, und sind so auch in kognitiver Hinsicht von Interesse.

2. Gliederung von Fachsprachen

2.1 Kriterien fachsprachlicher Gliederung

Die Gliederung von Fachsprachen kann (wie diejenige anderer Gegenstandsbereiche auch) nach vielfältigen Kriterien erfolgen. Dabei ist unter einem Kriterium ein übergeordneter Gesichtspunkt zu verstehen, dem verschiedene und dabei miteinander vergleichbare Merkmale zugeordnet werden können, um so eine Gliederung des betreffenden Gegenstandsbereichs (also hier der Fachsprachen) zu erreichen. Bei einer solchen Gliederung sind **Typologie und Klassifikation** zu unterscheiden: Im Rahmen einer Typologie werden die Kriterien und Merkmale der Gliederung vorgegeben und diesen die Elemente des Gegenstandsbereichs zugeordnet; eine Klassifikation geht demgegenüber von dem Gegenstandsbereich selbst aus und versucht, diesen anhand charakteristischer Merkmale und Kriterien einzuteilen. In der Geschichte der Gliederungsversuche von Fachsprachen finden sich beide Verfahren – oft jedoch nicht deutlich voneinander geschieden.

Fachsprachliche Gliederungskriterien, die bereits innerhalb der älteren Fachsprachenforschung von Bedeutung sind, bilden zum einen die verschiedenen Fächer und deren Fachbereiche (vgl. Abb. 2). Dabei ist diese sog. „horizontale Gliederung" von Fachsprachen vornehmlich an der Gliederung der Fächer und Fachbereiche selbst ausgerichtet und weist somit eine starke darstellungsfunktionale Orientierung auf. Zum anderen werden hier diverse Abstraktionsebenen der fachsprachlichen Kommunikation unterschieden. Eine solche „vertikale Gliederung" ist ebenfalls vornehmlich darstellungsfunktional orientiert, trägt jedoch auch symptom- und appellfunktionalen Gesichtspunkten Rechnung. In der Fachsprachenforschung seit den 80er Jahren werden darüber hinaus anhand unterschiedlicher Verwendungsarten fachsprachlicher Äußerungen in verstärktem Maße auch verschiedene Fachtextsorten unterschieden, die ihrerseits zu einer Gliederung der Fachsprachen beitragen und dabei eine ganze Reihe an kommunikativen Bedingungen berücksichtigen.

Solche fachsprachlichen Textsorten sind in der Regel jeweils innerhalb verschiedenartiger fachsprachlicher Varietäten anzutreffen. Sie finden sich dabei jeweils sowohl innerhalb verschiedener Fächer oder Fachbereiche (wie am Beispiel von Lehrbüchern zur anorganischen Chemie oder zur vergleichenden Sprachwissenschaft deutlich wird), als auch jeweils auf unterschiedlichen Abstraktionsebenen (wie beispielsweise im Falle von fach- und populärwissenschaftlichen Rezensionen). Angesichts des eigenständigen und bedeutenden Beitrags der Erforschung solcher Textsorten zur Gliederung von Fachsprachen erscheint bereits hier eine saubere Trennung sinnvoll, mit der **fachsprachliche Varietäten und fachsprachliche Textsorten** unterschieden werden.

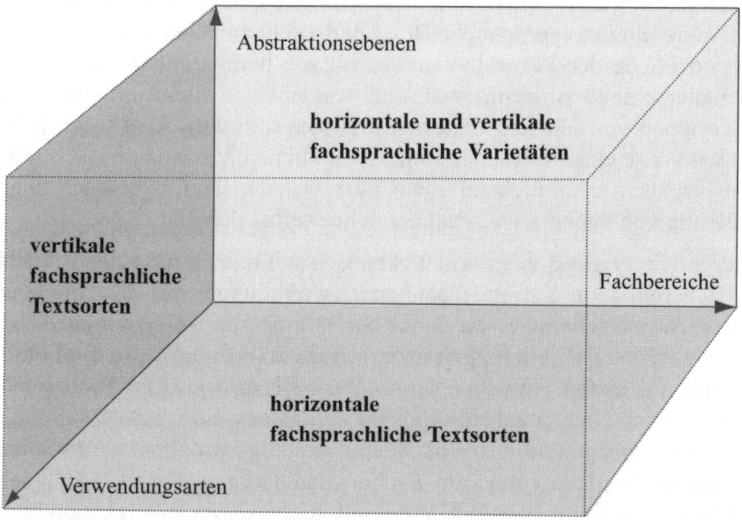

Abb. 2: Kriterien fachsprachlicher Gliederung (Fachbereiche, Abstraktionsebenen, Verwendungsarten) unter Berücksichtigung verschiedenartiger Beschreibungsschwerpunkte: Abstraktionsebenen innerhalb verschiedener Fachbereiche im Rahmen varietätenlinguistischer Ansätze (hell unterlegt), Verwendungsarten innerhalb verschiedener Fachbereiche sowie auf verschiedenen Abstraktionsebenen im Rahmen textlinguistischer Ansätze (mittel bzw. dunkel unterlegt).

2.2 Horizontale Gliederungen

Die horizontale Gliederung von Fachsprachen folgt **Fächergliederungen und Fachbereichseinteilungen**, die in der Regel unabhängig von innersprachlichen Erscheinungen zustande gekommen sind. Diese Gliederungen unterliegen jedoch selbst jeweils einer ganzen Reihe von fächergeschichtlichen und fächerpolitischen Bedingungen, so dass eine entsprechende Gliederung von Fachsprachen in eine allzu starke Abhängigkeit von wissenschafts- bzw. fachgeschichtlichen Erwägungen zu geraten droht. Vor diesem Hintergrund erscheinen allein solche fachsprachlichen Gliederungen sinnvoll, die eine bestehende Fächergliederung nicht einfach übernehmen, sondern vielmehr erst zum Ausgangspunkt einer Suche nach innersprachlichen Merkmalen machen, die dieser Gliederung im ganzen oder zumindest teilweise entsprechen. Dabei geht es nur zweitrangig um innersprachliche Besonderheiten einzelner Fachbereiche auf der untersten Ebene der Fächerhierarchie, wie sie bereits anhand einfacher Wortschatzunterschiede zu bestimmen sind, sondern vor allem um solche, die größere Gruppen von Fächern betreffen und somit breitere Aussagekraft besitzen. Auf dem Wege einer solchen an innersprachlichen Merkmalen orientierten Einteilung ist dann rückblickend sogar eine fachsprachenlinguistisch begründete Gliederung von Fächern und Fachbereichen selbst denkbar.

Vor dem Hintergrund einer solch skeptischen Einschätzung der Brauchbarkeit von Fächergliederungen und Fachbereichseinteilungen für die Gliederung von Fachsprachen erscheint es an dieser Stelle indessen wenig ertragreich, solche außersprachlichen Gliederungen im einzelnen zu erörtern.[21] So bleibt hier allein der Raum für einige Hinweise auf solche außersprachlichen Facheinteilungen, denen von der Fachsprachenlinguistik wenigstens eine gewisse Entsprechung auf Seiten innersprachlicher Erscheinungen zugesprochen wird. Solch **fachsprachenlinguistisch relevante Fächergliederungen** dürfen jedoch selbst nur mit Vorsicht angenommen und dabei als Richtgrößen mit schwankender Verbindlichkeit aufgefasst werden (vgl. Abb. 3).

Die wohl bekannteste und dabei auch innerhalb der meisten fachsprachenlinguistischen Ansätze anerkannte Gliederung sieht drei fachlich wie sprachlich zu unterscheidende Bereiche vor. In sprachlicher Hinsicht handelt es sich dabei um die **Fachsprachen der Wissenschaft, der Technik und der Institutionen**.[22]

---

[21] Vgl. hierzu etwa Dahlberg 1974.

[22] Vgl. Steger 1988; daneben Kalverkämper 1988.

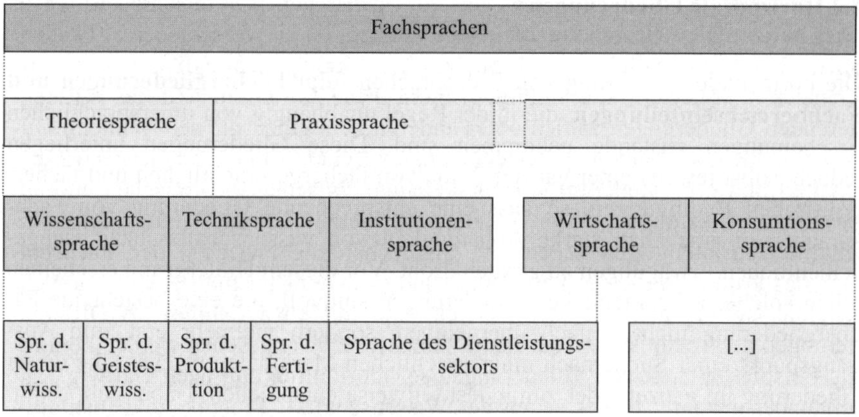

Abb. 3: Horizontale Gliederung von Fachsprachen in Wissenschafts-, Technik- und Institutionensprache (mittel unterlegt) sowie stark vereinfachte Zuordnung einiger ausgewählter Ergänzungen (hell unterlegt).

Die Abgrenzung der Wissenschaftssprache gegenüber den anderen Fachsprachen bereitet dabei insofern die geringsten Schwierigkeiten, als über diejenigen Fachbereiche und deren Sprachen, die als wissenschaftlich zu gelten haben, sowohl aus wissenschaftstheoretischer als auch aus kulturgeschichtlicher Warte weitgehend Einigkeit herrscht: Dabei spielen die Bildung von Theorien sowie deren sprachliche Erfassung und Vermittlung eine entscheidende Rolle – mit ein Grund dafür, warum Wissenschaftssprache bisweilen auch als *Theoriesprache* bezeichnet wird. Demgegenüber erscheint die Bestimmung dessen, was als Technik und dieser entsprechend als Techniksprache zu gelten hat, schon schwieriger. Dabei hat sich innerhalb der Fachsprachenlinguistik eine Auffassung durchgesetzt, nach der unter Technik derjenige Fachbereich zu verstehen ist, bei dem vom Menschen geschaffene Gerätschaften zweckgerichtet eingesetzt werden; die Fachsprache der Technik ist danach diejenige, mit der über diese Gerätschaften und deren Einsatz kommuniziert wird. Unter Institutionensprachen (wohl dem schillerndsten der drei Bereiche) sind schließlich in der Regel Fachsprachen zu verstehen, die innerhalb von so etwas wie (öffentlichen oder nichtöffentlichen) Organisationen, die eine festgelegte Struktur zeigen und einen bestimmten Zweck verfolgen, verwendet werden.

Neben der Wissenschafts-, Technik- und Institutionensprache werden innerhalb der Fachsprachenlinguistik einige weitere Fachsprachen unterschieden, die in einer horizontalen Beziehung zueinander stehen, da sie verschiedenen Fächern zuzurechnen sind. Solch **weitere horizontale Fachsprachengliederungen** differenzieren, ergänzen oder verallgemeinern diese Aufteilung. Zu den differenzierenden Gliederungen zählen unter anderen zum einen die seit Wilhelm Dilthey allgemein anerkannte Unterscheidung zwischen Natur- und Geisteswissenschaften und hier wiederum jeweils diejenige zwischen theoretischen und angewandten Disziplinen. Zum anderen ist hierzu die an wirtschaftswissenschaftliche Einteilungen angelehnte Unterscheidung zwischen den Fachsprachen des Produktions-, des Fertigungs- und des Dienstleistungssektors zu rechnen, die (wenn auch mit viel Vorsicht und mit etwas Mühe) als Differenzierungen der Technik- und der Institutionensprache angesehen werden können. Als Beispiel ergänzender Gliederungen sei die Fünfteilung nach Hartwig Kalverkämper genannt, in der neben der Wissenschafts-, Technik- und Institutionensprache auch die Sprachen der Wirtschaft und der Konsumtion aufgeführt werden, da diese sowohl sachlich als auch sprachlich als eigene menschliche Tätigkeitsbereiche aufzufassen seien.[23] Eine allgemeinere horizontale Fachsprachengliederung stellt die Unterscheidung zwischen der Sprache des Handwerks und derjenigen der Wissenschaft dar. Diese Unterscheidung ähnelt derjenigen zwischen Theorie- und Praxissprache, wobei die Theoriesprache (wiederum unter Vorbehalten) etwa der Wissenschaftssprache und die Praxissprache den übrigen Fachsprachen entspricht.

In der Fachsprachenlinguistik sind bisher zahlreiche verschiedene Wissenschafts-, Technik- und Institutionensprachen beschrieben worden. Dabei besteht jedoch angesichts der Fülle an einzelnen Fächern und Fachbereichen keine vollständige Erfassung, geschweige denn vollständige Beschreibung. Einen gewissen Eindruck über diejenigen Fachsprachen, die von germanistischer Seite bereits erfasst und beschrieben wurden, vermitteln indessen die einschlägigen Kapitel aus dem Handbuch „Fachsprachen", die **horizontal zu unterscheidende Einzelfachsprachen** behandeln. Hierzu gehören erstens: Fachsprachen der Urproduktion und des Handwerks (unter Berücksichtigung dialektaler Verhältnisse): Reepschläger, Fischereiwesen, Schifffahrt, Müllerei, Käserei, Molkerei, Maurerwesen, Holzverarbeitung, Imkerei, Winzertum, Bergbau, Buchdruckerei, Jägerei und Viehzucht. Zweitens technische Fachsprachen und Fachsprachen angewandter Wissenschaften: Gießereitechnik, Kraftfahrzeugtechnik, Elektrotechnik, Informatik, Verfahrenstechnik, Wärmetechnik/Feuerungstechnik, Ma-

[23] Vgl. noch einmal Kalverkämper 1988. – Für den Bereich der Wirtschaft erscheint diese These überzeugender als für den Bereich der Konsumtion.

schinen- und Anlagentechnik, Textilwesen, Eisenbahnwesen, Seefahrt und Telekommunikation. Drittens wissenschaftliche Fachsprachen: Mathematik, Physik, Chemie, Biologie, Pharmazie, Medizin, juristische Wissenschaft, Wirtschaftsfachsprache, Theologie, Erziehungswissenschaft, Philosophie, Musikwissenschaft, Sprachwissenschaft, Literaturwissenschaft und Ökologie. Viertens Institutionensprachen: Politische Fachsprache, juristische Fachsprache und Verwaltungssprache. Überschneidungen und Abweichungen innerhalb dieser Zusammenstellung selbst sowie im Vergleich mit anderen Zusammenstellungen lassen die Offenheit horizontaler Fachsprachengliederungen deutlich werden.[24]

Es bietet sich nun abschließend an, solche horizontal zu unterscheidenden Einzelfächer und deren Fachsprachen ihrer Verwandtschaft nach zu sortieren, um so deren **Verwandtschaftsgrad** deutlich zu machen. Ein solcher Versuch stammt etwa von Lothar Hoffmann[25] (vgl. Abb. 4): Hier werden von künstlerischer Prosa ausgehend die einzelnen Fächer und Sprachen in eine lineare

Künstlerische Prosa	Literaturwissenschaft	Pädagogik	Philosophie	...	Ökonomie der Land- und Nahrungsgüterwirtschaft	...

Landwirtschaftswissenschaft	Tierproduktion und Veterinärmedizin	...	Bauwesen	...	Maschinenbau	...

Elektrotechnik	...	Medizin	...	Chemie	Physik	Mathematik	...

Abb. 4: Horizontale Fachsprachengliederung nach Lothar Hoffmann.

24 Vgl. Kapitel XIV-XVII von Fachsprachen, Bd.1 (1998), 1020-1369; Bd.2 (1998). Ausgewählte Einzeluntersuchungen: Kretzenbacher/Weinrich 1995; Weingartner 1993 (Wissenschaftssprache). Bausch 1987 (Grammatik). Klauser 1992 (Literaturkritik). Ehlich 1990; Lüking 1994; Wiese 1984 (Medizin). Busch 1994; Löning/Rehbein 1993; Schuldt 1992 (Arzt/Patienten-Kommunikation). Munsberg 1995 (Chemie). Feer 1987 (Psychologie). Bungarten 1994; Eydam 1992; Jakob 1991; Krings 1996; Lüschow 1992; Reinhardt/Köhler/Neubert 1992 (Technik, Elektrotechnik). Yong 1985 (Elektronische Datenverarbeitung). Eichhoff (Reepschläger). Ruge 1995 (Landwirtschaft). Fluck 1974 (Fischerei). Busse 1992; Ermert 1980; Hoffmann 1989; Müller 1989 (Recht). Fuchs-Khalkar 1987; Wagner 1970 (Verwaltung).

25 Hoffmann 1985, 58-62.

Abfolge gestellt, wobei der Abstand deren Grad an sprachlichen Gemeinsamkeiten (etwa im Bereich der Lexik, der Syntax oder des Stils) angibt. Das grundsätzliche Problem dieser Verfahrensweise liegt in der Homogenisierung der einzelnen Fachsprachen, die unter verschiedenen sprachlichen Gesichtspunkten doch recht unterschiedliche Verwandtschaftsgrade aufweisen können; und gerade diese Vielfalt ist es eben, die linear nur unzureichend darzustellen ist. Die Leitidee des Ansatzes ist hier jedoch entscheidend: Zwischen den einzelnen Fächern und ihren Sprachen bestehen zahlreiche Gemeinsamkeiten und Unterschiede, die varietätenlinguistisch greifbar sind und somit auch einen Vergleich unter systematischen Gesichtspunkten gestatten. Von der eingangs in Aussicht gestellten fachsprachenlinguistisch begründeten Gliederung von Fächern und Fachbereichen selbst ist die Forschung derzeit jedoch (sollte sie denn überhaupt zu verwirklichen sein) noch ein gutes Stück entfernt.

2.3 Vertikale Gliederungen

Die vertikale Gliederung von Fachsprachen folgt nicht verschiedenen Fächergliederungen und Fachbereichseinteilungen, sondern jeweils den **Abstraktionsebenen innerhalb eines einzelnen Faches**. Hierbei wird allgemein davon ausgegangen, dass es innerhalb einzelner Fächer verschiedene Kommunikationsbereiche gibt, die sich im Hinblick auf das Allgemeine und das Besondere der Gegenstände und Sachverhalte des betreffenden Fachbereichs unterscheiden: Steht eher das Allgemeine im Vordergrund der Fachkommunikation, handelt es sich um eine höhere fachliche und sprachliche Abstraktionsebene; gilt das Interesse dagegen eher dem Besonderen, dann liegt eine vergleichsweise niedrigere Abstraktionsebene vor. Wie bereits die horizontale Gliederung weist auch eine solche vertikale Einteilung von Fachsprachen Abhängigkeiten von verschiedenartigen fächergeschichtlichen Bedingungen auf. Dabei erfahren innersprachliche Merkmale zumindest vordergründig eine stärkere Berücksichtigung, wobei sich vertikale Gliederungen wiederum bisweilen in nicht unwesentlichem Maße von ihren verschiedenen sprachkonzeptionellen und wissenschaftstheoretischen Grundlagen abhängig zeigen.

Eine der bekanntesten vertikalen Fachsprachengliederungen stammt von Heinz Ischreyt aus der Mitte der 60er Jahre.[26] Ischreyt setzt dabei drei fachliche und sprachliche Abstraktionsebenen an: **Wissenschafts-, fachliche Umgangs- und**

[26] Vgl. Ischreyt 1965 sowie von Hahn 1980.

Werkstattsprache. Die obere Abstraktionsebene stellt dabei die Wissenschaftssprache (daneben auch: „Theoriesprache") dar, wie sie in Forschung oder Entwicklung unter Spezialisten und hier zumeist in Schriftform verwendet wird. Die mittlere Ebene der fachlichen und sprachlichen Abstraktion wird darauf von der fachlichen Umgangssprache gebildet: Diese dient der unmittelbaren und dabei zumeist mündlichen Kommunikation unter den Spezialisten selbst sowie bis zu einem gewissen Grad der Kommunikation mit Teilnehmern der folgenden Ebene. Diese dritte und unterste Abstraktionsebene ist dann diejenige der sog. „Werkstattsprache" (auch: „Verteilersprache"). Sie wird vor allem im Rahmen der Techniksprache angenommen und findet in Produktion, Verwaltung oder Verkauf ihre schriftliche wie mündliche Verwendung.

Neben der Einteilung von Ischreyt sind zahlreiche weitere Versuche unternommen worden, Fachsprachen vertikal zu gliedern. Dabei ist hier noch einmal auf die Arbeiten von Lothar Hoffmann zu verweisen, dessen vertikale Gliederung ebenfalls eine breite Wirkung entfalten konnte.[27] Hoffmann unterscheidet fünf **Abstraktionsstufen mit jeweils eigenen semiotischen und kommunikativen Erscheinungen**. Die höchste Abstraktionsstufe nimmt dabei die „Sprache der theoretischen Grundlagenwissenschaften" ein: Sie zeichnet sich semiotisch durch den (partiellen) Gebrauch von künstlichen Symbolen für Elemente wie Relationen und kommunikativ durch die Verwendung unter Wissenschaftlern aus. Auf der zweiten, sehr hohen Abstraktionstufe findet sich hier die „Sprache der experimentellen Wissenschaften": Deren semiotische Charakteristika bestehen in dem Gebrauch künstlicher Symbole für Elemente und natürlichsprachiger Syntax für Relationen; die kommunikativen Besonderheiten zeigen sich in deren Gebrauch unter Wissenschaftlern oder Technikern selbst sowie zwischen diesen und wissenschaftlich-technischem Hilfspersonal. Die dritte, hohe Abstraktionsstufe nimmt die „Sprache der angewandten Wissenschaften und der Technik" ein, semiotisch zu charakterisieren durch natürliche Sprache mit starker Terminologisierung und verbindlicher Syntax sowie kommunikativ durch den Gebrauch unter Wissenschaftlern und Technikern einerseits und wissenschaftlichen bzw. technischen Produktionsleitern andererseits. Die vierte, niedrige Abstraktionsstufe wird dann von der „Sprache der materiellen Produktion" eingenommen: Deren Kennzeichen sind zum einen eine natürliche Sprache mit verhältnismäßig starker Terminologisierung und einer vergleichs-

[27] Vgl. Hoffmann 1985, 64-70. Weitere bekannte Ansätze vertikaler Gliederungen, die hier nicht im einzelnen erörtert werden sollen, stammen von Beneš 1969, von Heller 1970 oder von Reinhardt 1966: Diese werden einschließlich ihrer schematischen Abbildungen bei Fluck 1996 und bei von Hahn 1983, 72-83 dargestellt. Vgl. auch Dressler/Wodak 1989; Homberger 1990; Jahr 1993; Wichter 1991; 1994; 1995. Zur Arzt/Patienten-Kommunikation vgl. Busch 1994; Löning/Rehbein 1993; Schuldt 1992.

weise unverbindlichen Syntax sowie der Gebrauch unter Produktionsleitern, Meistern und Facharbeitern (Angestellten). Und auf der fünften und letzten, sehr niedrigen Abstraktionsstufe ist nach Hoffmann schließlich die „Sprache der Konsumtion“ anzutreffen: Sie zeigt eine natürliche Sprache mit wenigen Termini und weitgehend unverbindlicher Syntax und wird unter den Mitgliedern der Produktion, Vertretern des Handels und schließlich den Konsumenten selbst verwendet.

Bezeichnung nach Ischreyt	Bezeichnung nach Hoffmann	semiotische und sprachliche Merkmale	kommunikative Merkmale
Theoriesprache (Wissenschaftssprache)	Sprache der theoretischen Grundlagenwissenschaften	künstliche Symbole für Elemente und Relationen	Wissenschaftler ↔ Wissenschaftler
	Sprache der experimentellen Wissenschaften	künstliche Symbole für Elemente; natürliche Sprache für Relationen (Syntax)	Wissenschaftler (Techniker) ↔ Wissenschaftler (Techniker) ↔ wissenschaftlich-technische Hilfskräfte
Fachliche Umgangssprache	Sprache der angewandten Wissenschaften und der Technik	natürliche Sprache mit einem sehr hohen Anteil an Fachterminologie und einer streng determinierten Syntax	Wissenschaftler (Techniker) ↔ wissenschaftliche und technische Leiter der materiellen Produktion
	Sprache der materiellen Produktion	natürliche Sprache mit einem hohen Anteil an Fachterminologie und einer relativ ungebundenen Syntax	wissenschaftliche und technische Leiter der materiellen Produktion ↔ Meister ↔ Facharbeiter (Angestellte)
Werkstattsprache (Verteilersprache)	Sprache der Konsumtion	natürliche Sprache mit einigen Fachtermini und ungebundener Syntax	Vertreter der materiellen Produktion ↔ Vertreter des Handels ↔ Konsumenten ↔ Konsumenten

Abb. 5: Verbindung der vertikalen Fachsprachengliederungen nach Heinz Ischreyt (Bezeichnungen) und Lothar Hoffmann (Bezeichnungen sowie Erläuterung semiotischer, sprachlicher und kommunikativer Merkmale).

Die (von Ischreyt wie von Hoffmann nun durchaus erkannte) **Problematik vertikaler Fachsprachengliederungen** wird hier nun zumindest in dreierlei Hinsicht offensichtlich. Erstens ist die Anzahl der verschiedenen Abstraktionsebenen eine Ermessensfrage des Fachsprachenlinguisten, sofern dieser nicht bestimmte fachliche und sprachliche Übereinkünfte entsprechen. Doch gerade solche Übereinkünfte bilden sich in aller Regel im Laufe der Geschichte einzelner Fächer heraus und zeigen dabei eine recht hohe Selbständigkeit. Zudem ist der Ansatz bestimmter fachlicher und sprachlicher Abstraktionsebenen bereits innerhalb einzelner Fächer nicht unproblematisch; dies wird angesichts der Verbindung der Gliederungen von Ischreyt und Hoffmann, die sich beide auf den wissenschaftlich-technischen Bereich beziehen, schnell deutlich (vgl. Abb. 5). Zweitens bleibt überhaupt fraglich, ob eine solche Gliederung für sämtliche Fachsprachen, die auf der horizontalen Ebene zu unterscheiden sind, gilt, oder ob innerhalb der Wissenschafts-, Technik- und Institutionensprache etwa nicht jeweils eigene vertikale Gliederungen bestehen, die durch eine solche vertikale Gesamtgliederung wenn überhaupt, dann unzureichend erfasst werden. Dabei mag die Fünfgliederung nach Hoffmann der Dreigliederung nach Ischreyt an Differenzierung überlegen sein - zumal unter dem ausdrücklichen Hinweis, dass nicht jede der fünf Abstraktionsebenen auch in jedem einzelnen Fach tatsächlich ausgefüllt sein muss. Drittens ist im Rahmen dieser beiden und anderer vertikaler Fachsprachengliederungen jeweils von zahlreichen und dabei wiederum fachspezifischen Misch- und Sonderformen auszugehen, welche im Extremfall die betreffenden Einteilungen selbst in Frage zu stellen drohen.

Die Leistung der Gliederungsvorschläge von Ischreyt und Hoffmann besteht (bei aller Problematik, die mit diesen Ansätzen verbunden sein mag) in der systematischen Zuordnung von fachlichen Abstraktionsstufen einerseits und deren sprachlichen, semiotischen und kommunikativen Eigenheiten andererseits. Eine andersartige vertikale Gliederung von Fachsprachen liegt etwa mit derjenigen von Walther von Hahn vor, bei der **kommunikative Abstraktionsebenen, Distanzen und Handlungsweisen** als Kriterien dienen.[28] Wie bei den anderen Gliederungsvorschlägen werden auch hier verschiedene Abstraktionsebenen angesetzt, wobei im Hinblick auf den „Adressaten“ bzw. den Rezipienten vier Ebenen unterschieden werden: Wissenschaft, Technologie, Vermittlung und Nutzung. Diesen adressatenbezogenen Abstraktionsebenen werden dann jedoch jeweils keine semiotischen oder sprachlichen, sondern allein kommunikative Eigenheiten zugeschrieben. Hierzu zählen zum einen drei verschiedene Grade der „Kommunikationsdistanz“ (eng, mittel, weit). Unter Kommunikationsdistanz ist dabei der Abstand zwischen den an der fachsprachlichen Kommu-

[28] Vgl. von Hahn 1983, 76-83.

nikation beteiligten Personen zu verstehen, der sich physisch in deren Sicht-, Hör- oder Schriftkontakt sowie sozial in deren gegenseitiger Bekanntheit oder Unbekanntheit zeigt. Zum anderen zählen hier zu den kommunikativen Eigenheiten verschiedene kommunikative Handlungsweisen, wobei in Anlehnung an sprechakttheoretische Vorüberlegungen Organisation (zum Beispiel durch eine Verfügung), Information (etwa durch einen Versuchsbericht) und Instruktion (beispielsweise durch eine Bauanleitung) unterschieden werden. Werden diese drei Kriterien nach von Hahn schließlich systematisch zusammengefasst, dann ergeben sich insgesamt 36 Fachsprachentypen. – Auch für die Gliederung nach von Hahn gelten die grundsätzlichen Probleme der Gültigkeit im Hinblick auf die Sprachen unterschiedlicher Fächer sowie der Möglichkeit verschiedenartiger Sonderformen. Dennoch erweist sich gerade diese Gliederung von besonderer wissenschaftsgeschichtlicher Bedeutung, da mit dem Ansatz verschiedener adressatenspezifischer kommunikativer Kriterien ein ernsthafter Schritt hin zu einer Kombination von varietäten- und textlinguistisch fundierten Fachsprachengliederungen unternommen wird.

2.4 Fachtextsorten

Im Unterschied zu der horizontalen und vertikalen Gliederung von Fachsprachen, die sich insbesondere auf das systemlinguistische Inventarmodell gründet, geht die Unterscheidung von Fachtextsorten vornehmlich von einem pragmalinguistischen Kontextmodell aus. Diese **Sprachkonzeption der Fachtextsortenlinguistik** führt dazu, dass bei der fachsprachlichen Gliederung die kommunikativen Verhältnisse, unter denen fachliche Kommunikation erfolgt, in stärkerem Maße berücksichtigt und im Hinblick auf verschiedene fachsprachliche Verwendungsarten strukturiert werden: Denn Fachtextsorten werden dieser Konzeption folgend in der Regel als Typen oder als Klassen von Fachtexten[29] angesehen, die im Rahmen bestimmter Verwendungsweisen innerhalb der fachlichen Kommunikation jeweils bestimmte funktionale und formale Gemeinsamkeiten aufweisen. Hierbei werden soziologische und psychologische sowie semiotische und kommunikationswissenschaftliche Gesichtspunkte weitaus differenzierter berücksichtigt, als dies im Rahmen der Gliederung fachsprachlicher Varietäten der Fall ist. Doch ist dieser pragma- oder textlinguisti-

[29] Unter Fachtexten sind dabei komplexe und zugleich kohärente sprachliche Äußerungen (oberhalb der Satzgrenze) im Rahmen der Kommunikation innerhalb eines bestimmten menschlichen Tätigkeitsbereichs zu verstehen. Vgl. hierzu auch Kap. 5.

sche Ansatz trotz der gegenüber systemlinguistischen Ansätzen andersartigen konzeptionellen Fundierung und empirischen Differenziertheit methodisch insofern vergleichbar, als auch hier eine Zuordnung von innersprachlichen Merkmalen zu außersprachlichen (pragmatischen) Bedingungen vorgenommen wird. Fachtextsorten finden sich dabei in verschiedenen Fächern (Lehrbücher zur anorganischen Chemie oder zur vergleichenden Sprachwissenschaft) und auf verschiedenen Abstraktionsebenen (fach- und populärwissenschaftliche Rezensionen) und sind daher nicht allein konzeptionell, sondern auch empirisch deutlich von fachsprachlichen Varietäten zu unterscheiden.

Die verschiedenen **Definitionen von *Fachtextsorte***, die bislang von Seiten der an Fachtexten orientierten Linguistik eingeführt wurden, spiegeln diesen konzeptionellen Hintergrund wider.[30] Dies zeigt sich etwa an der folgenden Bestimmung aus der Fachtextsortenmonographie von Rosemarie Gläser: „Die Fachtextsorte ist ein Bildungsmuster für die geistig-sprachliche Verarbeitung eines tätigkeitsspezifischen Sachverhalts, das in Abhängigkeit vom Spezialisierungsgrad von kommunikativen Normen bestimmt ist, die einzelsprachlich unterschiedlich ausgeprägt sein können."[31] In dieser Definition treten neben der pragmalinguistischen Fundierung mindestens drei weitere wichtige konzeptionelle Aspekte der Fachtextsortenlinguistik zutage: Erstens die Annahme der Verschiedenheit von Fachtextsorten auf unterschiedlichen Abstraktionsebenen, mit der die Textsortengliederung von Fachsprachen an deren vertikale Einteilung rückgebunden wird. Zweitens die Annahme, dass fachliche Textsorten den Traditionen einer bestimmten Sprechergemeinschaft unterliegen und somit jeweils in starkem Maße von den sprach- und kulturgeschichtlichen Bedingungen dieser Gemeinschaft abhängen. Drittens die Dynamisierung der Bestimmung einzelner Fachtextsorten, indem diese weniger als eine feste Zuordnung, sondern mehr als ein „Bildungsmuster", eine mehr oder weniger lose Verbindung bestimmter inner- und außersprachlicher Merkmale betrachtet werden.

Im Zuge dieser Dynamisierung der Bestimmung fachlicher Textsorten erscheinen diese nicht mehr als genau umrissene Typen oder Klassen von Texten, sondern zeigen eine gewisse Randbereichsunschärfe, indem deren einzelne Texte nun jeweils nicht gleichermaßen über die charakteristischen inner- und außersprachlichen Merkmale verfügen, sondern diese vielmehr in recht ver-

---

30 Zur (Fach-)Textsortendefinition vgl. etwa Brinker 1988, 118-135; Engbert 1993; Frilling 1995; Gläser 1995; Hoffmann 1990; Klauke 1993; Heinemann/Viehweger 1991, 129-175; Kalverkämper/Baumann 1996; Knobloch 1998; Schellenberg 1994; Wolski 1998. Zu den besser untersuchten Fachtextsorten gehören beispielsweise Zusammenfassungen und Rekapitulationen; vgl. Keseling 1993; Kretzenbacher 1990; Oldenburg 1992.

31 Gläser 1990, 29. Vgl. auch Baumann 1992, 12-14; Göpferich 1995, 59-65; Rolf 1993.

schiedener Ausprägung zeigen. Vor diesem Hintergrund erscheint es sinnvoll, eher zentrale und eher periphere Vertretertexte einer bestimmten Textsorte anzunehmen. Eine Textsorte wird hiernach anhand derjenigen Texte bestimmt, die sich unter den jeweils gegebenen kommunikativen Bedingungen für die (fachliche) Verständigung als besonders geeignet erweisen. Die übrigen Texte werden daraufhin anhand eines Vergleichs mit diesen eher zentralen Texten ermittelt. Mit einer solchen **Prototypikalisierung von Fachtextsorten** wechselt die Gliederung von Fachsprachen ein weiteres Mal ihre sprachtheoretische Grundlage, indem hier das pragmalinguistische Kontextmodell durch ein kognitionslinguistisches Funktionsmodell abgelöst wird: „Unter kognitivem Aspekt lassen sich Textsorten als Text-Schemata (Muster; Operationspläne) auffassen, welche in der Sozialisation anhand guter Exemplare (Prototypen) angeeignet werden.“[32]

Diese kognitionslinguistische Prototypikalisierung von Fachtextsorten kann nun nicht allein im Hinblick auf verschiedene fachsprachliche Verwendungsweisen nutzbar gemacht werden, sondern darüber hinaus auch hinsichtlich der Bestimmung horizontaler und vertikaler Varietäten. Dabei werden fachsprachliche Varietäten an prototypischen Fachtextsorten festgemacht, die ihrerseits prototypische Textsortenvertreter aufweisen. Solche **Textsortenprototypen fachsprachlicher Varietäten** lassen sich am Beispiel der Fachsprachengliederung in Wissenschafts-, Technik- und Institutionensprache leicht angeben: So zeichnen sich wissenschaftssprachliche Texte durch die Bildung von Theorien sowie deren sprachliche Erfassung und Vermittlung aus; als prototypische Textsorte, die sich nun im Rahmen dieser Art von fachlicher Verständigung als besonders geeignet erweist und ihrerseits über prototypische Textvertreter verfügt, darf hier dann etwa die wissenschaftliche Abhandlung in Fachzeitschriften gelten. Techniksprachliche Texte dienen demgegenüber der Verständigung über Gerätschaften und deren Einsatz; als eine hierfür prototypische Textsorte mit prototypischen Vertretern ist etwa die Bedienungsanweisung einer Kaffeemaschine anzusehen. Institutionensprachliche Texte schließlich zeichnen sich durch die Bewältigung organisatorischer Aufgaben aus; prototypisch sind hier daher Satzungen oder Zeugnisse. Angesichts der vertikalen Gliederung von Fachsprachen ist entsprechend zu verfahren: Im Bereich der Techniksprache dürfen dann etwa die technische Beschreibung eines Personenkraftwagens als prototypische Textsorte der theoretischen Abstraktionsebene, dessen Montageanleitung als solche der Fertigungsebene und die Gebrauchsanweisung als solche der Anwendungsebene gelten; sie alle verfügen jeweils über ihre typischen Vertreter.

[32] Wolski 1998, 459; vgl. auch Schmidt 1994, 193.

Die Gliederungsvorschläge für fachsprachliche Textsorten sind mindestens ebenso uneinheitlich wie diejenigen zur horizontalen und vertikalen Gliederung fachsprachlicher Varietäten. Eine der früheren und zugleich einflussreicheren Textsortengliederungen stammt dabei von Dieter Möhn und Roland Pelka; sie lässt sich als **fächerübergreifende** (und dabei primär) **systematische Textsortengliederung** charakterisieren.[33] Diese Gliederung geht zunächst von drei verschiedenen fachsprachlichen Funktionen aus: Darstellung, Anleitung und Vorschrift (deskriptive, instruktive und direktive Sprachfunktion). In einem weiteren Schritt werden diesen drei Funktionen dann drei Grundtypen an fachsprachlichen Texten zugeordnet, die selbst wiederum verschiedenartige fachsprachliche Funktionen erfüllen können und somit historisch jeweils eine ganze Reihe eigener Textsorten herausgebildet haben. Der deskriptiven Sprachfunktion entspricht hierbei der informative Grundtyp, zu dem die Fachtextsorten Bekanntmachung, Kommentar, Benachrichtigung, Mitteilung, Stellungnahme, Rezension, Protokoll, Niederschrift, Rundschreiben, Bericht oder Zeugnis gehören. Der instruktiven Sprachfunktion wird der instruktive Grundtyp mit den Fachtextsorten Anleitung, Ratgeber, Gutachten, Unterweisung, Vorschlag, Hinweis, Mitteilung, Lehrbuch oder Fachkunde zugeordnet; der direktiven Sprachfunktion der direktive Grundtyp mit den Fachtextsorten Anordnung, Anweisung, Vorschrift, Regel, Auftrag, Verordnung, Bestimmung, Verfügung, Erlass, Norm, Mitteilung, Unterweisung, Anleitung oder Rundschreiben. Probleme dieser Gliederung bestehen zum einen im Hinblick auf die fehlende Binnengliederung der drei Grundtypen und zum anderen in Bezug auf deren Inklusionsverhältnis, da eine Vorschrift als verbindliche Anleitung und eine Anleitung wiederum als Beschreibung einer Handlung aufgefasst werden kann.[34]

Im Unterschied zu der Textsortengliederung von Möhn und Pelka ist diejenige von Rosemarie Gläser nicht als eine fächerübergreifende systematische, sondern als eine **fächerübergreifende historische Textsortengliederung** zu charakterisieren. Denn dieser Vorschlag geht nicht von einer kommunikations- oder sprechakttheoretisch fundierten Systematik aus, sondern von der wie auch immer zu bestimmenden Bedeutsamkeit einzelner Fachtextsorten im Rahmen der fachlichen Kommunikation: „Mit Rücksicht auf den begrenzten Umfang dieser Untersuchung können insgesamt nur 35 Fachtextsorten der englischen Gegenwartssprache, die im Zentrum wie an der Peripherie der Fachkommunikation relevant sind, behandelt werden. Zwar ist jede Auswahl von Fachtext-

[33] Vgl. Möhn/Pelka 1984, 45-70, 124-128.

[34] Dieses Inklusionsverhältnis mag der Grund für einige Mehrfachnennungen sein, beispielsweise der Mitteilung als informativer, instruktiver und direktiver Textsorte.

Fachtextsorten			
Fachtexte der schriftlichen Kommunikation			Fachtexte der mündlichen Kommunikation
Fachtextsorten der fachinternen Kommunikation	Fachtextsorten der fachexternen Kommunikation	Fachtextsorten der Konsumtion	Fachvorträge
1. Monographie 2. wiss. Artikel 3. fachbez. Essay 4. Lexikonartikel 5. wiss. Rezension 6. Buchankündigung 7. Abstract [...] 8. Wiss. Lebenslauf 9. Wiss. Nachruf 10. Leserbrief	1. Didaktisierende: Lehrbuch Lehrbrief 2. Popularisierende: Zeitschriftenartikel Buchbesprechung Sachbuch Aufklärungstext Ratgebertext Schulprospekt	1. Produktbegleitende 2. Werbetext	1. Plenarvorträge 2. Nobelpreisträger 3. Weiterbildung

Abb. 6: Gliederung von Fachtextsorten nach Rosemarie Gläser unter Berücksichtigung der Klassifikationskriterien Kommunikationsmedium (schriftlich und mündlich; hell unterlegt), vertikale Ebenen (Konsumtion und höher; mittel unterlegt) sowie Inter- und Intrafachlichkeit (dunkel unterlegt).

sorten bis zu einem gewissen Grade eine Ermessensentscheidung, doch war für diese Analyse die kommunikative Leistung der Fachtextsorte ausschlaggebend."[35] Der inhaltlichen Gliederung des Werkes folgend handelt es sich dabei lediglich um rund zwanzig fachliche Textsorten. Diese werden zum Teil weiter untergliedert, vor allem aber unter verschiedenartigen systematischen Gesichtspunkten klassifiziert (vgl. Abb. 6). Zu diesen systematischen Gesichtspunkten, die jedoch selbst keine einheitliche Verwendung finden, zählen Inter- und Intrafachlichkeit, vertikale Ebenen (Konsumtion und höher) sowie Kommunikationsmedien (schriftlich bzw. mündlich).

[35] Gläser 1990, 4; vgl. ebenda, 60-297.

Zu den differenziertesten Textsortengliederungen sowohl in systematischer als auch in historischer Hinsicht gehört diejenige von Susanne Göpferich.[36] Sie wird hinsichtlich der Kommunikationsmedien und der horizontalen Gliederung von Fachsprachen eingegrenzt, da nur schriftliche Textsorten der Naturwissenschaften und der Technik berücksichtigt werden, und ist daher als eine **fachbezogene systematisch-historische Textsortengliederung** zu charakterisieren. Die Gliederung ist hierarchisch angelegt und umfasst dabei insgesamt fünf Ebenen. Auf der ersten Ebene werden vier Fachtexttypen nach ihrer kommunikativen Funktion unterschieden: juristisch-normative Texte, fortschrittsorientiert-aktualisierende Texte, didaktisch-instruktive Texte sowie wissenszusammenstellende Texte. Auf der zweiten Ebene werden daraufhin allein die didaktisch-instruktiven Texte im Hinblick auf ihre eher theoretische oder eher praktische Orientierung unterteilt, während die hierbei ermittelten theoretischen Texte sowie die fortschrittsorientiert-aktualisierenden und die wissenszusammenstellenden Texte der ersten Ebene auf der dritten Ebene jeweils nach der Art und Weise der Informationspräsentation weiter untergliedert werden. Das Ergebnis sind acht sog. „Primärtextsorten“, denen jeweils eine inhaltlich selektierende bzw. komprimierende Sekundärtextsorte zugeordnet wird (vgl. Abb. 7). Diese acht Primär- und Sekundärtextsorten folgen damit jedoch keiner einheitlichen Gliederung: Während die juristischen Primärtextsorten Norm, Spezifikation und Patentschrift vornehmlich über ihre direktive Funktion bestimmt werden, dominiert hier bei den wissenszusammenstellenden Primärtextsorten das Kriterium der Textkondensation, also der Verfahren inhaltlicher Selektion und Komprimierung. Die fortschrittsorientiert-aktualisierenden Primärtextsorten Bericht oder Monographie einerseits und Zeitschriftenartikel andererseits sowie die didaktisch-instruktiven Primärtextsorten Lehrbuch, Sachbuch und Anleitung hingegen werden zunächst durch ihre deskriptive oder instruktive Textfunktion und dann jeweils anhand der Art und Weise ihrer Textgestaltung im Hinblick auf die Rezipientengruppen unterschieden. Die Sekundärtextsorten schließlich werden generell als kondensierende Texte charakterisiert.

Bei einem zusammenfassenden Rückblick auf die Textsortengliederungen nach Möhn und Pelka, Gläser sowie Göpferich wird deutlich, dass die zahlreichen Fachtextsorten, die sich im Laufe der Fach- und Sprachgeschichte herausgebildet haben, nur schwer durch eine wie auch immer angelegte Systematik erfasst werden können, da diese kaum eine hinreichende Differenzierung dieser Textsortenvielfalt zulässt. Vor diesem Hintergrund muss eine fachsprachenlinguistische Textsortengliederung zu dem gegenwärtigen Stand der Forschung immer

[36] Vgl. Göpferich 1995, 119-135.

Fachtexttypen in Naturwissen-schaft / Technik	Typvarianten ersten Grades	Typvarianten zweiten Grades	Primärtextsorten	Sekundär-textsorten
juristisch-normative Texte			Norm, Spezifi-kation, Patent-schrift usw.	Kurz-kommentar. Abstract usw.
fortschritts-orientiert-aktualisierende Texte		faktenorientierte Texte	Forschungsbe-richt, Versuchs-protokoll, Fach-artikel, Mono-graphie usw.	Abstract, Rezension usw.
		publizist, auf-bereitete Texte	Fachzeitschrif-tenartikel usw.	Abstract, Rezension usw.
didaktisch-instruktive Texte	theoretisches Wissen vermit-telndeTexte	mnemo-technisch aufbereitete Texte	Schul- oder Hochschullehr-buch usw.	Übungsbuch, Aufgabensamm-lung, Rezension usw.
		Interesse weckende Texte	populärwissens. Artikel, Sach-buch, Produkt-information usw.	Zusammenfas-sung, Rezention usw.
	Mensch/Technik -interaktions-orientierte Texte		Bedienungs-anleitung, Software-Manual usw.	Referenz-manual, Kurzanleitung usw.
wissenszusam-menstellende Texte		enzyklopädische Texte	Enzyklopädie, Lexikon usw.	Rezension usw.
		satzfragmen-tarische Texte	Formelsamm-lung Stückliste, Katalog, usw.	Rezension usw.

Abb. 7: Gliederung von Fachtextsorten nach Susanne Göpferich unter Berücksichtigung der primären Klassifikationskriterien: Textfunktion (deskriptiv, instruktiv und direktiv; hell unterlegt), Textgestaltung (Berücksichtigung vertikaler Rezipientengruppen; mittel unterlegt), Textkondensation (Selektion, Komprimierung; dunkel unterlegt).

an den wissenschaftlichen Fragestellungen ausgerichtet sein, unter denen sie jeweils zum Einsatz kommt; eine Fachtextsortengliederung per se erscheint also kaum sinnvoll. Angesichts dieser Situation ist hier auf diejenigen Textsorten zu verweisen, die im Handbuch „Fachsprachen“ behandelt werden[37], da deren Aufnahme einen Eindruck über die **wissenschaftliche Erfassung fachlicher Textsorten** vor allem in der germanistischen Forschung ermöglicht. In Anlehnung an die horizontale Gliederung von Steger sind dies die wissenschaftlichen Textsorten Aufsatz, Rezension, Abstract und Protokoll, Gutachten, Kongressvortrag, Diskussion und Prüfungsgespräch, die technische Textsorte Patentschrift sowie die institutionensprachlichen Textsorten Gesetz, Erlass, Vertrag und Geburtsurkunde. Hinzu treten hier noch Wetterbericht, Bedienungsanleitung, Werkzeugkatalog und Beipackzettel als „Sorten fachbezogener Vermittlungstexte“.

[37] Vgl. Fachsprachen, Bd.1 (1998), 482-594.

3. Eigenschaften im Bereich des Wortschatzes

3.1 Fachwort und Fachwortschatz

Diejenigen innersprachlichen Eigenschaften von Fachsprachen, die im Alltag zumeist als vordringlich erscheinen und auch die wissenschaftliche Beschäftigung mit Fachsprachen bis in die 70er Jahre hinein weitgehend bestimmen, sind im Bereich des Wortschatzes zu finden. Die Bedeutung solcher lexikalischen Eigenschaften wird dabei bisweilen derart hoch eingeschätzt, dass diese sogar als konstitutiv für Fachsprachen überhaupt betrachtet werden. In manchen Fällen werden **Fachwortschatz und Fachsprache** dann kurzerhand gleichgesetzt. Auch wenn dies angesichts der zahlreichen syntaktischen und textuellen Merkmale von Fachsprachen überzogen erscheint, darf der Wortschatz dennoch als ein wesentlicher Bereich fachsprachlicher Besonderheiten gelten. Hierbei sind jedoch einige nähere Bestimmungen und Abgrenzungen erforderlich.

Die **Bestimmung von Fachwort und Fachwortschatz** erfolgt von Seiten der Fachsprachenlinguistik recht uneinheitlich und unterliegt dabei zum einen verschiedenartigen Konzeptionen von Fach und Wort sowie nicht zuletzt auch von Sprache überhaupt. Oftmals erfolgt erst gar keine ernsthafte Bestimmung, so dass hier dann von einem mehr oder weniger vorwissenschaftlichen Fachwortverständnis auszugehen ist. Vor diesem Hintergrund erscheint es sinnvoll, hier Definitionen anzustreben, die eine vergleichsweise breite Akzeptanz erwarten lassen. Als solche Definitionen mögen etwa die folgenden gelten: Ein Fachwort ist die kleinste bedeutungstragende und zugleich frei verwendbare sprachliche Einheit, die innerhalb der Kommunikation eines bestimmten menschlichen Tätigkeitsbereichs gebraucht wird. Und entsprechend: Ein Fachwortschatz ist eine Menge solcher kleinster bedeutungstragender und zugleich frei verwendbarer sprachlicher Einheiten, die innerhalb der Kommunikation eines bestimmten menschlichen Tätigkeitsbereichs gebraucht werden. Doch auch wenn mit diesen recht einfachen Definitionen eine gewisse Klärung von *Fach* auf handlungstheoretischer und *Wort* auf morphemlinguistischer Grundlage in einem übergeordneten kommunikationstheoretischen Rahmen herbeigeführt wird, bleiben diese beiden Bestimmungen unter allgemeineren sprachtheoretischen Gesichtspunkten noch immer unzureichend, da sie hinsichtlich der Bestimmung des Wortes als einer Einheit eines sprachlichen Systems oder als einer Einheit eines sprachlichen Textes offen bleiben und somit eine Differenzierung erforderlich machen.[38]

Werden Fachwörter als Systemeinheiten verstanden, dann werden sie als Einheiten einer bestimmten, hier: fachsprachlichen Varietät angesehen, die von anderen Varietäten zu unterscheiden ist. Im Rahmen einer solchen Konzeption, die im wesentlichen von einem systemlinguistischen Inventarmodell geprägt ist, ist von **Fachsprachwort und Fachsprachwortschatz** zu sprechen: Ein Fachsprachwort ist danach die kleinste bedeutungstragende und zugleich frei verwendbare sprachliche Einheit eines fachlichen Sprachsystems, die innerhalb der Kommunikation eines bestimmten menschlichen Tätigkeitsbereichs gebraucht wird. Und unter einem Fachsprachwortschatz ist danach die Menge aller Fachsprachwörter dieses fachlichen Sprachsystems zu verstehen.

Im Rahmen einer Konzeption, die im Wesentlichen durch ein pragmalinguistisches Kontextmodell bestimmt wird, werden Fachwörter hingegen als Texteinheiten aufgefasst, die auf ihr einzelnes Vorkommen in einem Fachtext hin zu betrachten sind. In diesem Falle erscheint dann die Redeweise von **Fachtextwort und Fachtextwortschatz** angebracht, um eine hinreichende Unterscheidung gegenüber Fachsprachwort und Fachsprachwortschatz sicherzustellen. Ein Fachtextwort ist hier als kleinste bedeutungstragende und zugleich frei verwendbare sprachliche Einheit zu verstehen, die innerhalb der Kommunikation eines bestimmten menschlichen Tätigkeitsbereichs im Rahmen eines geäußerten Textes gebraucht wird. Der Fachtextwortschatz ist dementsprechend als die Menge aller Fachtextwörter dieser Textäußerung aufzufassen.

Die Bestimmungen von Fachsprachwort und Fachtextwort sowie diejenigen der entsprechenden Wortschätze schließen sich nicht aus. Sowohl der systemlinguistische als auch der pragma- oder textlinguistische Aspekt können in einer gemeinsamen Definition miteinander verbunden werden und erlauben so eine kombinierte **systematisch-pragmatische Definition von Fachwort und Fachwortschatz**: Ein Fachwort ist hiernach die kleinste bedeutungstragende und zugleich frei verwendbare sprachliche Einheit eines fachlichen Sprachsystems, die innerhalb der Kommunikation eines bestimmten menschlichen Tätigkeits-

[38] Vgl. zum folgenden die Diskussion älterer Differenzierungsvorschläge wie etwa denjenigen von Eduard Beneš oder Wilhelm Schmidt in Hoffmann 1985, 126-129.

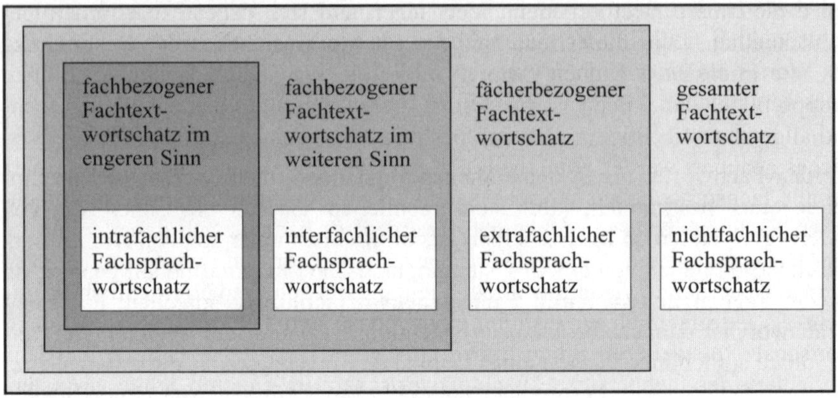

Abb. 8: Gliederung von Fachsprach- und Fachtextwortschatz nach fachlicher Zugehörigkeit der betreffenden Fachsprach- und Fachtextwörter.

bereichs im Rahmen geäußerter Texte gebraucht wird. Und ein Fachwortschatz ist die Menge solcher kleinster bedeutungstragender und zugleich frei verwendbarer sprachlicher Einheiten eines fachlichen Sprachsystems, die innerhalb der Kommunikation eines bestimmten menschlichen Tätigkeitsbereichs im Rahmen geäußerter Texte gebraucht werden. Auf der Grundlage dieser Definitionen lassen sich nun der Fachsprachwortschatz wie der Fachtextwortschatz einer gemeinsamen Gliederung unterziehen (vgl. Abb. 8).

Die **Gliederung der Fachsprachwortschatzes** umfasst dabei vier Gruppen: Die erste Gruppe bildet dabei der intrafachliche Fachsprachwortschatz, der aus denjenigen Fachsprachwörtern besteht, die ausschließlich der betreffenden Fachsprache angehören. Der interfachliche Fachsprachwortschatz bildet die zweite Gruppe; es handelt sich dabei um solche Fachwörter, die sowohl in dem betreffenden als auch in anderen fachsprachlichen Systemen erscheinen. Die dritte Gruppe besteht aus dem extrafachlichen Fachsprachwortschatz, also denjenigen Fachwörtern, die anderen fachsprachlichen Systemen zugehören, aber dennoch in Fachtexten des betreffenden Faches geäußert werden. Und die vierte Gruppe schließlich umfasst den nichtfachlichen Fachsprachwortschatz dieser Texte, mit anderen Worten die Menge von deren allgemeinen und fachlich nicht weiter geprägten Wörtern.

Führt die Gliederung des Fachsprachwortschatzes zu vier Gruppen, die intensional gleichberechtigt nebeneinander stehen und sich dabei extensional nicht überschneiden, führt die **Gliederung des Fachtextwortschatzes** zu vier Gruppen, die intensional und extensional ineinander verschachtelt sind: Die erste Gruppe bildet dabei der gesamte Fachtextwortschatz, der aus sämtlichen fach- und allgemeinsprachlichen Wörtern besteht, die in den Texten des betreffenden Faches geäußert werden. Innerhalb der zweiten Gruppe wird dieser Wortschatz auf alle fachsprachlichen Wörter eingeschränkt, indem sämtliche nichtfachsprachlichen Fachtextwörter ausgeklammert werden; es handelt sich dabei somit um den fächerbezogenen Fachtextwortschatz. In der dritten, wiederum engeren Gruppe sind dann wiederum allein diejenigen Fachtextwörter enthalten, die nicht als extrafachlich einzustufen sind und so den fachbezogenen Fachtextwortschatz im weiteren Sinne bilden. Als vierte und letzte Gruppe hat dann schließlich der fachbezogene Fachtextwortschatz im engeren Sinne zu gelten: die Menge der geäußerten intrafachlichen Fachsprachwörter.

Fachwörter, gleich ob sie nun als Fachsprach- oder als Fachtextwörter aufgefasst werden, unterscheiden sich nun nach allgemeiner Ansicht von solchen Wörtern, die nichtfachlich sind, selbst wenn diese durchaus in Fachtexten erscheinen können. Zu diesen **Fachwortbesonderheiten** gehören unter semantischen Gesichtspunkten zum einen die Festlegung von fachspezifischen Bedeutungen im Rahmen von Definitionen und anderen Festlegungsverfahren und zum anderen einige weitere Eigenschaften wie Exaktheit oder Eindeutigkeit, die auf der Grundlage verschiedener sprachtheoretischer Ansätze jeweils eine recht unterschiedliche Konzeption erfahren.[39]

3.2 Definition von Fachwörtern

Zu den wichtigsten Merkmalen von Fachsprachen gehören **metasprachliche Äußerungen**, also (zumeist sprachliche) Aussagen, die über bestimmte sprachliche Einheiten getroffen werden. Solche Aussagen finden sich auch außerhalb der fachsprachlichen Kommunikation, sie treten hier jedoch in aller Regel in weitaus größerer Zahl und Systematizität auf. Sie können entweder den Rang von Feststellungen oder denjenigen von Festlegungen einnehmen und sich

[39] Diese semantischen Eigenschaften von Fachwörtern werden in den folgende Abschnitten vorgestellt und erörtert; deren grammatische Merkmale werden zusammen mit der Fachsprachensyntax in Kapitel 4 behandelt. Vgl. auch Flood 1960; Jahr 1993; Wichter 1994.

dabei entweder auf einzelne Wörter oder auf größere sprachliche Einheiten wie Sätze oder (Teil-)Texte beziehen. Eine Definition ist hiernach aus fachsprachenlinguistischer Sicht als Festlegung einer Wortbedeutung aufzufassen. Die Verfahren dieser Festlegung sind dabei selbst recht vielseitig und können ihrerseits stark variieren sowie miteinander kombiniert werden.[40] Aus der Warte derjenigen Benutzer von Fachsprachen, die keine solche linguistische, sondern eine alltagsnahe Sprachauffassung vertreten, stellen sich Definitionen hingegen zumeist weniger als Festlegungen sprachlicher Bedeutungen, sondern vielmehr als solche von Begriffen dar. Was auch immer unter einem Begriff philosophisch oder psychologisch zu verstehen sei – dieser alltagsnahen Konzeption folgend handelt es sich dabei um so etwas wie eine übersprachliche (oder zumindest: übereinzelsprachliche) Vorstellung von Gegenständen der außersprachlichen Wirklichkeit.

Vor dem Hintergrund solcher verschiedenen Konzeptionen der Festlegung fachlicher Wortbedeutungen werden im allgemeinen zwei grundsätzlich verschiedene Typen von Definitionen unterschieden: **Nominal- und Realdefinitionen**. Unter einer Nominaldefinition ist die sprachliche Festlegung einer (sprachlichen) Bedeutung, unter einer Realdefinition die sprachliche Festlegung eines (übereinzelsprachlichen) Begriffs zu verstehen. Der Typ der Nominaldefinition entspricht dabei einer weitgehend idealistischen Sprachauffassung, nach der die außersprachliche Wirklichkeit des Menschen durch dessen Sprache überhaupt erst erfasst und verstanden werden kann. Der Typ der Realdefinition hingegen steht eher einer realistischen Sprachauffassung nahe, der zufolge die außersprachliche Wirklichkeit die menschliche Sprache selbst bestimmt und von dieser mehr oder weniger deutlich widergespiegelt wird. Beide Positionen erscheinen indessen jedoch durchaus theoretisch miteinander vereinbar: Sprache ist einerseits Medium der kommunikativ-kognitiven Wirklichkeitsaneignung und hat somit auch dieser Wirklichkeit selbst zu folgen; andererseits ist sie aber auch Medium der kommunikativ-kognitiven Wirklichkeitsgestaltung und prägt somit diese Wirklichkeit des Menschen unabdingbar mit. Vor diesem Hintergrund erscheinen Festlegungen im Bereich der Sprache auch als solche im Hinblick auf die Wirklichkeit selbst, so dass mit den Bezeichnungen *Realdefinition* und *Nominaldefinition* lediglich zwei verschiedene Gesichtspunkte ein und derselben kommunikativ-kognitiven Handlungsweise des Menschen hervorgehoben werden.

[40] Zur allgemeinen Definitionslehre vgl. neben anderen Albrecht 1967; Bierwisch/Kiefer 1969; Kamlah/Lorenzen 1973; Robinson 1965; von Savigny 1980. – Zur lexikographischen Bedeutungsexplikation vgl. Kolde 2001 sowie Kapitel 7.

Die klassische, sog. **aristotelische Definition** besteht in aller Regel aus einem Definiendum, einem Definitor und einem Definiens. Das Definiendum ist dabei der sprachliche Ausdruck, dessen (fachliche) Bedeutung festgelegt werden soll; das Definiens stellt denjenigen sprachlichen Ausdruck dar, mit dem diese Festlegung vorgenommen wird; und der Definitor schließlich ist das Verbindungsglied zwischen diesem Definiens und dem Definiendum. Das Definiens, also die Festlegung gliedert sich selbst wiederum in zwei Teile, die Angabe der Gattung (genus proximum) und die Angabe der artspezifischen Merkmale (differentia specifica). Ein Beispiel mag dies verdeutlichen: *Ein Phonem* (Definiendum) *ist* (Definitor) *ein Laut* (Definiens: genus proximum) *mit bedeutungsunterscheidender Funktion* (Definiens: differentia specifica). Unzureichende Varianten dieser Definitionsweise sind erstens Zirkeldefinitionen, in denen das Definiens im Definiendum erscheint (*ein Phonem ist ein Phonem mit bedeutungsunterscheidender Funktion*), zweitens Definitionen in Form von echten Verneinungen (*ein Phonem ist kein Wort mit bedeutungsunterscheidender Funktion*), sowie drittens solche, mit deren Definiens entweder eine zu enge oder eine zu weite Festlegung erfolgt (*ein Phonem ist ein Vokal mit bedeutungsunterscheidender Funktion* bzw. *ein Phonem ist eine sprachliche Einheit mit bedeutungsunterscheidender Funktion*).

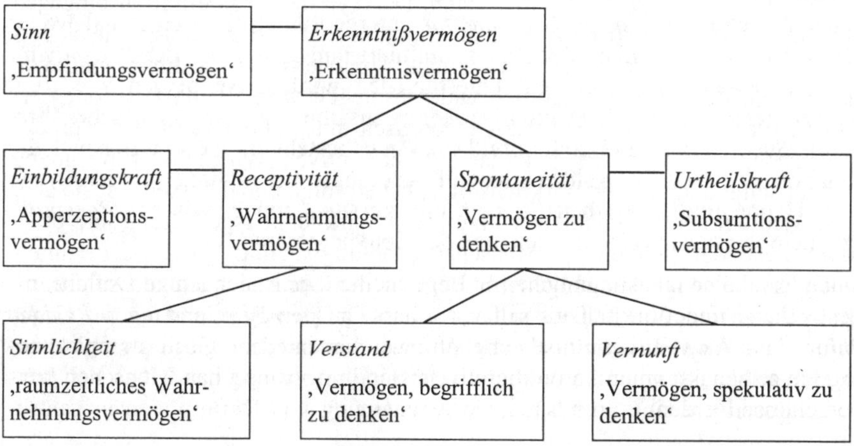

Abb. 9: Vereinfachte Darstellung eines erkenntnistheoretischen Teilwortschatzsystems aus der „Kritik der reinen Vernunft" von Immanuel Kant (nach Roelcke 1989, 162).

Definitionen stehen in der Regel nicht für sich alleine, sondern sie werden in Verbindung mit anderen Definitionen getroffen. Hierbei entsteht dann ein (zumeist hierarchisches) **Fachwortschatzsystem**, indem das Definiens einer bestimmten Definition im Definiendum einer anderen Definition erscheint, dessen Definiens wiederum in dem Definiendum einer dritten Definition zu finden ist; usw. Im Allgemeinen wird davon ausgegangen, dass mit der zunehmenden Genauigkeit der Bedeutungsfestlegungen (Zunahme der definitorischen Intension) deren entsprechende Gegenstandsmenge abnimmt (Abnahme der definitorischen Extension) und umgekehrt. Dies ist am Beispiel einer technischen Fachsprache leicht einzusehen: So stammt das Wort *Raumtransportsystem* aus dem Fachwortschatz der Raumfahrt.[41] Es ist Gattungsbezeichnung für die Artbezeichnungen *Trägersystem* und *Raumschlepper*, die anhand spezifizierender Bedeutungsmerkmale unterschieden und durch eine engere Gegenstandsmenge repräsentiert werden; die Bezeichnung *Trägersystem* selbst ist nach demselben Muster wiederum Gattungsbezeichnung für die Artbezeichnungen *Trägerrakete* und *Raumtransporter*. Definitionen und definitorische Wortschatzsysteme sind jedoch nicht allein im Bereich der Technik-, sondern auch in demjenigen der Wissenschaftssprache stark vertreten. Dies wird am Beispiel des Fachwortschatzes von Immanuel Kant, dem für seine sprachliche Strenge berühmten Aufklärungsphilosophen deutlich (vgl. Abb. 9): Kant definiert in seinem epistemologischen Hauptwerk „Kritik der reinen Vernunft“ *Vernunft* als ein ‚Vermögen spekulativ zu denken‘ und *Verstand* als ein ‚Vermögen, begrifflich zu denken‘; beide werden der *Spontaneität* untergeordnet, die intensional weiter als ‚Vermögen zu denken überhaupt‘ definiert und gegenüber der *Receptivität* als ‚Vermögen wahrzunehmen‘ unterschieden wird; diese beiden wiederum werden gemeinsam als *Erkenntnißvermögen* zusammengefasst.[42] Zwischen *Vernunft*, *Spontaneität* und *Erkenntnißvermögen* besteht in diesem Beispiel die Relation der Bedeutungsüber- bzw. Bedeutungsunterordnung (Hyperonymie bzw. Hyponymie), zwischen *Vernunft* und *Verstand* sowie zwischen *Receptivität* und *Spontaneität* jeweils diejenige der Kohyperonymie.[43]

Doch trotz aller fachsprachlichen Strenge bleiben auch hier einige Definitionsbestandteile undefiniert: Dies gilt vor allem für *Vermögen* und ist der Grund dafür, dass Kants Erkenntnistheorie oftmals eher psychologisch als epistemologisch aufgefasst wurde. Von diesem Beispiel unabhängig handelt es sich hierbei indessen um eine grundsätzliche Erscheinung von Definitionen in natürli-

[41] Beispiel nach Fraas 1998, 434.

[42] Beispiel nach Roelcke 1989, 162.

[43] Zur Theorie lexikalischer Bedeutungsrelationen vgl. Cruse 1986, 84-111; Lyons 1995, 102-130; Roelcke 1992a, b. Zum Verhältnis von Fachwortschatzsystem und Wissensorganisation vgl. Budin 1996.

chen Sprachen: Sofern definitorische Zirkel vermieden werden sollen, müssen zumindest das oberste genus proximum sowie jeweils die differentia specifica der Wortschatzseinheiten auf der untersten hierarchischen Ebene (der sog. *Nomenklatur*) undefiniert bleiben und stellen so eine Verbindung zwischen dem definierten Fachwortschatz und dem nicht definierten, allgemeinen Wortschatz des betreffenden Faches dar. Eine solche **allgemeinsprachliche Bindung definitorischer Fachwortschatzsysteme** ist im Rahmen der fachsprachlichen Definitionslehre Anlass für die Forderung, dass solche undefinierten Bestandteile den Produzenten und Rezipienten gemeinsam bekannt sind und von beiden auch als solche anerkannt werden. Dies gilt auch für formalisierte Definitionen, sofern die formalisierten auf natürlichsprachliche Einheiten zurückzuführen sind. Allein im Rahmen strenger Definitionen, wie sie in der Mathematik oder Logik getroffen werden, besteht eine solche allgemeinsprachliche Bindung nicht.

Neben der aristotelischen Definitionsweise werden innerhalb der Definitionslehre und der Fachsprachenlinguistik einige weitere Verfahren der lexikalischen Bedeutungsfestlegung unterschieden. Vor dem Hintergrund neuerer Semantiktheorien[44] gilt hier unter anderem der explikativen Definition ein besonderes Interesse. Die **explikative Definition** besteht grundsätzlich wie die aristotelische aus Definiendum, Definitor und Definiens. Im Unterschied zu dieser wird das Definiens jedoch nicht in genus proximum und differentia specifica unterteilt, sondern besteht aus einer losen Reihe von Merkmalangaben, mit denen das Definiendum mehr oder weniger genau charakterisiert wird. Während das Verfahren bei aristotelischen Definitionen im Hinblick auf die Angabe von Gattungs- und Artmerkmalen genau festgelegt ist, herrscht bei der explikativen Definition ein offenes Verfahren, bei dem eine grundsätzlich unbestimmte Zahl von gleichberechtigten Merkmalen aufgeführt wird. Im Falle von *Phonem* mag diese Reihe etwa lauten: ‚Laut, bedeutungsdistinktiv, inventarbildend und dabei variabel, zu ermitteln durch Minimalpaaranalyse und Kommutationstest'.

Solche Merkmale spiegeln in der Regel diejenigen kommunikativ-kognitiven Gesichtspunkte wider, die innerhalb der menschlichen Gemeinschaft eines bestimmten Tätigkeitsbereichs mit dem betreffenden Wort verbunden werden. Unter diesem Gesichtspunkt weist das Verfahren der explikativen Definition eine bemerkenswerte Parallele mit der sog. **Stereotypentheorie** auf. Dieser Theorie nach sind mit jedem Wort bestimmte Bedeutungsassoziationen verknüpft, welche das kommunikative und kognitive Verhalten innerhalb einer be-

[44] Vgl. hierzu grundlegend und zusammenfassend Aitchison 1987; Bromme 1990; Kleiber 1990; Lakoff 1982; Lutzeier 1985; Lyons 1995; Putnam 1975; Roelcke.2001b; Rosch 1991; Schwarz 1992; Semantik 1991.

stimmten menschlichen Gemeinschaft maßgebend prägen. Solche Bedeutungsassoziationen können nun im Rahmen explikativer Definitionen angegeben werden und somit ihrerseits zu einer Bedeutungsfestlegung führen. Dabei ist jedoch zu beachten, dass sich die Stereotypentheorie vor allem auf den allgemeinsprachlichen Bereich bezieht und hier andere Ergebnisse zeitigt als im fachsprachlichen. So beinhaltet hier zum Beispiel eine allgemeinsprachliche Bedeutungsbeschreibung von *Wasser* etwa die Merkmale ‚nass, durstlöschend', während eine naturwissenschaftliche Bedeutungsbeschreibung demgegenüber auf die chemische Formel H_2O, die Siede- und Schmelztemperatur usw. hinweisen würde. Auch wenn die explikative Definition als stereotypische Bedeutungsfestlegung im Vergleich zu der aristotelischen Definition eine weitaus geringere Systematizität zeigt, kommt ihr jedoch aus kommunikativ-kognitiver Perspektive auch im fachsprachlichen Bereich eine entscheidende Rolle zu.

Vor dem Hintergrund jüngerer Semantiktheorien ist neben der explikativen vor allem auch die **exemplarische Definition** von starkem Interesse. Im Unterschied zu der aristotelischen und explikativen Definition besteht das Definiens hier nicht aus Merkmalangaben, sondern aus der Angabe besonders charakteristischer Beispiele. Im Falle von *Phonem* wiederum wäre dies etwa die Nennung der Tenues *p*, *t* und *k* im Deutschen, während hier die Angabe der Frikative *ç* und *x* aufgrund von deren Allophonie als kombinatorischer Varianten eines einzelnen Phonems weniger treffend erscheint. Im Bereich der Techniksprache wäre hier zum Beispiel *Fahrzeug* eher durch ‚Automobil' oder ‚Fahrrad' als durch ‚Planierraupe' oder ‚Dreirad' zu bestimmen.

Die exemplarische Definition weist nun ihrerseits eine bemerkenswerte Gemeinsamkeit mit der sog. **Prototypentheorie** aus dem Bereich der allgemeinen Semantik auf. Dieser Theorie zufolge wird die Bedeutung eines einzelnen Wortes an mehr oder weniger beispielhaften Vertretern der betreffenden Gegenstandsmenge festgemacht. So gelten etwa in der deutschen Standardsprache Amseln oder Rotkehlchen als zentrale Vertreter von *Vogel*, während Pinguine und Strauße demgegenüber nur als Vertreter an dessen Peripherie anzusehen sind. Auch hier arbeitet die Bedeutungsbeschreibung mit Einheiten, denen innerhalb einer menschlichen Gemeinschaft eines bestimmten Tätigkeitsbereiches unter kommunikativ-kognitiven Gesichtspunkten eine kulturgeschichtliche Bedeutung zukommt. Es handelt sich in diesem Falle jedoch nicht um charakteristische Gesichtspunkte oder Merkmale, sondern um typische Ganzheiten. Da diese typischen Ganzheiten ein vergleichsweise hohes Maß an solchen charakteristischen Merkmalen in sich vereinen, können nun Stereotypen- und Prototypensemantik in einer gemeinsamen Theorie (etwa unter der Bezeichnung *Typensemantik*) miteinander vereint werden. Eine typensemantische Bedeutungsbestimmung wird dann schließlich zu einer Bedeutungsfestlegung, wenn den betreffenden beispielhaften Vertretern und deren Charakteristika die Rolle von Vorbildern zugebilligt wird. Vor dem Hintergrund ihrer kommunikativ-kognitiven Bedeutung im Rahmen einer solchen Typensemantik kommt neben der explikativen auch der exemplarischen Definition eine gewichtige Rolle innerhalb fachsprachlicher Bedeutungsfestlegungen zu, selbst wenn sie traditionell ebenfalls vornehmlich im allgemeinsprachlichen Bereich anzutreffen sind.

Diese kognitiv-kommunikative Bedeutung der explikativen und exemplarischen Bedeutungsfestlegungen besteht nun darin, dass diese der **Assoziativität des menschlichen Denkens** in starkem Maße Rechnung tragen. Auch die aristotelische Definition erfolgt durch ein Zusammenwirken von Assoziation und Dissoziation, doch wird die Assoziation hier jeweils auf einen bestimmten Aspekt, nämlich denjenigen der Bildung einer bestimmten Gattung durch Abstraktion beschränkt, während im Rahmen der beiden anderen Definitionsweisen verschiedenartige Assoziationsmöglichkeiten bestehen bleiben. Solche Assoziationsmöglichkeiten sind gerade auch im Bereich der Fachkommunikation von großer Wichtigkeit, wenn Gliederungen innerhalb eines bestimmten Tätigkeitsbereichs durch recht verschiedenartige Gesichtspunkte bestimmt werden.[45] Die klassische Definitionslehre weist indessen die aristotelische Definition als (durchaus prototypisches) Vorbild fachlicher Definitionen aus und bestimmt somit die abendländische Tradition der Bedeutungsfestlegung bis heute qualitativ wie quantitativ in starkem Maße mit. Demgegenüber scheint vor dem Hintergrund typensemantischer Erwägungen der explikativen und exemplarischen Bedeutungsfestlegung nunmehr auch im Bereich fachsprachlicher Definitionen eine größere Beachtung beigemessen werden zu müssen.

Explikative und exemplarische Bedeutungsfestlegungen können im fachsprachlichen Bereich durchaus ganze Wortschatzbereiche strukturieren. Diese Strukturen sind im Gegensatz zu denjenigen, die aus einer Verbindung aristotelischer Definitionen entstehen, nicht überwiegend hierarchisch, sondern vielmehr polyassoziativ: Die festgelegten Bedeutungen bilden dabei ein Geflecht von Beziehungen, das zumeist nicht anhand eines einzelnen Gesichtspunktes hinreichend bestimmt werden kann. Diese Vorstellung lässt die Wortfeldtheorie der älteren Semantik wieder in Erinnerung treten[46], so dass hier im Unterschied zu *Fachwortschatzsystem* von ***Fachwortschatzfeld*** gesprochen werden kann. In der älteren Feldtheorie wird unter einem Wortfeld eine Menge von Wörtern ver-

[45] Dies lässt sich zum Beispiel auch anhand der fachsprachenlinguistischen Diskussion um die Gliederung von Fachtextsorten zeigen (vgl. Kap. 2.4).

[46] Vgl. Trier 1931 und neben der bereits angegebenen Literatur zur lexikalischen Semantik Lutzeier 1981.

standen, deren Bedeutungen einen bestimmten Bereich der Wirklichkeit ohne Lücken und Überschneidungen abdecken. Eine solche Konzeption erscheint gegenwärtig unter kognitiv-kommunikativen Gesichtspunkten zwar hinsichtlich der Lücken und Überschneidungen zu strikt, sie verweist aber bereits auf eine Konzeption von Wortschatzstrukturen, die nicht hierarchisch, sondern assoziativ bestimmt ist.

Fachwortschatzsysteme und Fachwortschatzfelder können indessen durchaus auch miteinander kombiniert werden und bilden dann jeweils eine **komplexe Fachwortschatzstruktur**.[47] So werden etwa neben der hierarchischen Struktur, welche die Einteilung von Raumtransportsystemen innerhalb der Techniksprache der Raumfahrt auszeichnet, in diesem Wortschatz ebenfalls assoziative Bezüge zwischen Fachwörtern hergestellt. Hierzu zählt zum Beispiel die aktionale Beziehung zwischen *Trägersystem* und *Abheben*, die instrumentale Beziehung zwischen *Trägerrakete* und *Start* oder die lokale Beziehung zwischen *Raumtransporter* und *Umlaufbahn*. Im erkenntnistheoretischen Wortschatz von Immanuel Kant sind solche assoziativen Bezüge gleichfalls auszumachen (vgl. Abb. 9). Zu den signifikanten Beispielen gehören hier etwa die Wortpaare *Receptivität* ‚Wahrnehmungsvermögen' und *Einbildungskraft* ‚Apperzeptionsvermögen' einerseits sowie *Spontaneität* ‚Vermögen zu denken' und *Urtheilskraft* ‚Subsumtionsvermögen' andererseits, die beide insbesondere aus einer Verbindung, wenn nicht gar Vermischung epistemologischer (*Receptivität* und *Spontaneität*) und kognitionspsychologischer Konzeptionen (*Einbildungskraft* und *Urtheilskraft*) hervorgehen.

Die aristotelische Definition einerseits und die explikative und exemplarische Definition andererseits stellen nicht die einzigen Verfahren der Festlegung fachsprachlicher Bedeutungen dar; **weitere Definitionsarten** sind hier durchaus bekannt und üblich. Hierzu zählen: Erstens die genetische oder operationale Definition, deren Definiens in der Angabe derjenigen Verfahren besteht, mit denen der betreffende Gegenstand hergestellt oder ermittelt wird. Zweitens die induktive Definition, bei der eine Menge von unendlich vielen Gegenständen durch die Angabe eines Basisinventars und einer Reihe von Kombinationsregeln festgelegt wird. Drittens die Synonymendefinition durch Angabe eines oder mehrerer bedeutungsgleicher Wörter. Und viertens die wortassoziative Definition, bei welcher das Definiens aus der Angabe von wie auch immer bedeutungsverwandten Wörtern besteht, mit deren Bedeutungen die fragliche Bedeutung eingekreist und somit wiederum in einem stark assoziativen Verfahren festgelegt wird. Selbst wenn solche Bedeutungsfestlegungen als ein wichtiges Charakteristikum von Fachsprachen zu gelten haben, so sind doch

[47] Vgl. zu den folgenden Beispielen noch einmal Fraas 1998 und Roelcke 1989.

nicht notwendigerweise sämtliche Fachwörter im Sinne einer aristotelischen, explikativen, exemplarischen oder anderen Definition bestimmt. Wörter wie etwa *Struktur*, *Operation* oder auch *Kognition* stellen oftmals intra- oder interfachliche Wortschatzeinheiten dar, deren Spezifik nicht durch eine metasprachliche Bedeutungsfestlegung, sondern allein durch eine charakteristische Gebrauchsweise innerhalb der betreffenden Fachkommunikation erreicht wird. In diesem Falle kann dann auch fünftens von einer kontextuellen Definition gesprochen werden.

3.3 Exaktheit und Eindeutigkeit von Fachwörtern

Neben der metasprachlichen und kontextuellen Festlegung von Bedeutungen werden innerhalb der Fachsprachenforschung auch andere Eigenschaften von Fachwörtern angegeben und diskutiert. Diese Eigenschaften sollen die fachliche Kommunikation innerhalb des betreffenden menschlichen Tätigkeitsbereiches jeweils hinsichtlich ihrer **Deutlichkeit, Verständlichkeit und Ökonomie** unterstützen, wenn nicht gar gewährleisten. Da der fachliche Wortschatz im Laufe der Fachsprachenbetrachtung eine im Vergleich lange und tiefe Diskussion erfahren hat, treten hier jeweils Unterschiede in sprach- und kommunikationswissenschaftlicher Hinsicht sehr deutlich zutage. Im Folgenden werden die Eigenschaften Exaktheit und Vagheit, Eindeutigkeit und Mehrdeutigkeit sowie Kontextabhängigkeit und Kontextunabhängigkeit einer näheren Betrachtung unterzogen.

Unter **Exaktheit** ist im Allgemeinen ein möglichst adäquater Bezug fachsprachlicher Ausdrücke zu den Gegenständen, Sachverhalten und Vorgängen des betreffenden menschlichen Tätigkeitsbereiches zu verstehen.[48] Im Rahmen des systemlinguistischen Inventarmodells wird dieser Bezug bereits im fachlichen Wortschatzsystem verankert und in der Regel durch eine Definition hergestellt. Dabei ist indessen zu beachten, dass Exaktheit im Rahmen systemlinguistischer Fachwortschatzkonzeptionen trotz der hier bisweilen durchaus auch anders lautenden Ansprüche keine objektive Größe darstellt, die sich an der außersprachlichen Wirklichkeit messen lässt: Exaktheit ist hier allein eine relative Größe, die sich jeweils aus der einzelnen Definition und deren Einbindung in

[48] Vgl. zur Exaktheit und Vagheit von Fachwörtern: Baumann 1998; Fraas 1992; 1998; Gerzymisch-Arbogast 1996; von Hahn 1983, 98-106; 1998; Hoffmann 1985, 163-169; Pinkal 1985a-b; Roelcke 1995b; Wichter 1988; Wolski 1980; Wüster 1970, 114-115.

das betreffende definitorische Wortschatzsystem ergibt. Im Rahmen eines pragmalinguistischen Kontextmodells ist Exaktheit demgegenüber nicht oder zumindest nicht ausschließlich eine Eigenschaft von Einheiten des Fachwortschatzsystems, sondern vielmehr eine solche des Wortgebrauchs im Fachtext. Dabei wird die Konzeption der relativen Exaktheit durch Definition nicht in Frage gestellt; sie wird jedoch durch eine solche, welche die Exaktheit eines Fachwortes an dessen konkretem Ko- und Kontext misst, ergänzt. So kann beispielsweise eine Definition von *Kernreaktor* im Rahmen einer ökologischen oder ökonomischen Erörterung in einem (wenn überhaupt) gering differenzierten Definitionssystem erfolgen und somit weniger exakt ausfallen als eine solche innerhalb einer physikalischen oder technischen Beschreibung. Durch kontextuelle Hinweise können dann im Rahmen der ökologischen oder ökonomischen Erörterung ergänzende Bestimmungen erfolgen, welche die fachliche Exaktheit im Bedarfsfalle erhöhen. Ähnlich verhält es sich mit dem Fachwort *Vermögen* bei Kant: Es wird in der „Kritik der reinen Vernunft" definitorisch nicht hinreichend bestimmt und ist so Ausgangspunkt einer ganzen Reihe philosophischer oder psychologischer Spekulationen, die allein vor dem Hintergrund einer genauen Kenntnis der Kontexte, in denen das Wort erscheint, mit Aussicht auf Erfolg diskutiert werden können.

Die Eigenschaft der Exaktheit wird insbesondere von Seiten der traditionellen Fachsprachenforschung, die einem systemlinguistischen Inventarmodell verpflichtet ist, zu einem fachsprachlichen Ideal erhoben, das keine Ausnahme in Form von **Vagheit** zulässt. Mit diesem Exaktheitspostulat sollen unter anderem Missverständnisse innerhalb der Fachkommunikation bereits im Sprachsystem vereitelt werden. Doch stehen diesem Exaktheitspostulat zum einen bereits die aus dem systemlinguistischen Inventarmodell selbst heraus begründete Konzeption der relativen Exaktheit von Fachwörtern innerhalb definitorischer Wortschatzsysteme sowie zum anderen die pragmalinguistische Konzeption kontextueller Exaktheit im Rahmen fachsprachlicher Kommunikation überhaupt gegenüber. Unter Berücksichtigung von Untersuchungen zu einzelnen technischen oder wissenschaftlichen Fachsprachen erfährt dieses Exaktheitspostulat eine weitere Einschränkung: Eine kontextuelle Exaktheit von Fachwörtern, die deren systematische Exaktheit durch Definition tatsächlich jeweils modifiziert oder differenziert, ist hier derart weit verbreitet, dass sie eher als Normal-, denn als Sonderfall angesehen werden muss. Definitorische Vagheit bei kontextueller Exaktheit ist somit nicht als Unzulänglichkeit oder Ausnahme von Fachwörtern, sondern vielmehr als deren Charakteristikum zu werten. Vor diesem Hintergrund ist es dann letztlich überhaupt fraglich, inwiefern Exaktheit im Rahmen einer Abgrenzung zwischen Fach- und Gemeinsprache überhaupt sinnvoll herangezogen werden kann.

Unter der empirisch begründeten Annahme, dass systematische Vagheit bei kontextueller Exaktheit eine weit verbreitete fachsprachliche Eigenschaft darstellt, stellt sich nun die Frage nach deren kommunikativer Motivation: Das pragmalinguistische Kontextmodell ist ausschließlich in der Lage zu beschreiben, wie kontextuelle Exaktheit von Fachwörtern bei systematischer Vagheit innerhalb von Fachtexten hergestellt wird; sie ist aber nicht in der Lage, diese Erscheinung selbst auf ihre kommunikative Funktion hin zu erklären. Eine solche **Erklärung systematischer Vagheit bei kontextueller Exaktheit** erscheint nun unter dem Rückgriff auf ein kognitionslinguistisches Funktionsmodell möglich, das diese fachsprachliche Erscheinung im Rahmen einer kognitiv-kommunikativen Sichtweise zu begreifen versucht. Bei einem solchen Ansatz kommt wiederum der Assoziation als einem zentralen Bereich menschlicher Kognition eine wichtige Rolle zu: Denn unter der Annahme, dass auch und gerade fachliche Kognition und Kommunikation assoziativ erfolgen, ist die systematische Vagheit von Fachwörtern als Voraussetzung einer Fachwortverwendung anzusehen, bei der die systematische Wortbedeutung eine kon- und kotextabhängige Variation erfährt. Somit ist die Assoziativität des menschlichen Denkens aus kognitiv-kommunikativer Sicht als Grund für die systematische Vagheit von Fachwörtern aufzufassen, da diese Vagheit den Ausgangspunkt für die Herstellung von situativ jeweils unterschiedlicher kontextueller Exaktheit innerhalb einzelner fachlicher Äußerungen bildet.

Eindeutigkeit und Eineindeutigkeit[49] von Fachwörtern bestehen im Unterschied zu deren Exaktheit nicht in dem Bezug zu den Gegebenheiten des betreffenden Faches selbst; sie zielen vielmehr auf das Verhältnis von fachlichen Ausdrücken und Bedeutungen ab. Der älteren, dem systemlinguistischen Inventarmodell verpflichteten Fachsprachenforschung nach weisen Fachwörter eines Fachwortschatzsystems jeweils genau eine Bedeutung auf (Monosemie), die selbst wiederum allein von diesem einzelnen Wort repräsentiert wird (Heteronymie). Dem pragmalinguistischen Kontextmodell folgend, wie es von der jüngeren Fachsprachenlinguistik vertreten wird, sind Monosemie und Heteronymie indessen Erscheinungen des Fachwortschatzgebrauchs: Sie gelten jeweils unter bestimmten fachkommunikativen Kon- und Kotexten. Dabei müssen sie nicht in jedem Falle bereits innerhalb des betreffenden Fachwortschatzsystems angelegt sein. Hier können durchaus Mehrdeutigkeit (Polysemie) und Mehrnamigkeit (Synonymie) herrschen, die erst innerhalb einzelner fachsprachlicher Äußerungen anhand bestimmter kontextueller oder kotextueller Hinweise auf

---

[49] Zur Eindeutigkeit und Mehrdeutigkeit von Fachwörtern vgl. neben der Literatur zu deren Exaktheit und Vagheit auch: Drozd 1979; Kretzenbacher 1991/1992; Roelcke 1991; Schmitt 1986; Thurmair 1995.

Eineindeutigkeit hin interpretiert werden. Diese kontextuellen Bedeutungsindikatoren zur Monosemierung (Bedeutungsmotivation) und kontextuellen Bezeichnungsindikatoren zur Heteronymierung (Bezeichnungsmotivation) müssen sowohl vom Produzenten als auch vom Rezipienten des betreffenden Fachtextes beachtet werden.

Mit der fachsprachlichen **Polysemie und Synonymie** verhält es sich nun ähnlich der fachsprachlichen Vagheit: Eineindeutigkeit wird von Seiten der systemlinguistisch orientierten, traditionellen Fachsprachenforschung zum Ideal erhoben, um so unter anderem auch kommunikativen Missverständnissen bereits in dem fachsprachlichen System selbst zu begegnen. Doch stehen diesem Eineindeutigkeitspostulat wiederum nicht allein sprachtheoretische Argumente, sondern auch gewichtige empirische Befunde entgegen, die Polysemie und Synonymie bereits innerhalb von Fachwortschatzsystemen nachweisen.[50] So wurde etwa in der 70er Jahren bei dem Wirtschaftsunternehmen Bosch ein mehrsprachiges Inventar von rund 4.000 natürlichsprachlichen Benennungen ausgemacht, das einer Menge von über 200.000 verschiedenen Erzeugnissen gegenüberstand und somit ein erhebliches Maß an Polysemie zeigt. Synonymie innerhalb techniksprachlicher Systeme kann am Beispiel der Elektrotechnik nachgewiesen werden: So sind hier für das Wort *Edelgasgleichrichterröhre* mindestens sieben weitere, synonyme Bezeichnungen bekannt: *Edelgasgleichrichter*, *Gasgleichrichterröhre*, *gasgefüllter Katodengleichrichter*, *gasgefüllte Diode*, *Gasdiode*, *Glimmdiode* und *Glimmröhre*. Aus dem Bereich der Wissenschaftssprache sei noch einmal der philosophische Fachwortschatz Kants herangezogen, da er auch in diesem Zusammenhang wiederum recht signifikante Ergebnisse liefert (vgl. Abb. 10). So lassen sich hier zum Beispiel allein bei *Vernunft* dreiundzwanzig oder bei *Verstand* neunzehn verschiedene Bedeutungen unterscheiden. Umgekehrt erweisen sich hier einige Fachwörter als ausgesprochen synonymiefreudig, so etwa *Erkenntnißvermögen* mit den zwölf äquivalenten Bezeichnungen: *Erkenntnißfähigkeit*, *Erkenntnißkraft*, *Erkenntnißquelle*, *Fähigkeit*, *Gemüth*, *Gemüthskraft*, *Kraft*, *Organ*, *Quell*, *Vermögen*, *Vernunft* und *Vorstellungskraft*. Angesichts solcher Befunde stellt sich hier wie im Hinblick auf die Exaktheit von Fachwörtern die Frage, inwiefern Eineindeutigkeit überhaupt als eine charakteristische Eigenschaft von Fachsprachen zu werten ist.

[50] Zu den folgenden Beispielen aus der Fachsprache der Elektrotechnik vgl. Häfele 1977, 93; Neubert 1987, 35; die Beispiele aus der philosophischen Wissenschaftssprache sind Roelcke 1989 entnommen.

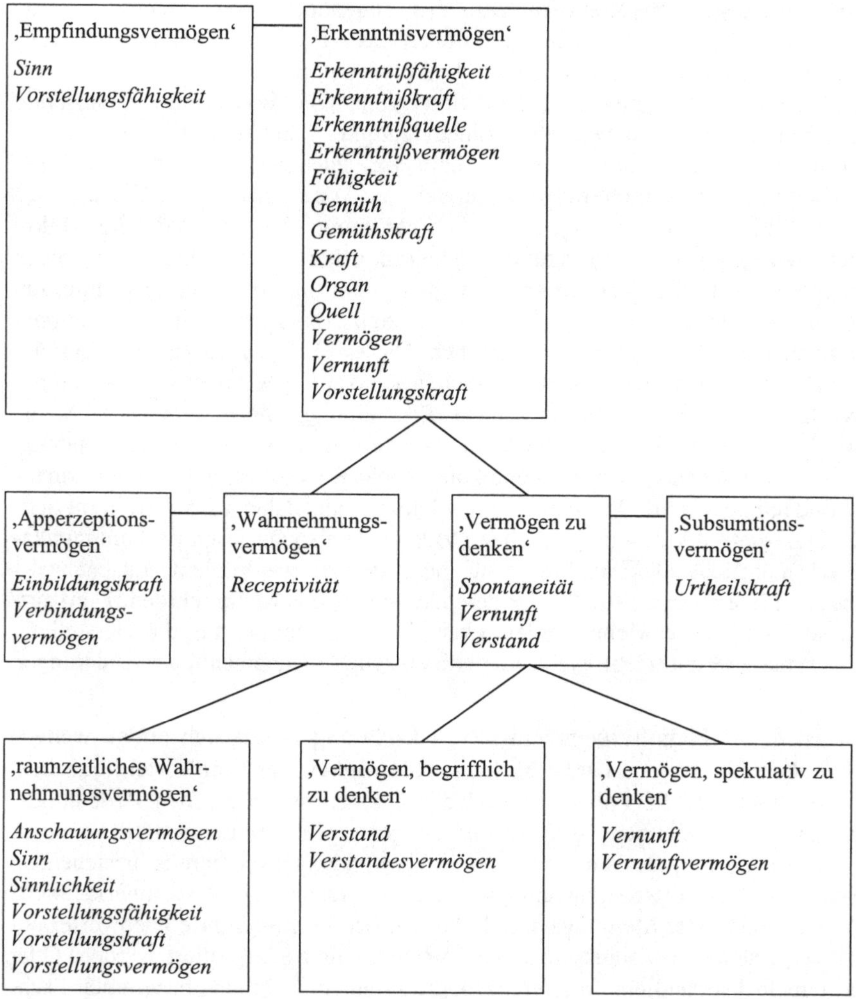

Abb. 10: Erweiterte Darstellung eines erkenntnistheoretischen Teilwortschatzsystems aus der „Kritik der reinen Vernunft" von Immanuel Kant unter Berücksichtigung der Polysemie und Synonymie des Fachwortschatzsystems (nach Roelcke 1989, 164).

Eine Konzeption fachsprachlicher Eineindeutigkeit auf der Grundlage eines pragmalinguistischen Kontextmodells hat gegenüber einer solchen, die auf einem systemlinguistischen Inventarmodell basiert, einen erkennbaren Vorteil. Dieser besteht darin, dass systematische Polysemie und Synonymie (systematische Mehrmehrdeutigkeit) vor dem Hintergrund von kontextueller Monosemie und Heteronymie (kontextueller Eineindeutigkeit) als eine Eigenschaft beschrieben werden können, die innerhalb von Fachsprachen durchaus üblich erscheint und dabei nicht notwendigerweise zu kommunikativen Missverständnissen führt. Doch eine hinreichende **Erklärung für systematische Mehrmehrdeutigkeit bei kontextueller Eineindeutigkeit** kann hier eine solche pragmalinguistische Konzeption ebenfalls nicht liefern. Eine derartige Erklärung erscheint indessen wiederum vor dem Hintergrund eines kognitionslinguistischen Funktionsmodells möglich. Dieses Modell gestattet nun unter der Annahme der Assoziativität menschlichen Denkens eine kognitiv-kommunikative Erklärung dieser fachsprachlichen Erscheinung: Die systematische Mehrmehrdeutigkeit ist hiernach die Voraussetzung für eine Fachwortverwendung, die das Wortschatzsystem kon- und kotextabhängig variiert, indem sie bestimmte Bedeutungen und Bezeichnungen selektiert und dabei assoziativ motiviert. Die Assoziativität des menschlichen Denkens ist also aus kognitiv-kommunikativer Sicht nicht allein als Grund für die systematische Vagheit von Fachwörtern, sondern auch als solcher für deren systematische Mehrmehrdeutigkeit aufzufassen, da diese Mehrmehrdeutigkeit den Ansatzpunkt für die Herstellung kontextueller Eineindeutigkeit innerhalb einzelner fachsprachlicher Äußerungen bildet.

Neben dieser kognitiv-kommunikativen Erklärung lassen sich einige **weitere Ursachen für systematische Mehrmehrdeutigkeit** bei Fachwörtern angeben. Im Hinblick auf die Polysemie sind dabei neben assoziierenden Bedeutungsvariationen zu nennen: Erstens der steigende Benennungsbedarf innerhalb einzelner Fächer, der eine vielfältige Verwendung von bereits bestehenden Einheiten des Wortschatzinventars erforderlich macht. Zweitens innerfachliche Konzeptions- oder Meinungsvielfalt, bei der bereits eingeführte Fachwörter unter verschiedenen Voraussetzungen unterschiedlich interpretiert werden. Oder drittens fachsprachliche Interferenzen, die zu einem Gebrauch bestimmter Fachwörter in verschiedenen Fächern unter unterschiedlichen Bedeutungen führen. Auf die Synonymie bezogen sind hier neben assoziierenden Bezeichnungsmotivationen vor allem verschiedene Kommunikationstypen oder Textsorten als Ursache zu nennen, da diese jeweils unterschiedliche Bezeichnungsmotivationen und Wortschatzkenntnisse voraussetzen. All diesen Ursachen ist jedoch gemeinsam, dass auch eine solche systematische Mehrmehrdeutigkeit in der fachsprachlichen Kommunikation nicht ohne kontextuelle Eineindeutigkeit zutage tritt, und sie selbst somit ebenfalls nur unter der Annahme der Assoziativität des menschlichen Denkens sinnvoll zu vertreten sind.

Eine weitere wichtige Eigenschaft von Fachwörtern, die im Zusammenhang mit deren Exaktheit und Eineindeutigkeit wiederholt erörtert wird, stellt die sog. **Autonomie** dar. Unter Autonomie wird dabei im Rahmen systemlinguistischer Ansätze die Fachwortunabhängigkeit vom Kontext und Kotext fachsprachlicher Äußerungen im Hinblick auf Exaktheit und Eineindeutigkeit verstanden. Dieses Autonomiepostulat bringt die Wortschatzkonzeption der älteren Fachsprachenforschung auf den Punkt: Fachwörter sollen in ihrer Bedeutung durch Definition so festgelegt sein, dass sie in jedem beliebigen Kontext hinreichend exakt und eindeutig sind und so keine kommunikativen Missverständnisse zulassen. Gerade diese Vorstellung wird nun von der jüngeren Fachsprachenforschung radikal in Frage gestellt, indem sie von dem Autonomiepostulat abrückt und statt dessen auf die Kontextabhängigkeit von Fachwörtern innerhalb fachsprachlicher Äußerungen hinweist und deren Bedeutung angesichts einer kontextuellen Exaktheit und Eineindeutigkeit bei systematischer Vagheit und Mehrmehrdeutigkeit hervorhebt. Diejenige Fachsprachenforschung, deren theoretische Grundlage ein kognitionslinguistisches Funktionsmodell bildet, ist darüber hinaus in der Lage, die Kontextabhängigkeit von Fachwörtern vor dem Hintergrund der Assoziativität des menschlichen Denkens zu erklären, so dass das systemlinguistische Postulat der Autonomie wie diejenigen der Exaktheit und Eineindeutigkeit nicht allein in empirischer, sondern auch in theoretischer Hinsicht eine deutliche Differenzierung erfährt.

3.4 Metaphorik von Fachwörtern

Einer weit verbreiteten Auffassung nach zeichnen sich Fachsprachen durch das Fehlen von Metaphern aus. Diese Auffassung gipfelt in einem sog. **Metapherntabu**, dem zufolge der Gebrauch von Metaphern in der Fachkommunikation unausgesprochen oder ausdrücklich verboten wird.[51] Die Argumente, die für dieses Tabu verantwortlich zu machen sind, sind vielfältig; zwei davon erscheinen hier von besonderer Bedeutung: Erstens erscheinen Metaphern als sprachliche Einheiten, deren Bedeutung nicht bereits im sprachlichen System angelegt sind, sondern erst im Rahmen sprachlicher Äußerungen erfasst werden und durch diese Kontextabhängigkeit Anlass zu Missverständnissen sein können. Diesem

[51] Vgl. hierzu kritisch etwa Weinrich 1989 oder Kretzenbacher 1994.

Argument, das sich auf ein systemlinguistisches Inventarmodell gründet, steht jedoch bereits der empirische Befund gegenüber, dass es durchaus auch fachsprachliche Metaphern gibt, die in dem betreffenden Wortschatzsystem verankert sind und somit keine Kontextabhängigkeit zeigen (so zum Beispiel *Zahn* und *Kopf* in der Technik oder *Fuß* in der Möbelschreinerei). Zweitens erscheinen Metaphern mehr noch als Wörter in eigentlicher Bedeutung in starkem Maße von den persönlichen Vorstellungen dessen geprägt, der sie in die (fachsprachliche) Kommunikation einbringt. Dies widerspricht nun dem Gebot der Anonymität von fachsprachlichen Äußerungen, das jedoch allein aus einer fachsprachenideologischen und nicht aus einer fachsprachentheoretischen Position heraus getroffen wird.

Auch wenn das Metapherntabu innerhalb der Geschichte der deutschen Fachsprachen eine recht lange Tradition hat, fehlt ihm wie dem Exaktheits- und dem Eineindeutigkeitspostulat die empirische Grundlage: Metaphern bilden im fachsprachlichen Bereich beileibe keine Ausnahme, sondern stellen vielmehr eine Erscheinung dar, die hier verhältnismäßig häufig ist. Dies führt bisweilen so weit, dass in der Forschung umfassende **fachsprachliche Metaphernbereiche** ausgemacht und beschrieben werden. Im Hinblick auf die Sprache der Technik sind solche Metaphernbereiche (dem Metapherntabu zum Trotz) bereits seit längerem bekannt. Dabei können drei Modelle unterschieden werden, die sich hier für die Bildung von Metaphern als besonders produktiv erwiesen haben (vgl. Abb. 11).[52] Erstens das Modell des menschlichen oder tierischen Körpers: Bezeichnungen für dessen Bau und Vorgänge werden zur Bezeichnung von Bau und Vorgängen technischer Gerätschaften herangezogen (Beispiel: *Der Wagen ist altersschwach und frisst viel*). Zweitens das Modell menschlicher Psyche und Intelligenz: Bezeichnungen menschlicher Fähigkeiten werden auf Eigenschaften technischer Gerätschaften übertragen (Beispiel: *Der Computer kommt nicht mehr mit und fängt an, boshaft zu werden*). Und drittens schließlich das Modell der Alltagsmechanik, mit der schwer zu erfassende technische und physikalische Erscheinungen umschrieben werden (Beispiel: *Der Handwerker lässt den Strom fließen und bekommt einen Schlag*).

Angesichts der weiten Verbreitung von Metaphern in Wissenschaft und Technik erscheinen diese hier weniger die Ausnahme als die Regel zu bilden. Somit ist an dieser Stelle zu fragen, wie diese Tatsache nun gegenüber dem gängigen

[52] Vgl. zur Metaphorik der Techniksprache im Folgenden Jakob 1991. Zur Metaphorik der Technik- und Wissenschaftssprache vgl. des Weiteren etwa Berr 1990, Biere/Liebert 1997; Brandt 1995; Busch 1998; Hums 1988; Johnson 1987; Liebert 1994; Meesen 1986; Scholz 1983; Störel 1997; Wüster 1970, 73-76.

Modelle	Submodelle	Beispiele
Körper	Nahrungszufuhr	*der Motor säuft viel*
	Stoffwechsel	*der Motor verbraucht viel*
	Schwäche usw.	*der Motor ist altersschwach*
	Leistungsfähigkeit	*der Motor ist stark*
	Tierverhalten	*der Motor schnurrt*
Mensch	Intelligenz	*die Maschine merkt das und schaltet ab*
	Selbständigkeit	*die Maschine holt sich selbst das Material*
	Zuverlässigkeit	*der Motor ist zuverlässig*
	Wahrnehmung	*der Gasmelder riecht die Verunreinigung*
	Launen	*die Maschine spielt verrückt*
	Starrköpfigkeit	*der Motor bockt*
	Fürsorge	*der Thermostat sorgt für angenehme Raumtemperatur*
Mechanik	fester Körper	*einen elektrischen Schlag bekommen*
	Flüssigkeit	*der Dampf strömt durchs Rohr*
	Materialqualität	*nasser, trockener, gespannter Dampf*
	Kraft	*der Dampf drückt das Ventil herunter*
	Bewegung	*der Dampf tritt ins Freie aus*

Abb. 11: Metaphernmodelle der technischen Fachsprache (nach Jakob 1991; Beispiele nach Jakob 1998).

Metapherntabu erklärt werden kann. Neben dem Hinweis auf den erhöhten Bezeichnungsbedarf einzelner Fachbereiche, der durch den metaphorischen

Rückgriff auf bereits bestehende Bezeichnungen gedeckt werden kann, bietet sich in diesem Zusammenhang wiederum ein kognitionslinguistisches Funktionsmodell an, das der Assoziativität des menschlichen Denkens in vollem Umfang Rechnung trägt. Hiernach entspricht der Gebrauch von Metaphern assoziativen Denkstrukturen, indem neu entdeckte oder geschaffene Gegenstände, Sachverhalte oder Vorgänge mit bereits bekannten in Verbindung gebracht, miteinander verglichen und gegebenenfalls mit deren Bezeichnungen gekennzeichnet werden.[53] Da gerade innerhalb der fachlichen Kommunikation ein hohes Maß an solchen Neuerungen bewältigt werden muss, dürfen fachsprachliche Metaphern vor diesem kognitions- und sprachtheoretischen Hintergrund sogar als eine der wesentlichen **Voraussetzungen für technisches und wissenschaftliches Fortkommen** überhaupt gewertet werden.

[53] Vgl. insbesondere Lakoff/Johnson 1980; Debatin 1995.

4. Eigenschaften im Bereich der Grammatik

4.1 Fachsprachengrammatik

Besonderheiten von Fachsprachen sind sowohl aus Sicht des Fachsprachenbenutzers als auch aus dem Blickwinkel der Fachsprachenforschung vorwiegend auf der Ebene des Wortschatzes festzustellen. Fachliche Spezifika auf der Ebene der Grammatik sind demgegenüber deutlich weniger präsent und wurden dementsprechend von wissenschaftlicher Seite bislang verhältnismäßig selten untersucht. Im Rahmen solcher Untersuchungen wird jedoch deutlich, dass die Grammatik von Fachsprachen gegenüber der allgemeinsprachlichen Grammatik kaum qualitative, sondern nahezu ausschließlich quantitative Unterschiede aufweist. Diese quantitativen Unterschiede bestehen in einer **Selektion grammatischer Muster**, die entweder zu einer höheren bzw. geringeren Vorkommenshäufigkeit solcher Muster oder zu deren ausschließlicher Nutzung bzw. vollständiger Aufgabe führen. In Anbetracht dieser Verhältnisse erscheint es bisweilen sinnvoll, solche selektiven grammatischen Merkmale von Fachsprachen im Rahmen von vereinfachenden Grammatikdarstellungen zusammenzufassen und somit entsprechenden Benutzergruppen (etwa im Bereich der Fachsprachendidaktik) zugänglich zu machen.[54]

Die grammatischen Besonderheiten der deutschen Fachsprache werden im Hinblick auf die nichtfachliche Bildungs- oder Standardsprache besonders deutlich. Um dabei nicht in einer bloßen Zusammenstellung zu verbleiben, bietet es sich nun an, diese Besonderheiten unter übergeordneten Gesichtspunkten zu vergleichen. Hierzu erscheint ein sprachtypologischer Ansatz vielversprechend, da dieser an allgemeinen grammatischen Konstruktionsweisen ansetzt und somit eine sprachwissenschaftliche Interpretation auch über die Grenzen der betreffenden Einzelsprache hinaus ermöglicht. Eine solche **sprachtypologische Interpretation der Fachsprache** hat die Bereiche Morphologie und Syntax zu

[54] So zum Beispiel aus dem Bereich der Wissenschaftssprache Fuhr 1989 und Schade 2002.

umfassen[55]: Im Bereich der Morphologie bietet sich hierbei die Unterscheidung zwischen synthetischem und analytischem Sprachbau an. Unter einer synthetischen Bauweise ist die morphologische Kennzeichnung grammatischer Kategorien im Rahmen von Einwortkonstruktionen, unter einer analytischen hingegen deren periphrastische Kennzeichnung im Rahmen von Mehrwortkonstruktionen zu verstehen (vgl. die synthetische Kennzeichnung des Attributs durch die Genitivform in *das Werk Kants* gegenüber der analytischen Kennzeichnung durch die Präposition in *das Werk von Kant*). Die folgende Betrachtung zeigt hier, dass in den deutschen Fachsprachen gegenüber der Standardsprache bis auf wenige Ausnahmen synthetische Konstruktionen überwiegen. Die sprachtypologische Betrachtung der fachsprachlichen Syntax hat zum einen die Komplexität und zum anderen die Verbindlichkeit von Satzkonstruktionen zu berücksichtigen, wobei ebenfalls signifikante Unterschiede zur Standardsprache festzustellen sind. Die Wort- bzw. Satzgliedstellung ist hier ebenfalls von Interesse.

Grammatische Merkmale deutscher Fachsprachen selbst finden sich indessen sowohl im Bereich der Wortbildungs- und Flexionsmorphologie als auch im Bereich der Syntax und lassen sich dabei im Hinblick auf verschiedenartige **Funktionen innerhalb der fachlichen Kommunikation** deuten. Zu diesen Funktionen gehören der möglichst adäquate Bezug zur Wirklichkeit und die logische Folgerichtigkeit der Äußerungen (Deutlichkeit), der möglichst adäquate Bezug zum Rezipienten (Verständlichkeit), die Effizienz der Darstellung (Ökonomie) sowie die Objektivierung (Anonymität). Wie die sprachtypologische Betrachtung steht jedoch eine solche übergreifende funktionale Betrachtung der grammatischen Eigenschaften deutscher Fachsprachen derzeit weniger vor einem prinzipiellen als vor einem gewichtigen wissenschaftsgeschichtlichen Problem, das sich auf die starke fachsprachliche Differenzierung auf vertikaler und horizontaler Ebene sowie im Bereich der Textsorten bezieht: Die Variation innerhalb der deutschen Fachsprachen lässt im Hinblick auf Morphologie und Syntax recht verschiedenartige Befunde erwarten, die jedoch bislang allenfalls in Ansätzen erhoben wurden. Vor diesem Hintergrund hat die folgende Übersicht ohne eine solche Differenzierung auszukommen und kann nur einige wenige Hinweise auf abweichende fachsprachliche Varietäten oder Textsorten geben.[56]

---

[55] Vgl. hierzu Roelcke 1997a, 22-61; 2002a; 2002g sowie Variationstypologie 2003.

[56] Vgl. die folgenden Zusammenfassungen, aus denen auch ein Teil der folgenden Beispiele stammt: Baakes 1994; Drozd/Seibicke 1973; Fluck 1996, 49-56; von Hahn 1983, 111-119; Hoffmann 1985, 72-124, 183-230; 1998; Möhn/Pelka 1984,14-22; von Polenz 1988; Roelcke 1997a, 192-202. Ausgewählte Einzeluntersuchungen zur Grammatik der deutschen Fachsprachen: Beneš 1966; 1973; 1981; Chen 1995; Köhler 1985; Kuntz 1979; Littmann 1981; Möslein 1974; Kjaer 1992; von Polenz 1981; Schefe 1975; Zhang 1990.

4.2 Wortbildungsmorphologie

Innerhalb der Fachsprachen des Deutschen stellt die erhöhte **Ausschöpfung bestimmter Wortbildungsmöglichkeiten** ein auffälliges Merkmal dar. Für solch häufige Wortbildungen im fachsprachlichen Bereich sind mindestens zwei allgemeine Gründe anzuführen: Zum einen hat das Deutsche als eine Sprache zu gelten, deren Wortbildungsbereich im Vergleich zu anderen Sprachen auch ausserhalb fachsprachlicher Äußerungen verhältnismäßig produktiv ist. Und zum anderen kann mit dieser für das Deutsche also charakteristischen grammatischen Konstruktionsweise dem erhöhten Benennungsbedarf im Rahmen fachlicher Kommunikation leicht Genüge getan werden. Im Einzelnen wird dabei sowohl auf die Möglichkeiten der Komposition als auch auf diejenigen der Derivation sowie der Kürzung und der Konversion zurückgegriffen.

Die **Komposition** stellt einen der produktivsten Bereiche der fachsprachlichen Wortbildung im Deutschen dar. Dabei sind es vor allem die folgenden Muster der Wortzusammensetzung, die hier Anwendung finden: Zusammensetzung von Substantiven (*Dependenzgrammatik*, *Volkswirtschaft*, *Steuerbescheid*, *Boxermotor*), zum Teil mit einer vergleichsweise hohen Anzahl an Gliedern (*Facharztausbildung*, *Donaudampfschifffahrtsgesellschaft*, *Hörsprachgeschädigtenpädagogik*). Bildung von sog. Zwillingsverben durch Zusammensetzung zweier Verben (*trennschleifen*, *spritzgießen*). Zusammensetzung von Verbstamm und Substantiv (*Rechenanlage*, *Zählwerk*, *Sehrohr*). Zusammensetzung aus Substantiv oder Adjektiv und einem Verb als Infinitiv oder Partizipialkonstruktion (*sandstrahlen*, *tiefkühlen*, *kugelgelagert*, *farbabweisend*). Zusammensetzung aus Substantiv und Adjektiv oder Adverb, oftmals verbunden mit der Bildung von Antonymen (*Großhirn* und *Kleinhirn*, *Hochbau* und *Tiefbau*, *Frühgemüse* und *Spätgemüse*, *schadstoffreich* und *schadstoffarm*). Zusammensetzung unter Verwendung von Abkürzungen oder Zahlen: *ADAC-Schutzbrief*, *EG-Richtlinie*, *3er-Pack*. Darüber hinaus finden sich hier zahlreiche Komposita, die aus der Übersetzung fremdsprachlicher Bildungen hervorgegangen sind (so etwa *Überschallgeschwindigkeit* aus *supersonic velocity*).[57] Die Zahl solcher Komposita sowie die Anzahl der möglichen Kompositionsglieder übersteigt diejenigen in der nichtfachlichen Bildungs- oder Standardsprache bei weitem. Vor diesem Hintergrund zeigen Fachsprachen also eine im Vergleich höhere Ausprägung an synthetischer Bauweise. Funktional lässt sich diese starke Kompositionsnei-

[57] In diesem Zusammenhang sind, obgleich selbst keine Wortbildungen, schließlich auch periphrastische Mehrwortbenennungen zu erwähnen, die als feste lexikalische Einheiten Verwendung finden (etwa *generative Transformationsgrammatik*, *elektromagnetisches Rauschen*).

gung über die allgemeine Sprachcharakteristik des Deutschen hinaus zum einen durch das Streben nach möglichst hoher Deutlichkeit erklären. Komposita (und unter diesen vor allem Determinativkomposita) gestatten wie Mehrwortbenennungen eine ausdrückliche Spezifikation von Bezeichnungen auf Wortebene. Diese Spezifikation kann in der Regel als eine Umformung aus einem attributiven Nominalkomplex oder einer Relativsatzkonstruktion angesehen werden, so dass hier zum anderen ein Moment der sprachlichen Ökonomie im Hinblick auf eine Ausdrucksverkürzung hinzutritt. Mit dieser Ausdrucksökonomie ist jedoch der kommunikativ nicht zu unterschätzende Nachteil verbunden, dass die Art und Weise der lexikalischen Spezifikation gegebenenfalls ungeklärt bleibt und somit erhöhte Anforderungen an die Produktion und Rezeption des betreffenden Fachtextes gestellt werden (so ist ohne geeigneten Kontext nicht ersichtlich, ob es sich bei einer *Holzschraube* um eine Schraube für oder aus Holz handelt).

Aus dem Bereich der **Derivation** sind innerhalb der deutschen Fachsprachen vor allem deverbative Ableitungen zur Bezeichnung von Personen oder Geräten zu nennen. Dies gilt insbesondere wiederum für den Gebrauch des *-er* Suffix, das sowohl mit deutschsprachigen Elementen (*Schweißer*, *Bohrer*, *Sender*, *Schreiber*) als auch mit Lehnwörtern (*Reader*, *Rekorder*) verbunden werden kann. Diese Konstruktion dient in vielen Fällen der Ersetzung von Komposita aus Verbstamm und Substantiv und stellt somit ein weiteres Verfahren fachsprachlicher Ausdrucksökonomie dar (*Bohrer* aus *Bohrmaschine*, *Rasenmäher* aus *Rasenmähgerät*). Der Komposition vergleichbar sind jedoch mit diesem Wortbildungsmittel bisweilen ebenfalls Mehrdeutigkeiten verbunden, die bei der fachsprachlichen Produktion und Rezeption jeweils durch geeignete Kontexte aufzuheben sind (vgl. etwa *der Schreiber ist ausgelaufen* gegenüber *der Schreiber ist ausgegangen*). Neben dem *-er* Suffix erfreuen sich in den deutschen Fachsprachen auch folgende Suffixe größerer Beliebtheit: *-ung* (*Bohrung*, *Verordnung*), *-heit* und *-keit* (*Feinheit*, *Trennbarkeit*), *-bar* (*entflammbar*, *trennbar*); hinzu treten hier suffixartige Funktionsträger, sog. Suffixoide: *-los* (*ergebnislos*, *arbeitslos*), *-frei* (*FCKW-frei*, *bleifrei*, *alkoholfrei*) und *-sicher* (*feuersicher*, *kugelsicher*). Präfixe finden sich oftmals zur systematischen Kennzeichnung von Verneinung oder Gegenteil, zum Beispiel: *Miss-* (*Misswirtschaft*), *un-* (*unproduktiv*, *untrennbar*), *in-* (*ineffektiv*, *inakzeptabel*) oder *nicht-* (*nichtsprachlich*, *nichtfarbig*). Derivata stellen im fachsprachlichen Bereich ebenfalls keine Seltenheit dar und tragen hier somit gleichfalls zu einer erhöhten Syntheseausprägung im Vergleich zur Standardsprache bei. Dies gilt insbesondere auch für die Suffixoide, mit denen ein Übergang von Komposition zu Derivation zu verzeichnen ist.

Die Fachsprachen des Deutschen zeigen neben den charakteristischen Erscheinungen in den Bereichen der Wortzusammensetzung und -ableitung zahlreiche **Wortkürzungen**. Bekannte Verfahren sind dabei die folgenden: Kürzung am Wortende (*Lok* aus *Lokomotive*), Kürzung am Wortanfang (*Bus* aus *Autobus*), sowie Kürzung in der Wortmitte (*Krad* aus *Kraftrad*). Der Aussprache entsprechend sind Buchstabierkürzungen (*ADAC* aus *Allgemeiner Deutscher Automobil-Club*) und Lesekürzungen (*DIN* aus *Deutsches Institut für Normung*) zu unterscheiden. Die Funktion solcher Abkürzungen, die im Hinblick auf synthetischen und analytischen Sprachbau wenn überhaupt, dann allenfalls im Rahmen von Synthese sinnvoll zu interpretieren sind, ist wiederum vornehmlich in deren Ausdrucksökonomie zu sehen. Die Abkürzungen, deren große Zahl im fachsprachlichen Bereich zu der nicht eben wertungsfreien Bezeichnung *Akü-Sprache* geführt hat, setzen dabei jedoch wiederum ein erhöhtes Maß an Kompetenz bei den an der Fachkommunikation beteiligten Personen im Hinblick auf das fachsprachliche Inventar voraus.

Die fachsprachlichen Besonderheiten innerhalb der deutschen Wortbildung betreffen nicht zuletzt auch die **Konversion**, den Übertritt von einer Wortart in eine andere. In diesem Bereich ist insbesondere die häufige Substantivierung von Infinitiven auffällig (*Schmelzen*, *Drehen*, *Verordnen*). Wie Zusammensetzungen und Ableitungen werden auch solche Wortbildungen dem erhöhten Benennungsbedarf der Fachkommunikation gerecht und tragen darüber hinaus im Rahmen von Funktionsverbgefügen zu deren Anonymisierung bei. Ein wichtiges Charakteristikum fachsprachlicher Konversion sind des weiteren konvertierte Namen, die substantivisch zur Bezeichnung wissenschaftlicher Entdekkungen oder technischer Neuerungen und Maßeinheiten herangezogen werden (*Hertz*, *Volt*, *Duden*, *Zeppelin*, *Parkinson*, *Röntgen*). Bisweilen erscheinen sie mit Suffixen (*Einsteinium*), treten in Komposita auf (*Hall-Effekt*) oder werden weiter konvertiert zu Adjektiven (*voltaisch*; teils nur in Mehrwortbenennungen wie *Parkinson'sche Krankheit*) oder Verben (*röntgen*; reine Verbkonversionen sind vergleichsweise selten, etwa bei *mendeln*). Aufgrund der hohen Zahl an Konversionen ist dem fachsprachlichen Bereich hier ebenfalls eine vergleichsweise hohe Ausprägung an synthetischer Bauweise zuzuerkennen.

Die Beispiele, die im Rahmen der verschiedenartigen fachsprachlichen Wortbildungsmöglichkeiten gegeben wurden, lassen bereits einige Charakteristika im Hinblick auf die Verteilung der verschiedenen **Wortarten** erkennen. So erfreuen sich Substantive, daneben aber auch Adjektive innerhalb der deutschen Fachsprachen einer besonderen Beliebtheit, wobei die hohe Zahl an Internationalismen mit griechischen und lateinischen Wurzeln, in jüngerer Zeit hiervon unabhängig aber auch an französischem und insbesondere englischem

Lehngut auffällt. Vollverben erfahren demgegenüber im Rahmen der Tendenz zu Nominalisierung und Funktionsverbgefügen eine Zurückdrängung. Modalpartikeln, die im Rahmen von Äußerungen sehr wohl zu einer Präzisierung beitragen können (*das Auto wiegt nur etwas mehr als eine Tonne*), werden vor dem Hintergrund des Deutlichkeitsanspruchs, der mit dem fachlichen Wortschatz selbst verbunden wird, oftmals gemieden, was der fachlichen Präzision entgegenwirken kann (*das Gewicht des Personenkraftwagens beträgt über eine Tonne*). Pronomina erscheinen überwiegend in anaphorischer Verwendung.

4.3 Flexionsmorphologie

Im Bereich der Flexionsmorphologie tritt die Tendenz deutscher Fachsprachen zur Selektion grammatischer Muster besonders deutlich hervor: In der überwiegenden Zahl an Varietäten und Textsorten (Ausnahmen wurden auch hier bislang nur unzureichend erforscht) werden nur wenige Teile des deutschen Konjugations- und Deklinationssystems ausgeschöpft. Eine solche **flexionsmorphologische Paradigmenselektion** trägt nun aufgrund der reduzierten Differenzierungsmöglichkeiten schwerlich zu einer erhöhten Deutlichkeit fachsprachlicher Äußerungen als eher zu deren Anonymisierung oder Objektivierung bei.

Dies zeigt sich bereits im Hinblick auf den Gebrauch von **Person und Numerus**. In den modernen Fachsprachen hat die Vermeidung der ersten Person Singular als eine zentrale stilistische Verpflichtung zu gelten, mit welcher der Objektivitätsanspruch und die allgemeine Gültigkeit der fachlichen Äußerungen hervorgehoben wird. Ersatzkonstruktionen hierfür sind der Gebrauch unbestimmter Pronomina und Verbformen im Singular (*man*, *es*), die Verwendung von Pronomina und Verbformen im Plural (*wir*) und nicht zuletzt die lexikalischer Stellvertreter (*der Verfasser*, *die Autoren*). Hierbei ist jedoch zu beachten, dass es sich um eine stilistische Tradition handelt, für die es keine hinreichende funktionale Erklärung gibt. Demgegenüber findet sich im Bereich der Fachsprachengeschichte und demjenigen fachlicher Textsorten eine ganze Reihe an einschlägigen Gegenbeispielen (etwa im Bereich der Philosophie und bei Rezensionen oder Vorträgen). Eine typologische Interpretation dieser Erscheinungen sollte sich auf das grammatische Inventar beziehen und dabei möglichst behutsam erfolgen.

Weitere fachsprachliche Besonderheiten innerhalb der **Konjugation** sind in den Bereichen Modus, Tempus, Genus Verbi sowie infiniter Verbformen zu finden.

So herrscht hier aus dem Modalbereich der Gebrauch des Indikativs vor; der Imperativ findet sich vornehmlich in Gebrauchs- oder Konstruktionsanweisungen (*schalten Sie den Computer ein, bevor Sie ihn benutzen*), der Konjunktiv bei der Wiedergabe mündlicher oder schriftlicher Äußerungen (*der Gelehrte behauptet, er habe ein perpetuum mobile entwickelt*). Im Hinblick auf die Tempora ist innerhalb der deutschen Fachsprachen eine deutliche Dominanz des Präsens festzustellen; die anderen Tempora erscheinen zwar ebenfalls, sind jedoch in weitaus geringerer Häufigkeit zu verzeichnen (vgl. den Gebrauch von Präteritum und Futur in *Kants „Kritik der reinen Vernunft" erschien zuerst 1781 und wird in den folgenden Jahren große Berühmtheit erfahren* gegenüber demjenigen des Präsens in *Kants „Kritik der reinen Vernunft" erscheint zuerst 1781 und erfährt in den folgenden Jahren große Berühmtheit*). Das Genus Verbi Aktiv zeigt im fach- wie im allgemeinsprachlichen Bereich gegenüber dem Passiv die größere Vorkommenshäufigkeit; doch ist die Zahl an Passivkonstruktionen, daneben aber auch diejenige von Reflexivkonstruktionen bei der fachlichen Kommunikation vergleichsweise erhöht (vgl. *bei Wasserverschmutzung schaltet das Werk den Aktivkohlefilter ein* gegenüber *der Aktivkohlefilter wird bei Wasserverschmutzung eingeschaltet* oder *der Aktivkohlefilter schaltet sich bei Wasserverschmutzung ein*). Infinite Verbformen schließlich zeigen ebenfalls eine erhöhte Vorkommenshäufigkeit (*die Höhe der Sonderumlage ist jeweils aus den anhand der Rechnungen zu überprüfenden Mehrkosten anteilig zu bestimmen*). All diese Erscheinungen der Konjugation tragen zu einer stilistisch geforderten, nicht aber funktional begründeten Anonymisierung fachsprachlicher Äußerungen bei. Aus typologischer Sicht ist die gegenüber der Standardsprache stärkere Dominanz des Präsens als eine erhöhte Ausprägung synthetischer Bauweise zu betrachten, wohingegen die höhere Zahl an Passiv- und Reflexivkonstruktionen als eine erhöhte Ausprägung der analytischen Bauweise anzusehen ist.

Die fachsprachliche **Deklination** zeichnet sich zum einen durch den beliebten Gebrauch von attributiven Genitiven aus, wobei es bisweilen zu Genitivreihungen kommen kann (*die Beurteilung der poetologischen Werke Schillers, eines der bekanntesten Anhängers der Ästhetik Kants, fällt auch heute nicht leicht*). Diese Tendenz lässt sich, dem Wortbildungsverfahren der Komposition durchaus vergleichbar, aus dem Deutlichkeitsbestreben fachlicher Kommunikation erklären, mit dem eine zunehmende Spezifizierung sprachlicher Ausdrücke verbunden wird. Da attributive Genitive auch als Umformungen von Relativsätzen aufgefasst werden können, ist diese Erscheinung darüber hinaus auch als ein Verfahren der Ausdrucksökonomie zu verstehen, mit dem jedoch wiederum erhöhte Anforderungen an die fachliche Kommunikation seitens des Produzenten wie des Rezipienten gestellt werden. Der Nominativ als Kennzeichnung des

Subjekts tritt im fachsprachlichen Bereich ebenfalls regelmäßig auf; Dativ und Akkusativ hingegen sind im Vergleich zur Allgemeinsprache eher selten zu finden. Die typologische Betrachtung dieser Befunde lässt im Hinblick auf die Genitivformen eine erhöhte Ausprägung der synthetischen Bauweise, im Hinblick auf die Akkusativ- und Dativformen dagegen deren geringere Ausprägung feststellen. Als weitere Besonderheit der fachsprachlichen Numeruskennzeichnung im nominalen Bereich sind spezifische Pluralkennzeichnungen zu werten, die in der Allgemeinsprache nicht gebräuchlich sind (vgl. *Salz* und *Salze*); funktional dienen sie der erhöhten Deutlichkeit, typologisch sind sie, wenn auch nur vorsichtig, in Richtung einer ausgeprägteren synthetischen Bauweise zu interpretieren.

Walther von Hahn stellt in seinem Band „Fachkommunikation“ vier Beispielsätze zu Diskussion, in denen verschiedenartige Erscheinungen fachsprachlicher Flexionsmorphologie zusammenfassend vorgeführt werden (vgl. hierzu auch Abb. 12).[58] Die Sätze sind weitgehend vergleichbaren Inhalts und zeigen dabei eine zunehmende **Ausprägung an Fachsprachlichkeit**: (1) *Als ich die Flüssigkeit abgoss, sah ich einen braunen Bodensatz* (Konstruktion mit Agensnennung durch Personalpronomen und Konjugationsformen der ersten Person Singular Präteritum Aktiv im Neben- und Hauptsatz); (2) *Wenn man die Flüssigkeit abgießt, sieht man einen braunen Bodensatz* (Konstruktion mit Agensnennung durch unbestimmtes Personalpronomen und Konjugationsformen der dritten Person Singular Präsens Aktiv im Neben- und Hauptsatz); (3) *Wird die Flüssigkeit abgegossen, zeigt sich ein brauner Bodensatz* (Konstruktion ohne Agensnennung und Konjugationsformen des Präsens Passiv im Neben- sowie solche des Präsens Aktiv einer Reflexivbildung im Hauptsatz); (4) *Nach Abgießen der Flüssigkeit ist ein brauner Bodensatz sichtbar (zu sehen)* (Hauptsatzkonstruktion ohne Agensnennung bei deverbativer Substantivierung im ehemaligen Neben- und deverbativer Adjektivierung bzw. Infinitivbildung im ehemaligen Hauptsatz unter Verwendung eines Hilfsverbs). Der letzte Beispielsatz macht bereits deutlich, dass die grammatischen Besonderheiten der deutschen Fachsprachen nicht allein die Bereiche der Wortbildungs- und Flexionsmorphologie betreffen, im Gegenteil: syntaktische Besonderheiten haben hier eine ebenso große Bedeutung wie morphologische.

[58] Vgl. von Hahn 1983, 113.

Grammatische Besonderheit	Typologische Interpretation	Funktionale Interpretation
Großzahl an Komposita und Kompositionsgliedern	Erhöhung der Syntheseausprägung	Deckung des erhöhten Benennungsbedarfs; Deutlichkeit und Ausdrucksökonomie
Großzahl an Derivata	Erhöhung der Syntheseausprägung	Deckung des erhöhten Benennungsbedarfs; Ausdrucksökonomie
Großzahl an Kürzungen	–	Ausdrucksökonomie
Großzahl an Konversionen	Erhöhung der Syntheseausprägung	Verstärkung der Anonymisierung
Bevorzugung der 3. Person	–	Verstärkung der Anonymisierung
Dominanz des Präsens	Erhöhung der Syntheseausprägung	Verstärkung der Anonymisierung; Objektivierung
Großzahl an Passiv- und Reflexivkonstruktionen	Erhöhung der Analyseausprägung	Verstärkung der Anonymisierung
Großzahl an Genitivformen	Erhöhung der Syntheseausprägung	Deutlichkeit und Ausdrucksökonomie
Verringerung an Akkusativ- und Dativformen	Verringerung der Syntheseausprägung	–
Spezifische Pluralformen	(Erhöhung der Syntheseausprägung)	Erhöhung von Deutlichkeit

Abb. 12: Übersicht über flexions- und wortbildungsmorphologische Besonderheiten der deutschen Fachsprachen gegenüber der deutschen Bildungs- und Standardsprache in typologischer und funktionaler Interpretation (ohne Berücksichtigung innerfachsprachlicher Variation).

4.4 Syntax

Wie in den Bereichen der Wortbildung und der Flexion sind es auch in demjenigen der Syntax vor allem wiederum diverse quantitative Besonderheiten, welche die deutschen Fachsprachen von der Allgemeinsprache unterscheiden. Diese **Selektion syntaktischer Konstruktionen** wird insbesondere im Hinblick auf Satzarten, Attributreihungen, Nominalisierungen und Funktionsverbgefüge, Satzkomplexität und einige weitere Erscheinungen deutlich, wobei Verständlichkeit, Ökonomie und Anonymität gleichfalls als die wichtigsten Funktionen fachsprachlicher Kommunikation erscheinen.

Unter den verschiedenen **Satzarten** des Deutschen spielen innerhalb der Fachsprachen Aussagesätze die bedeutendste Rolle; ihr Anteil gegenüber Frage-, Aufforderungs- und Ausrufesätzen ist hier höher als in der Allgemeinsprache. Diese Vorkommenshäufigkeit lässt sich aus typologischer Warte als eine gegenüber der Bildungs- und Standardsprache stärkere Ausprägung der Satzgliedstellung Subjekt-Verb-Objekt auffassen. In funktionaler Hinsicht lässt sie einerseits eine starke Gewichtung der Darstellungsfunktion und andererseits ein Streben nach Anonymität vermuten, die beide solche Satzarten zurückdrängen, die symptom- und appellfunktionale Gesichtspunkte der fachlichen Kommunikation zutage treten lassen. Ausnahmen bilden hier etwa Betriebsanweisungen (*Zum Starten des Motors drehen Sie den Zündschlüssel nach rechts!*) oder Fragebögen (*Benutzen Sie an Ihrem Arbeitsplatz Wörterbücher, und wenn ja: welche?*). Zu den beliebtesten Nebensatztypen (zu Relativsätzen vgl. unten) gehören hier zum einen Konditionalsätze mit oder ohne Konjunktion (*Wenn Sie an dem Lastschrifteneinzugsverfahren teilnehmen möchten, füllen Sie bitte beiliegendes Formular aus*; oder: *Ist das Antiblockiersystem in Betrieb, erscheint die Leuchtanzeige Nr.7*). Zum anderen sind Finalsätze zu nennen, ebenfalls mit oder ohne Konjunktion (*Damit die Gleichung gelöst werden kann, muss erst der gemeinsame Nenner ermittelt werden*; oder: *Zur Lösung der Gleichung ist zunächst der gemeinsame Nenner zu ermitteln*). Nicht zuletzt ist an dieser Stelle auch auf kontrastbezeichnende Nebensätze mit *während* hinzuweisen (*Während das 3-Liter-Auto bereits nahezu Serienreife zeigt, existiert das Wasserstoffauto erst als Versuchsmodell*). Die fachsprachliche Funktion solcher Nebensatzkonstruktionen wird im allgemeinen in einer gegenüber der Allgemeinsprache erhöhten Explizitheit und logischen Folgerichtigkeit und somit letztlich in der Optimierung von Darstellung und Verständlichkeit gesehen. Ihre typologische Interpretation im Vergleich zur Standardsprache läuft auf eine Stärkung der Stellung Subjekt-Objekt-Verb hinaus, die jedoch durch das Zurückdrängen anderer Nebensatzarten tendenziell kompensiert wird.

Neben den genannten Haupt- und Nebensatzarten erfreuen sich auch **Relativsätze und Attributreihungen** innerhalb der deutschen Fachsprachen einer verhältnismäßig großen Beliebtheit. Deren Beitrag zur fachlichen Kommunikation ist in deren Darstellungsspezifizierung zu sehen, die somit wiederum eine Erhöhung der fachsprachlichen Deutlichkeit mit sich bringt. Dies zeigt bereits das folgende einfache Beispiel für einen fachsprachlichen Relativsatz: *Das 3-Liter Auto zeigt im Unterschied zum Wasserstoffauto, welches erst als Versuchsmodell, das sich bislang noch nicht zufriedenstellend erweist, existiert, bereits Serienreife.* Auch hier liegt aus typologischer Sicht eine Stärkung der Stellung Subjekt(Pronomen)-Objekt-Verb gegenüber der Standardsprache vor, die jedoch im Unterschied zu den genannten Nebensatzarten nicht kompensiert wird. Als charakteristische Modelle attributiver Konstruktionen haben zu gelten: Adjektivattribute (*das sparsame Auto*, *das berühmte Werk*), Partizipialattribute (*das benzinsparende Auto*, *das anregende Werk*), Präpositionalattribute (*das Auto aus Aluminium*, *das Werk von Goethe*) oder attributive Genitive (*der Verbrauch moderner Kleinkraftwagen*, *Goethes Werk*). Als Beispiel für eine fachsprachliche Attributreihung mag *der geringe Verbrauch moderner, benzinsparender Kleinkraftwagen* dienen.

Die Fachsprachen des Deutschen tendieren des Weiteren zu einer erhöhten Selektion syntaktischer Konstruktionen im Hinblick auf **Nominalisierungen und Funktionsverbgefüge**. Nominalisierungen bestehen in einer Ableitung von Nomen aus anderen Wortarten, hier insbesondere aus Verben (vgl. *Drehung* aus *drehen* oder *Gebäck* aus *backen*; zur Konversion vgl. oben). Funktionsverbgefüge entstehen aus einem solchen abstrakten Verbalnomen, dessen Prädikatsfunktion von einem bedeutungsarmen Stellvertreterverb übernommen wird (vgl. *eine Abstimmung vornehmen* anstatt *abstimmen*; *eine Untersuchung durchführen* anstatt *untersuchen*; oder *in Rechnung stellen* anstatt *berechnen*). Die typologische Interpretation solcher Konstruktionen hat noch einmal an der Unterscheidung zwischen Synthese und Analyse anzusetzen, da solche Mehrverbperiphrasen eine Stärkung der analytischen Bauweise in den Fachsprachen gegenüber der Standardsprache bedingen. Ihre kommunikative Funktion wird im Allgemeinen in deren Anonymität gesehen, da die Nominalisierung eine Abstraktion von denjenigen Personen oder Gegenständen bedingt, auf die mit den betreffenden fachsprachlichen Äußerungen jeweils Bezug genommen wird. Eine ausdrucksökonomische Funktion ist solchen Konstruktionen nur in Einzelfällen zuzusprechen. Man vergleiche den einfachen Beispielsatz *Die Universitätsverwaltung bescheinigt den Studierenden, dass sie immatrikuliert sind* mit den beiden entsprechenden Konstruktionen, die sowohl Nominalisierungen als auch Funktionsverbgefüge enthalten: *Die Universitätsverwaltung stellt den Studierenden eine Bescheinigung aus, nach der ihre Immatrikulation besteht* sowie

Die Universitätsverwaltung stellt den Studierenden eine Bescheinigung über ihre Immatrikulation [oder auch: *Immatrikulationsbescheinigung*] *aus*. Ein weiterer wichtiger Gesichtspunkt fachsprachlicher Funktionsverbgefüge, der von der Forschung bislang nur am Rande beachtet wurde, besteht in deren Möglichkeit, verschiedenartige Aspektualisierungen und Modalitäten zu kennzeichnen (vgl. *konstruieren* gegenüber *eine Konstruktion durchdenken / durchführen / vornehmen / veranlassen*). Mit der starken Ausschöpfung solcher Möglichkeiten der Aspekt- und Modalitätskennzeichnung durch Verben erhält die vergleichsweise schwache Nutzung von Modalpartikeln in den deutschen Fachsprachen einen deutlichen Ausgleich.

Die genannten Konstruktionsweisen tragen in zweierlei Hinsicht zu einer Erhöhung der **Satzkomplexität** bei, die für die Fachsprachen des Deutschen als recht charakteristisch gelten darf. Dies gilt zum einen für die Satzkomplexität in Bezug auf die Anzahl und Verbindung von Teilsätzen. Diese Gliedsatzkomplexität ist im fachsprachlichen Bereich höher als im allgemeinsprachlichen und führt hier darüber hinaus zu einer im Vergleich größeren Satzlänge. Zahlreiche Beispiele für solche sog. „Schachtelsätze“ finden sich wiederum in der „Kritik der reinen Vernunft“ von Kant, hierunter etwa auch die folgende Konstruktion: *So enthält die reine Vernunft, die uns anfangs nichts Geringeres als Erweiterung der Kenntnisse über alle Grenzen der Erfahrung zu versprechen schien, wenn wir sie recht verstehen, nichts als regulative Principien, die zwar größere Einheit gebieten, als der empirische Verstandesgebrauch erreichen kann, aber eben dadurch, dass sie das Ziel der Annäherung desselben so weit hinausrücken, die Zusammenstimmung desselben mit sich selbst durch systematische Einheit zum höchsten Grade bringen, wenn man sie aber mißversteht und sie für constitutive Principien transscendenter Erkenntnisse hält, durch einen zwar glänzenden, aber trüglichen Schein Überredung und eingebildetes Wissen, hiermit aber ewige Widersprüche und Streitigkeiten hervorbringen.* Wie dieser Beispielsatz bereits zeigt, ist im Bereich der Fachsprachen zum anderen auch eine Erhöhung der Satzkomplexität durch den Ausbau einzelner Satzglieder zu beobachten. Für diese erhöhte Satzgliedkomplexität können einerseits Attribuierungen und Nominalisierungen sowie andererseits komplexe Prädikatgruppen, unter anderem in Form von Funktionsverbgefügen verantwortlich gemacht werden.

Die kommunikative Funktion komplexer Sätze ist traditionellerweise in deren Deutlichkeit zu suchen: Da Fachkommunikation nach einer möglichst unmissverständlichen Darstellung trachtet, werden die entsprechenden fachsprachlichen Äußerungen zumeist mit einer möglichst hohen Zahl an Informationen versehen, wobei die zentralen Satzglieder jeweils um weitere sprachliche Einheiten ergänzt werden. Bei diesem darstellungsoptimierenden Streben nach sprachlicher Explizitheit und Folgerichtigkeit bleibt jedoch der Gesichtspunkt der kommunikativen Komplexität solcher Konstruktionen, die bei aller Explizitheit und Folgerichtigkeit die Rezeption selbst unter Fachleuten mitunter erheblich erschweren können, nur allzu leicht außer Acht. Dies gilt vor allem für die deutschen Fachsprachen des 18. und 19. Jahrhunderts, während diejenigen des 20. Jahrhunderts bereits eine **Tendenz zur Reduzierung der Gliedsatz- wie der Satzgliedkomplexität** zeigen und somit den kognitiv-kommunikativen Bedürfnissen von Produzent und Rezipient in stärkerem Maße gerecht werden.

Grammatische Besonderheit	Typologische Interpretation	Funktionale Interpretation
Dominanz von Aussagesätzen	Stärkung der Stellung Subjekt-Verb-Objekt	Erhöhung von Deutlichkeit; Anonymität
Dominanz von Konditional- und Finalsätzen	Stärkung der Stellung Subjekt-Objekt-Verb (tendenziell kompensiert)	Erhöhung der Explizitheit durch logische Verknüpfung
Großzahl von Relativsätzen	Stärkung der Stellung Subjekt(Pronomen)-Objekt-Verb; Erhöhung der Gliedsatzkomplexität	Erhöhung von Deutlichkeit
Großzahl an Attribuierungen	Erhöhung der Satzgliedkomplexität	Erhöhung von Deutlichkeit
Großzahl an Funktionsverbgefügen	Erhöhung der analytischen Bauweise; Erhöhung der Satzgliedkomplexität	Erhöhung von Deutlichkeit; Kennzeichnung von Modalität; Anonymisierung
Großzahl an Präpositionalkonstruktionen	Erhöhung der analytischen Bauweise; Erhöhung der Satzgliedkomplexität	Erhöhung von Deutlichkeit; Kennzeichnung von Modalität

Abb. 13: Übersicht über syntaktische Besonderheiten der deutschen Fachsprachen gegenüber der deutschen Bildungs- und Standardsprache in typologischer und funktionaler Interpretation (ohne Berücksichtigung innerfachsprachlicher Variation).

Über die hier genannten Besonderheiten hinaus (vgl. Abb. 13) sind zahlreiche **weitere syntaktische Erscheinungen** deutscher Fachsprachen zu nennen, die jeweils eigene fachkommunikative Funktionen übernehmen: Zu diesen zählen etwa erstens die Beliebtheit von Präpositionsgefügen und verwandten Konstruktionen (*hinsichtlich*, *bezüglich*, *im Hinblick auf*, *in Bezug auf*) mit der intendierten Funktion erhöhter Deutlichkeit bzw. Explizitheit sowie erweiterter Kennzeichnung modaler Gesichtspunkte; zweitens die Beliebtheit von Infinitivkonstruktionen, Partizipialkonstruktionen, Ellipsen, Appositionen, Aufzählungen und Asyndese, die mit einer Senkung der Gliedsatzkomplexität und einer Erhöhung der Satzgliedkomplexität einhergehen; und nicht zuletzt valenzspezifische Verbformen (vgl. *ansprechen* oder *sorgen* mit unbelebtem Subjekt in *das Gaspedal spricht gut an* bzw. *der Thermostat sorgt für behagliche Wärme*).[59]

[59] Zur fachsprachlichen Metaphorik vgl. auch Kap. 3.4.

5. Eigenschaften im Bereich des Textes

5.1 Fachtext und Fachtextualität

Die zunehmende Auseinandersetzung mit Fachsprachen im Rahmen eines pragmalinguistischen Kontextmodells seit den 80er Jahren hat nicht allein eine intensive wissenschaftliche Diskussion um die Bestimmung und Unterscheidung fachlicher Textsorten hervorgebracht.[60] Sie ist darüber hinaus auch Anlass für zahlreiche Forschungsarbeiten über die Bestimmung von Fachtexten überhaupt sowie über deren spezifische Eigenschaften.[61] Die Bemühungen um eine wissenschaftlich vertretbare **Bestimmung von Fachtext überhaupt** sind so zahlreich wie verschieden. Gemeinsam ist ihnen jedoch in aller Regel eine pragmatische Orientierung an der Kommunikation in bestimmten Fach- oder Tätigkeitsbereichen, auf deren Anforderungen hin (neben lexikalischen und grammatischen) auch textuelle Merkmale funktionalisiert werden. Dies gilt für die bereits angeführte Fachtextdefinition von Lothar Hoffmann ebenso wie für diejenigen anderer, mehr oder weniger breit angelegter Darstellungen. So definiert etwa Klaus-Dieter Baumann Fachtexte als „komplexe Einheiten [...], die sich einerseits aus sozialen, situativen und thematischen Faktoren und andererseits aus den dadurch bedingten textstrukturellen, stilistischen und formalen Merkmalen zusammensetzen“, und fährt erläuternd fort: „Dabei werden die Interaktionsbeziehungen zwischen den Kommunikationspartnern sowie der Fachlichkeitsgrad der Darstellung auf sprachlich spezifische Weise zum Ausdruck gebracht.“[62]

Angesichts solcher und vergleichbarer Bestimmungen sind Fachtexte also gemeinhin als komplexe und zugleich kohärente sprachliche Äußerungen (in der

[60] Zum pragmalinguistischen Kontextmodell vgl. Kap. 1.3, zur Gliederung in Fachtextsorten vgl. Kap. 2.4.

[61] Zu textlinguistischen Ansätzen im Allgemeinen vgl. aus germanistischer Sicht neben anderen Heinemann/Viehweger 1991; Kalverkämper 1981; Schmidt 1976; Vater 1992. – Zur Fachtextlinguistik vgl. unter anderen auch Baumann 1992; 1998[b]; Busch/Fiedler/ Ruge 1995; Gläser 1990; Göpferich 1995; Jahr 1996; Kallmeyer 1986; Kalverkämper 1983.

[62] Baumann 1992, 9.

Regel oberhalb der Satzgrenze) im Rahmen der Kommunikation innerhalb eines bestimmten menschlichen Tätigkeitsbereichs aufzufassen, deren sprachliche Merkmale hierbei eine kommunikationsunterstützende Wirkung zeigen (sollen). Eine Erweiterung dieser Fachtextkonzeption auf nichtsprachliche oder in semiotischer Hinsicht gemischte Zeichenkomplexe ist nicht nur denkbar, sondern angesichts der großen Bedeutung von Illustrationen durch Bilder oder Filme als oftmals eigenständigen Informationsträgern sinnvoll[63]: Eine solche **semiotische Bestimmung von Fachtexten** fasst fachliche Texte als kohärente Zeichenkomplexe im Rahmen der Kommunikation eines bestimmten Fachbereiches auf, deren sprachliche und nichtsprachliche Strukturen eine kommunikationsunterstützende Wirkung zeigen.

Der kommunikativen und zum Teil bereits auch der kognitiven Funktion von Fachtexten wird im Rahmen entsprechender linguistischer Definitionen bisweilen eine derart große Bedeutung beigemessen, dass strukturelle Gesichtspunkte konzeptionell zwar vorausgesetzt, in der Formulierung der Definition jedoch zurückgedrängt oder gar unterschlagen werden. Diese **Betonung kommunikativer Funktion gegenüber sprachlicher Struktur** tritt beispielsweise bei Susanne Göpferich zutage; hier heißt es: „Ein Text ist ein thematisch und/oder funktional orientierter, kohärenter sprachlicher oder sprachlich-figürlicher Komplex, der mit einer bestimmten Intention, der Kommunikationsabsicht, geschaffen wurde, eine erkennbare kommunikative Funktion ersten oder zweiten Ranges erfüllt und eine inhaltlich und funktionale abgeschlossene Einheit bildet."[64] Diese Definition bedarf einiger Erläuterungen, auf die in diesem Zusammenhang guten Gewissens verzichtet werden kann; allein der Hinweis ist wichtig, dass Göpferich eine Scheidung von fachlichen und nichtfachlichen Texten vermeidet und statt dessen lieber „von einem Spektrum von Texten unterschiedlichen Fachsprachlichkeitsgrads"[65] ausgeht. Bei der Definition von Rosemarie Gläser, die im Gegensatz zu Göpferich zwischen Text und Fachtext unterscheidet, verhält es sich in Bezug auf die Betonung der kommunikativen Funktion gegenüber der sprachlichen Struktur nicht anders: „Der Fachtext ist das Ergebnis der geistig-sprachlichen Verarbeitung eines tätigkeitsspezifischen Sachverhalts nach einem konventionalisierten Bildungsmuster."[66] Wissenschaftliche Arbeiten, die eine solche Orientierung an fachkommunikativen Bedingungen und Funktionen zeigen, neigen bisweilen dazu, die semiotischen und sprachlichen Strukturen, die diese Funktionen unterstützen, nur unzureichend

---

[63] Vgl. zum textsemiotischen Ansatz Roelcke 1994, 24-27.
[64] Göpferich 1995, 56.
[65] Ebd., 58.
[66] Gläser 1990, 18.

zu berücksichtigen. Solche Arbeiten geraten somit leicht in Gefahr, den aus sprachwissenschaftlicher Sicht essentiellen Nachweis einer Entsprechung zwischen den Bedingungen und Funktionen fachlicher Kommunikation einerseits und deren sprachlichen Merkmalen andererseits nicht herbeizuführen, so dass in diesem Forschungsbereich noch einige Desiderata bestehen.

Die Diskussion um fachsprachliche Textualität ist eng an diejenige um Textmerkmale im Allgemeinen angelehnt.[67] Dabei werden jedoch jeweils verschiedene Textexemplare oder Textsorten als beispielhaft oder prototypisch erachtet. Im Unterschied zur Textualitätsdiskussion der allgemeinen Textlinguistik erweisen sich in derjenigen der Fachtextlinguistik die Textualitätsmerkmale von Robert de Beaugrande und Wolfgang Ulrich Dressler als ausgesprochen hilfreich.[68] Hiernach können als **Merkmale fachlicher Textualität** angegeben werden: Kohäsion, Kohärenz, Intentionalität, Akzeptabilität, Informativität, Situationalität und Intertextualität. Diese Textualitätsmerkmale sind jedoch im Unterschied zu früheren textlinguistischen Annahmen nicht als textbildend zu erachten, da nicht jede sprachliche Einheit, die als Text aufzufassen ist, auch all diese Merkmale gleichermaßen oder gar überhaupt zeigt. Nichtsdestoweniger erscheinen die genannten Merkmale insofern als textbestimmend, als sie wichtige Gesichtspunkte umreißen, unter denen fachliche wie auch nichtfachliche Texte betrachtet werden können. Unter dieser Sichtweise kommt nun den ersten beiden Merkmalen eine große Bedeutung zu. Es handelt sich hierbei um den formalen Zusammenhang (Kohäsion) und den funktionalen Zusammenhang (Kohärenz) der semiotischen oder sprachlichen Einheiten eines Textes. Diese Zusammenhänge finden sich auf verschiedenen Ebenen, grob: zwischen verschiedenen Sätzen oder Bildeinheiten einerseits (Textmikrostruktur) sowie zwischen Einheiten, die jeweils aus mehreren Sätzen oder Bildsequenzen bestehen, andererseits (Textmakrostruktur). Eine solche Unterscheidung zwischen der Mikro- und der Makrostruktur von Texten, die in der allgemeinen Textlinguistik insbesondere mit den Arbeiten von Teun A. Van Dijk in Verbindung gebracht wird[69], erweist sich im Rahmen fachtextlinguistischer Erörterungen als ausgesprochen produktiv, sofern hierbei jeweils Kohäsion wie Kohärenz Berücksichtigung finden. Vor diesem Hintergrund sind die folgenden Abschnitte zunächst den kohärenten und kohäsiven Makro- und Mikrostrukturen und abschließend den weiteren Textualitätsmerkmalen gewidmet.

---

[67] Vgl. Kapitel VIII von Fachsprachen, Bd.1 (1998), 595-633.
[68] Vgl. de Beaugrande/Dressler 1981.
[69] Vgl. zusammenfassend Van Dijk 1980.

5.2 Makrostrukturen

Die Makrostruktur von Fachtexten besteht also formal in der Kohäsion und funktional in der Kohärenz von sprachlichen oder semiotischen Einheiten, die in der Regel aus mehreren Sätzen, Bildsequenzen oder deren Kombinationen gebildet werden. Es handelt sich hierbei somit um die fachtextuelle Grobgliederung, die im sprachlichen Bereich vom Gesamttext über größere Teiltexte und Kapitel bis hin zu einzelnen Absätzen und gegebenenfalls zu deren weiterer Untergliederung reicht. Bei der **Bestimmung und Abgrenzung makrostruktureller Texteinheiten** im Rahmen eines Gesamttextes steht im allgemeinen deren Funktion und nicht deren Form im Vordergrund: So können funktionale Einheiten der textuellen Makrostruktur auch ohne hinreichende formale Kennzeichnung voneinander unterschieden werden, während formale Gliederungen auch ohne eine entsprechende funktionale Motivation denkbar, wenn auch nur selten sinnvoll erscheinen. Fachliche Texte erweisen sich indessen im Hinblick auf die Gewichtung von Form und Funktion der Makrostruktur als verhältnismäßig restriktiv: Im Gegensatz zu Texten anderer kommunikativer Bereiche ist hier in dem Streben nach Deutlichkeit oftmals eine Tendenz zu beobachten, makrostrukturelle Form und Funktion in Einklang zu bringen. Diese Tendenz zu einer makrostrukturellen Isomorphie von Form und Funktion ist als ein erstes wichtiges Charakteristikum zahlreicher fachlicher Texte zu werten.

Auf der höchsten Stufe der Makrostruktur steht die formale und funktionale Gesamtheit des Textes. Hierbei erscheint wiederum die übergeordnete Textfunktion von zentraler Bedeutung. Denn eine solche Gesamttextfunktion stellt den Zusammenhang des gesamten Textes her und weist so sämtlichen Texteinheiten, die diesem Gesamttext auf der Ebene der Makro- wie der Mikrostruktur untergeordnet sind, jeweils eigene Teiltextfunktionen zu, während diese Teiltextfunktionen wiederum in ihrer Gesamtheit die Erfüllung der übergeordneten Textfunktion gewährleisten. **Gesamttextfunktion und Teiltextfunktionen** bedingen einander also wechselseitig. Die formale Gesamtheit eines Textes stellt sich hiernach als eine lineare Folge von Texteinheiten dar, die funktional hierarchisch angelegt sind. Verfahren, diese formale Linearität im Hinblick auf die funktionale Hierarchie zu durchbrechen, erfreuen sich dabei gerade im fachsprachlichen Bereich im Zuge der Tendenz zur makrostrukturellen Isomorphie von Form und Funktion recht großer Beliebtheit. Hinzu treten in jüngerer Zeit die durch den Fortschritt der elektronischen Datenverarbeitung bedingten Darstellungsmöglichkeiten im Rahmen von Hypertextkonzepten, die bislang jedoch auch im fachsprachlichen Raum nur in ausgewählten Bereichen eine gewisse Bedeutung erlangt haben.

Die Tendenz zu formaler und funktionaler Isomorphie von Fachtexten bedingt die Herausbildung zahlreicher formaler Gliederungsmuster, die für bestimmte Fachtextsorten charakteristisch erscheinen. Solche **Fachtextbaupläne** auf der Ebene der Makrostruktur finden sich sowohl im Bereich der Wissenschaftssprache (zum Beispiel Forschungsmonographie, Handbuchartikel oder Plenarvortrag; vgl. Abb. 14) als auch in denjenigen der Techniksprache (etwa Montageanleitung, Gebrauchsanweisung oder Stückeliste) und der Institutionensprache (beispielsweise Steuerbescheid, Kraftfahrzeugbrief oder Heiratsurkunde). All diese Textbaupläne bestehen jeweils aus einer Reihe mehr oder weniger verbindlich vorgegebener, formal wie funktional bestimmter Teiltextpositionen, die bei den entsprechenden Fachtexten durch konkrete Teiltexte ausgefüllt werden. Dieses Verfahren gestattet eine kontrollierte Textproduktion und -rezeption und ist so als ein Beitrag zu einer Verbesserung der Deutlichkeit fachsprachlicher Kommunikation zu begreifen. Darüber hinaus gestattet die funktionale Verbindlichkeit einzelner Teiltextpositionen den Verzicht auf ausdrückliche Hinweise zu der betreffenden Teiltextfunktion und wirkt auf diese Weise im Sinne fachsprachlicher Ausdrucksökonomie textkondensierend. Dies gilt vor allem auch für Formulare, deren Einträge von einzelnen Wörtern oder Zahlen über ganze Sätze bis hin zu mehr oder weniger freien Textpassagen reichen können (vgl. als Beispiel aus dem institutionensprachlichen Bereich Abb. 15).

Titelblatt	
Widmung	
Vorwort	(können auch in umgekehrter Reihenfolge
Inhaltsverzeichnis	stehen)
Abbildungsverzeichnis	(dieses evtl. auch vor einem Bildanhang)
Abkürzungsverzeichnis	(dieses evtl. auch vor dem Literaturverzeichnis)
Einleitung	(Persönliches, z.B. der Dank für Anregungen und Hilfe, gehört nicht in die ‚Einleitung', sondern in ein ‚Vorwort')
Haupttext	
Schluß	(dieser sollte sinnvoll benannt werden, also ‚Ergebnisse', ‚Zusammenfassung', ‚Ausblick' oder ähnlich)
Exkurse	
Abbildungen oder Textbeigaben	(z.B. die geschlossene Wiedergabe eines bisher ungedruckten Textes aus dem Nachlaß eines Dichters)
Literaturverzeichnis	
Register	
(bei Dissertationen:) Lebenslauf	

Abb. 14: Beispiel für einen wissenschaftssprachlichen Fachtextbauplan: Akademische Schulschrift (nach Georg Bangen 1981, 9).

Kosten- und Finanzierungsplan für eine internationale wissenschaftliche Veranstaltung **Geschäftszeichen**

I. Allgemeine Angaben

1. Antragsteller (Name, Vorname, (dienstl.) Adresse, Telefon (mit Vorwahl))
   Mitantragsteller
2. Titel der geplanten Veranstaltung
   Veranstaltungsort und -zeitraum Voraus. Teilnehmerzahl (ohne Studenten)
   Wurde zu diesem Thema bereits eine Veranstaltung durchgeführt? [Ja/Nein]
   Wurden für vorangegangene Veranstaltungen bei der DFG Zuschüsse beantragt?
3. Falls für die Zukunft eine weitere Veranstaltung geplant ist, bitte den voraussichtlichen Veranstaltungsort und -zeitraum und den (die) Veranstalter angeben.
4. Handelt es sich bei der jetzt beantragten Veranstaltung um die Jahrestagung einer deutschen wissenschaftlichen Gesellschaft?
5. **Begründung** (wissenschaftl. Bedeutung und Zielsetzung usw. der Veranstaltung), ggf. auf einem besonderen Blatt

II. Ausgaben Anlage(n) DM Eintragungen der DFG

1. Personalkosten
2. Sachkosten
2.1 Raummiete(n)
2.2 Geräte und Ausstattungsgegenstände
2.3 Drucksachen und Büromaterial
2.4 Post- und Fernmeldegebüren
3. Reisekostenzuschüsse
4. Sonstige Sachkosten

Summe Ausgaben

III. Einnahmen

1. Eigenmittel
2. Spenden
3. Tagungsgebühren
4. Zuschuß aus Landesmitteln
5. Andere öffentliche Mittel

Summe Einnahmen

IV. Höhe der beantragten Zuwendung (Summe II ./. Summe III)

(Ort) (Datum) (Unterschrift)

Abb. 15: Beispiel für einen institutionensprachlichen Fachtextbauplan: Kosten- und Finanzierungsplan für eine internationale wissenschaftliche Veranstaltung im Rahmen eines Antrags bei der Deutschen Forschungsgemeinschaft (nach DFG-Vordruck 13.05 - 9/90; hier vereinfacht).

Neben den speziellen Teiltextpositionen solcher Fachtextbaupläne[70] treten innerhalb fachlicher Kommunikation regelmäßig weitere Textbausteine auf, die für Fachtexte im Allgemeinen als charakteristisch zu gelten haben. Solch **charakteristische fachsprachliche Textbausteine** sind zum Beispiel Anmerkungen und Fußnoten, wörtliche und sinngemäße Textzitate und Referate, Titel und Untertitel sowie Textverweise; des weiteren Abstracts und Zusammenfassungen, Inhalts-, Literatur- oder Sonderzeichenverzeichnisse sowie solche Textteile zu nennen, die der Vermittlung von Empirie oder Theorie, von Induktion oder Deduktion oder von Ursachen und Wirkungen jeweils ausdrücklich Rechnung tragen. Hinzu kommen hier schließlich solche Einheiten auf Wort-, Satz- oder Teiltextebene, die den Beginn oder den Schluss von Teiltexten ausdrücklich anzeigen. Angesichts dieser und weiterer Textbausteine ist jedoch zu beachten, dass diese nicht ausschließlich in fachsprachlichen, sondern auch anderen Texten erscheinen können und somit allenfalls Anhaltspunkte für den Fachlichkeitsgrad des betreffenden Textes abgeben.

Dies gilt insbesondere auch für **metasprachliche Kommentierungen**, die sich innerhalb fachsprachlicher Texte ebenfalls einer im Vergleich zu anderen Texten großen Beliebtheit erfreuen. Solche Kommentierungen, die als Ausdruck einer bewussten Textproduktion unter Einflussnahme auf die Textrezeption zu werten sind, können hierbei wiederum verschiedene Ebenen und Gesichtspunkte der Betrachtung von Fachsprachen betreffen. Hierunter ist zum einen die Wortebene zu nennen, bei der einzelne Bedeutungen und Bezeichnungen nicht allein definitorisch festgelegt, sondern darüber hinaus auch erläutert werden und dabei etwa eine Abgrenzung oder Rechtfertigung gegenüber anderen Bedeutungen und Bezeichnungen erfahren. Zum anderen betreffen solche metasprachlichen Kommentierungen bisweilen auch die Ebene von Sätzen und diejenige von Teiltexten, auf der mehr oder weniger umfangreiche sprachliche Zeichenkomplexe unter verschiedensten Gesichtspunkten auf Form und Funktion hin erörtert werden.

Die im fachsprachlichen Bereich zu beobachtende Tendenz zur Isomorphie makrostruktureller Form und Funktion schlägt sich oftmals auch in der typographischen Textgestaltung nieder, wobei zahlreiche fachsprachencharakteristische **typographische Konventionen** zu beobachten sind. Dies lässt sich am Beispiel der germanistischen Sprachwissenschaft, deren Konventionen sich mit denjenigen anderer Fachbereiche decken, leicht zeigen. So wird hier etwa in Monographien und Zeitschriften der Druck in einer Spalte, in lexikographischen Nachschlagewerken und Handbüchern hingegen der Zweispaltendruck bevorzugt. Es finden sich hierarchische Numerierungen von Kapiteln und Un-

[70] Vgl. unter anderem Lenz 1989; Liu 1992; Sachtleber 1993.

terkapiteln, die entweder aus römischen oder arabischen Ziffern (I., I.1 usw. oder 1., 1.1 usw.) oder aus Buchstaben (A., A.a)) oder aus deren Kombination bestehen (beispielsweise I., I.1 usw.; 1., 1.1 usw.; A., A.a) usw.; A., A.1 usw.). Bisweilen treten auch unterhalb der Kapitelgrenze Absatzzählungen oder Paragraphierungen hinzu. Abstracts, Einschübe und längere Zitate werden in der Regel petit gesetzt. Objektsprachliche Ausdrücke und Hervorhebungen erscheinen entweder unterstrichen oder *kursiv*; erschlossene oder falsch konstruierte Einheiten werden mit einem *Stern gekennzeichnet. Eigennamen und Werktitel werden des Öfteren in KAPITÄLCHEN angegeben. GROSSBUCHSTABEN oder **Fettdruck** sind zumeist Titeln und Untertiteln, seltener auch Hervorhebungen vorbehalten. Hervorhebungen wiederum erscheinen bisweilen auch gesperrt. ^{Hoch}stellungen und $_{\text{Tief}}$stellungen schließlich finden sich nicht allein in Formeln, sondern auch im Rahmen von Indizierungen natürlichsprachiger Einheiten.

Neben den sprachlichen Textteilen der Makrostruktur, die also von einzelnen Teiltexten über Kapitel bis hin zu einzelnen Absätzen reichen, sowie deren sprachlicher und typographischer Kennzeichnung sind gerade auch innerhalb von Fachtexten Illustrationen von erheblicher Bedeutung.[71] Solche **Fachtextillustrationen** können vielerlei Gestalt annehmen: Erstens diejenige von Abbildungen in Form von Fotografien, Zeichnungen oder Schaubildern; zweitens diejenige von Schemata in Form von Diagrammen, Kurvendarstellungen oder Strukturbäumen (Stemmata); und drittens schließlich Aufstellungen in Form von Listen, Tabellen oder Matrixdarstellungen (vgl. Abb. 16). Hierbei ist zu beachten, dass solche Illustrationen nur in seltenen Fällen unmittelbar zur Textkonstitution beitragen, sondern vielmehr in der Regel den betreffenden Text nurmehr begleiten und so dessen Rezeption anschaulich unterstützen sollen: Fachtextillustrationen tragen also im Idealfall zu einer Verbesserung oder Erleichterung der Rezeption des betreffenden Fachtextes bei, sie regen die Auseinandersetzung des Rezipienten mit der fachlichen Darstellung an und fördern so dessen Verständnis und Gedächtnis. Doch gilt auch hier, dass die Interpretation von Illustrationen eine mehr oder weniger vorgebildete Rezeptionskompetenz voraussetzt, so dass unbekannte und ungewöhnliche Illustrationsweisen auch zu einer Verständniserschwerung beitragen können.

[71] Vgl. Harms 1990; Hupka 1989; Muckenhaupt 1986.

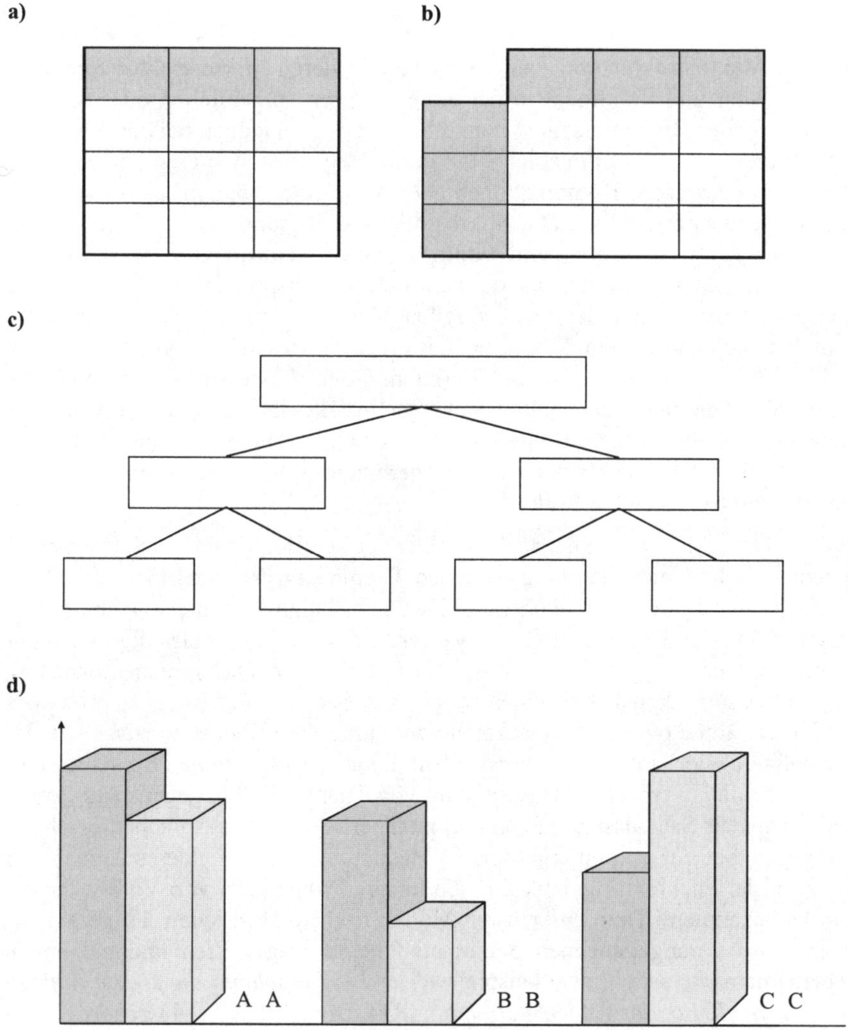

Abb. 16: Ausgewählte Beispiele für Fachtextillustrationstypen / Aufstellungen: a) einfache Tabelle; b) Zuordnungsmatrix / Schemata: c) hierarchischer Strukturbaum; d) vergleichendes Säulendiagramm.

5.3 Mikrostrukturen

Wie die Makrostruktur von Fachtexten besteht deren Mikrostruktur formal in der Kohäsion und funktional in der Kohärenz von sprachlichen oder semiotischen Einheiten. Im Unterschied hierzu handelt es sich jedoch bei den Einheiten der Mikrostruktur nicht um solche, die in der Regel aus mehreren Sätzen, Bildsequenzen oder deren Kombinationen gebildet werden, sondern um diese Sätze oder Bildsequenzen selbst. Die Mikrostruktur stellt somit eine Feingliederung fachlicher Texte dar. **Form und Funktion mikrostruktureller Texteinheiten** ergeben sich im allgemeinen aus der Funktion des entsprechenden Teiltextes als übergeordneter Einheit der fachtextuellen Makrostruktur und sind über diese mittelbar auch an Form und Funktion des Gesamttextes gebunden. Die Tendenz zu Isomorphie zwischen Form und Funktion, die für Makrostrukturen von Fachtexten als charakteristisch gelten kann, ist im Bereich ihrer Mikrostrukturen gleichfalls zu beobachten. Hierbei spielen vor allem Thema/Rhema-Strukturen, Frage/Antwort-Konstruktionen, verschiedenartige Schlussverfahren sowie Rekurrenz und Isotopie eine Rolle.[72]

In der allgemeinen wie in der fachsprachlichen Textlinguistik und Satzsemantik erfreut sich die Unterscheidung zwischen **Thema und Rhema** einer verhältnismäßig großen Beliebtheit, auch wenn hierfür bislang (der Unterscheidung zwischen Makro- und Mikrostruktur etwa vergleichbar) keine befriedigende theoretische Grundlage gefunden wurde. Im Rahmen der Fachsprachenforschung wird dabei unter dem Thema eines Textes oder Satzes in der Regel so etwas wie das Vorerwähnte oder bereits Bekannte und unter dem Rhema so etwas wie das Unerwähnte oder Unbekannte verstanden; die in der allgemeinen Sprachwissenschaft ebenfalls verbreitete Bestimmung von Thema als Satzgegenstand (topic) und Rhema als Satzaussage (comment) ist innerhalb der Fachsprachenforschung demgegenüber nur von untergeordneter Bedeutung. Ein besonderes Augenmerk findet in der Fachtextlinguistik nun die lineare Progression von Vorerwähntem und Unbekanntem: Dem einfachsten Modell nach wird in jedem Folgesatz das Rhema des vorangegangenen Satzes als Thema aufgegriffen und mit einem neuen Rhema versehen; also beispielsweise: *1787 erscheint die zweite Auflage von Kants „Kritik der reinen Vernunft“* (R1). *Die „Kritik“* (T1) *gehört zu den bedeutendsten Werken der Philosophiegeschichte* (R2). *Diese Werke* (T2) *sollte jeder Philosoph von heute gelesen haben* (R3).

---

[72] Vgl. zum Folgenden unter anderem Daneš 1970; Eggs 1996; Greimas 1966; Koskela 1996; von Polenz 1988; Quine 1974; Tugendhat/Wolf 1986. Hinweise auf weitere Literatur finden sich in den Literaturangaben zu Kap. 5.1.

Neben solchen einfach fortschreitenden **Thema/Rhema-Strukturen** finden sich auch und gerade im fachsprachlichen Bereich andere. Hierzu zählt zum einen die einfach verbleibende Thema/Rhema-Struktur, bei der an einem bestimmten Thema, dem nacheinander verschiedene Rhemata zugeordnet werden, festgehalten wird; so beispielsweise: *1787 erscheint die zweite Auflage von Kants „Kritik der reinen Vernunft"* (R1). *Die „Kritik"* (T1) *gehört zu den bedeutendsten Werken der Philosophiegeschichte* (R2). *Sie* (T1) *sollte von jedem Philosophen gelesen werden* (R3). Zu den weiteren Thema/Rhema-Strukturen, die im fachsprachlichen Bereich vertreten sind, gehört zum anderen eine mehrfache Struktur, bei der an ein einzelnes (sog. gespaltenes) Thema verschiedene fortschreitende oder verbleibende Thema/Rhema-Strukturen angehängt werden: *1787 erscheint die zweite Auflage von Kants „Kritik der reinen Vernunft"* (R1). *Die „Kritik"* (T1a) *gehört zu den bedeutendsten Werken der Philosophiegeschichte* (R2a). *Diese Werke* (T2a) *sollte jeder Philosoph von heute gelesen haben* (R3a). *Immanuel Kant indessen* (T1b) *wurde 1724 in Königsberg geboren* (R2b). *Er* (T1b) *trat kaum über die Grenzen seiner Heimatstadt hinaus und verstarb daselbst 1804* (R3b). Eine Erklärung für das vergleichsweise hohe Vorkommen von solchen verbleibenden und mehrfachen Thema/ Rhema-Strukturen im fachsprachlichen Bereich mag in dessen Tendenz zu Deutlichkeit und Explizitheit zu suchen sein, welche die mehr oder weniger ausführliche Entfaltung eines bestimmten Themas als wissenschaftlichem, technischem oder institutionellem Gegenstand einschließt.

Die Bestimmung von Vorerwähntem und Unbekanntem wird im Rahmen von sprachwissenschaftlichen Thema/Rhema-Konzeptionen des Öfteren an ein Frage und Antwort Verfahren gebunden. Hiernach ist dasjenige, wonach gefragt wird, als das Rhema eines Satzes aufzufassen. Auch wenn diese Methode nicht unumstritten ist, weist sie jedoch gerade im fachsprachlichen Bereich auf ein weiteres Verfahren fachsprachlicher Textverknüpfung. Dieses Verfahren besteht in ausdrücklichen **Frage/Antwort-Konstruktionen**. Solche Konstruktionen finden sich vornehmlich auf mikrostruktureller Ebene und treten durch formelhafte Fragesätze deutlich hervor: *Was ist unter... zu verstehen?* oder: *Was ist aus... zu folgern?* oder: *Wie funktioniert...?* und viele andere mehr. Sie sind jedoch ebenfalls auf der Ebene der Makrostruktur zu finden, indem ganze Abschnitte oder Kapitel der Erörterung einer Frage gewidmet werden. Eine solche Frage/ Antwort-Makrostruktur ist vor allem durch die Sokratischen Dialoge in Platons Schriften bekannt geworden, in denen der Rezipient durch ein geschicktes Wechselspiel zwischen richtungsweisenden Fragen und erhellenden Antworten auf Erkenntnisse hingeführt wird. Für diese Darstellungskunst, die bereits in der griechischen Antike als Geburtshilfe von Erkenntnis betrachtet wurde (sog. *Maieutik*, griech. ‚Hebammenkunst') findet sich in der Fachtextgeschichte vor allem der philosophischen Disziplinen eine ganze Reihe von Beispielen. Eine Frage/Antwort-Struktur ist auf der Ebene der Makrostruktur des Weiteren in Fragebögen oder Klausuraufgaben und Prüfungsgesprächen weit verbreitet. Und schließlich werden bisweilen ganze Fachtexte ausdrücklich auf eine übergeordnete Fragestellung hin angelegt; vgl. etwa Titel wie *Was ist eigentlich ein Lemma?* oder *Vielleicht ist Wortsemantik doch noch erlaubt?*[73] Solche Gesamttextfragen können auch als rhetorisch operationalisierende Angaben der Gesamttextfunktion aufgefasst werden.

In der fachlichen und hier insbesondere in der wissenschaftlichen Literatur sind verschiedenartige **Schlussverfahren** verbreitet. Solche Verfahren finden sowohl in natürlicher Sprache als auch in logischem Kalkül formalisiert Verwendung; die Methode ist jedoch in beiden Fällen dieselbe und trägt zu Kohärenz wie Kohäsion der betreffenden Texte bei. Das klassische Schlussverfahren ist dasjenige des Syllogismus. Dabei wird von zwei Prämissen (Ober- und Untersatz) ausgegangen, aus denen ein Schluss (Konklusion) gezogen wird. Diese beiden Prämissen bestehen wiederum insgesamt aus drei und jeweils aus zwei Argumenten; eines der Argumente erscheint dabei in beiden Prämissen, so dass diese einen Schluss gestatten, der die beiden anderen Argumente umfasst. So stellen etwa die beiden Sätze *Alle Menschen sind produktiv* (Argumente M und P) und *Alle Sprachwissenschaftler sind Menschen* (Argumente S und M) die Prämissen für den Schluss *Alle Sprachwissenschaftler sind produktiv* (Argumente S und P) dar. Weitere bekannte Schlussverfahren sind die Implikationsregeln modus ponens und modus tollens: Hierbei wird ebenfalls von zwei Prämissen ausgegangen. Die erste der beiden Prämissen besteht in der Feststellung eines Implikationsverhältnisses zweier Aussagen, die zweite entweder in der Bejahung der ersten Aussage oder in der Verneinung der zweiten Aussage. Im ersten Falle wird dann aus der Bejahung der ersten Aussage auf die Bejahung oder Wahrheit der zweiten Aussage geschlossen (modus ponens); so ergibt sich hiernach etwa aus den Prämissen *Wenn Sprachwissenschaftler Menschen sind, dann sind sie produktiv* ($p \rightarrow q$) und *Sprachwissenschaftler sind Menschen* (p) der Schluss *Sprachwissenschaftler sind produktiv* (q). Im zweiten Fall hingegen wird aus der Verneinung der zweiten Aussage auf die Verneinung oder Falschheit der ersten geschlossen (modus tollens); zum Beispiel folgt aus den Prämissen *Wenn Sprachwissenschaftler Menschen sind, dann sind sie produktiv* ($p \rightarrow q$) und *Sprachwissenschaftler sind nicht produktiv* ($\neg q$) der Schluss *Sprachwissenschaftler sind keine Menschen* ($\neg p$). Das letzte Beispiel macht bereits deutlich, dass die verschiedenartigen Schlussverfahren unabhängig von der

[73] Bei dem ersten handelt es sich um den Titel eines Aufsatzes (Wiegand 1983), bei dem zweiten um den einer Rezension (Dieckmann 1989).

richtigen oder falschen Interpretation der ihnen zugrunde gelegten Prämissen gültig sind.

Fachsprachliche Rekurrenz und Isotopie besteht in der Wiederholung bedeutungsgleicher bzw. -verwandter sprachlicher Einheiten, die im Verlauf des betreffenden Fachtextes zu längeren Isotopieketten führen kann. Die einzelnen Verfahren an sich sind dabei nicht fachsprachencharakteristisch, sondern allein ihre Verwendungshäufigkeit in Texten oder Teiltexten, die mit einem hohem Explizierungsbestreben verbunden sind. Zu den wichtigsten Verfahren der Herstellung von Rekurrenz und Isotopie (vgl. Abb. 17) gehören die einfache und die transformierende Wiederholung, der (anaphorische und kataphorische) Gebrauch von Pro-Formen, die Paraphrasierung, die Verwendung von (partiellen) Synonymen, sowie der Gebrauch von sprachlichen Einheiten, die in einer paradigmatischen Bedeutungsrelation stehen, wie zum Beispiel Hyponyme, Hyperonyme, Kohyponyme sowie Antonyme oder Komplenyme. Hinzu kommt der Gebrauch von sprachlichen Einheiten, die in einem syntagmatischen Zusammenhang stehen, so etwa *Autor, verfassen, Buch, Verlag, Preisbindung* usw. Diese verschiedenen Verfahrensweisen können durchaus auch im Rahmen einer einzelnen rekurrenten oder isotopischen Wiederholung miteinander kombiniert werden. Dies ist in dem folgenden Beispiel mit einem rekurrenten Gebrauch von Synonymen bei gleichzeitiger transformierender Wiederholung oder einer isotopischen Nennung von Forschungsgebiet und dessen Gegenstand der Fall: *Unter Linguistik versteht man die Wissenschaft von der Sprache. Die Sprachwissenschaft gliedert sich in unterschiedliche Forschungsbereiche wie Semantik, Grammatik und Pragmatik. Die Untersuchung von Sprachhandlungen ist derzeit ein zentrales Gebiet der Forschung.*

Neben den Thema/Rhema-Strukturen, Frage/Antwort-Konstruktionen, Schlussverfahren sowie Rekurrenz und Isotopie sind auch im fachsprachlichen Bereich einige **weitere Verfahren mikrostruktureller Textverknüpfung** zu beobachten. Hierzu zählt insbesondere die lateinischem Vorbild folgende Berücksichtigung der sog. Zeitenfolge (consecutio temporum), nach welcher der Gebrauch der (morphologischen oder periphrastischen) Tempusformen in untergeordneten Sätzen von demjenigen des übergeordneten Satzes abhängig gemacht wird. Hierbei werden entweder allein Vorzeitigkeitsformen oder allein Gleich- oder Nachzeitigkeitsformen verwendet; zum Beispiel: *Während die Schneidemaschine in Betrieb ist, sind Schutzhandschuhe zu tragen* und: *Während die Schneidemaschine in Betrieb war, waren Schutzhandschuhe zu tragen* und nicht etwa: **Während die Schneidemaschine in Betrieb war, sind Schutzhandschuhe*

Verfahren	Beispiel
Einfache Wiederholung	*Unter Linguistik versteht man die Wissenschaft von der Sprache. Linguistik gliedert sich in unterschiedliche Forschungsbereiche wie Semantik, Grammatik und Pragmatik.*
Gebrauch von Pro-Formen	anaphorisch: *Sprachwissenschaft gehört zu den modernen Forschungsdisziplinen. Sie gliedert sich in unterschiedliche Forschungsbereiche wie Semantik, Grammatik und Pragmatik.* kataphorisch: *Sie gehört zu den modernen Forschungsdisziplinen. Die Sprachwissenschaft ist ein wichtiger Teil des Germanistikstudiums.*
Transformierende Wiederholung	*Die Wissenschaft von der Sprache gehört zu den modernen Forschungsdisziplinen. Sprachwissenschaft gliedert sich in unterschiedliche Forschungsbereiche wie Semantik, Grammatik und Pragmatik.*
Paraphrasierung	*Linguistik gehört zu den modernen Forschungsdisziplinen. Die Wissenschaft von der Sprache gliedert sich in unterschiedliche Forschungsbereiche wie Semantik, Grammatik und Pragmatik.*
Gebrauch von (partiellen) Synonymen	*Linguistik gehört zu den modernen Forschungsdisziplinen. Zu den Forschungsbereichen der Sprachwissenschaft gehören Semantik, Grammatik und Pragmatik.*
Gebrauch von Hyponymen und Hyperonymen	*Linguistik gehört zu den modernen Forschungsdisziplinen. Die Wissenschaft weist indessen bereits eine lange Tradition auf.* oder: *Linguistik gehört zu den modernen Forschungsdisziplinen. Untersuchungen zu Wortschatz und Grammatik haben indessen eine lange Tradition*
Gebrauch von Kohyponymen	*Ältere und neuere Literaturwissenschaft machen einen guten Teil des Germanistikstudiums aus. Sprachwissenschaft ist ebenfalls zu belegen.*
Gebrauch von Antonymen	*Neuere Literaturwissenschaft macht einen guten Teil des Germanistikstudiums aus. Ältere ist ebenfalls zu belegen.*

Abb. 17: Aufstellung einiger Verfahren zur Herstellung fachsprachlicher Rekurrenz und Isotopie; in den Beispielsätzen erscheinen die betreffenden Einheiten jeweils gesperrt.

zu tragen. Der Gebrauch von satzeinleitenden Konjunktionen oder die Verwendung von sog. Satzadverbien stellen ebenfalls wichtige Verfahren der mikrostrukturellen Textverknüpfung dar. Dies zeigt das folgende Beispiel, in dem zudem verschiedene Verknüpfungsverfahren (Schluss und Isotopie) miteinander kombiniert werden: *Alle Wissenschaften müssen gefördert werden, um den Fortschritt zu sichern. Auch die Erforschung von Sprache ist als ein wissenschaftliches Fach anzusehen. Hieraus ist zu folgern, dass sie ebenfalls zu fördern ist.*

5.4 Weitere Texteigenschaften

Kohärenz und Kohäsion auf makro- und mikrostruktureller Ebene stellen konstitutive Eigenschaften fachsprachlicher Texte dar. Vor dem Hintergrund des Strebens nach Deutlichkeit, das in aller Regel für Texte aus Wissenschaft, Technik und Institutionen gleichermaßen gilt, erscheinen stark ausgeprägte Makro- und Mikrostrukturen als ein Charakteristikum von Fachsprachen, das diese von der sog. Allgemeinsprache mit einer geringeren Ausprägung solcher Strukturen unterscheidet. Darüber hinaus teilen fachsprachliche Texte einige weitere Eigenschaften mit solchen, die nicht aus dem fachsprachlichen Bereich stammen. Diese Eigenschaften sind zwar nicht textkonstitutiv, da jeweils durchaus Texte denkbar sind, für die diese Eigenschaften nicht gelten. Doch erscheinen sie insbesondere unter dem Gesichtspunkt erfolgreicher fachlicher Kommunikation von großer Bedeutung. Solch **fachkommunikativ bedeutsame Texteigenschaften** sind nun vor allem Intentionalität, Akzeptabilität, Informativität, Situationalität und Intertextualität. Sie werden im Folgenden einzeln aufgegriffen und vor dem Hintergrund eines allgemeinen Kommunikationsmodells jeweils auf ihre fachkommunikative Bedeutung hin erörtert.[74]

Die **Intentionalität** von Fachtexten besteht in deren Ausrichtung auf einen bestimmten Zweck im Rahmen der Kommunikation innerhalb eines bestimmten Tätigkeitsbereiches. Der fachliche Textproduzent verfolgt mit dem betreffenden Text das Ziel, einem Rezipienten bestimmte Gegenstände und Sachverhalte darzustellen oder ihn zu bestimmten Tätigkeiten anzuleiten. Hierbei sind jedoch nicht allein die Gegenstände, Sachverhalte oder Tätigkeiten der fachsprachlichen Kommunikation selbst von Bedeutung, sondern auch der oder die vom

[74] Vgl. hierzu Kap. 1.1 sowie dort insbesondere Abb. 1. Ehlich 1994 (Instruktion). Grütz 1994; Jahr 1996; Monteiro/Rösler 1993 (Rezeption); Kresta 1995 (Interpersonalität).

Produzenten jeweils angestrebten Rezipienten. Fachliche Information und Instruktion sind in aller Regel allein auf solche Rezipienten ausgerichtet, die diese auch im Rahmen ihrer Tätigkeiten benötigen oder aus anderem Bestreben (wie Bildung oder Macht) heraus verlangen. Der fachlich intendierte Informations- oder Instruktionsgehalt eines Textes einerseits sowie dessen fachlich intendierter Rezipientenkreis andererseits machen des Weiteren eine spezifische sprachliche Ausdrucksweise von der Laut- oder Schriftebene über diejenige des Wortschatzes und der Syntax bis hin zur Textebene erforderlich. Auf diese spezifische Ausdrucksweise hat sich der Produzent des betreffenden Fachtextes ebenfalls mehr oder weniger stark einzustellen. Vor diesem Hintergrund umfasst die Intentionalität von Fachtexten neben derjenigen, überhaupt einen Fachtext zu äußern, mindestens drei Gesichtspunkte: Erstens die spezifische Information oder Instruktion des Textes, zweitens dessen spezifischen Rezipientenkreis und drittens dessen spezifische Ausdrucksweise.

Ähnlich der Intentionalität von Fachtexten verhält es sich mit deren **Akzeptabilität**. Diese besteht in der Erfüllung der kommunikativen Anforderungen des Rezipienten innerhalb der fachlichen Kommunikation. Hierbei sind Fachtexte zunächst einmal von ihren Rezipienten als solche anzuerkennen; erst unter dieser Bedingung erscheint eine erfolgreiche Rezeption überhaupt möglich. Der betreffende Fachtext hat darüber hinaus jedoch unter einigen weiteren Gesichtspunkten den kommunikativen Anforderungen des Rezipienten zu genügen. Hierzu zählt zum einen das aus den Anforderungen seines Tätigkeitsbereiches oder aus anderen Bestrebungen heraus erwachsende Bedürfnis nach Information über bestimmte Gegenstände und Sachverhalte oder Instruktion zu bestimmten Tätigkeiten; wird der betreffende Fachtext diesem Informations- oder Instruktionsbedürfnis des Rezipienten nicht gerecht, ist er für diesen im Rahmen der betreffenden Fachkommunikation nicht akzeptabel. Im Rahmen der Fachtextrezeption ist zudem der Produzent des Textes von entscheidender Bedeutung, indem nur ein mehr oder weniger berufener Autor dazu geeignet erscheint, einen Text zum Gegenstand fachsprachlicher Rezeption zu machen; fehlt das Vertrauen des Rezipienten in den Autor, mangelt es aus dessen Sicht auch dem betreffenden Text an hinreichender Akzeptabilität. Dies gilt nicht zuletzt auch wiederum für die Ausdrucksweise, die dem Fachtext jeweils eigen ist. Ein Fachtext wird nur dann von einem möglichen Rezipienten akzeptiert, wenn dessen Ausdrucksweise eine mehr oder weniger erfolgreiche Rezeption erlaubt. Die Akzeptabilität von Fachtexten betrifft somit nicht allein deren Identifikation als solche, sondern auch erstens deren Informations- oder Instruktionsgehalt, zweitens deren Produzenten sowie drittens deren jeweils spezifische Ausdrucksweise.

Fachtexte dienen also der Information oder Instruktion von Rezipienten, die sie akzeptieren, durch Produzenten, die sie intendieren. Der Informations- oder Instruktionsgehalt solcher Texte wird im Allgemeinen übergreifend als deren **Informativität** charakterisiert. Von Interesse sind hierbei zum einen die absolute Informativität, welche die Gegenstände und Sachverhalte der Darstellung sowie die Tätigkeiten der Anleitung selbst umfasst, und zum anderen aber auch die relative Informativität, die entweder von der Kompetenz des Rezipienten oder von dem Verhältnis zwischen sprachlichem Aufwand einerseits und Darstellung oder Anleitung andererseits abhängig zu machen ist. Die absolute Informativität ist vor allem in Hinblick auf die Vertikalisierung von fachsprachlichen Varietäten oder Textsorten entscheidend: Es kann davon ausgegangen werden, dass die absolute Informativität in Texten höherer vertikaler Ebene diejenige in Texten tieferer Ebene übertrifft. Mit der Annahme relativer Informativität lässt sich diese Feststellung zunächst im Hinblick auf die fachliche und sprachliche Kompetenz des Rezipienten differenzieren: Bei einer hohen Kompetenz ist die relative Informativität eines bestimmten Fachtextes geringer anzusetzen als bei einer geringen Kompetenz; für einen Rezipienten mit einer geringen Kompetenz ist sie entsprechend höher anzusetzen. Vor diesem Hintergrund erweist es sich als sinnvoll, relative Informativität von Fachtexten nicht allein an der fachlichen und sprachlichen Kompetenz des Rezipienten, sondern darüber hinaus auch an dem Verhältnis zwischen dem sprachlichem Umfang des Textes und dessen absoluter Informativität festzumachen. Dabei erfordert ein vergleichsweise geringer Textumfang eine vergleichsweise hohe Rezeptionskompetenz, während ein größerer Umfang eine geringere Kompetenz gestattet. Ist der Umfang indessen im Hinblick auf die Rezeptionskompetenz zu groß, zeigt der Text geringe Informativität und erscheint als redundant; ist der Umfang hingegen zu gering, zeigt der Text zu hohe Informativität. Vor diesem kommunikations- und kognitionstheoretischen Hintergrund ist der ideale Umfang eines Fachtextes bei einer feststehenden absoluten Informativität von der fachlichen und sprachlichen Kompetenz des Rezipienten abhängig: Bei hoher Kompetenz ist er tendenziell gering, bei geringer Kompetenz hingegen tendenziell hoch.

Ein Blick auf die Intentionalität, die Akzeptabilität und die Informativität von Fachtexten macht bereits deutlich, dass solche Texte wie andere auch in starkem Maße von verschiedenartigen Kommunikationsbedingungen abhängig sind. Diese Kommunikationsbedingungen stellen im Konkreten das situative Umfeld dar, in dem fachsprachliche Äußerungen produziert und rezipiert werden. Vor dem Hintergrund eines allgemeinen Kommunikationsmodells lassen sich dabei die folgenden Gesichtspunkte fachtextueller **Situationalität** unterscheiden: Erstens der Fachbereich in seiner horizontalen und vertikalen Einordnung und somit die spezifische Information oder Instruktion des fachlichen Textes selbst.

Zweitens die fachliche und sprachliche Kompetenz sowie der soziale und psychische Status des oder der Textproduzenten, also sowohl des oder der Autoren als auch des oder der Leser bzw. Hörer. Die situative Abhängigkeit fachlicher Texte von der fachlichen und sprachlichen Produktions- und Rezeptionskompetenz wird bereits im Hinblick auf deren Intentionalität, Akzeptabilität und Informativität deutlich. In Bezug auf den sozialen Status sind vor allem Gesichtspunkte der Gruppen- und Stellungshierarchie sowie Weisungsbefugnisse von Bedeutung; zum psychischen Status sind der Grad an Aufmerksamkeit oder an Freundlichkeit oder Aggression sowie andere Parameter zu rechnen. Drittens tragen auch sprachliche und semiotische Erscheinungen zur Situationalität von Fachtexten bei; hierzu zählen insbesondere die Unterscheidung zwischen mündlicher und schriftlicher Kommunikation, die Wahl von mehr oder weniger verbindlichen Textsorten, der Gebrauch verschiedenartiger Illustrationsarten und anderes mehr. Und viertens schließlich gehört auch und gerade der außersprachliche Kotext im Allgemeinen zu den situativen Bedingungen fachlicher Kommunikation. Hierzu zählen die räumlichen und zeitlichen Bedingungen der Fachkommunikation, deren Einbettung in andere fachliche Handlungen (etwa im Rahmen einer Forschungsreihe, einer Produktplanung oder einer Gerichts- oder Geschäftsverhandlung) oder deren Abhängigkeit von bestimmten soziokulturellen Normen (sog. *Kulturemen*), also bestimmten religiösen, ethischen oder ideologischen Grundsätzen.

Fachsprachliche Texte sind jedoch nicht allein situativ eingebettet; sie zeigen darüber hinaus zahlreiche Bezüge zu anderen Texten. Diese **Intertextualität** von Fachtexten erstreckt sich zum einen auf andere Fachtexte: Diese werden des Öfteren wörtlich, zum Teil aber auch nur sinngemäß wiedergegeben, oder es wird zumindest auf sie verwiesen. Darüber hinaus steht jeder Fachtext in der Tradition zahlreicher anderer Fachtexte, die unausgesprochen den Hintergrund der betreffenden fachlichen Äußerungen bilden. Dies gilt sowohl für die Darstellung oder Anweisung der betreffenden Fachinhalte selbst, die jeweils in einer mehr oder weniger ausgeprägten Fachgeschichte steht, als auch für die Art und Weise der Textgestaltung, die ihrerseits im Rahmen der Bildung von Fachtextsorten traditionsabhängig ist. Zum anderen erstreckt sich die Intertextualität von Fachtexten auch auf solche Texte, die nicht dem engeren Umfeld des betreffenden Fachbereiches zuzurechnen sind. Diese stellen den Ursprung von zahlreichen inter-, extra- und nichtfachlichen sprachlichen Einheiten[75] der entsprechenden Fachkommunikation dar und sind somit ebenfalls als eine bedeutsame Grundlage der Fachkommunikation und ihrer Texte aufzufassen. Die Intertextualität erweist sich hiernach als ein weiteres Charakteristikum fach-

---

[75] Vgl. hierzu im Hinblick auf den Fachwortschatz Kap. 3.1.

sprachlicher Texte. Es gilt jedoch auch hier, dass diese Intertextualität nicht auf Fachtexte beschränkt ist, sondern in aller Regel auch für andere, nichtfachliche Texte gilt. Vor dem Hintergrund des fachsprachlichen Explizierungsbestrebens, das auch die Aufarbeitung bestehender Sach- und Argumentationszusammenhänge umfasst, erscheint hier indessen ein verhältnismäßig hohes Maß an ausdrücklicher Intertextualität gegenüber vielen nichtfachsprachlichen Texten als durchaus charakteristisch.

Die kurze Betrachtung der Intentionalität, Akzeptabilität, Informativität, Situationalität und Intertextualität von fachlichen Texten macht deutlich, dass diese in starkem Maße durch ganz verschiedenartige kommunikative Bedingungen geprägt werden. Vor diesem Hintergrund erweist sich das innerhalb der Fachsprachenreflexion nur allzu oft geäußerte Postulat von deren absoluter Objektivität als Illusion. Die **Objektivität fachsprachlicher Äußerungen** besteht vielmehr relativ zu denjenigen Menschen, die sie äußern und dabei selbst in zahlreichen kulturgeschichtlichen Abhängigkeiten stehen. Die ebenfalls immer wieder erhobene Forderung nach Versachlichung fachlicher Kommunikation bedarf somit einer gründlichen Revision: Sie ist nicht allein an den Gegenständen und Sachverhalten der betreffenden Fachbereiche festzumachen, sondern darüber hinaus auch an den kommunikativen Bedingungen, unter denen fachsprachliche Äußerungen jeweils erfolgen. Die Objektivität fachsprachlicher Äußerungen besteht somit sowohl in deren Sach- als auch in deren Kommunikationsadäquatheit. Demnach ist eine Erforschung einzelner Fachsprachen und deren Texte zu wünschen, die dieser Ko- und Kontextualität fachlicher Kommunikation gebührend Rechnung trägt. Darüber hinaus erscheint aber auch die vermehrte Berücksichtigung solcher Abhängigkeiten in der Anwendung von Fachsprachen selbst von Bedeutung, insbesondere auch in solchen Fällen, in denen diese Kommunikation selbst wiederum zum Gegenstand praxisorientierter Reflexion wird.

6. Fachsprachennormung

6.1 Deskription, Präskription und Normung

Der Gebrauch von Fachsprachen lässt das Prinzip der **Arbitrarität und Konventionalität** sprachlicher Zeichen in besonderer Weise deutlich werden. So sind denn einerseits fachsprachliche Besonderheiten gegenüber der Allgemeinsprache auf welcher Beschreibungsebene von Lautung und Schreibung über Wörter und Sätze bis hin zum Text auch immer allein vor dem Hintergrund einer mehr oder weniger großen Unverbindlichkeit der sprachlichen Einheiten unter den Gesichtspunkten der Semantik, Syntax oder Pragmatik denkbar. Andererseits ist jedoch nur im Falle einer zumindest partiellen Akzeptanz und der hiermit in der Regel verbundenen Konventionalisierung innerhalb der Kommunikation des betreffenden Fachgebietes ein Fortbestand der betreffenden Besonderheiten möglich. Vor diesem Hintergrund ist es kaum verwunderlich, dass bei dem Gebrauch von Fachsprachen immer wieder ausdrücklich das Recht auf Freiheit gleichermaßen wie dasjenige auf Verbindlichkeit in Anspruch genommen werden.

Die Beschreibung, wie sprachliche Einheiten gebraucht werden, und die Vorschrift, wie diese Einheiten zu gebrauchen sind, sind überdies eher theoretisch als praktisch voneinander zu unterscheiden: Setzt doch eine Vorschrift in aller Regel an der Gebrauchsweise der betreffenden Einheit an und baut somit bis zu einem gewissen Grade auf deren Beschreibung auf, während eine Beschreibung wiederum durch die ausdrückliche Erläuterung der betreffenden Gebrauchsweise des Öfteren eine vorschreibende Wirkung entfaltet. Im fachsprachlichen Bereich ist diese allgemeine Verbindung von **Deskription und Präskription** indessen vor dem Hintergrund der kommunikativen Bedeutung von Arbitrarität und Konventionalität von besonderer Bedeutung: Die Ausnutzung sprachlicher Arbitrarität und die Notwendigkeit sprachlicher Konventionalisierung machen gerade im fachlichen Bereich oftmals Beschreibungen erforderlich, die zugleich eine vorschreibende Funktion erfüllen. Die in einigen Fachbereichen zudem recht starke Variation fachsprachlicher Einheiten verlangt darüber hinaus in der Regel Vorschriften, die selbst wiederum auf die Beobachtung dieser Variation zurückgehen.

Die starke fachsprachliche Tendenz zur Präskription lässt **Innovation wie Normung** erkennen: Im Rahmen innovativer Präskription werden neue fachsprachliche Gebrauchsweisen aufgestellt und (mehr oder weniger) verbindlich festgelegt, während eine normende Präskription auf bereits bestehende Gebrauchsweisen zurückgreift und deren verbindliche Regelung anstrebt. Aus historischer Sicht geht die innovative Präskription der normenden Präskription prinzipiell voraus und schafft dabei gegebenenfalls deren Grundlage. Im Zuge der deutschen Fachsprachengeschichte wird dies eindrucksvoll mit der fachsprachlichen Entwicklung gegen Ende des 19. Jahrhunderts belegt. Die erheblichen Fortschritte im wissenschaftlichen und technischen, aber auch im institutionellen Bereich bringen eine derart starke Diversifizierung der fachsprachlichen Gegebenheiten mit sich, dass zahlreiche Normbestrebungen einsetzen. Vor allem im wissenschaftlichen und im technischen Bereich spielt hierbei die institutionalisierte Fachsprachennormung durch nationale Normungsinstitute wie das Deutsche Institut für Normung (DIN) oder internationale Institutionen wie die International Organization for Standardization (ISO) eine bedeutende Rolle. Die Arbeit solcher Institutionen setzt überwiegend an der lexikalischen Ebene an. Sie wird dabei von einer allgemeinen Grundsatzdiskussion begleitet, die in weiten Teilen unabhängig von der universitären Sprachwissenschaft erfolgt. Diese Unabhängigkeit erweist sich jedoch nicht zuletzt auch und gerade aus sprachwissenschaftlicher Sicht als nicht unproblematisch.

6.2 Terminologielehre, Terminologiearbeit und Normung

Die präskriptive bzw. normierende Beschäftigung mit Fachsprachen bezieht sich auf den wissenschaftlichen, technischen oder institutionellen Wortschatz; dieser Wortschatz wird dabei in der Regel als *Terminologie* bezeichnet. Solche Normierungsbestrebungen haben sich nun im Verlauf des 20. Jahrhunderts in verschiedene **terminologische Disziplinen** aufgefächert (vgl. hierzu Abb. 18). Unter dem Gesichtspunkt des terminologischen Gegenstandsbereiches zählen zu diesen Disziplinen zum einen die allgemeine und die spezielle Terminologielehre: Die allgemeine Terminologielehre beschäftigt sich dabei mit fach- und sprachübergreifenden Eigenschaften fachlicher Wortschätze, während die spe-

	Terminologielehre		Terminologiearbeit	
	allgemein	speziell	einsprachig	mehrsprachig
Forschung	Wesen der Begriffe und Benennungen und ihrer Beziehung	Fachspezifische Gesetzmäßigkeiten der Terminologien	Systemarbeit	Systemvergleich; Ausarbeitung von einzelsprachunabhängigen Begriffssystemen
Forschung	Universitäten: Sprachwissenschaft, Wissenschaft der Wissenschaft; Akademien der Wissenschaften	Universitäten: Sachfächer; nationale und internationale Organisationen	Universitäten; Akademien der Wissenschaften; nationale Fachorganisationen	Universitäten; Akademien der Wissenschaften; internationale Fachorganisationen
Normung	Überfachliche und übersprachliche terminologische Grundsätze und Methoden	Fachspezifische Regeln und Richtlinien	Festlegung der Begriffssysteme, Definitionen und Benennungen (Soll-Norm)	Festlegung einheitlicher Begriffssysteme, Definitionen, Benennungen (Soll-Norm in offiziellen Sprachen)
Normung	ISO/TC 37 „Terminologie (Grundsätze und Koordination)“ und Fachausschüsse	Spezialinstitutionen der Chemiker (IUPAC), Physiker (IUPAP), Elektrotechniker (IEC) usw.	Nationale Normungsorganisationen, Fachorganisationen, Sprachenämter	Internationale Normungsorganisationen (ISO), internationale Fachorganisationen, Sprachenämter
Facharbeit, Pilotprojekte	Erprobung der terminologischen und lexikographischen Grundsätze und Methoden	Erprobung der fachspezifischen Regeln und Richtlinien	Feststellung des Sprachgebrauchs (Ist-Norm); Anwendung der Richtlinien	Sprachenvergleich
Facharbeit, Pilotprojekte	Fachorganisationen		Fachorganisationen, Dolmetschinstitute, Terminologiebüros	
Ausbildung	Universitäten: allgemein; postuniversitäre Kurse, Seminare, Lehrgänge	Universitäten: Sachfächer, postuniversitäre Kurse, Seminare, Kurse	Einführung in die Richtlinien in Universitäten, postuniversitären Kursen, Seminaren und Lehrgängen; Einführung in die Terminologiesysteme einzelner Sachgebiete in Universitäten, Dolmetschinstituten und postuniv. Kursen	

Abb. 18: Gliederung terminologischer Disziplinen nach Helmut Felber und Gerhard Budin (1989, 296) nach Gegenstands- (dunkel unterlegt) und Tätigkeitsbereichen (hell unterlegt).

zielle Terminologielehre solche einzelner Fächer und Sprachen berücksichtigt. Zum anderen ist auch die Terminologiearbeit zu den terminologischen Disziplinen zu rechnen. Ihre Aufgabe besteht in der beschreibenden und vorschreibenden Aufarbeitung einzelner Fachwortschätze, sei es nun einzelsprachlich oder mehrsprachlich (im Rahmen eines fachlichen Sprachvergleiches). All diese vier terminologischen Disziplinen lassen sich nun jeweils in vier terminologische Tätigkeitsbereiche untergliedern: Forschung, Normung, Facharbeit und Ausbildung.[74]

Die **Terminologielehre als wissenschaftliche Disziplin** beschäftigt sich also mit den theoretischen Grundlagen einer präskriptiv orientierten Betrachtung von Fachwörtern. Ihr wissenschaftliches Interesse gilt dabei zunächst einmal den allgemeinen Eigenschaften von Fachwörtern überhaupt sowie denjenigen von Fachwörtern einzelner Fächer oder Sprachen. Sie wird innerhalb einzelner Fachbereiche an Universitäten, in wissenschaftlichen Akademien sowie von verschiedenen Organisationen vertreten und betrieben. Sie versteht sich dabei als eine eigenständige wissenschaftliche Disziplin, die mehr oder weniger deutliche theoretische und methodische Einflüsse aus Fachsprachenforschung, Wissenschaftstheorie, Informationswissenschaft, Informatik und anderen Disziplinen erfährt. Dabei verfügt die Terminologielehre über eigene, jedoch nicht unumstrittene theoretische Grundlagen. Diese Grundlagen schlagen sich darüber hinaus in einer eigenen, terminologischen Fachsprache mit einem eigenen Fachwortschatz (vgl. Abb. 19) nieder, in der sich eine recht umfangreiche terminologische Fachliteratur mit zwei seit Beginn der 90er Jahre regelmäßig erscheinenden Fachzeitschriften[75] herausgebildet hat. Über die Erforschung terminologischer Grundlagen hinaus gilt das Interesse der Terminologielehre auch den Grundlagen fachsprachlicher Normung, wobei sowohl fächerübergreifende als auch fachspezifische Grundsätze und Richtlinien erarbeitet und erprobt werden. Diese Erarbeitung und Erprobung erfolgt oftmals auf internationaler Ebene und wird dabei in der Regel von fächerübergreifenden oder fachspezifischen Organisationen getragen.

Die sprachtheoretischen **Grundlagen der allgemeinen und speziellen Terminologielehre** sind einem vergleichsweise einfachen systemlinguistischen Inven-

[74] Vgl. zum folgenden die grundlegenden Arbeiten von Wüster 1931; 1979; darüber hinaus Arntz/Picht 1995; Kapitel XXIV von Fachsprachen, Bd.2 (1998); Felber/Budin 1989; Hoffmann 1990; Laurén/Picht 1993; Pfundmayr/Preissner 2002; Picht 1993, Reinart 1993; Rey 1979; Sonneveld/ Loening 1993; Wüster 1974.

[75] Terminology Science and Research (seit 1990); Terminology (seit 1994).

(1) ***Terminologiewissenschaft***, ***Terminologielehre*** (17, 31, 49); **(2)** *Allgemeine Terminologielehre* (1); **(3)** *Spezielle Terminologielehre* (1); **(4)** *terminologische Grundsatzlehre*; **(5)** *allgemeine terminologische Grundsatzlehre*; **(6)** *spezielle terminologische Grundsatzlehre*; **(7)** ***Gegenstand***; **(8)** *konkreter Gegenstand* (7, 18); **(9)** *abstrakter Gegenstand* (7, 8, 17); **(10)** *Formalgegenstand* (9); **(11)** *Ganzes*; **(12)** *ontologische Beziehung*, *Gegenstandsbeziehung*; **(13)** *ontologisches System*, *Gegenstandssystem*; **(14)** *Bestandssystem* (13); **(15)** *Bestandsbeschreibung* (7); **(16)** *Denkeinheit*; **(17)** ***Begriff*** (9, 16); **(18)** *Individualbegriff* (8, 16); **(19)** *Merkmalbegriff* (16); **(20)** *Merkmalart* (19); **(21)** *Begriffsinhalt*; **(22)** *Begriffsumfang*; **(23)** *Begriffsbeziehung*; **(24)** *Begriffssystem*; **(25)** *Begriffsbeschreibung* (21, 22); **(26)** *Definition* (21, 25); **(27)** *Begriffserklärung* (21, 25); **(28)** ***Zeichen***; **(29)** *Schreibzeichen*; **(30)** *Wortzeichen* (29); **(31)** *Begriffszeichen* (29); **(32)** *Gegenstandszeichen* (29); **(33)** *Benennung* (31); **(34)** *Zahlzeichen* (31); **(35)** *Sinnzeichen* (31; 42); **(36)** *Kurzzeichen* (31, 35, 42); **(37)** *Namen*[1] (31); **(38)** *Namen*[2] (32); **(39)** *Abbildungszeichen* (8, 32); **(40)** *Notation*[1] (36, 41); **(41)** *Zeichensystem*, *Notation*[2] (28); **(42)** *Schriftzeichen*; **(43)** *Code* (41); **(44)** *Schriftzeichensystem* (41); **(45)** ***Thema*** (7); **(46)** *Themazeichen* (29, 30, 37, 38, 40, 45); **(47)** *Themabezeichnung* (7, 17); **(48)** *Themasystem* (45,47); **(49)** ***Terminologie*** (17, 31); **(50)** *Nomenklatur*, *Begriffszeichensystem* (17, 31); **(51)** *Eindeutigkeit* (17, 31); **(52)** *Eineindeutigkeit* (17, 31); **(53)** *Mehrdeutigkeit*, *Mehrbegrifflichkeit* (17, 31); **(54)** *Homonymie* (17, 31, 53); **(55)** *Polysemie* (17, 31, 53); **(56)** *Synonymie* (17, 31); **(57)** ***Terminographie*** (58); **(58)** *terminographische Daten* (59); **(59)** *terminologische Daten* (17); **(60)** *terminographische Datensammlung* (59); **(61)** *systematisches Fachwörterbuch* (7, 17, 60); **(62)** *Dokumentationsthesaurus* (47, 60); **(63)** *Eintrag* (58, 60); **(64)** ***Terminologiearbeit***; **(65)** *Terminologische Grundsatzarbeit* (64); **(66)** *terminologische Facharbeit* (64); **(67)** *feststellende Terminologiearbeit* (66); **(68)** *terminologische Systemarbeit* (66); **(69)** *Vereinheitlichung der Terminologie* (66); **(70)** *Terminologieregelung*, *festlegende Terminologiearbeit*; **(71)** *Terminologienormung*.

(1) ***Terminologiewissenschaft***; ***Terminologielehre*****:** Wissenschaft, die sich mit der Erforschung der Grundlagen der Terminologien (49), d.h. mit den Begriffen (17), Begriffszeichen (31) und ihren Systemen befaßt. **(7)** ***Gegenstand*****:** Ausschnitt aus der Wirklichkeit, der aus einer Menge von Eigenschaften besteht. **(17)** ***Begriff*****:** Denkeinheit (16), die einem abstrakten Gegenstand (9) zugeordnet ist und diesen im Denken vertritt. **(28)** ***Zeichen*****:** Gegenstand, der einem anderen Gegenstand oder Begriff dauernd zugeordnet ist, so daß er diese in der Kommunikation vertritt. **(45)** ***Thema*****:** Gegenstand (7), der in einem Dokument behandelt wird. **(49)** ***Terminologie*****:** geordnete Menge von Begriffen (17) eines Fachgebietes mit den ihnen zugeordneten Begriffszeichen (31). **(57)** ***Terminographie*****:** Lehre und Praxis der Sammlung, Erfassung, Speicherung und Darstellung von terminographischen Daten (58). **(64)** ***Terminologiearbeit*****:** Tätigkeit, die auf die Vereinbarung von Grundsätzen (terminologische Grundsatzarbeit) bzw. auf die Anwendung dieser Grundsätze bei der Erhebung des Ist-Zustandes von Terminologien oder bei der Erstellung des Soll-Zustandes von Terminologien (terminologische Facharbeit) gerichtet ist.

Abb. 19: Gesamtzusammenstellung (einschließlich definitorischer Bezüge) und Definitionsauswahl sog. „terminologischer Grundbegriffe" nach Helmut Felber und Gerhard Budin (1989, 1-10); zentrale Einheiten erscheinen hier fett.

tarmodell bei einer realistischen Sprachauffassung verhaftet.[76] Den zentralen Ausgangspunkt der Überlegungen stellt dabei nach den grundlegenden Arbeiten Eugen Wüsters die traditionelle Begriffslogik dar. Ein Begriff wird hierbei als so etwas wie eine kognitive Repräsentation von Gegenständen als Einheiten der außersprachlichen Wirklichkeit aufgefasst, der unabhängig von den Wörtern einzelner Sprachen oder gar der Sprache überhaupt besteht. Ein solcher übersprachlicher oder übereinzelsprachlicher Begriff steht dabei in verschiedenartigen Beziehungen der Über-, Neben- und Gegenordnung zu anderen Begriffen und bildet mit diesen zusammen ein über(einzel)sprachliches Begriffssystem. Dieses System kann nun nach gängiger Auffassung der Terminologielehre wiederum unabhängig von einzelnen Sprachen feststellend und festlegend bearbeitet werden, um erst im Anschluss eine oder mehrere einzelsprachliche Repräsentationen zu erfahren. Solche Repräsentationen erfolgen durch die Zuordnung einzelner Zeichen, die als kommunikative Stellvertreter der jeweils betreffenden Begriffe verstanden werden, und führen zu der Herausbildung einzelsprachlicher Terminologien.

Diese theoretischen Grundlagen der Terminologielehre erscheinen indessen aus sprachwissenschaftlicher Sicht nicht unbedenklich.[77] Die **sprachwissenschaftliche Kritik der Terminologielehre** bezieht sich dabei zum einen auf das systemlinguistische Inventarmodell, das sich im Rahmen der Betrachtung von Fachsprachen weder unter pragmatischen noch unter kognitiven Gesichtspunkten als hinreichend erweist und somit in vielen Fällen keine geeignete Grundlage für eine feststellende oder festlegende Arbeit mit Fachsprachen darstellt. Zum anderen betrifft diese sprachwissenschaftliche Kritik aber auch die sog. Begriffstheorie, deren radikal-realistische Variante weder erkenntnistheoretisch noch kognitionspsychologisch hinreichend gesichert ist und der Terminologielehre den Zugang zu ihrem sprachlichen Gegenstandsbereich eher erschwert denn erleichtert. Die relativ-realistische Variante der Begriffstheorie, die nicht von der Über- oder Außersprachlichkeit, sondern lediglich von der Übereinzelsprachlichkeit der Begriffe ausgeht, erfährt, sofern sie überhaupt theoretisch vertreten wird, spätestens im Rahmen praktischer Arbeit mit Fachsprachen eine Zurückdrängung zugunsten der radikal-realistischen Variante. Die Konsequenzen dieser theoretischen Defizite der allgemeinen und speziellen Terminologielehre im Hinblick auf die ein- und mehrsprachige Terminologiearbeit sind augenfällig, auch wenn diese in einigen Bereichen, vor allem innerhalb der Technik und zum Teil innerhalb von Institutionen durchaus achtenswerte Erfolge aufweisen kann.

---

[76] Zum systemlinguistischen Inventarmodell vgl. Kap. 1.2.

[77] Vgl. zum Beispiel (mit weiteren Literaturangaben) Roelcke 2002b; 2002c; 2004.

Der Terminologielehre entsprechend wird die wissenschaftliche **Terminologiearbeit** vornehmlich an Universitäten, an wissenschaftlichen Akademien sowie an nationalen und internationalen Institutionen vertreten. Sie beschäftigt sich mit den empirischen Grundlagen einer präskriptiv orientierten Fachwortbetrachtung. Das wissenschaftliche Interesse der Terminologiearbeit gilt dabei zum einen der Ausarbeitung und dem Vergleich von einzel- oder mehrsprachig repräsentierten Begriffssystemen. Zum anderen strebt die Terminologielehre die Festlegung von einzel- und mehrsprachigen terminologischen Systemen an, die auf der Grundlage solcher Begriffssysteme herausgearbeitet werden. An dieser Stelle tritt nun die grundsätzliche Problematik der Terminologiearbeit deutlich zu Tage: Unzureichende theoretische Grundlagen wie die realistische Begriffstheorie und das systemlinguistische Inventarmodell werden im Rahmen der Terminologiearbeit von der allgemeinen und speziellen Terminologielehre mehr oder weniger unreflektiert übernommen und dabei weitgehend undifferenziert auf die sprachliche Festlegung ganz unterschiedlicher horizontaler und vertikaler Fachbereiche und Textsorten übertragen. Die normende Tätigkeit im Rahmen der Terminologiearbeit wird dabei von nationalen und internationalen Normungsinstitutionen, Fachorganisationen und Sprachenämtern ausgeübt. Die Überprüfung der einzelnen terminologischen Richtlinien unterliegt dann des Weiteren den betreffenden Fachorganisationen sowie Dolmetscherinstituten und Terminologiebüros. Die terminologische Ausbildung innerhalb der betreffenden Bereiche erfolgt in den Fachbereichen der Universitäten sowie in ein- und weiterführenden außeruniversitären Seminaren oder Kursen, die von den entsprechenden Fachorganisationen oder Dolmetscherinstituten angeboten werden.

Die eigentliche **Terminologienormung** schließlich erweist sich hiernach als eine terminologische Disziplin, die sowohl im Rahmen der Terminologielehre als auch in demjenigen der Terminologiearbeit verfolgt wird. Im Idealfall nimmt diese Normung einen Weg, der von der internationalen Grundlagenforschung über internationale und nationale Normungsrichtlinien bis hin zu den einzelsprachigen terminologischen Regelungen innerhalb einzelner Fachbereiche führt. Dieses Verfahren ist jedoch recht langwierig und steht dabei in der Gefahr, der zum Teil rasanten Fortentwicklung fachkommunikativer Erfordernisse nicht gerecht zu werden: Von Seiten der allgemeinen Terminologielehre werden hierbei zunächst die überfachlichen und übereinzelsprachlichen Grundsätze der Fachwortpräskription ausgearbeitet; an dieser Arbeit ist die International Organization for Standardization (ISO) maßgeblich beteiligt. Darüber hinaus werden im weiteren Verlauf von den internationalen Organisationen der einzelnen Fachbereiche fachspezifische Richtlinien entwickelt. Die einzelsprachliche und somit zumeist auch nationale Terminologiearbeit setzt dann an diesen international erarbeiteten, einzelfachlichen Richtlinien an und entwickelt auf deren

Grundlage mehr oder weniger verbindliche terminologische Systeme; neben den einzelnen nationalen Fachorganisationen und Sprachenämtern sind hier im deutschsprachigen Raum vor allem das Deutsche Institut für Normung (DIN) sowie das Österreichische Normungsinstitut (ON) zu nennen. Die internationale Harmonisierung der einzelsprachlichen terminologischen Systeme unterliegt dann wiederum den internationalen Fachorganisationen und der internationalen Normungsorganisation.

6.3 Normungsorganisationen

Die Geschichte der nationalen und internationalen Normungsorganisationen reicht bis an die Wende vom 19. zum 20. Jahrhundert zurück. Dabei steht zunächst die Sachnormung, also die Festlegung der einzelnen fachlichen Gegenstände und Verfahren im Vordergrund; in sprachlicher Hinsicht beschränkt sich die organisierte Normung zunächst auf die Regelung fachspezifischer Wortschätze. Erst als im Verlauf der ersten Jahrzehnte deutlich wird, dass auch die Terminologienormung selbst allgemeiner Grundsätze bedarf, die über Bestimmungen in den einzelnen Fachbereichen hinausreicht und diese jeweils bestimmt, setzt eine fachübergreifende Diskussion um die fachsprachliche Normung als solche ein, die selbst wiederum bis heute eine ganze Reihe von Einzelregelungen zur Terminologienormung hervorgebracht hat. Den entscheidenden Anstoß erfährt diese terminologische Grundsatznormung durch die Schriften Eugen Wüsters, insbesondere durch dessen noch immer rezipiertes Hauptwerk aus den 30er Jahren „Internationale Sprachnormung in der Technik, besonders in der Elektrotechnik“. **Organisierte Sach- und Sprachnormung** wird derzeit von etwa neunzig Staaten und zahlreichen nationalen und internationalen Fachverbänden betrieben. Zu den nationalen Normungsinstitutionen gehören wie bereits genannt das Deutsche Institut für Normung (DIN) und das Österreichische Normungsinstitut (ON), darüber hinaus etwa die British Standards Institution (BSI) in Großbritannien oder die Association Française de Normalisation (AFNOR) in Frankreich. Zu den bekanntesten internationalen Fachorganisationen gehören zum Beispiel die International Union for Pure and Applied Chemestry (IUPAC), die World Health Organization (WHO) oder die World Meteorological Organization (WMO). Dabei ist jedoch zu beachten, dass der Rechtsstatus dieser Normungsorganisationen jeweils verschieden ist und deren Normungsvorschläge dementsprechend unterschiedliche Verbindlichkeit zeigen.[78]

Die nationale Fachsprachennormung wird in der Bundesrepublik Deutschland insbesondere durch das **Deutsche Institut für Normung (DIN)** sowie durch den **Verband deutscher Elektrotechniker (VDE)** betrieben und organisiert. Das Deutsche Institut für Normung stellt keine staatliche Einrichtung dar, sondern einen eingetragenen und als gemeinnützig anerkannten Verein. Seine Richtlinien genießen diesem Rechtsstatus entsprechend nicht die Verbindlichkeit von Gesetzen oder Verordnungen, sondern nur diejenige von Empfehlungen, denen jedoch aufgrund seiner breiten wirtschaftlichen und gesellschaftlichen Verankerung eine recht große Akzeptanz zuteil wird.[79] Das Institut wurde bereits 1917 gegründet; sein Sitz ist Berlin. Es widmet sich der sachlichen und sprachlichen Normungsarbeit auf zahlreichen verschiedenen Gebieten mit Ausnahme der Elektrotechnik, deren Normung dem Verband deutscher Elektrotechniker, ebenfalls einem eingetragenen Verein, obliegt. Als Mitglieder des Deutschen Instituts für Normung sind Firmen, Verbände, Körperschaften, Behörden und Organisationen vorgesehen, welche die Arbeit der Organisation einerseits durch Mitgliedsbeiträge und Spenden sowie andererseits durch die Entsendung ehrenamtlicher Mitarbeiter in die diversen Arbeitsausschüsse unterstützen; das Jahresbudget umfasst zur Zeit etwa 160 Millionen Mark. Das oberste Organ des Instituts, das bislang über 25.000 Normen veröffentlicht hat, ist die Mitgliederversammlung. Die Normungsarbeit selbst wird in derzeit etwa einhundert Normenausschüssen (NA) geleistet, die sich ihrerseits in über 4.000 Arbeitsausschüsse (AA) mit insgesamt weit über 35.000 ehrenamtlichen Mitarbeitern aufgliedern; hinzu kommen über 1.000 hauptamtliche Mitarbeiter. Der Normenausschuss Terminologie (NAT) tagt einmal im Jahr und umfasst derzeit rund zwanzig freiwillige Mitarbeiter aus Wissenschaft, Institutionen und Wirtschaft; diesen sind etwa zwanzig weitere, korrespondierende Mitarbeiter angeschlossen.

---

[78] Zur Organisation und Geschichte nationaler und internationaler Normungsorganisationen vgl. Klein 1980; Arntz/Picht 1995, 140-154, 282-297; wichtige Verträge und Verordnungen im Zusammenhang mit dem Deutschen Institut für Normung sind in DIN-Normheft 10 (6. Aufl. 1995) zu finden.

[79] Diese Akzeptanz ist hinsichtlich sprachlicher Regelungen im fachlichen Bereich stärker ausgeprägt als im nichtfachlichen oder allgemeinsprachlichen Bereich. Vgl. zum Beispiel die empfohlenen Bezeichnungen *Schraubendreher*, *Glühlampe* und *Streuscheibenreinigungsanlage*, die sich in der schriftlichen technischen Fachsprache weitgehend durchgesetzt haben, gegenüber den zuvor auch hier gebräuchlichen Bezeichnungen *Schraubenzieher*, *Glühbirne* und *Scheinwerfer-Waschanlage*, die sich nurmehr in der mündlichen technischen Fachsprache und im nichttechnischen Sprachgebrauch finden.

Neben dem Deutschen Institut für Normung und dem Verband deutscher Elektrotechniker sind in der Bundesrepublik zahlreiche weitere Organisationen wie Fachverbände und staatliche Einrichtungen an der sachlichen und sprachlichen Normungsarbeit beteiligt. **Weitere nationale Normungsorganisationen** dieser Art sind zum Beispiel der Verein deutscher Ingenieure (VDI), das Bundessprachenamt oder die Gesellschaft für Mathematik und Datenverarbeitung (GMD). Der Verein deutscher Ingenieure verfügt über einen eigenen Ausschuss für fachsprachliche Fragen, den VDI-Ausschuss „Sprache und Technik". Seine Normungsarbeit betrifft vorwiegend den Bereich terminologischer Wortbildung und hat dabei einige fachsprachliche Richtlinien hervorgebracht, die als Ergänzung oder Spezifizierung der einschlägigen Normen des Deutschen Instituts für Normung aufzufassen sind. Das Bundessprachenamt in Hürth bei Köln ist überwiegend mit Übersetzungsaufgaben betraut und trägt darüber hinaus zur fremdsprachlichen Ausbildung bei. Im Zuge dieser Tätigkeiten wurde in den 60er Jahren eine terminologische Datenbank gegründet, die der Unterstützung der zahlreichen Übersetzungsaufgaben dient. Über eine weitere bedeutende terminologische Dokumentationsstelle verfügt auch die Gesellschaft für Mathematik und Datenverarbeitung in Frankfurt am Main. Es wird hiernach deutlich, dass Terminologiearbeit und Terminologienormung in der Bundesrepublik Deutschland zu einem kleineren Teil dezentral und zu einem größeren Teil zentral, wenn auch nicht staatlich organisiert erfolgen.

Die organisierte Normung wird auf internationaler Ebene von der **International Organization for Standardization (ISO)** getragen. Diese Organisation, welche 1946 als Nachfolgerin der 1926 ins Leben gerufenen International Federation of the Standardizing Associations (ISA) gegründet wurde, ist von Beginn an nicht allein mit Fragen der Sach-, sondern auch der Sprachnormung befasst. Ihr Ziel besteht in der internationalen Vereinheitlichung nationaler Normungsbestrebungen sowie in der Entwicklung von internationalen Normen bzw. Standards zur Förderung und Erleichterung wissenschaftlicher, technischer und wirtschaftlicher Prozesse. Der Sitz der Organisation ist Genf; ihr Rechtsstatus ist derjenige eines Vereins nach Schweizer Zivilrecht. Der International Organization for Standardization sind Normungsinstitute aus etwa neunzig Ländern angeschlossen, die jeweils gehalten sind, die internationalen Richtlinien in das entsprechende nationale Normenwerk zu übernehmen oder auf die Anforderungen des betreffenden Landes bzw. Sprachgebietes hin abzustimmen.[80] Die Bundesrepu-

[80] Hierbei zeigen sich zum Teil beträchtliche nationale Unterschiede: So sind die internationalen Normen beispielsweise in Deutschland oftmals unter zahlreichen Änderungen und Ergänzungen wiederzufinden, während sie in Spanien vielfach in Übersetzungen weitgehend unverändert übernommen werden.

blik Deutschland wird hier durch das Deutsche Institut für Normung vertreten. Die einzelnen Aufgaben der internationalen Normungsorganisation werden von derzeit rund 170 Arbeitsausschüssen, sog. Technischen Komitees (Technical Commitees, TC) wahrgenommen, deren Vertreter auf freiwilliger Basis aus den einzelnen Mitgliedsorganisationen abgestellt werden. Diese Ausschüsse gliedern sich in zahlreiche weitere Unterausschüsse (Subcommitees, SC) oder Arbeitsgruppen (Working Groups, WG). In der Regel ist einer dieser Unterausschüsse oder eine dieser Arbeitsgruppen mit terminologischen Fragestellungen befasst; seit 1952 besteht ein selbständiges Technisches Komitee für Terminologiefragen, das ISO/TC 37 „Terminology (principles and co-ordination)".[81] Von den diversen nationalen Mitgliedsorganisationen der internationalen Normungsorganisation wurden bislang über 12.000 Terminologienormen in etwa 35 Sprachen herausgebracht. Das sachliche wie sprachliche Normverfahren der ISO selbst ist indessen recht langwierig und umfasst dabei sechs verschiedene Stufen: Vorschlagsstufe (Proposal Stage), Bearbeitungsstufe (Preparatory Stage), Komiteestufe (Committee Stage), Umfragestufe (Enquiry Stage), Annahmestufe (Approval Stage) und Veröffentlichungsstufe (Publication Stage). Die so erarbeiteten und veröffentlichten internationalen Normen werden im Bestfall alle fünf Jahre überarbeitet.

Neben der International Organization for Standardization sind insbesondere die **International Electrotechnical Commission (IEC)** und einige weitere Organisationen an der internationalen Terminologienormung beteiligt. Dabei unterliegt die sachliche und sprachliche Normung im Bereich der Elektrotechnik (den Verhältnissen auf nationaler Ebene innerhalb der Bundesrepublik Deutschland etwa vergleichbar) nicht der International Organization for Standardization, sondern der International Electrotechnical Commission, die bereits 1906 gegründet wurde und deren Sitz ebenfalls Genf ist. Die Bundesrepublik Deutschland ist hier durch den Verband deutscher Elektrotechniker und die Deutsche Elektrotechnische Kommission im DIN vertreten. Aufbau und Verfahren der International Electrotechnical Commission sind etwa denjenigen der internationalen Normungsorganisation vergleichbar. Neben den bereits genannten internationalen Fachorganisationen wie der International Union for Pure and Applied Chemestry (IUPAC), der World Health Organization (WHO) oder der World Meteorological Organization (WMO) sind darüber hinaus die Terminologieabteilungen weiterer Verbände oder Firmen sowie internationaler Organisationen wie der EG oder der UNO an der internationalen Terminologienor-

[81] Ein solcher Terminologieausschuss wurde von der Vorläuferorganisation, der International Federation of the Standardizing Associations 1936 bereits ebenfalls einberufen: ISA 37 „Terminology".

mung beteiligt. Auf europäischer Ebene wird die internationale Normungsarbeit zum einen durch das Europäische Komitee für Normung (Comité Européen de Normalisation: CEN) und zum anderen durch das Europäische Komitee für Elektrotechnische Normung (Comité Européen de Normalisation Electrotechnique: CENELEC) vollzogen. Beide Normungsorganisationen, denen Organisationen verschiedener EG- und EFTA-Länder angehören, veröffentlichen europäische Normen und befassen sich mit der Einführung von ISO- und IEC-Normen in Europa.

Neben den verschiedenen Normungsorganisationen leisten einige weitere Institutionen wichtige Beiträge zur internationalen Terminologiearbeit. Zu diesen Institutionen gehört insbesondere auch das **Internationale Informationszentrum für Terminologie (Infoterm)** in Wien, das 1971 beim Österreichischen Normungsinstitut im Rahmen des allgemeinen Informationsprogrammes der Unesco (UNISIST) gegründet wurde. Die Aufgabe von Infoterm liegt in der Dokumentation und Unterstützung internationaler Bemühungen im Rahmen der Terminologiearbeit. Hierbei wurden im Verlauf der Jahre zahlreiche Kontakte zu verschiedenen nationalen und internationalen Organisationen und Instituten geknüpft, so dass 1988 die Gründung eines dezentral organisierten internationalen Terminologiearbeitsnetzes (TermNet) erfolgte. Die Geschäftsführung dieser Organisation, der vornehmlich Körperschaften, aber auch Einzelpersonen angehören, welche die Bemühungen durch finanzielle oder sonstige Leistungen unterstützen, liegt derzeit bei Infoterm in Wien. Die Aufgaben dieser Institution bestehen im einzelnen in der Organisation und Koordination von Terminologiearbeit sowie in der terminologischen Ausbildung, Beratung und Veröffentlichung oder in der Durchführung von Fachtagungen; hinzu kommen die Vermittlung terminologischer Daten in Zusammenarbeit mit verschiedenen terminologischen Datenbanken, die eigene terminologische Dokumentation, insbesondere auch durch Bibliographien (International Bibliographies, BTs), sowie die Entwicklung praktischer Hilfsmittel im Rahmen der Terminologiearbeit. Die Verbindung zwischen TermNet und dem Hochschulbereich wird eigens durch das 1989 gegründete Internationale Institut für Terminologieforschung (IITF) geleistet.

6.4 Terminologische Grundsatznormen

Die terminologische Grundsatznormung des Deutschen Instituts für Normung und der International Organization for Standardization hat zu der Veröffentlichung einer Reihe einschlägiger terminologischer Richtlinien geführt. **Terminologische Normblätter** dieser Art betreffen hier wie dort sowohl die Grundlagen der Terminologielehre und Terminologienormung als auch diejenigen der terminologischen Lexikographie, der sog. Terminographie. Sie werden im folgenden kurz umrissen, wobei zunächst das terminologische Normenwerk des DIN und danach dasjenige der ISO vorgestellt wird.

In der DIN-Norm 820 werden die Grundsätze der Normungsarbeit (Teil 1), die Gestaltung von Normen (Teil 2) und zentrale Begriffe der Normungsarbeit (Teil 3) eingeführt. Die **Definition von *Normung***, die an dieser Stelle vorgenommen wird, lässt einiges vom Selbstverständnis des Deutschen Institut für Normung deutlich werden: „Normung ist die planmäßige, durch die interessierten Kreise gemeinschaftlich durchgeführte Vereinheitlichung von materiellen und immateriellen Gegenständen zum Nutzen der Allgemeinheit. Sie darf nicht zu einem wirtschaftlichen Sondervorteil einzelner führen. Sie fördert die Rationalisierung und Qualitätssicherung in Wirtschaft, Technik, Wissenschaft und Verwaltung. Sie dient der Sicherheit von Menschen und Sachen sowie der Qualitätsverbesserung in allen Lebensbereichen. Sie dient außerdem einer sinnvollen Ordnung und der Information auf dem jeweiligen Normungsgebiet. Die Normung wird auf nationaler, regionaler und internationaler Ebene durchgeführt (siehe Erläuterungen).“[82]

Vor dem Hintergrund dieser Definition von Normung wird nun in der DIN-Norm 2342 folgende **Bestimmung von terminologischer Normung** vorgenommen: „Festlegen von Terminologie und von Grundsätzen für das Erarbeiten, Bearbeiten, Verarbeiten und Darstellen von Terminologie durch autorisierte und dafür fachlich, sprachlich und methodisch qualifizierte Gremien mit dem Ziel, terminologische Normen zu schaffen.“[83] An dieser Stelle werden dann zwei Typen terminologischer Normung unterschieden: Zum einen die terminologische Grundsatznormung als die „Normung von Grundsätzen und Richtlinien für die terminologische Einzelnormung“ und die terminologische Einzelnormung selbst als „Normung von Begriffen und ihren Benennungen sowie von Begriffssystemen und den dazugehörigen Benennungssystemen oder Nomenklaturen“. Die terminologische Grundsatznormung hat hiernach also die Aufgabe, zum einen gemeinsame Grundsätze für die terminologische Einzelnormung in unterschiedlichen Bereichen zu entwickeln und zum anderen eine übergeordnete Terminologienormungsterminologie einzuführen. Die weiteren Bestimmungen dieses Normblattes betreffen „Gegenstand und Sprache“, „Begriffsebene“, „Bezeichnungsebene“ sowie „Bearbeitung und Darstellung von

[82] DIN 820, Teil 1 (1994), 1.
[83] DIN 2342, Teil 1 (1992), 5.

Wortschatz". Die hier verwandten Bezeichnungen lassen bereits die begriffstheoretische Fundierung terminologischer Normung im Rahmen eines sprachrealistischen systemlinguistischen Inventarmodells zutage treten.

Diese und weitere **sprachtheoretische Grundlagen** werden in der DIN-Norm 2330 ausführlich erläutert. Diese Erläuterungen beginnen mit allgemeinen Angaben über „Gegenstände und Begriffe": Bestimmungen und Gliederungen von *Gegenstand* und *Begriff*, von *Begriffsinhalt* und *Begriffsumfang* sowie von *Zeichen* und *Zeichensystem* (*natürliche und künstliche Sprachen*, *Benennungen und Namen*). Es folgen Erörterungen zu „Beziehungen zwischen Begriffen", wobei neben verschiedenen *Beziehungsarten* und *-richtungen* insbesondere *hierarchische* und *nicht-hierarchische Beziehungen* sowie diverse *Begriffsverknüpfungen* (Determination, Konjunktion, Disjunktion und Integration) unterschieden werden. Ein weiterer Abschnitt dieser Norm ist solchen „Merkmalen" von Gegenständen gewidmet, die zur Bestimmung von Begriffen und deren Beziehungen herangezogen werden: Diese Merkmale werden zunächst in *Beschaffenheits-*, *Relations-*, *Funktions-* sowie *Ordnungsmerkmale* unterteilt; daraufhin werden deren mögliche Beziehungen untereinander bestimmt. An diese Erörterung von Merkmalen schließt sich ein Abschnitt über „Definitionen" an, in dem nach einer Definition von *Definition* zum einen verschiedene Definitionsarten wie *Inhalts-* und *Umfangsdefinition* und zum anderen einige „Grundsätze für das Definieren" (gegenseitige Abstimmung, Benennungen, Gültigkeitsbereich, Genauigkeit, Vermeidung von Zirkelschlüssen und Widersprüchen, Entbehrlichkeit von Definitionen) eingeführt werden. Der letzte und umfangreichste Abschnitt der Norm ist den „Benennungen" gewidmet und behandelt erstens „Bestandteile von Benennungen" (*Wortelemente* und *Wörter*) und zweitens „Grundsätze für das Bilden von Benennungen" wie formale Anforderungen, die Zuordnung von Benennungen und Begriffen, die Vermeidung von Mehrdeutigkeiten, Kürzungsgrade, die Wiedergabe der Begriffsverknüpfung, die Übernahme von Benennungen, die Bildung von Kurzformen sowie die Einheitlichkeit des Benennungsgebrauchs. Auf eine ausführliche sprachwissenschaftliche Kritik dieser sprachtheoretischen Grundlagen, die sich trotz des begriffstheoretischen Ansatzes im Rahmen eines sprachrealistischen systemlinguistischen Inventarmodells in einigen Normungsbereichen zum Teil durchaus auch bewährt haben, kann an dieser Stelle verzichtet werden.[84]

Die sprachtheoretische Ausrichtung der DIN-Norm 2330 lässt indessen wichtige **zeichentheoretische Grundlagen** unbeachtet. Diesen Grundlagen ist nun die DIN-Norm 2338 gewidmet. Deren erster Teil führt zunächst einige semiotische Konzepte wie den „Zeichenprozeß" und dessen Elemente (Zeichenkörper,

[84] Vgl. hierzu Kap. 1 sowie Kap. 6.2 sowie Dahlberg 1976.

Zeichenbenutzer und Zeichenbedeutung), die „Zeichenkonstituierung“, die „Abstraktionseignung von Zeichenkörpern“ sowie die „Unterscheidung zwischen Zeichen und Anzeichen“ ein. Im folgenden Abschnitt wird das Zeichen einer genauen Bestimmung unterzogen: „Ein Zeichen Z_0 ist ein Zeichen für eine Person P dann und nur dann, wenn – es eine von einer Person P wahrgenommene physikalische Erscheinung gibt, die eine Person P als Zeichenkörper ZK interpretiert oder produziert; – das Zeichen Z_0 zu einem Zeichensystem ZS gehört, d. h. zu anderen Zeichen Z_1, Z_2, . . . Z_n in konventionalisierten Beziehungen steht, die eine Person P kennt (im Grenzfall können diese Beziehungen auch Ausschlußbeziehungen sein).“ Und weiter heißt es: „Dies setzt zumindest folgende Bedingungen voraus: a) der Zeichenkörper ZK kommt in einer kommunikativen Situation K vor, an der auch eine Person P teilnimmt; b) der Zeichenkörper ZK ermöglicht einer Person P innerhalb einer kommunikativen Situation K die kognitive Konstruktion oder Rekonstruktion einer Zeichenbedeutung ZB und zwar auf der Basis der Kenntnis einer in dem Zeichensystem ZS konventionalisierten Beziehung zur zugehörigen Zeichenform ZF.“[85] Im weiteren Verlauf des Abschnittes werden dann *Zeichenkörper*, *Zeichenform*, *Zeichenbedeutung*, *Zeichensystem* sowie einige weitere semiotische Fachausdrücke definiert. Der kommunikationstheoretische und kognitivistische Fachwortschatz, der in diesen Bestimmungen und deren Erläuterungen bereits Eingang gefunden hat, darf nicht über deren systemlinguistische oder -semiotische Fundierung nach dem Vorbild von Ferdinand de Saussure[86] hinwegtäuschen: Das Zeichen gilt hier nach wie vor als eine bilaterale Einheit aus Ausdruck und Bedeutung mit Hinweisfunktion, die auf der Ebene der „systematisierten Konvention“ (langue) als Zeichenform und auf derjenigen der „kommunikativen Situation“ (parole) als Zeichenkörper erscheint. Der zweite Teil der DIN-Norm 2338 ist der Typologie von Zeichen nach sog. Beschaffenheits-, Relations- und Funktionsmerkmalen gewidmet.

Weitere terminologische Grundsatznormen des Deutschen Instituts für Normung betreffen die Darstellung terminologischer Bedeutungsrelationen und Wortfelder (DIN 2331), die Herstellung und Angleichung internationaler Fachwortschätze (DIN 2332) oder den Gebrauch und die Bildung von terminologischen Kurzformen und Abkürzungen (DIN 2340). Eine weitere grundsätzliche DIN-Norm zum fachlichen Sprachgebrauch betrifft die „Indexierung zur inhaltlichen Erschließung von Dokumenten“ (DIN 31 623). Als Beispiel für eine terminologische Einzelnorm sei die DIN-Norm 5485 genannt, in welcher die

[85] DIN 2338, Teil 1 (1984), 4.
[86] Vgl. de Saussure 1972.

terminologische Wort- bzw. Kompositionsbildung im Fachbereich Physik geregelt wird.

Neben den Blättern zur terminologischen Normung werden durch das DIN auch Blätter zur terminographischen Normung herausgegeben. So ist die grundsätzliche **Regelung der Terminographie** Gegenstand der DIN-Norm 2333. Zunächst wird hierin ein Fachwörterbuch als eine „geordnete Sammlung von Benennungen der Begriffe eines Fachgebietes" bestimmt und unmittelbar anschließend auf die Möglichkeit einer alphabetischen oder sachlichen Anordnung der betreffenden Stichwörter (Lemmata) hingewiesen.[87] Es folgen Definitionen weiterer terminographischer Fachwörter, in denen sich die lexikologischen Postulate der älteren Fachsprachenforschung und der allgemeinen Terminologielehre widerspiegeln.[88] Hierzu gehören Bestimmungen von *Wörterbucheintrag* als die „kleinste selbständige Einheit in einem Fachwörterbuch, d. h. die Darstellung einer eindeutigen Zuordnung zwischen Begriff und Benennung", bei der die Postulate von Eineindeutigkeit und Monosemie durchscheinen, oder von *Ausgangs-* bzw. *Zielsprache* als (in der mehrsprachigen Terminographie) „Sprache, in der die Definitionen der Begriffe ausgearbeitet werden" bzw. als „Sprache, in der Benennungsäquivalente sowie eventuell weitere Informationen in das Fachwörterbuch aufgenommen werden", wobei die Bedeutungsfestlegung von Fachwörtern als metasprachliche Bedeutungsangabe erster Stufe (Ausgangssprache) als Ansatzpunkt von deren Bedeutungsbeschreibung als metasprachlicher Bedeutungsangabe zweiter Stufe (Zielsprache) angesehen wird.[89] Die weiteren Abschnitte des Normblattes dienen der Regelung vorbereitender Arbeiten, der Materialsammlung, dem Entwurf eines Begriffsplans, der Erfassung der Einträge, der maschinellen Bearbeitung eines gespeicherten Wörterbuchmanuskripts sowie dessen manueller Ausarbeitung.

Die soeben genannten lexikologischen Postulate der allgemeinen Terminologielehre schlagen sich auch in der Artikelstruktur (Mikrostruktur) nieder, die in der DIN-Norm 2333 vorgegeben wird: „Üblicherweise enthält ein Eintrag folgende Elemente: Benennung, Kurzform der Benennung, Definition, Erklärung, Sprachenzeichen (siehe DIN 2335), Quellenangaben, Sachgebietsschlüssel, Bearbeiter, Datum der Erfassung (Aktualität), Bearbeitungsvermerk (alt, neu, provisorisch, gestrichen usw.)."[90] Diese Struktur entspricht – stark vereinfacht – derjenigen, die vom Deutschen Institut für Normung für die **Veröffentlichung**

[87] DIN 2333 (1987), 1.
[88] Vgl. hierzu Kap. 3 und Kap. 7.
[89] DIN 2333 (1987), 2.
[90] DIN 2333 (1987), 5f.

44-21-4	Ein **komplex strukturierter Thesaurus** ist ein *Thesaurus*, in dem mehrere Arten inhaltlicher *Begriffsbeziehungen* dargestellt werden.	
	DEF:	44-02, 11-01, 41-01
	SIN:	Thesaurus im engeren Sinne
	ABG:	Komplex-Thesaurus
	E:	complex structured thesaurus
	F:	thésaurus à structure complexe
	ANM:	1 Dies ist die eigentliche Form des Thesaurus 2 Wird er im Hauptteil systematisch geordnet, spricht man von einem hierarchischen Thesaurus
	BSP:	TEST-Thesaurus
	OB:	Thesaurus
	UB:	Thesaurus ohne Vorzugsbenennungen
	VB:	Kontrollierte Schlagwortliste

Abb. 20: Beispiel für eine terminologische Festlegung nach DIN 2339, Teil 1 (1987), 8.

terminologischer Festlegungen in der DIN-Norm 2339 vorgegeben wird. Im ersten Teil dieser Norm werden zunächst der „Ablauf der Terminologiearbeit" von Sammlung über Analyse bis zur Festlegung, „Vorgehensweise und Prinzipien bei der Terminologiearbeit" sowie die „Entwicklung der Systematik und Anordnung der Einträge" festgelegt. Im Anschluss folgen dann die Bestimmungen zum „Aufbau eines Haupteintrags" (vgl. Abb. 20): Ein solcher Haupteintrag beginnt (links herausgestellt) mit der numerischen Erfassung der betreffenden terminologischen Festlegung. Dieser sog. Notation folgt bündig der neu festgelegte terminologische Eingang (fett) mit der betreffenden Bedeutungsfestlegung (recte, bereits definierte Termini kursiv). Im Anschluss hieran finden sich folgende Angaben: Fundstellen von bereits definierten Termini (DEF); Synonyme (SIN); abgelehnte Benennungen (ABG); fremdsprachliche Äquivalente aus dem Englischen (E) und Französischen (F); Anmerkungen (ANM), zum Teil mit erläuterten Benennungen (gesperrt); Beispiele (BSP); Begriffsbeziehungen wie Oberbegriff (OB), Unterbegriff (UB) und Verbandsbegriff (VB). Im weiteren Verlauf der Norm werden die hier genannten Positionen und einige „eintragsübergreifende Hilfsmittel" wie Einleitungs- und Verbindungstexte, graphische Darstellungen, Register und Bibliographien näher erläutert sowie um drucktechnische Hinweise ergänzt. Im zweiten Teil des Normblattes werden terminologische Festlegungen im engeren Rahmen von Normen selbst geregelt; die hier vorgeschlagenen Prinzipien und Strukturen sind denjenigen aus dem ersten Teil vergleichbar.

Weitere terminographische Grundsatznormen des Deutschen Instituts für Normung betreffen die folgenden Bereiche: Erstens die Erstellung von Thesauri (DIN 1463); zweitens die graphische Gestaltung von manuell erstellten terminographischen Wörterbüchern (DIN 2336); drittens die Bezeichnungen von Sprachen (DIN 2335); sowie viertens ein maschinelles Format für den Austausch terminologischer bzw. terminographischer Daten mittels Elektronischer Datenverarbeitung unter der programmatischen Bezeichnung MATER, von dem jedoch bislang lediglich ein Katalog der zu berücksichtigenden Kategorien vorliegt (DIN 2341, Teil 1).

Wie von dem Deutschen Institut für Normung werden auch von der International Organization for Standardization grundlegende Normen zu Terminologie und Terminographie herausgegeben. **Allgemeine terminologische Grundsatznormen der ISO** finden sich in der zweisprachigen (englisch; französisch) ISO-Norm 1087. In dieser Norm finden sich zunächst Festlegungen zum Bereich Sprache und Wirklichkeit (*language and reality*; *langue et réalité*), gefolgt von solchen zu Begriffen (*concepts*; *notions*). Im weiteren Verlauf folgen Bestimmungen zur Definition (*definition*; *définition*) und zum Fachwortschatz bzw. zur Terminologie (*terminology*; *terminologie*), die durch solche zur allgemeinen und maschinenunterstützten Terminologiearbeit (*preparation and presentation of vocabularies* und *machine-aided terminology work*; sowie *élaboration et présentation des vocabulaires* und *terminologie assistée par ordinateur*) sowie zu verschiedenartigen Disziplinen terminologischer Bemühungen (*theoretical foundations and practical applications*; *fondements theóretiques et applications pratiques*) abgeschlossen werden. Der DIN-Norm 2342 vergleichbar, in der ausdrücklich auf die ISO-Norm 1987 hingewiesen wird, ist diese Norm gleichfalls in starkem Maße durch die sog. Begriffstheorie und das systemlinguistische Inventarmodell geprägt.

Dies gilt auch für die ISO-Norm 704, welche **sprachtheoretische Grundlagen der internationalen Terminologielehre** behandelt und deren Nähe zur DIN-Norm 2330 unverkennbar ist. In dieser Norm geht es zunächst um Begriffe (*concepts*), deren Verhältnis zu Gegenständen (*objects*), deren Merkmale (*characteristics*), die Unterscheidung zwischen Begriffsintension und Begriffsextension (*intension and extension*), Begriffsbeziehungen (*relationships between concepts*) und Begriffssysteme (*systems of concepts*). An diese Bestimmungen schließt sich ein Abschnitt über Definitionen an, in dem verschiedene Arten und Eigenschaften von Definitionen erläutert werden. Etwa die Hälfte der Norm ist abschließend Fachwörtern (*terms*) selbst gewidmet: Ein Fachwort wird hier zunächst definiert als „a word or phrase, which designates a concept“[91]. Im Anschluss hieran finden sich dann Bestimmungen zum Aufbau und zur Bildung von Fachwörtern (*structure and formation of terms*), zu terminologischen Systemen (*systems of terms*), zum Verhältnis von Fachwort und Begriff (*correspondence between a term and a concept*), zu den Erfordernissen der Auswahl und Bildung von Fachwörtern (*requirements for the selection and formation of terms*), zu Kurzformen (*abbreviations*) sowie zur Transliteration (*transliteration*). Die hier genannten Bestimmungen spiegeln wiederum die fachlexikologischen Postulate der allgemeinen Terminologielehre wider, erweisen sich jedoch im Vergleich zu der deutschen Norm als eher zurückhaltend.

Weitere terminologische und terminographische Grundsatznormen der internationalen Normungsorganisation betreffen folgende Bereiche: Erstens die internationale Angleichung von Begriffen und Fachwörtern (ISO 860); zweitens die Erstellung ein- oder mehrsprachiger Thesauri (ISO 2788 und ISO 5964); drittens die graphische Gestaltung von terminographischen Wörterbüchern (ISO 1951); viertens Sprachenzeichen (ISO 639); fünftens Computerhilfsmittel bei der Terminologiearbeit (ISO/DIS 1987, Part 2); und sechstens schließlich ein maschinelles Format für den Austausch terminologischer bzw. terminographischer Daten, ebenfalls unter der programmatischen Bezeichnung MATER (ISO 6156).

---

91 ISO 704 (1987), 8.

7. Fachlexikographie

7.1 Fachlexikologie, Fachlexikographie und Metalexikographie

Die lexikographische Beschreibung von Fachsprachen ist durch eine starke Abhängigkeit von sprachkonzeptionellen und fachlexikologischen Grundlagen geprägt (vgl. Abb. 21).[92] Diese **fachlexikologische Abhängigkeit der Fachlexikographie** gilt zum einen für die Terminographie, die durch das systemlinguistische Inventarmodell der Terminologielehre sowie deren Postulat der Exaktheit, Eineindeutigkeit und Selbstdeutigkeit von Fachwörtern geprägt ist. Diese Abhängigkeit zeigt sich des weiteren auch im Bereich der deskriptiven Fachlexikographie, welche das pragmalinguistische Kontextmodell der sprachwissenschaftlichen Fachwortforschung sowie die hier eruierten Fachworteigenschaften Vagheit, Polysemie, Synonymie und vor allem Kontextabhängigkeit widerspiegelt und somit eine Gegenposition zu derjenigen von Terminologielehre und Terminographie bezieht. Es ist davon auszugehen, dass die Beschreibungsergebnisse der deskriptiven Fachlexikographie ihrerseits in nicht unwesentlichem Maße auch auf die Theoriebildung der sprachwissenschaftlichen Fachlexikologie zurückwirken. Eine theoretische Fundierung der deskriptiven Fachlexikographie durch ein kognitionslinguistisches Funktionsmodell, wie es in der jüngeren fachlexikologischen Forschung bereits zum Teil vertreten wird, ist indessen noch nicht zu beobachten und stellt ein wichtiges fachlexikographisches Desiderat dar. Im Falle der präskriptiven sprachwissenschaftlichen Fachwortlehre und der präskriptiven Fachlexikographie stellt sich das Verhältnis aus systematischer Sicht wieder einfacher dar: Die präskriptive Fachlexikographie, die als eine neue Disziplin der Fachsprachennormierung anzusetzen ist, hat auf die Grundsätze der Fachwortlehre, die selbst wiederum eine Verbindung der Ergebnisse der jüngeren Fachwortforschung mit dem Normierungsanliegen der Terminologielehre darstellt, zurückzugreifen.

[92] Vgl. Roelcke 1997b.

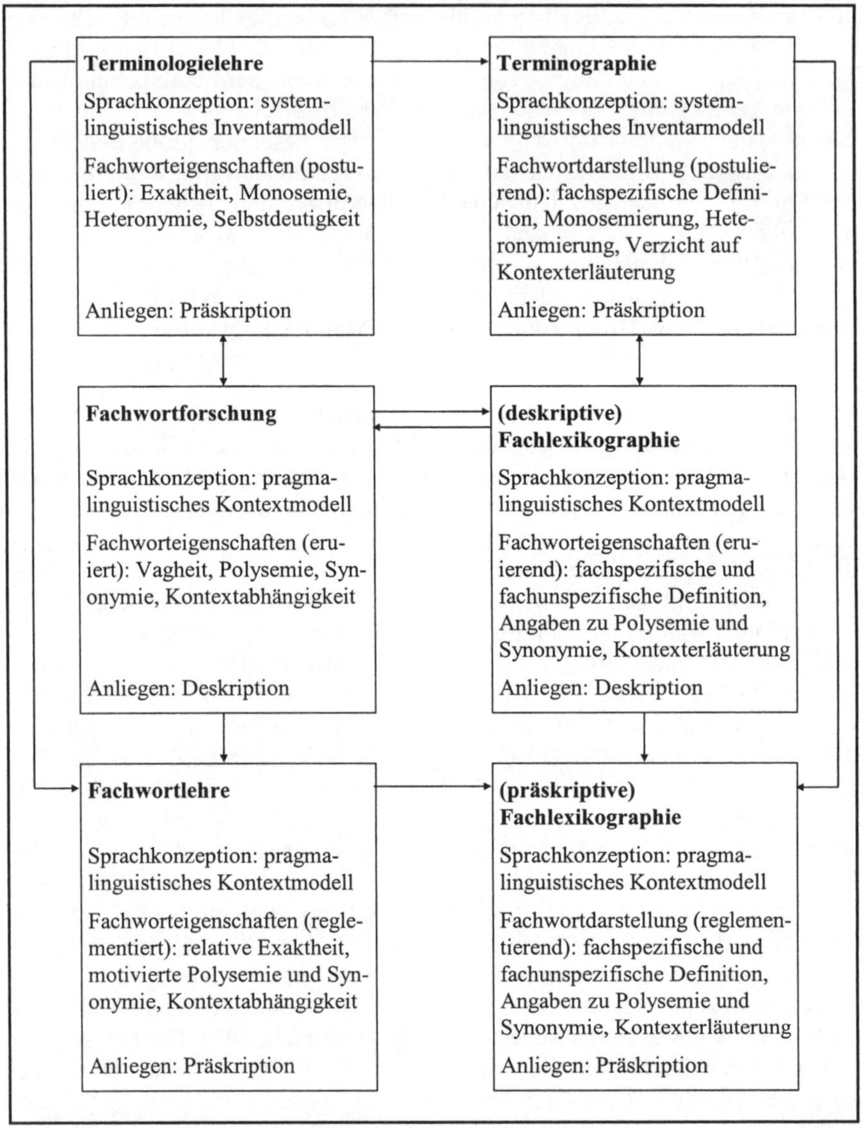

Abb. 21 Skizze des systematischen Verhältnisses und der historischen Weiterentwicklung (Einfachpfeil) bzw. Gegenentwicklung (Doppelpfeil) von Terminologielehre und Terminographie, Fachwortforschung und (deskriptiver) Fachlexikographie sowie Fachwortlehre und (präskriptiver) Fachlexikographie (nach Roelcke 1997, 214).

Die Ergebnisse von **Fachlexikographie und Metafachlexikographie**, also der Erforschung der Fachlexikographie, klaffen quantitativ wie historisch weit auseinander: Während die Anfertigung von Fachwörterbüchern bereits eine lange Tradition zeigt, kommt der wissenschaftlichen Erforschung von Fachwörterbüchern bislang weder historisch noch systematisch besonders große Bedeutung zu. Dies wird nicht zuletzt an dem dreibändigen Handbuchwerk „Wörterbücher" (1989/90/91) deutlich, in dem von über 330 Artikeln lediglich vier der Fachlexikographie gewidmet sind.[93] Metafachlexikographische Arbeiten gelten bis in die 90er Jahre hinein in aller Regel der Vorstellung oder Kritik von fachlexikographischen Projekten sowie der Diskussion von Einzelfragen und stammen dabei oftmals aus dem Bereich der Terminographie.[94] Erst seit etwa Anfang der 90er Jahre zeichnet sich ein verstärktes wissenschaftliches Interesse für allgemeine theoretische und methodische Probleme der Fachlexikographie wie der Terminographie ab. Dies zeigen verschiedene Sammelbände[95] oder Handbücher, darunter auch das zweibändige Handbuchwerk „Fachsprachen" (1998) welches nunmehr zahlreiche Artikel zu historischen, theoretischen und methodischen Gesichtspunkten der Fachlexikographie enthält.[96]

Die theoretische **Bestimmung von Fachlexikographie** stellt eines der zentralen Themen der jüngeren Wörterbuchforschung dar. Sie wird dabei jedoch in der Regel kaum an die Frage nach der Bestimmung von *Fach* und *Fachsprache* oder an diejenige nach der Bestimmung von Lexikographie selbst gebunden – gegebenenfalls auch deshalb, weil diese als mehr oder weniger evident betrachtet und somit kaum eigens einer Definition unterzogen werden. Zur Bestimmung von *Fach* und *Fachsprachen* seien daher die bereits angestellten Überlegungen herangezogen, nach denen unter einem Fach ein spezialisierter menschlicher Tätigkeitsbereich zu verstehen ist, dessen sprachliche Kommunikation unter systematischen, pragmatischen und kognitiven Gesichtspunkten betrachtet werden kann.[97] Unter *Lexikographie* sei im Sinne von Herbert Ernst Wiegand eine gesellschaftlich verankerte Praxis verstanden, die in dem Hervorbringen von Nachschlagewerken besteht.[98] Fachlexikographie ist hiernach

[93] Haensch 1991; Kalverkämper 1990[b]; Opitz 1990[a]; 1990[b]. Einige weitere Einzeltitel: Bergenholtz 1978; Mentrup 1978; 1982; Neubauer 1980; Nielsen 1994; Schaeder 1982; Schierholz 2003; Umbach 1982; Wang 2001.

[94] Vgl. etwa die bibliographischen Übersichten von Cop 1990; Felber/Krommer-Benz/Manu 1979; Tonelli 1971; Wiegand 1995[a], 4-14.

[95] Vgl. etwa Schaeder/Bergenholtz 1994; Wiegand 1995[b].

[96] Vgl. die Kapitel XXI und XXIII in Fachsprachen, Bd.2 (1998).

[97] Vgl. hierzu Kap.1.

[98] Vgl. die zusammenfassende Übersicht von Wiegand 1989.

als Hervorbringung von Nachschlagewerken innerhalb von spezialisierten menschlichen Tätigkeitsbereichen aufzufassen.

7.2 Einordnung und Gliederung von Fachwörterbüchern

Die weiteren Bemühungen um eine theoretische Bestimmung von Fachlexikographie drehen sich vorwiegend um das Problem der Unterscheidung zwischen **Sprach- und Sachlexikographie.**[99] Diese Unterscheidung wird anhand gegenstands- und kommunikationsbezogener Angaben in Wörterbüchern getroffen, wobei dann Fachlexikographie entweder der Sachlexikographie allein oder der Sprach- und der Sachlexikographie gemeinsam zugeschlagen wird. Nach Herbert Ernst Wiegand sind in diesem Zusammenhang drei fachliche Wissensarten von Belang: Erstens das „fachenzyklopädische Sachwissen" über einen Gegenstand, das von Sprachwissen unabhängig ist (zum Beispiel das Wissen um die Anwendung und die Herstellung eines technischen Gerätes); zweitens das „fachenzyklopädische gegenstandskonstitutive Bedeutungswissen", das in der sprachlichen Bestimmung dieses Gegenstandes besteht (also etwa das Wissen um die Definition und Funktion des technischen Geräts); und drittens das nichtenzyklopädische Bedeutungswissen, das von dem Sachwissen um den betreffenden Gegenstand unabhängig ist (etwa das Wissen um referentielle oder prädizierende Verwendung der betreffenden Gerätebezeichnung). Der Kernpunkt dieser Überlegung besteht darin, neben fachlichem Sprach- und fachlichem Sachwissen auch ein gemeinsames fachliches Sprach- und Sachwissen anzunehmen, das in der sprachlichen Verankerung von Sachkenntnissen besteht. Vor dem Hintergrund dieser Überlegung, nach der sich sprach- und sachbezogene Angaben partiell überschneiden, können nun je nach Schwerpunkt der lexikographischen Angaben, die in einem Fachwörterbuch erscheinen, drei verschiedene Fachwörterbuchtypen unterschieden werden, das „fachliche Sprachwörterbuch" mit Schwerpunkt auf kommunikationsbezogenen Angaben, das „fachliche Sachwörterbuch" mit Schwerpunkt auf gegenstandsbezogenen Angaben und das „fachliche Allbuch", in welchem gegenstands- und kommunikationsbezogene Angaben gleichgewichtet erscheinen.

Da diese Unterscheidung zwischen Sprach- und Sachwissen und deren Überschneidung auch außerhalb spezialisierter Tätigkeitsbereiche Gültigkeit zeigt, erweist sich die Unterscheidung zwischen sprach- und sachbezogenen lexikographischen Angaben nicht als hinreichend, die fachsprachliche Lexikographie von der wie auch immer gearteten gemeinsprachlichen Lexikographie zu

---

[99] Vgl. Bergenholtz 1994; Schaeder 1994; Wiegand 1988; 1994.

unterscheiden. Vor diesem Hintergrund stellt sich nun erneut die Frage nach der Einordnung der **Fachlexikographie im Rahmen einer allgemeinen Wörterbuchtypologie**. Hierbei hat sich die Typologie des Handbuchs „Wörterbücher" (1989/90/91) nach Franz Josef Hausmann[100] als recht tragfähig erwiesen, da sie eine Vielzahl von etablierten Wörterbuchtypen zu berücksichtigen vermag (vgl. Abb. 22). Wörterbücher werden nach Hausmann zunächst einmal in „allgemeine Wörterbücher" und „Spezialwörterbücher" unterschieden. Allgemeine Wörterbücher untergliedern sich nach dem Kriterium sprachlicher oder sachlicher Angaben wiederum in „Definitionswörterbücher" und „enzyklopädische Wörterbücher", wobei letztere zwar als Werke der Sach- (und zum Teil Sprach-), nicht aber als solche der Fachlexikographie zu verstehen sind. Die Spezialwörterbücher ihrerseits werden nun nach verschiedenartigen Bauteilen und Angabeklassen allgemeiner Wörterbücher gegliedert: Hier werden zunächst „funktionale Wörterbuchtypen" wie Grundwortschatz-, Schul- und Fremdsprachenwörterbücher von „phänomenologischen Wörterbuchtypen" geschieden. Diese wiederum unterteilen sich in „textbezogene Wörterbücher" wie Autorenwörterbücher oder Konkordanzen und „auf die Sprache bezogene Wörterbücher". Solche Wörterbücher werden ihrerseits zum einen „nach Lemmatypen" in Namenwörterbücher und andere Typen wie etwa morphologische Wörterbücher und solche zu Onomatopoetika oder Tier- und Pflanzenbezeichnungen unterteilt. Zum anderen finden sich „nach Informationstypen des allgemeinen Wörterbuches" folgende Untertypen: Erstens Spezialwörterbücher mit bestimmten Angabetypen wie zum Beispiel Aussprache- und Rechtschreibwörterbücher oder Wörterbücher zur Flexion oder Etymologie; zweitens „Spezialwörterbücher zu markierten Lemmata der Standardsprache" wie Fremdwörtern, Schimpfwörtern oder Neologismen; drittens „auf die Varietäten der Sprache bezogene Wörterbücher", also Sprachstadien- oder Dialektwörterbücher sowie technische Expertenwörterbücher und Fachwörterbücher für Laien; viertens „syntagmatische Wörterbücher" wie etwa Kollokations- oder Sprichwörterbücher; und schließlich fünftens „paradigmatische Spezialwörterbücher" wie beispielsweise Synonymen- und Antonymenwörterbücher oder onomasiologische und rückläufige Wörterbücher.

Fachwörterbücher sind dieser Gliederung nach also als auf die Sprache bezogenen Spezialwörterbücher zu bestimmen, deren Informationstyp auf eine Varietät der betreffenden Sprache bezogen ist. Mit dieser **Bestimmung und Einordnung von Fachwörterbüchern** ist jedoch nicht ausgeschlossen, dass es

---

[100] Vgl. Hausmann 1989, 974-978.

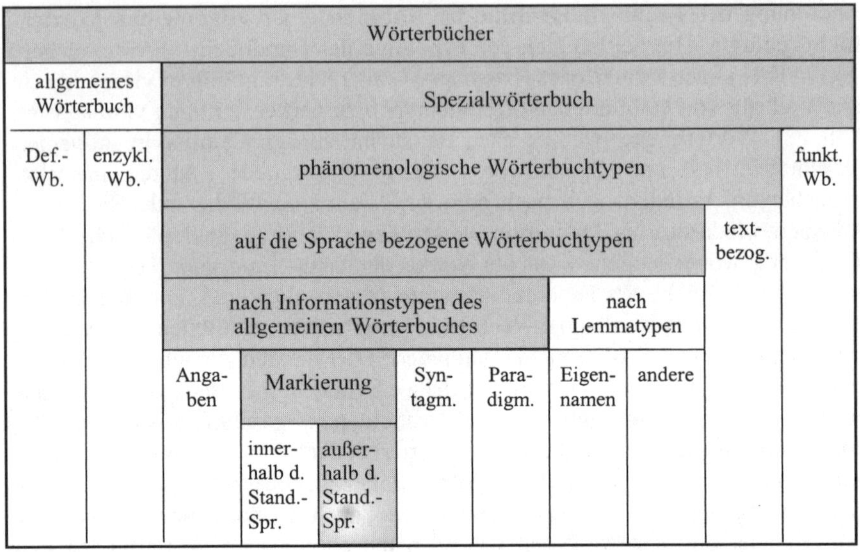

Abb. 22: Wörterbuchtypologie für Band 5 der Handbücher zur Sprach- und Kommunikationswissenschaft: Wörterbücher 1989-1991 (nach Hausmann 1989, 977) unter Berücksichtigung der Bestimmung und Einordnung von Fachwörterbüchern (grau unterlegt).

auch solche Fachwörterbücher gibt, die ihrer Anlage und ihren Informationstypen nach nicht auch als Repräsentanten anderer Wörterbuchtypen angesehen werden können. Dies gilt bereits für die Unterscheidung zwischen Sprach- und Sachangaben, die nicht allein im Rahmen allgemeiner Wörterbücher von Belang ist, sondern auch für die Möglichkeit folgender fachsprachlicher Wörterbücher: Fachliche Schul- und Fremdsprachenwörterbücher als Repräsentanten funktionaler Wörterbuchtypen, Wörterbücher und Konkordanzen zu Fachtexten als Beispiele für textbezogene Lexikographie, Wörterbücher zu Namen sowie Tier- und Pflanzenbezeichnungen sowie fachsprachliche Morphem-, Sprachstadien-, Kollokations-, Synonymen- und Antonymenwörterbücher, die jeweils als Repräsentanten der aufgeführten anderen Typen von Wörterbüchern anzusehen sind.

Der Hinweis auf solch verschiedenartige Typen von Fachwörterbüchern macht bereits deutlich, dass die Fachlexikographie eine ganze Reihe an unterschiedlichen Wörterbüchern hervorgebracht hat, die ihrerseits einer Gliederung unterzogen werden können. Eine solche **Typologie von Fachwörterbüchern** kann nach recht unterschiedlichen Kriterien erfolgen. Hierbei erscheinen neben fach- und sprachbezogenen Kriterien insbesondere solche aus dem Blickwinkel des Wörterbuchbenutzers von erheblicher Bedeutung. Zu diesen Kriterien zählen erstens die Sprachkenntnisse des Wörterbuchbenutzers, nach denen einsprachige und zwei- bzw. mehrsprachige Wörterbücher zu unterscheiden sind. Im Falle einsprachiger Wörterbücher ist eine Benutzung durch Personen mit entsprechender Muttersprache oder zumindest hinreichenden Fremdsprachkenntnissen vorgesehen; im Falle zwei- oder mehrsprachiger Wörterbücher stellt die betreffende Fach- oder die Beschreibungssprache eine Fremdsprache für den Benutzer dar (wenn nicht gar beide). Dabei ist zu fragen, ob solche Wörterbücher im Hin- oder im Herübersetzungsprozess aktiv (formulierend) oder passiv (verstehend) Verwendung finden, da diese Verwendungsweisen jeweils unterschiedliche lexikographische Angaben erfordern. Zweitens ist zu diesen Benutzeraspekten einer Fachwörterbuchtypologie auch die Beschreibungsverbindlichkeit des betreffenden Wörterbuches zu rechnen, wonach dann deskriptive Fachwörterbücher mit keiner oder geringer Verbindlichkeit und präskriptive Fachwörterbücher mit hoher, wenn nicht gar strenger Verbindlichkeit zu unterscheiden sind. Der dritte Benutzeraspekt schließlich besteht in dem Kenntnisstand des Wörterbuchbenutzers, der im Falle eines Expertenwörterbuches tendenziell hoch, im Falle eines Laienwörterbuches hingegen tendenziell niedrig anzusetzen ist.

Anhand einer Kombination dieser Gesichtspunkte lassen sich nun insgesamt acht **Fachwörterbuchtypen unter Benutzeraspekten** ansetzen (vgl. Abb. 23): Erstens das einsprachige Fachwörterbuch für Experten mit deskriptiver Funktion (prototypisch vertreten durch ein Wörterbuch zur Geschichte der Medizin für Ärzte); zweitens das einsprachige Fachwörterbuch für Laien mit deskriptiver Funktion (zum Beispiel ein medizinisches Wörterbuch zur Kinderheilkunde für Eltern); drittens das einsprachige Fachwörterbuch für Experten mit präskriptiver Funktion (beispielsweise ein normenbasiertes Wörterbuch zur Elektrotechnik für Igenieure und Facharbeiter); viertens das einsprachige Fachwörterbuch für Laien mit präskriptiver Funktion (etwa ein technisches Wörterbuch für den Heimwerker); fünftens das zwei- oder mehrsprachige Fachwörterbuch für Experten mit deskriptiver Funktion (zum Beispiel ein Herübersetzungswörterbuch zum Taoismus für deutsche Sinologen); sechstens das zwei- oder mehrsprachige Fachwörterbuch für Laien mit deskriptiver Funktion (etwa ein Herübersetzungswörterbuch der Speise- und Getränkebezeichnungen für deutsche Italien-

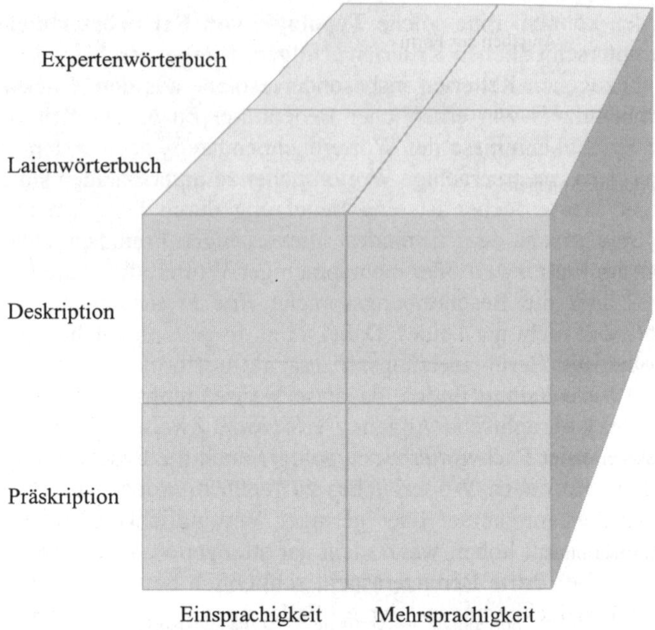

Abb. 23: Typologisches Schema für Fachwörterbücher unter drei Gesichtspunkten: Sprachkenntnisse des Wörterbuchbenutzers (Einsprachigkeit und Mehrsprachigkeit); Beschreibungsverbindlichkeit für den Benutzer (Deskription und Präskription); Vorkenntnisse des Benutzers (Experten und Laien).

urlauber, das gegebenenfalls auch zur Hinübersetzung gebraucht werden kann); siebtens das zwei- oder mehrsprachige Fachwörterbuch für Experten mit präskriptiver Funktion (zum Beispiel ein Hinübersetzungswörterbuch des modernen Wirtschaftsenglisch für deutsche Manager); und achtens schließlich das zwei- oder mehrsprachige Fachwörterbuch für Laien mit präskriptiver Funktion (so etwa ein medizinisches Hilfswörterbuch für erkrankte oder verletzte deutsche Strandurlauber in Spanien oder Portugal).

Neben einer solchen Typologie von Fachwörterbüchern unter Benutzeraspekten sind zahlreiche weitere Typologien denkbar, die anderen Gesichtspunkten folgen. So erscheint zum einen eine Gliederung der Fachlexikographie in Anleh-

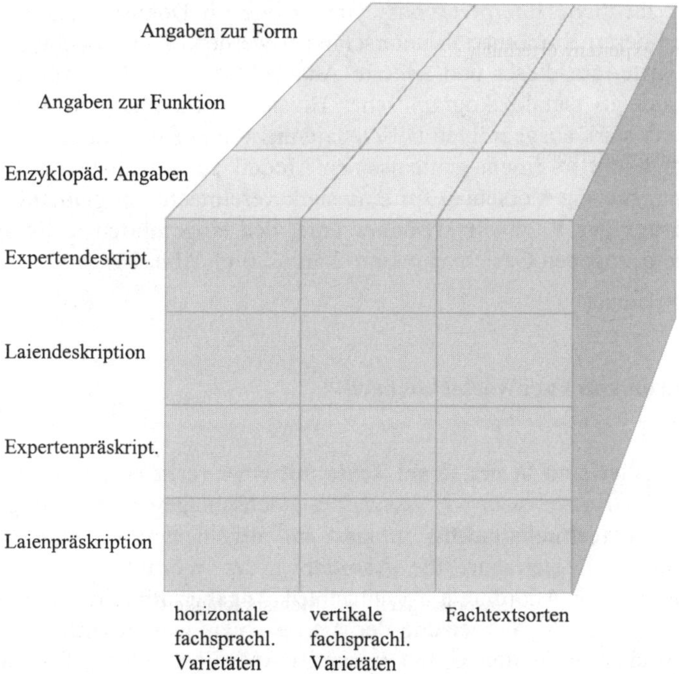

Abb. 24: Typologisches Schema für einsprachige Fachwörterbücher unter den Gesichtspunkten: Lexikographische Angabeklassen (interpretierende oder dokumentierende Angaben zu Form oder zu Funktion oder enzyklopädische Angaben); Benutzerbezogenheit (Deskription oder Präskription für Experten oder Laien); Fachsprachengliederung (horizontale und vertikale Fachsprachen sowie Fachtextsorten).

nung an die Gliederung von Fachsprachen selbst möglich, wobei dann Fachwörterbücher horizontal und vertikal zu unterscheidender fachsprachlicher Varietäten, solche entsprechender fachsprachlicher Textsorten sowie solche aus deren Kombination anzusetzen sind.[101] Eine weitere Gliederungsmöglichkeit besteht im Hinblick auf die Realisierung bestimmter Angabeklassen und deren Kombination[102]; hiernach können dann beispielsweise enzyklopädische von semantischen oder grammatischen Fachwörterbüchern sowie deren Kombina-

[101] Zur fachsprachlichen Gliederung vgl. Kap. 2.

[102] Zu den fachlexikographischen Angabeklassen vgl. Kap. 7.2.

tionen oder fachliche Interpretations- von fachlichen Dokumentationswörterbüchern und deren Kombination unterschieden werden. Wörterbuchtypologien nach dem Kriterium dieser und anderer Angabeklassen sind sowohl in fachlicher als auch in metalexikographischer Hinsicht recht nützlich, wenn auch aufgrund ihrer stark ausgeprägten Differenzierungs- und Kombinationsmöglichkeiten nicht leicht in einem gemeinsamen Modell zu systematisieren. Daher erscheint hier nur ein Vorschlag für eine stark vereinfachte **allgemeine Typologie einsprachiger Fachwörterbücher** unter den eingeführten fach-, sprach- und benutzerbezogenen Gesichtspunkten sinnvoll (vgl. Abb. 24).

7.3 Strukturen von Fachwörterbüchern

Fachwörterbücher sind in der Regel Texte mit einer recht ausgeprägten Textstruktur, die zur Kohärenz und Kohäsion des Nachschlagewerkes beiträgt. Eine solche **Fachwörterbuchstruktur** umfasst im allgemeinen verschiedenartige lexikographische Begleittexte, die Anordnung der Wörterbuchartikel selbst (Makrostruktur), die Anordnung der einzelnen Angaben innerhalb der Artikel (Mikrostruktur) und die Vernetzung der Artikel sowie gegebenenfalls weiterer lexikographischer Begleittexte untereinander (Mediostruktur). Die wissenschaftlichen Erkenntnisse, die zu diesen Fachwörterbuchstrukturen vorliegen, stützen sich in starkem Maße auf diejenigen, die bereits aus dem Bereich anderer Wörterbuchtypen, vornehmlich aus demjenigen allgemeiner einsprachiger Wörterbücher bekannt sind.[103]

Zahl und Umfang der Texte, die den Artikelteil eines Fachwörterbuches umrahmen, sind recht schwankend, wobei zum einen in historischer und zum anderen in qualitativer Hinsicht eine Zunahme an Zahl und Umfang solcher Begleittexte festzustellen ist. **Lexikographische Begleittexte** von Fachwörterbüchern können dem Artikel voran- oder hinterhergestellt sein. Zu den in der Regel vorangestellten Begleittextsorten gehören unter anderem Titelei, Widmung, Vorwort und Danksagung, Abkürzungsverzeichnis, Quellen- oder Literaturverzeichnis, Inhalts- und Tabellenverzeichnis, Fachbereichsvorstellung sowie Benutzungshinweise. Insbesondere Texte zu den lexikographisch erfassten Fachbereichen

[103] Vgl. zu den Strukturen solcher allgemeinen einsprachigen Wörterbücher die zusammenfassenden Übersichten von Wiegand 1989b; 1989c. Jüngere Spezialbeiträge mit Literaturhinweisen zur Struktur von Fachwörterbüchern finden sich beispielsweise in Schaeder/Bergenholtz 1994, 285-439. Weitere Hinweise zu neuerer Literatur sind aus der Continuous Bibliography der Zeitschrift „Lexicographica“ zu entnehmen.

und zu deren lexikographischer Erfassung selbst sind sowohl für den Wörterbuchbenutzer als auch für den Wörterbuchforscher von großem Interesse, auch wenn sie oftmals mehr oder weniger unentdeckt bleiben: Sie geben mehr oder weniger genau Auskunft über die theoretischen, empirischen und methodischen Voraussetzungen und Entscheidungen im Rahmen der Bearbeitung des betreffenden Fachwörterbuches und erlauben somit dessen entsprechende Benutzung oder Einschätzung. Begleittextsorten, die hinter dem Artikelteil von Fachwörterbüchern erscheinen, sind neben Quellen- und Literaturverzeichnissen, für die es also keine anerkannte Stellungskonvention gibt, unter anderem folgende: Tabellen und Verzeichnisse, Tafeln und Abbildungen sowie mehr oder weniger umfangreiche Register. Die Funktion von Tabellen und Verzeichnissen sowie von Tafeln und Tabellen besteht hierbei vornehmlich darin, Informationen, die (wenn überhaupt) jeweils über die einzelnen Wörterbuchartikel verteilt erscheinen, unter einheitlichen Gesichtspunkten zusammenzustellen und somit als beigeordnete Nachschlagetexte zu dienen. Diese Funktion erfüllen im Übrigen auch solche Fachwörterbücher, die anderen Fachtexten wie etwa wissenschaftlichen Monographien oder technischen Beschreibungen als Anhang beigefügt werden. Lexikographische Register unterschiedlichster Art führen hingegen jeweils zu dem Artikelteil des betreffenden Fachwörterbuches zurück: Sie stellen somit keine eigenständigen Nachschlagetexte dar, sondern begründen zusätzliche und aus dem Artikelteil ausgelagerte Zugriffsmöglichkeiten auf die artikelinternen Informationen und erweisen sich somit als funktional nicht zu unterschätzende Textbausteine fachlexikographischer Werke.

Der Artikelteil eines Fachwörterbuches selbst setzt sich aus den einzelnen Wörterbuchartikeln zusammen. Diese Wörterbuchartikel können nun prinzipiell auf zweierlei Weise angeordnet sein: Die erste Anordnungsweise, die eine solche **lexikographische Makrostruktur** zeigen kann, besteht in der alphabetischen Reihung der Stichwörter bzw. Lemmata. Wie in nichtfachsprachlichen Wörterbüchern auch, sind hierbei drei verschiedenartige Anordnungskonventionen denkbar: Zum einen striktinitialalphabetische Wörterbücher, in denen die Lemmata nach dem Zugriffsalphabet sortiert werden, sei es mit jeweils einem Lemma je Absatz (glattalphabetische Anordnung) oder mit mehreren Lemmata innerhalb eines Absatzes (nischenalphabetische Anordnung); zum anderen nicht striktinitialalphabetische Wörterbücher, in denen die Lemmata nach wie auch immer gearteten Gruppen angeordnet sind (nestalphabetische Anordnung); und schließlich finalalphabetische Wörterbücher, in denen die Lemmata rückwärts, also entgegen der Richtung ihrer Schreibung sortiert werden. Im Vergleich mit allgemeinen Wörterbüchern sind striktinitialalphabetische Anordnungen noch weiter verbreitet. Neben der alphabetischen Reihung der Lemmata, die sich an der Ausdrucksseite der Fachwörter orientiert und (neben anderen) auch zu Angaben zu deren Bedeutungen hinführt (semasiologischer Ansatz), ist in der Fachlexikographie auch eine Anordnung von Lemmata vertreten, die deren Bedeutungsseite zum Ausgangspunkt nimmt und hierzu jeweils (neben anderen) auch Angaben zur Ausdrucksseite macht (onomasiologischer Ansatz). Fachsprachliche onomasiologische Wörterbücher erfreuen sich im Vergleich mit allgemeinen onomasiologischen Wörterbüchern einer vergleichsweise großen Beliebtheit, auch wenn deren Häufigkeit auch hier deutlich unter derjenigen semasiologischer Wörterbücher liegt. Der Grund hierfür ist vor allem in der Möglichkeit eines direkten Zugriffs auf das semantische System eines Fachwortschatzes zu suchen, welcher sich insbesondere im Bereich zweisprachiger und didaktischer Wörterbücher als sinnvoll erweist.

Innerhalb der einzelnen Artikel eines Fachwörterbuches folgen auf das Lemma jeweils mehr oder weniger viele verschiedene Angaben. Diese Angaben und ihre Anordnung machen die lexikographische Mikrostruktur des betreffenden Wörterbuches aus. Aus dem Bereich allgemeiner einsprachiger Wörterbücher sind dabei nach Wiegand[104] etwa neunzig **lexikographische Angabeklassen** auf verschiedenen Hierarchieebenen zu unterscheiden, darunter zum Beispiel: Abkürzungsangabe, Akzentsilbenangabe, Antonymenangabe, Ausspracheangabe, Bedeutungsangabe, Beispielangabe, Belegangabe, Datierungsangabe, Deklinationsangabe, Etymologieangabe, Fachgebietsangabe, Formkommentar, Genusangabe, Grammatikangabe, Häufigkeitsangabe, Kommentar zur Komposition, Kommentar zur lexikalischen Bedeutung, Kompositumangabe, Konjugationsangabe, Lemmazeichengestaltangabe, Polysemieangabe, Phrasemangabe, Pluralbildungsangabe, pragmatische Angabe, Quellenangabe, Rechtschreibangabe, Rektionsangabe, Silbenangabe, semantischer Kommentar, Satzmusterangabe, Sprachidentifizierungsangabe, Stilschichtenangabe, Symptomwertangabe, Synonymenangabe, Verweisangabe, Verbvalenzangabe, Wortartangabe, Wortäquivalentangabe und Wortformenangabe. Im Bereich der Fachlexikographie erscheint es hier sinnvoll, bereits auf einer recht abstrakten Ebene wenigstens sechs allgemeine Angabeklassen zu unterscheiden: Erstens die sog. Lemmazeichengestaltangabe, mit der das betreffende Stichwort angeführt wird und Informationen zu dessen Schreibung, Aussprache und gegebenenfalls Formbildung erfolgen. Zweitens die Formangabe, unter der sich grammatische Informationen zur Flexions- und Wortbildungsmorphologie sowie zu syntaktischen Eigenheiten des betreffenden Fachwortes finden. Drittens die Bedeutungsangabe, in der neben der (feststellenden oder festlegenden) Bedeutungsbeschreibung, die recht unterschiedliche Formen annehmen kann, weitere semantische Erläuterungen sowie Antonymen- und Hyperonymenangaben zu

[104] Vgl. Wiegand 1989c, 468.

finden sein können. Viertens die Klasse enzyklopädischer Angaben, mit denen sprachunabhängige Sachinformationen zu den betreffenden Gegenständen erfolgen. Fünftens dann die Klasse pragmatischer Angaben, zu denen Fachbereichs- und Textsortenangaben sowie Informationen zur Stilistik des betreffenden Fachwortes gehören. Und sechstens schließlich die Klasse der Dokumentationsangaben, mit denen der Gebrauch des Fachwortes belegt und die gegebenen Informationen überprüfbar gemacht werden. Die Ausfüllung dieser sechs Klassen einer fachlexikographischen Mikrostruktur erfolgt nicht allein in verschiedenen Wörterbüchern, sondern auch oftmals innerhalb ein und desselben Wörterbuches recht unterschiedlich.

Diese Unterschiede machen sich insbesondere in Hinblick auf die lexikographische Bedeutungsbeschreibung bemerkbar und sind dabei jeweils bis auf die entsprechenden sprachtheoretischen Grundlagen zurückzuführen (vgl. Abb. 25). So geht eine Fachsprachenlexikographie, die wie insbesondere die präskriptive Terminographie auf einem systemlinguistischen Inventarmodell basiert, in aller Regel von jeweils genau einer Fachwortbedeutung aus, die systematisch durch Definition festlegt ist. Dies wirkt sich auf eine **idealisierte terminographische Mikrostruktur** insofern aus, als neben der Lemmazeichengestaltangabe und der Formangabe die Bedeutungsangabe genau eine Bedeutungsbeschreibung im Sinne einer wiedergegebenen oder eingeführten Definition enthält, die allenfalls um die Angabe von Hyperonymen, Hyponymen und Antonymen ergänzt wird; die Angabe von Synonymen wird dabei tendenziell unterdrückt. Die pragmatischen Angaben sowie die Beispiel- und Belegangaben sind, wenn überhaupt vorhanden, auf ein Minimum beschränkt; die enzyklopädischen Angaben zu dem betreffenden Gegenstand bleiben von den sprachtheoretischen Grundlagen weitgehend unabhängig.

Im Falle eines Wörterbuches, dessen Grundlage ein pragmalinguistisches Kontextmodell, wenn nicht gar ein kognitionslinguistisches Funktionsmodell bildet, fällt die **idealisierte fachlexikographische Mikrostruktur** komplexer aus, da die Beschreibung von Vagheit bei relativer Exaktheit und Mehrmehrdeutigkeit bei relativer Eineindeutigkeit von Fachwörtern eine im Vergleich umfangreichere lexikographische Beschreibung erfordert. Dies gilt zunächst einmal für die Aufnahme mehrerer verschiedener Bedeutungen, die zum Ansatz mehrerer verschiedener Bedeutungsangaben mit ausführlichen Bedeutungsbeschreibungen, die der relativen Exaktheit Rechnung tragen, sowie Hyperonymen- und Antonymenangaben führt. Diese fachlexikographischen Bedeutungsangaben

Lexikographische Angabeklassen	Lexikographische Angabeunterklassen (Auswahl)
Lemmazeichengestaltangabe	Ausspracheangaben Schreibungsangaben
Formangabe	Angaben zur Flexionsmorphologie Angaben zur Wortbildungsmorphologie Angaben zur Syntax
Bedeutungsangabe	Bedeutungsbeschreibung Hyperonymen- und Antonymenangaben
	Abgrenzungsangabe zu anderen Bedeutungen Synonymenangaben (Hinweis auf Assoziationsfunktion)
Enzyklopädische Angabe	Angaben zu Gebrauch und Verwendung Angaben zu Herstellung und Gewinnung
Pragmatische Angabe	Fachbereichsangabe Textsortenangabe
	Angabe von Kon- und Kotextidentifikatoren Angabe zur Metaphorik (Assoziationsfunktion)
Dokumentationsangabe	Beispielangaben Belegangaben
Weitere Bedeutungsangabe(n)	Bedeutungsbeschreibung Abgrenzungsangabe zu anderen Bedeutungen Hyperonymen- und Antonymenangaben Synonymenangaben (Hinweis auf Assoziationsfunktion)
Weitere enzyklopädische Angabe(n)	Angaben zu Gebrauch und Verwendung Angaben zu Herstellung und Gewinnung
Weitere pragmatische Angabe(n)	Fachbereichsangabe Textsortenangabe Angabe von Kon- und Kotextidentifikatoren Angabe zur Metaphorik (Assoziationsfunktion)
Weitere Dokumentationsangabe(n)	Beispielangaben Belegangaben

Abb. 25: Vereinfachte idealisierte Mikrostruktur von terminographischen Wörterbüchern (hell unterlegt) sowie fachlexikographischen Wörterbüchern (hell und dunkel unterlegt).

werden hierbei jeweils zusätzlich um Angaben zur Abgrenzung gegenüber anderen Bedeutungen sowie um Angaben von Synonymen ergänzt, wobei Synonymenangaben im Rahmen einer kognitionslinguistischen Fundierung Hinweise zur Assoziationsfunktion der betreffenden Synonyme aufzuweisen haben. Des Weiteren sind je Bedeutungsangabe prinzipiell auch entsprechende enzyklopädische und pragmatische Angaben sowie eine entsprechende Dokumentationsangabe anzusetzen. Während die enzyklopädischen Angaben auch hier von den sprachtheoretischen Grundlagen weitgehend unberührt bleiben, zeigen die beiden anderen Angabeklassen wiederum eine deutliche Abhängigkeit von dem pragmalinguistischen Kontext- oder dem kognitionslinguistischen Funktionsmodell. So wird im Rahmen der pragmatischen Angabe neben den Fachbereichs- und Textsortenangaben jeweils auch die Angabe von Kon- und Kotextidentifikatoren notwendig, anhand derer die betreffende Bedeutung in ihrer relativen Exaktheit bestimmt und gegenüber anderen Bedeutungen abgegrenzt werden kann; hinzu treten hierbei Angaben zur fachsprachlichen Metaphorik, die auf ihre Assoziationsfunktion hin erläutert werden. Da die Gesamtbedeutung einzelner Fachwörter aus fachlexikologischer Sicht oftmals weitaus weniger exakt und eineindeutig ist, als im Rahmen terminographischer Wörterbücher angenommen, kommt den Dokumentationsangaben innerhalb fachlexikographischer Wörterbücher auch eine entsprechend größere Bedeutung zu: Denn sie erlauben zum einen die Verifizierung der übrigen Angaben des betreffenden Wörterbuchartikels und zum anderen die weiterführende Interpretation der mit diesen beschriebenen Fachwörter.[105]

Die innerhalb der einzelnen Wörterbuchartikel enthaltenen Angaben und die darin verankerten Informationen lassen gerade auch im fachlexikographischen Bereich oftmals eine Vernetzung sinnvoll erscheinen, wobei prinzipiell sämtliche Angabeklassen in Frage kommen. Eine solche Vernetzung kann nun entweder durch ein Register, also durch einen lexikographischen Begleittext, oder durch einen Verweis, also eine Angabe, die selbst wiederum zwischen anderen Angaben vermittelt, erfolgen. Solche Verweise können hierbei zum einen zwischen verschiedenen Artikeln (artikelexterner Verweis) und zum anderen innerhalb ein und desselben Artikels erfolgen (artikelinterner Verweis) und bilden im Rahmen von Fachwörterbüchern gemeinsam deren **fachlexikographische Mediostruktur**. Hierbei sind nun unter anderem folgende Klassen und Unterklassen von Angaben sowie die ihnen entsprechenden Vernetzungs- bzw. Verweistypen von Interesse: Erstens der Erläuterungswortschatz der Bedeutungsbeschreibungen (onomasiologischer Verweis); die entsprechenden Sachinformationen (enzyklopädischer Verweis); Bestandteile von Phrasemen bzw. Mehr-

---

105 Vgl. hierzu auch Roelcke 1994b; 2002h.

worttermini (Teillemmazeichenverweis); Synonyme, Hyperonyme und Antonyme (bedeutungsrelationaler Verweis); Metaphern und andere Übertragungen (Assoziationsverweis); Fach- und Verwendungsbereiche (Varietäten- und Textsortenverweis); Quellen und Belege (Dokumentationsverweis).

Fachwörterbücher und deren Artikel erweisen sich sowohl in Anbetracht ihrer lexikographischen Begleittexte als auch hinsichtlich ihrer Makro-, Mikro- und Mediostruktur als eine recht komplexe Textsorte. Ein wichtiges Charakteristikum dieser Textsorte besteht in der mehr oder weniger strengen Wiederholung einer ganzen Reihe einzelner kleiner Textbausteine, genauer: der verschiedenen Angabeklassen und -unterklassen in den einzelnen Wörterbuchartikeln. Diese Wiederholung dient einer effizienten Informationsgewinnung des Wörterbuchbenutzers und gestattet es zudem, die Kennzeichnung der einzelnen Bausteine jeweils auf ein Minimum zu reduzieren, wenn nicht gar vollständig aufzuheben. Eine solche **fachlexikographische Textkondensation** entspricht der allgemeinen Tendenz von Fachtexten, recht differenzierte textuelle Pläne mit jeweils einer ganzen Reihe funktional bestimmter Textbausteine auszubilden.[106] Es ist jedoch in diesem Zusammenhang zu beachten, dass die lexikographische Textkondensation nicht allein in Fachwörterbüchern, sondern auch in anderen Wörterbuchtypen erscheint und es sich hier somit nicht etwa um eine fachtext- oder fachwörterbuchspezifische Erscheinung handelt. Die lexikographische Textkondensation ist vielmehr als eine allgemeine Eigenschaft von strukturierten Texten anzusehen, die zwar bei Fachtexten besonders stark ausgeprägt, nicht aber diesen allein vorbehalten ist.

7.4 Wörterbuchbearbeitung und Wörterbuchbenutzung

Die wissenschaftliche Erforschung der Bearbeitung und der Benutzung von Wörterbüchern stellt eines der jüngeren und weniger ausgearbeiteten Gebiete der allgemeinen Wörterbuchforschung dar; dies gilt bedauerlicherweise einmal mehr für die wissenschaftliche Erforschung der **Bearbeitung und Benutzung von Fachwörterbüchern**. Einige Bemerkungen zur Soziologie der Fachwörterbuchbenutzer, zu verschiedenartigen Benutzungsweisen von Fachwörterbüchern (so insbesondere als Nachschlagewerk oder als Lesebuch), zu deren deskriptiver und präskriptiver Verwendung sowie zu verschiedenartigen fachlexikographischen Bearbeitungsfaktoren erscheinen hier dennoch möglich.

---

106 Vgl. hierzu Kap. 5.2.

Eine **Soziologie von Fachwörterbuchbenutzern** hat von der Unterscheidung zwischen Experten- und Laienwörterbüchern auszugehen. So entstammen die Benutzer von Fachwörterbüchern für Experten naturgemäß aus sämtlichen sozialen Gruppen, die an dem betreffenden Tätigkeitsbereich teilhaben und dessen Fachsprache gebrauchen. Dies sind in der Moderne prinzipiell sämtliche Gruppen, während aus geschichtlicher Sicht jeweils nur bestimmte Gruppen wie etwa das Bildungsbürgertum, der Klerus oder Teile des weltlichen Adels zu nennen sind. Über eine soziale Bindung der Benutzung von Fachwörterbüchern innerhalb eines bestimmten Fachbereichs ist indessen nichts bekannt; es mögen hier allenfalls pekuniäre Faktoren eine Rolle spielen, die sich sekundär dann auch auf die Benutzersoziologie der oftmals hochpreisigen Fachwörterbücher auswirken. Die Benutzer von Laienwörterbüchern sind zum einen denjenigen sozialen Gruppen zuzurechnen, die Experten des betreffenden Fachbereichs stellen; zum anderen können sie weiteren sozialen Gruppen angehören, die zwar ein wie auch immer geartetes Interesse an dem betreffenden Gebiet zeigen, hier selbst jedoch keine Experten stellen. Auch in diesem Fall bewirkt die soziale Breite, die sich in der Moderne in den meisten wissenschaftlichen, technischen oder institutionellen Bereichen durchgesetzt hat, durchaus eine soziale Homogenisierung.

Die **Benutzung eines Fachwörterbuchs als Nachschlagewerk** kann wiederum recht verschiedenartige Funktionen übernehmen: Die erste dieser möglichen Funktionen besteht in einer Verbesserung der Textrezeption, indem die Verständnisleistung des Benutzers durch Nachschlagehandlungen in einem entsprechenden Wörterbuch unterstützt wird. Die zweite Funktion ist des Weiteren in der Verbesserung der Textproduktion selbst zu sehen, indem dem Benutzer Hinweise zur fachsprachlichen Wortwahl und Bedeutung, zu paradigmatischen und syntagmatischen Beziehungen oder zu wichtigen Kollokationen gegeben werden. Eine vergleichbare Funktion erfüllt die Benutzung von Fachwörterbüchern drittens im Rahmen von fachsprachlichen Übersetzungen. Eine vierte Funktion der nachschlagenden Benutzung von Fachwörterbüchern eröffnet sich im Bereich der fachlichen Spracharbeit und hier vor allem in der Terminologiearbeit, wo Wörterbücher der fachsprachlichen Dokumentation wie Normierung dienen. Zur Dokumentation und Interpretation werden Fachwörterbücher fünftens auch innerhalb von verschiedenartigen Forschungsarbeiten herangezogen. Und sechstens können Fachwörterbücher nicht zuletzt auch der sprachlichen wie der sachlichen Kompetenzkontrolle dienen (etwa von Schülern oder Auszubildenden im Rahmen der Prüfungsvorbereitung). Fachwörterbücher haben nun jeweils wenigstens einer, nach Möglichkeit mehreren dieser Funktionen von ihrer Gestaltung und ihrem Inhalt her zu entsprechen und stellen somit recht differenzierte Anforderungen an ihre Bearbeitung und Benutzung mit weit reichenden Folgen für die Fachsprachendidaktik im allgemeinen und die fachlexikographische Ausbildung im besonderen.[107]

Die unterschiedlichen Benutzungsmöglichkeiten von Fachwörterbüchern lassen eine scharfe Unterscheidung zwischen deskriptiven und präskriptiven Nachschlagewerken gelegentlich als unzweckmäßig erscheinen. Sie lassen vielmehr eine starke **Benutzerabhängigkeit fachlexikographischer Deskription und Präskription** erkennen: So vermögen deskriptive Fachwörterbücher im Rahmen ihrer Benutzung durchaus auch eine präskriptive Funktion einzunehmen, während präskriptive Wörterbücher hierbei ihrerseits auch eine deskriptive Funktion im Hinblick auf die betreffende Fachsprache (wenn auch in idealisierter Variante) erfüllen können. Dabei ist die präskriptive Funktion deskriptiver Fachwörterbücher vor allem im Zuge einer fachsprachlichen Tendenz zur Konventionalisierung sowie im Rahmen fachsprachlicher Ausbildung zu beobachten (so etwa im Zuge der Adaption des Fachwortschatzes neuerer Grammatiktheorien). Die deskriptive Funktion präskriptiver Fachwörterbücher zeigt sich indessen vornehmlich im Rahmen von Benutzungshandlungen, die dem betreffenden Fachbereich aus einer übergeordneten, einer Meta-Perspektive heraus gewidmet sind und dabei den idealisierten fachlexikalischen Sollzustand zum Gegenstand haben (so zum Beispiel im Falle einer sprachwissenschaftlichen Untersuchung zum Fachwortschatz der Elektrotechnik anhand einschlägiger Normwörterbücher).

Die **Benutzung eines Fachwörterbuchs als Lesebuch** stellt neben derjenigen als Nachschlagewerk eine zweite Möglichkeit für den Umgang mit fachlexikographischen Werken dar. Hierbei sind ebenfalls verschiedenartige Funktionen zu unterscheiden. So kann ein Fachwörterbuch als Lesebuch zur Gewinnung oder Vertiefung wissenschaftlicher Erkenntnis dienen. Eine weniger anspruchsvolle, wenn auch kaum weniger wichtige Rolle erfüllt ein Fachwörterbuch, wenn es als Lesebuch zur Verbesserung der persönlichen Bildung Verwendung findet. Und schließlich ist die Lesebuchbenutzung von Fachwörterbüchern als eine mehr oder weniger fruchtbare Methode im Rahmen der Erlernung von fachlichen Fremdsprachen anzusehen. Auch diesen Benutzungsmöglichkeiten kann ein Fachwörterbuch in Gestaltung und Inhalt Rechnung tragen, unter Umständen sogar in Verbindung mit den formalen und inhaltlichen Anforderungen, die an die Benutzung eines Fachwörterbuches als Nachschlagewerk zu stellen sind.

Bei der Bearbeitung von Fachwörterbüchern sind nun verschiedenartige Faktoren zu berücksichtigen. Solch **fachlexikographische Bearbeitungsfaktoren**

[107] Vgl. hierzu Kap. 8.

stellen erstens inhaltliche Gesichtspunkte dar: Die horizontale und vertikale Eingrenzung des Fachbereichs, gegebenenfalls der Textsorte oder einzelner Texte; die Menge der lexikographisch zu erfassenden Fachwörter unter Berücksichtigung von deren (historischer oder aktueller) Repräsentativität; die Klassen von Angaben, in denen entsprechende Informationen über die betreffenden Fachwörter erfolgen; und schließlich Tabellen und Abbildungen, die den Artikeln jeweils beigegeben werden. Zweitens gehören hierzu die empirischen und theoretischen Grundlagen der Gewinnung und Beschreibung fachsprachlicher Informationen: Im ersten Fall handelt es sich dabei um den Rückgriff auf (schriftliche oder mündliche) Originaltexte, Befragungen oder Kompetenzerhebungen oder auch andere Wörterbücher sowie Glossare, die so etwas wie die Authentizität der Informationsgewinnung sichern, im zweiten Fall um die Wahl eines systemlinguistischen, pragmalinguistischen oder kognitionslinguistischen Sprachmodells. Einen dritten fachlexikographischen Bearbeitungsfaktor stellen schließlich die antizipierten Wörterbuchbenutzer und deren Benutzungsbedingungen dar: Hierbei sind dann die verschiedenen Benutzungsmöglichkeiten des betreffenden Wörterbuches (als Nachschlagewerk oder als Lesebuch) für verschiedene Benutzergruppen wie etwa Experten und Laien oder Mutter- und Fremdsprachler zu bestimmen. Nicht zuletzt wirken auch finanzielle und politische Faktoren auf Größe, Inhalt und Gestaltung von Fachwörterbüchern ein.

8. Fachsprachen in Übersetzung und Unterricht

8.1 Fachsprachenübersetzung

Die Kommunikation innerhalb einzelner menschlicher Tätigkeitsbereiche erfolgt nicht erst, aber insbesondere seit der zweiten Hälfte des 20. Jahrhunderts in starkem Maße international. Dies gilt sowohl für die Kommunikation in den Wissenschaften (etwa in den Bereichen Medizin oder Kernphysik) als auch für diejenige in der Technik (zum Beispiel in der Elektrotechnik oder der Kraftfahrzeugtechnik, darüber hinaus auch in bestimmten Handwerksbereichen) oder in Institutionen (hier ist beispielsweise an die Organisationen der Europäischen Gemeinschaft oder der Vereinten Nationen zu denken). Diese Internationaliät hat oftmals eine ausgeprägte **Mehrsprachigkeit der Kommunikation in einzelnen Fachbereichen** zur Folge. Selbst wenn sich das Englische als Dachsprache der internationalen Fachkommunikation weitgehend hat durchsetzen können, so sind doch zahlreiche andere Einzelsprachen wie das Französische, Spanische, Deutsche, Russische, Japanische oder künftig vermutlich auch das Chinesische als nationale wie auch als internationale Einzelsprachen fachlicher Kommunikation zumindest so bedeutend, dass auch in Zukunft von keiner vollständigen Anglifizierung der Fachkommunikation auszugehen ist. Um die Mehrsprachigkeit internationaler Fachkommunikation zu überbrücken, erscheinen daher fachliche Fremdsprachenkenntnisse sowie Übersetzungen fachlichen Schrifttums und Dolmetscharbeiten auf fachlichen Konferenzen und Besprechungen von nicht zu unterschätzender Bedeutung. Dieser Einschätzung steht jedoch der weit verbreitete Irrtum gegenüber, dass sich die verschiedenen Einzelsprachen, die im Rahmen der Kommunikation eines bestimmten Fachbereiches Verwendung finden, allein im Hinblick auf ihre Ausdrücke unterscheiden, die jeweils mit vollständig oder zumindest weitgehend übereinstimmenden Bedeutungen durch so etwas wie eine einzelsprachliche Minimalgrammatik miteinander verbunden werden. Die mangelnde semantische, grammatische und pragmatische Entsprechung oder auch sog. Äquivalenz von Einzelsprachen auf den verschiedenen Ebenen sprachlicher Beschreibung erstreckt sich auch auf den fachsprachlichen Bereich und stellt somit eigene Anforderungen an die fachlichen Fremdsprachenkenntnisse und die fachsprachliche Übersetzung und Verdolmetschung.[108]

Solche kommunikations- und übersetzungsbezogenen Problembereiche fachsprachlicher Äquivalenz bestehen in mehr oder weniger starken Unterschieden zwischen formal und funktional miteinander zu vergleichenden sprachlichen Einheiten. So birgt die **fachlexikalische Äquivalenz** zum einen das Problem von parallel konstruierten (und dabei unter Umständen auch etymologisch verwandten) Ausdrücken in zwei Sprachen, die jedoch unterschiedliche Bedeutungen tragen. Ein Beispiel für solche sog. „falschen Freunde" (faux amis) des Übersetzers stellt etwa die deutsche Bezeichnung *Radiochemie* dar, die im Französischen durch *chimie radio-active* wiederzugeben ist, und nicht etwa durch den Ausdruck *radiochimie*, welcher sich auf die Strahlenchemie bezieht. Zum anderen besteht im Bereich der fachlexikalischen Äquivalenz das Problem unterschiedlichen Bedeutungsumfangs bei semantisch und gegebenenfalls auch etymologisch verwandten Ausdrücken: So weist das deutsche Wort *Technik* im Englischen drei Äquivalente mit einer jeweils engeren Bedeutung auf: *technology* im Sinne angewandter Wissenschaft (deutsch etwa auch: *Technologie*), *engineering* im Sinne von Ingenieurwesen oder Fachbereichstechnik, *technique* im Sinne eines bestimmten Verfahrens.

Albrecht nennt einige weitere mögliche **Unterschiede zwischen einzelsprachlichen Fachwortschätzen**: Erstens Bezeichnungen für kulturspezifische Gegenstände oder Tätigkeiten; so ist etwa in den asiatischen Sprachen kein äquivalentes Wort für die deutsche *Kehrwoche* zu finden, hier umgekehrt etwa keines für *Zen*. Zweitens historisch bedingte Unterschiede; zum Beispiel wird das Arbeitsverfahren des Viertaktmotors nach verschiedenen Auffassungen über dessen Erfindung im Deutschen als *Ottokreisprozess* nach Nikolaus August Otto, im Französischen hingegen als *cycle Beau de Rochas* nach Alphonse-Eugène Beau de Rochas benannt. Drittens sprachsystembedingte Unterschiede, wie sie etwa im Hinblick auf die Bezeichnung des Zustandes wachkomatöser Patienten deutlich werden, die im Englischen üblicherweise *persistent vegetativ state* lautet, während die äquivalente Formulierung im Deutschen, *anhaltend vegetativer Zustand* wegen der Konnotation ‚pflanzlich, nicht menschlich' von *vegetativ* vor allem von Selbsthilfeorganisationen abgelehnt wird. Und viertens schließlich Gliederungsunterschiede von terminologischen Systemen, wie sie

[108] Zur fachsprachlichen Übersetzung vgl. Albrecht 1995; Arntz/Barczaitis 1998; Bachmann 1992; Gerzymisch-Arbogast 1996; 1999; Godlück 1992; Göpferich 1993; Horn-Helf 1999; Koskensalo 1992; Mounin 1967; Neubert 1980; Nord 1993; Pinchuk 1977; Snell-Hornby 1994; Koller 1992; Stolze 1992; 1998; Wilss 1979; 1988.

zum Beispiel bei einem Vergleich der deutschen Fachwörter *schweißen* und *löten* und der entsprechenden italienischen Bezeichnungen *saldare* und *brasare* deutlich werden, wobei die beiden Fachwörter im Deutschen kohyponym sind, während sie im Italienischen Hyperonyme darstellen.

Die **fachgrammatische Äquivalenz** weist ebenfalls einige nicht unerhebliche Problembereiche auf. Hierzu gehört zum Beispiel die Entsprechung von Nominalgruppen im Deutschen und in romanischen Sprachen, wobei das Deutsche eher zu synthetischen Einwortkonstruktionen, die romanischen Sprachen hingegen zu analytischen Mehrwortkonstruktionen neigen; dies belegt etwa ein Vergleich der deutschen Bezeichnung *naturwissenschaftliche Fachlexikographie* mit dem französischen Ausdruck *lexicographie specialisée des sciences naturelles*. Ein zweites Beispiel für fachgrammatische Unterschiede besteht im Bereich des Tempusgebrauchs: Während im Deutschen etwa Gesetzmäßigkeiten durch das Präsens gekennzeichnet werden, ist hier demgegenüber im Englischen das Futur zu finden; dies zeigen die Beispielsätze *wenn Probleme gegeben sind, folgen Lösungen* im Deutschen und *if problems are given solutions will result* im Englischen. Ein weiterer Problembereich fachsprachlicher Äquivalenz besteht in fachphraseologischen Unterschieden, wie sie etwa im Vergleich der drei englischen Wendungen *remove the spark plugs*, *remove dipstick* und *remove the two bolts* mit den entsprechenden deutschen Wendungen *Zündkerzen herausdrehen*, *Ölmessstab herausziehen* und *beide Schrauben lösen* deutlich werden (vgl. hierzu auch Abb. 26). Im Unterschied zum Englischen können im Deutschen solche Wendungen als Anweisungen auch mit Passivkon-

Kollokationen englischer Techniksprache	Kollokationen deutscher Techniksprache
remove the spark plugs	Zündkerzen herausdrehen
remove the plug leads	Zündkabel abziehen
remove dipstick	Ölmessstab herausziehen
remove filler cap	Verschlusskappe aufdrehen
remove distributor cap	Verteilerdeckel abnehmen
remove rotor arm	Verteilerläufer abziehen
remove nipple	Schmiernippel herausdrehen
remove the two bolts	beide Schrauben lösen

Abb. 26: Gegenüberstellung von Kollokationen englischer und deutscher Techniksprache (nach Schmitt 1994, 279).

struktionen wiedergegeben werden, also: *die Zündkerzen werden herausgedreht, der Ölmessstab wird herausgezogen* und (*die*) *beide*(*n*) *Schrauben werden gelöst* (in diesem Fall ist darüber hinaus auch auf den Gebrauch der Artikel zu achten). Neben der fachlexikalischen und fachgrammatischen Äquivalenz bergen auch **fachtextuelle und fachkulturelle Äquivalenz** Probleme. So zeigen etwa die fachübergreifenden wie fachspezifischen Textsorten verschiedener Einzelsprachen durchaus makro- wie mikrostrukturelle Unterschiede, wobei darüber hinaus auch innerhalb von formal und funktional mehr oder weniger vergleichbaren Textsorten noch unterschiedliche stilistische Gepflogenheiten beobachtet werden können. Weitaus grundsätzlichere Probleme entstehen schließlich aus der kulturell unterschiedlich geprägten Weltsicht verschiedener menschlicher Gemeinschaften, die sich jeweils auch in deren allgemeinem wie fachlichem Sprachgebrauch niederschlagen. Die Überbrückung solcher sog. „Kultureme" stellt die internationale Fachkommunikation mitunter vor erhebliche Schwierigkeiten, etwa wenn es darum geht, einen politologischen Kommentar zur amerikanischen Verfassung in das Chinesische zu übertragen oder eine chinesische Fachabhandlung über Naturheilverfahren in die amerikanische Wissenschaftssprache der Medizin zu übersetzen.[109]

Die zahlreichen einzelnen Äquivalenzprobleme, die hier anhand weniger Beispiele nur angedeutet werden können, stellen nun nicht unerhebliche Anforderungen an die fachsprachliche Übersetzung oder Verdolmetschung. An dieser Stelle erhebt sich nun die Frage, ob im fachsprachlichen Bereich eine **ausgangs- oder zielsprachlich orientierte Übersetzung** anzustreben sei: Die erste dieser beiden Übersetzungsmöglichkeiten besteht in der Tendenz, den Zieltext der Übersetzung den betreffenden systematischen und stilistischen Eigenheiten des Ausgangstextes folgen zu lassen, selbst wenn hierbei Abweichungen von den systematischen und stilistischen Anforderungen, die an diesen Zieltext zu stellen sind, in Kauf genommen werden. Die zweite Übersetzungsmöglichkeit besteht genau umgekehrt in der Tendenz, diesen systematischen und stilistischen Anforderungen an den Zieltext zu entsprechen und dabei entsprechende Abweichungen gegenüber dem Ausgangstext zuzulassen. Diese Frage nach ausgangs- oder zielsprachlich orientierter Übersetzung, die im Bereich der Übersetzung von Dichtungswerken von großer Bedeutung ist, stellt sich jedoch bei näherem Besehen im Bereich der fachsprachlichen Übersetzung in der Regel nur am Rande: Der Grund hierfür liegt in dem ausgeprägten darstellungs- oder symbolfunktionalen Charakter von Fachsprachen, der einen

[109] Zur interkulturellen Fachkommunikation vgl.: Bungarten 1994; Clyne 1993; Hess 1992; Hess-Lüttich 1987; Keim 1994; Liang 1993; Müller 1993; Oksaar 1983; Picht 1989; Reuter/Schröder/Tiitula 1989; Wandruszka 1971.

möglichst hohen Grad an Verständlichkeit und Ökonomie fordert. Diese darstellungsfunktionale Optimierung von Fachtexten ist im Falle von Übersetzungen nur im Rahmen der vollen Ausschöpfung der systematischen und stilistischen Gegebenheiten der Zielsprache zu erreichen, wobei eine Widerspiegelung ausgangssprachlicher Erscheinungen nur in deren Rahmen selbst möglich erscheint. In der Terminologielehre wird versucht, dieses Übersetzungsproblem mit der Annahme der Übereinzelsprachlichkeit fachlicher Inhalte oder Bedeutungen zu lösen.[110]

Die vielfältigen Anforderungen, die an eine Übersetzung oder Verdolmetschung fachsprachlicher Texte erhoben werden, lassen nun wenigstens fünf verschiedene **Kompetenzbereiche von Fachübersetzern** und Fachdolmetschern unterscheiden: Erstens die allgemeinsprachliche Kompetenz der Ausgangs- und zweitens diejenige der Zielsprache im allgemeinen; drittens die fachsprachliche Kompetenz der Ausgangs- und viertens diejenige der Zielsprache im besonderen sowie fünftens eine hinreichende Sachkompetenz in dem betreffenden Fachbereich. Hierbei gilt wie im Falle allgemeinsprachlicher Übersetzungen auch, dass ein Sprachmittler nach Möglichkeit von einer Fremd- als Ausgangssprache in seine Mutter- als Zielsprache übersetzen sollte, um so eine möglichst hohe darstellungsfunktionale Verständlichkeit bei Ausschöpfung sämtlicher systematischer und stilistischer Möglichkeiten herzustellen.

Die genannten Anforderungen an die fachliche Übersetzung und Verdolmetschung machen deutlich, dass die **Ausbildung zum Fachübersetzer** oder Fachdolmetscher wenigstens zwei Schritte umfassen muss, zum einen die fremdsprachliche Ausbildung im allgemein- wie im fachsprachlichen Bereich und zum anderen die sachbezogene Ausbildung in dem betreffenden Fachbereich. Hierbei sind verschiedene Ausbildungswege denkbar: Erstens derjenige eines einschlägigen Fachstudiums mit einer anschließenden Sprachausbildung; zweitens genau umgekehrt derjenige eines Sprachstudiums, auf das eine entsprechende fachliche Ausbildung folgt; und drittens eine sprachliche und fachliche Parallelausbildung. In der gegenwärtigen Ausbildungspraxis stellt ein einschlägiges Sprach- und Übersetzungsstudium mit begleitenden Fachsach- und Fachsprachstudien aus Zeit- und Kostengründen den üblichen Weg dar, wobei neben allgemeinen und fachlichen Sprachkenntnissen in Lexik, Grammatik, Textsorten und deren jeweils eigenen Stilmerkmalen im Idealfall auch Kenntnisse zur Lexiko- und Grammatikographie sowie zum Normungswesen des betreffenden Bereiches erworben werden.

[110] Vgl Kap. 6.2.

8.2 Fachsprachenunterricht für Muttersprachler

Die **theoretische Betrachtung fachsprachlicher Ausbildung** im deutschen Sprachraum erfolgt zum einen im Bereich der Fachsprachenausbildung selbst, indem hier zunehmend Bedingungen und Anforderungen dieser Ausbildung diskutiert werden, und zum anderen im Bereich der Angewandten Sprachwissenschaft, aus der in jüngerer Zeit theoretische und methodische Voraussetzungen der Fachsprachendidaktik geklärt werden. Diese Bemühungen berühren recht unterschiedliche Gesichtspunkte der fachsprachlichen Ausbildung; hierzu gehören unter anderem Fachbezogenheit (fächerübergreifende gegenüber fachspezifischer Fachsprachenausbildung), Sprachbezogenheit (mutter- gegenüber fremdsprachlicher Fachsprachenausbildung), Lernzielbezogenheit (also etwa Vermittlung von systematischen gegenüber pragmatischen Kenntnissen bzw. Fähigkeiten), Spezialisierung (allgemein- gegenüber berufsbildende bzw. fachspezialisierende gegenüber interdisziplinäre Ausbildung), Institutionen und Organisation (zum Beispiel Schule gegenüber Universität, Inland gegenüber Ausland).[111] Neben all diesen Gesichtspunkten spielt hier insbesondere auch der Aspekt der Fachsprachenausbildung von Laien und Experten eine wichtige Rolle, zumal unter diesem auch manch andere Gesichtspunkte sinnvoll berücksichtigt werden können.

Der muttersprachliche **Fachsprachenunterricht für Laien** erfolgt in der Regel in allgemeinbildenden Schulen. Er wird hierbei sowohl von dem Unterricht in den einzelnen Sachfächern als auch im Sprachunterricht geleistet. Im Rahmen des Sachunterrichts werden fachsprachliche Gegebenheiten jedoch zumeist nicht eigens thematisiert, sondern im Zuge der Sachausbildung mehr oder weniger deutlich mitvermittelt, so dass hierbei allein einzelfachliche nicht aber überfachliche Fachsprachenkenntnisse erworben werden können. Der Sprachunterricht leistet hier bedauerlicherweise nur unzureichend Abhilfe: Im Fremdsprachenunterricht spielen fachsprachliche Gesichtspunkte kaum eine Rolle, während sie im muttersprachlichen Deutschunterricht zwar zunehmend an Bedeutung gewinnen, aber auch hier noch nicht die Berücksichtigung finden, die ihnen angesichts des außerordentlich hohen Bedarfs an fachsprachlicher Ausbildung zukommen sollte. Dies gilt sowohl für die Aufnahme in den Lehrplänen der verschiedenen Bundesländer, die hier recht unterschiedlich ausfallen, als

[111] Vgl. unter anderem Biere 1989; Buhlmann/Fearns 2000; Bungarten 1994; Fluck 1992; Fluck et al. 1985; Hebel/Hoberg 1985; Kelz 1983; 1985; Leisen 1994; Luchtenberg 1992; Morgenroth 1993; Pudszuhn 1994; Roelcke 2001a; Schnädter 1988; Seibert 1977; Wichter 1994; zusammenfassend zuletzt Fluck 1998 sowie die weiteren Beiträge in Kapitel XIII von Fachsprachen, Bd.1 (1998), 944-1019.

auch für die Erstellung geeigneter Unterrichtsmaterialien sowie für die Bereitschaft des Lehr- und Ausbildungspersonals, fachsprachliche Kommunikation zum Gegenstand ihres Unterrichts zu machen.

Befinden sich muttersprachliche Ausbildungsbestrebungen im fachsprachlichen Bereich also noch immer erst an ihrem Beginn (obschon sie mindestens bis in die siebziger Jahre zurückreichen), stehen ihnen angesichts der stark zunehmenden Spezialisierung und Internationalisierung sprachlicher Kommunikation seit der zweitens Hälfte des zwanzigsten Jahrhunderts bereits erhebliche **Fachsprachenanforderungen an Laien** gegenüber: Der Mensch von heute sieht sich sowohl in seinem Beruf als auch in seiner Freizeit mit zahlreichen verschiedenartigen Tätigkeitsbereichen konfrontiert, denen er kommunikativ und sprachlich gewachsen sein muss; zu denken ist hier etwa nur an den starken Einfluss der elektronischen Datenverarbeitung oder anderer technischer Bereiche, die Erfordernisse von Recht und Verwaltung (zum Beispiel im textuellen Rahmen von Steuerbescheiden oder Gerichtsverfahren), die Bedeutung der Medizin (mit Texten wie Arzt- und Patientenberichten, Operationseinverständniserklärungen, Beipackzetteln sowie anderen). Diese Vielfalt an fachsprachlicher Kommunikation, an welcher der einzelne Fachsprachenbenutzer jeweils teilhat, stellt Anforderungen, denen er im allgemeinen durch eine einzelfachliche und einzelfachsprachliche Ausbildung nicht mehr gerecht werden kann, da eine solche Ausbildung nicht nur aufwendig, sondern darüber hinaus auch im Hinblick auf fachliche Entwicklungen und persönliche Veränderungen kaum zu planen ist.

Vor diesem Hintergrund ist es als eine der zentralen Aufgaben muttersprachlichen Fachsprachenunterrichts anzusehen, allgemeine Grundlagen und Erscheinungen fachlicher Kommunikation und Sprache zu vermitteln, um auf diese Weise so etwas wie den Erwerb einer auf die betreffende Einzelsprache bezogenen, allgemeinen Fachsprachenkompetenz zu gewährleisten. Eine solche **allgemeine einzelsprachliche Fachsprachenkompetenz** besteht in der Fähigkeit der betreffenden Person, Texte gleich welchen horizontal oder vertikal zu bestimmenden Fachbereichs und welcher Textsorte auch immer aufgrund der Kenntnis übergreifender fachsprachlicher Merkmale mit größerem Erfolg zu rezipieren und gegebenenfalls auch zu produzieren. Diese Kompetenz ersetzt freilich nicht die einzelfachspezifischen sachlichen und sprachlichen Kenntnisse, erlaubt jedoch einen effizienten Zugang zu diesen Kenntnissen, da die verschiedenen Verfahrensweisen ihrer fachsprachlichen Vermittlung bereits im Vorfeld bekannt sind und als solche bereits im Idealfall in Produktion und Rezeption eingehend geübt wurden; darüber hinaus trägt sie zur Überwindung von Kommunikationsbarrieren bei, die durch fehlende oder unzureichende Kenntnis und Übung solcher Verfahrensweisen bedingt sind. Die allgemeinen einzelsprachlichen Fachsprachenkenntnisse, die dieser allgemeinen einzelsprachlichen Fachsprachenkompetenz zugrunde liegen, umfassen insbesondere auch eine ganze Reihe von Erscheinungen, die in dem vorliegenden Band angesprochen werden, und stellen somit inhaltliche Schwerpunkte eines Fachsprachenunterrichts für Muttersprachler dar. Diese inhaltlichen Schwerpunkte sowie die Methoden und Ziele eines solchen Unterrichtes werden im Folgenden skizziert.

Die **Inhalte eines allgemeinen einzelsprachlichen Fachsprachenunterrichts** umfassen diesen Überlegungen nach erstens die Diskussion verschiedener Modelle fachlicher Kommunikation, die Erörterung sprach- und erkenntnistheoretischer Grundlagen sowie funktionaler, kognitiver und sozialer Bedingungen der Fachkommunikation und schließlich die Auseinandersetzung mit grundsätzlichen fachsprachlichen Eigenschaften wie Deutlichkeit, Verständlichkeit, Ökonomie, Anonymität und Identitätsstiftung. Er führt zweitens in die Problematik der horizontalen und vertikalen Gliederung von Fachsprachen und deren Textsorten ein, wobei der Unterscheidung zwischen Wissenschafts-, Technik- und Institutionensprache zwischen Experten und Laien sowie unter Experten selbst ein besonderes Gewicht beizulegen ist. Der allgemeine einzelsprachliche Fachsprachenunterricht beinhaltet drittens die Trennung zwischen intra-, inter-, extra- und nichtfachlichem Wortschatz, Definitionslehre und verschiedene Definitionstypen, die Konstitution von Fachwortschatzsystemen, allgemeine Fachworteigenschaften wie Exaktheit und Vagheit, Eineindeutigkeit und Mehrmehrdeutigkeit und Kontextabhängigkeit sowie die Metaphorik von Fachwörtern einschließlich deren verschiedenartiger Funktionsweisen wie Inventarbildung und Assoziativität. Neben den lexikalischen umfasst der Unterricht viertens auch grammatische Besonderheiten von Fachsprachen, die vornehmlich in Abgrenzung von der Allgemeinsprache bestimmt werden; im einzelnen sind dies unter anderem Kompositionsneigung sowie Derivations- und Abkürzungsmöglichkeiten, Formbildungsanomalien, komplexe Relativsatz- und Attributreihungen, Nominalisierungen und Funktionsverbgefüge sowie die allgemeine Tendenz zu komplexen Sätzen. Fünftens gehören auch Fachtexteigenschaften zu den Inhalten eines allgemeinen einzelsprachlichen Fachsprachenunterrichts, seien sie auf der Ebene der Makrostruktur anzutreffen wie Fachtextbaupläne, metasprachliche Kommentierungen, Fachtextillustrationen und Formularaufbau, oder seien sie auf mikrostruktureller Ebene vorzufinden wie Thema/Rhema-Strukturen, Frage/Antwort-Konstruktionen, Schlussverfahren, Rekurrenz sowie Isotopien; weitere Texteigenschaften wie Intentionalität, Akzeptabilität, Informativität, Situationalität und Intertextualität gehören in diesem Bereich hinzu. Als sechster Kenntnisbereich, der dem Inhalt allgemeinen Fachsprachenunterrichts zugerechnet werden muss, haben schließlich die Struktur und die Funktion fachkommunikativer Hilfsmittel, vor allem aber diejenigen von graphischen Darstellungen und von Fachwörterbüchern zu gelten.

Die **Methoden eines allgemeinen einzelsprachlichen Fachsprachenunterrichts** entsprechen weitgehend denjenigen der allgemeinen Sprachpädagogik. Wie dort ist auch hier in besonderem Maße darauf zu achten, dass die allgemeinen Fachsprachenkenntnisse nicht schlicht durch sog. „Frontalunterricht" vorgestellt werden, da hierdurch nur bedingt eine Verbesserung der allgemeinen Fachsprachenkenntnisse erreicht werden kann, selbst wenn dieser sich moderner Darbietungstechniken bedient. Eine Verbesserung der allgemeinen Fachsprachenkenntnisse kann in stärkerem Maße von einem interaktiven Unterricht geleistet werden, in welchem diese Kenntnisse nicht ausschließlich von den Ausbildenden vorgestellt, sondern im Rahmen der gegebenen Möglichkeiten von den Auszubildenden selbst mit Unterstützung der Ausbildenden erarbeitet werden. Hierbei stellt die Analyse von prototypischen Textbeispielen eine gute Unterrichtsgrundlage dar. Doch ist mit dieser Unterrichtsmethode zwar eine Verbesserung der allgemeinen Fachsprachenkenntnis, in geringerem Maße dagegen aber nur eine Verbesserung der allgemeinen Fachsprachenkompetenz zu erwarten. Eine solche Kompetenzverbesserung erfordert vielmehr neben der Vorstellung und Erarbeitung von fachsprachlichen Kenntnissen auch deren praktische Umsetzung und wiederholte Übung im Rahmen der Produktion und Rezeption von Texten unterschiedlicher fachlicher Bereiche in Wort und Schrift. Hierbei sind Vertikalisierungsübungen, bei denen gegebene fachsprachliche Äußerungen auf eine andere fachsprachliche Ebene übersetzt werden, von besonderer Bedeutung. Allein durch einen solchen wiederholten Vollzug fachsprachlicher Kommunikation in verschiedenen Fachbereichen auf verschiedenen Fachebenen ist eine Verbesserung der allgemeinen fachsprachlichen Kommunikationsfähigkeit selbst zu erlangen und auf Dauer auch zu erhalten. Entsprechende Unterrichtsmethoden sind auch im Hinblick auf den Kenntnis- und Kompetenzerwerb im Umgang mit graphischen Darstellungen sowie mit Fachwörterbüchern anzusetzen.

Die **Ziele eines allgemeinen einzelsprachlichen Fachsprachenunterrichts** sind mit dem Hinweis auf die Verbesserung der allgemeinen fachsprachlichen Kenntnis und Kompetenz jedoch nur zum Teil angegeben. Ein weiteres wichtiges Unterrichtsziel besteht darin, fachsprachliche Kommunikationsbarrieren abzubauen und zu einem eigenständigen fachsprachlichen Kommunikationsverhalten hinzuführen. Dies gilt nicht allein für den produktiven und vor allem rezeptiven Gebrauch von Fachsprachen durch die betroffenen Personen selbst, sondern darüber hinaus auch für deren Einflussnahme auf entsprechende fachkommunikative Situationen im Allgemeinen. Diese und andere Ziele des muttersprachlichen Fachsprachenunterrichts für Laien werden in der fachsprachendidaktischen Literatur wiederholt genannt; ein gutes Beispiel hierfür stellt etwa die recht ausführliche Aufstellung von Wilfried Klute[112] dar, die bereits aus der Mitte der 70er Jahre stammt, aber auch noch einige Jahrzehnte später Aktualität beanspruchen darf (vgl. Abb. 27). Diese Aufstellung unterscheidet zwischen drei Lernzielen mit entsprechenden Teillernzielen: Zum ersten fachsprachliche Kenntnisse wie etwa solche über die Gliederung und die allgemeinen Eigenschaften von Fachsprachen; zum zweiten fachsprachliche Fähigkeiten wie die Produktion und Rezeption sowie die Vertikalisierung von Fachtexten sowie der Gebrauch von fachsprachlichen Hilfsmitteln; und schließlich zum dritten fachsprachliche Verhaltensweisen wie vor allem deren eigenständigen und verantwortungsbewussten Gebrauch.

Der muttersprachliche **Fachsprachenunterricht für Experten** findet in der Regel nicht an allgemeinbildenden Schulen, sondern vielmehr an berufsvorbereitenden Schulen oder an Hochschulen sowie im Rahmen von Zusatzausbildungen in entsprechenden Schulungszentren oder Akademien statt. Wie im Rahmen des Sachunterrichts an allgemeinbildenden Schulen werden hierbei fachsprachliche Gegebenheiten oftmals nicht eigens thematisiert, sondern erfahren eine mehr oder weniger deutliche Mitvermittlung. Doch gibt es einige Fachbereiche, in denen eine einschlägige fachsprachliche Schulung zum festen Bestandteil der fachlichen Gesamtausbildung gehört.[113] Eine solche spezielle fachsprachliche Ausbildung für (angehende oder ausgebildete) Experten dient nun kaum mehr der Überbrückung von Kommunikationsbarrieren, sondern nahezu ausschließlich der Verbesserung der sprachlichen Kommunikation in dem betreffenden Fachbereich selbst. Sie wählt im Idealfall die inhaltlichen und methodischen Grundlagen des allgemeinen einzelsprachlichen Fachsprachenunterrichts als Grundlage und leistet darauf aufbauend fachspezifische semantische, grammatische und pragmatische Schulungen zu Wortschatz, Syntax sowie Textebene. Darüber hinaus hat eine solche spezielle Fachsprachenausbildung Informationen zu der internationalen Fachsprache des jeweils betreffenden Bereiches zur Verfügung zu stellen. In der mutter- wie gegebenenfalls auch in der fremdsprachlichen Fachsprachenausbildung für Experten spielt neben der Ver-

[112] Klute 1975, 5-11. Vgl. auch Baumann 2003; Brünner 1987; Fiehler/Sucharowski 1992; Roelcke 2002e. Weitere Literaturhinweise können den Verzeichnissen in Fluck 1992 sowie Buhlmann/Fearns 2000 entnommen werden.

[113] Das vermutlich bekannteste Beispiel aus dem deutschsprachigen Raum ist hierfür der Studiengang Humanmedizin, in dem vornehmlich lateinische und griechische Elemente des deutschen wie internationalen Fachwortschatzes vermittelt werden. Vgl. etwa: Lippert-Burmeister 1994; Michler/Benedum 1972; Porep/Steudel 1974.

Lernziele	Teillernziele
Kenntnisse	Elemente und Bedingungen von Kommunikationsprozessen; Situationen und Sachbereiche, die stark fachsprachlich geprägt sind; Gesellschaftliche Gründe der Entstehung von Fachsprachen; Typische Formen fachsprachlicher Wortbildung und Syntax; Entwicklungstendenzen der Fachsprache; Leistungen und Schwächen der Fachsprache; Wechselbeziehungen zwischen Fachsprache und Gemeinsprache; Die Problematik der Abgrenzung von Fachsprache und Gemeinsprache.
Fähigkeiten	Fachwissenschaftliche Texte bekannter Sachgebiete verstehen und analysieren können; Bei der Auswertung von Fachliteratur Hilfsmittel benutzen können; Die Bedeutung eines Fachtextes für die gesellschaftliche Kommunikation beurteilen können; Die Funktion der Fachsprache in Texten und Situationen erkennen und beurteilen können; Fachtexte bekannter Sachgebiete situationsgerecht anfertigen können; Den Übergang von Fachsprache in Gruppensprache aufdecken können; Die Vermittlerfunktion eines Textes in bestimmten Situationen beurteilen können; Bei Referaten eine den Voraussetzungen der Zuhörer angemessene Darstellungsweise wählen können; Fachtexte bekannter Sachgebiete für nichtfachliche Adressaten umschreiben können.
Verhaltens-weisen	Fachsprache nicht pauschal diskriminieren, sondern nach ihren Funktionen differenziert einschätzen; Missbrauch von Fachsprache (zur Erhaltung von Exklusivität, zur Verschleierung und Manipulation) aufdecken; Als Betroffener sich nicht mit der Sprachbarriere abfinden, sondern auf „Übersetzung“ bestehen (gegenüber dem Arzt, der Behörde, dem Techniker, dem Politiker, dem Vortragsredner usw.); Im eigenen Sprachgebrauch (im Unterricht, im Beruf, im privaten Alltag usw.) zur Überwindung fachlicher Sprachbarrieren beitragen; Sprachliche Erscheinungen im Zusammenhang der historisch-gesellschaftlichen Wirklichkeit sehen; Sprachverhalten als soziales Verhalten begreifen.

Abb. 27: Lernziele muttersprachlicher Fachsprachendidaktik (nach Klute 1975, 7f.).

mittlung und Erarbeitung von Kenntnissen im Rahmen der Kompetenzverbesserung wiederum die fachsprachliche Übung eine wichtige Rolle. Nicht zuletzt gehört hierzu wiederum auch die Ausbildung im Umgang mit den entsprechenden fachspezifischen sprachlichen und semiotischen Hilfsmitteln sowie die Information über die einschlägigen Normungsorganisationen und Normungswerke des betreffenden Fachgebietes.

Neben dem fachspezifischen Fachsprachenunterricht ist des Weiteren auch ein allgemeiner einzel- oder mehrsprachlicher Fachsprachenunterricht für Experten denkbar und wünschenswert, selbst wenn dieser bislang allenfalls in Ansätzen Eingang in die fachliche Sprachausbildung gefunden hat. Ein solch **allgemeiner Fachsprachenunterricht für Experten** deckt sich in Inhalten und Methodik weitgehend mit dem allgemeinen Fachsprachunterricht für Laien und dem speziellen Fachsprachenunterricht für Experten, geht jedoch über diese beiden Bereiche insofern hinaus, als er die Vertikalisierung fachsprachlicher Äußerungen aus der Sicht des Experten gegenüber dem Laien theoretisch wie praktisch in besonderer Weise berücksichtigt. Zu den einschlägigen Verfahren fachsprachlicher Vertikalisierung, die Gegenstand eines solchen allgemeinen Fachsprachenunterrichts für Experten sind, gehören aus dem lexikalischen Bereich unter anderem die Kennzeichnung und Ausformulierung von fachspezifischen Bedeutungen sowie von deren fach- und kommunikationsspezifischer Ko- und Kontextidentifikation, aus dem grammatischen Bereich vor allem wortbildungsmorphologische und syntaktische Umformungen sowie aus dem textuellen und semiotischen Bereich etwa die Explizierung von Textbausteinen, die verbale Interpretation von Graphiken, Tabellen und Diagrammen oder die Explizierung mikrostruktureller Verknüpfungen. Über solche lexikalischen, grammatischen und textuellen Verfahren hinaus sind im Rahmen der fachsprachlichen Vertikalisierung auch die ausdrückliche Vermittlung und Erläuterung des Erkenntnisprozesses und der Erkenntnisrelevanz von starker Bedeutung, da deren Nachvollzug bzw. Einschätzung durch den Laien mangels entsprechenden Hintergrundwissens nicht als gesichert angenommen werden darf.[114] Solche strukturellen und pragmatischen Vertikalisierungsübungen sind nun insbesondere für Experten solcher Fachbereiche von Bedeutung, die eine starke Laienbindung aufweisen (wie zum Beispiel Medizin, Recht, Kraftfahrzeugtechnik, Datenverarbeitung oder Verwaltung). Durch den Erwerb einer solchen expertensprachlichen Vertikalisierungs- oder Vermittlungskompetenz können also im Idealfall Fachkenntnisse in einer weniger spezialisierten Sprache ohne oder mit abgewogenem Verlust entsprechender Informationen von Experten an Laien vermittelt werden. Darüber hinaus können so aber auch Kommunikationsbarrieren von

---

[114] Vgl. Biere 1989; Cherubim 1982.

Expertenseite her, wenn nicht genommen, so doch deutlich verringert werden; die Bemühungen der allgemeinen fachsprachlichen Laienausbildung kommen dieser fachsprachlichen Näherung von Expertenseite entgegen.

Die starke und zunehmende Bedeutung, die der Verwendung von Fachwörterbüchern im Rahmen fachlicher Tätigkeiten zukommt, macht nicht nur eine Übung der Benutzung von Fachwörterbüchern von Experten wie von Laien sinnvoll. Darüber hinaus erscheint die Einrichtung einer Hochschulausbildung zum Lexikographen und hier mit Schwerpunkt zum Fachlexikographen wünschenswert, um so neue fachlexikographische Beschreibungsstandards setzen und erhalten zu können. Eine solche **Ausbildung zum Fachlexikographen** hat zum einen den Erwerb von linguistischen, insbesondere von fachsprachenlinguistischen und terminologischen sowie zum anderen von lexikographischen, insbesondere von fachlexikographischen und terminographischen Kenntnissen und von einer entsprechenden Handlungs- bzw. Bearbeitungskompetenz zum Gegenstand; hinzu tritt eine computerlinguistische Grundausbildung. Der etwa so zu konzipierende Studiengang zum Diplom-(Fach)Lexikographen gliedert sich in das neue Berufsbild eines Informationsmanagers ein, das neben der Lexikographie eine ganze Reihe weiterer, unterschiedlicher Ausprägungen zeigt. Die Einrichtung von weiteren fachsprachenbezogenen Studiengängen wie etwa demjenigen zum Diplom-Terminologen ist hier im Zuge der fachkommunikativen Entwicklungen und der sich hieraus ergebenden fachkommunikativen Anforderungen ebenfalls zu bedenken.

8.3 Fachsprachenunterricht für Fremdsprachler

Der Fachsprachenunterricht für Fremdsprachler richtet sich vornehmlich an (mehr oder weniger stark spezialisierte) Experten; für Laien ist fremdsprachlicher Fachsprachenunterricht nur von recht untergeordneter Bedeutung. Aus diesem Grund findet der **fremdsprachliche Fachsprachenunterricht für Experten** in aller Regel nicht an allgemeinbildenden Schulen, sondern an Universitäten oder weiterbildenden Institutionen statt. Die Ziele der fremdsprachlichen Fachsprachenausbildung bestehen dabei zum einen in der Herstellung oder Verbesserung der Rezeptionskompetenz und zum anderen in derjenigen der Produktionskompetenz in der betreffenden Fachsprache in Wort und Schrift. Der Abbau von Kommunikationsbarrieren ist hier darüber hinaus ebenfalls zu dessen Ausbildungszielen zu rechnen, da mangelnde Kenntnis und Kompetenz fachlicher Fremdsprachen (insbesondere des international dominierenden Englischen) die Bereitschaft zur Teilnahme an internationalen Tagungen oder zur Mitarbeit in internationalen Projekten mitunter erheblich sinken lassen. Der fremdsprachliche Fachsprachenunterricht für Experten hat nun der Sache nach zwei verschiedenen Anforderungskomplexen zu genügen: Zum einen demjenigen des Fach- und zum anderen demjenigen des Fremdsprachenunterrichts, wobei die fremdsprachlichen Vorkenntnisse des Lernenden zu berücksichtigen sind.[115]

Die Anforderungen an den **Fachsprachenunterricht für Fremdsprachler mit Sprachvorkenntnissen** sind hierbei prinzipiell mit denjenigen an den Fachsprachenunterricht für Muttersprachler zu vergleichen. Da bei dem Lernenden Kenntnis und Kompetenz der betreffenden Allgemeinsprache vorausgesetzt werden können, setzt diese Form der fremdsprachlichen Fachsprachenausbildung wie die muttersprachliche Fachsprachenausbildung mehr oder weniger unmittelbar an der fachsprachlichen Kommunikation selbst an und hat deren Besonderheiten Rechnung zu tragen. Sie baut ebenfalls auf den inhaltlichen und methodischen Grundlagen des allgemeinen Fachsprachenunterrichtes auf, wobei dieser unter Umständen in der betreffenden Mutter- und nicht in der Fremdsprache erfolgen mag. In einem weiteren Schritt kommen dann spezifische Schulungen zur Semantik, Grammatik und Pragmatik auf der lexikalischen, syntaktischen und textuellen Ebene in der entsprechenden fachlichen Fremdsprache selbst hinzu. Diese Vorgehensweise wird jedoch mit abnehmenden Sprachvorkenntnissen des Lernenden zunehmend problematisch, so dass an den Fachsprachenunterricht ohne solche Vorkenntnisse gesonderte Anforderungen zu stellen sind.

Diese Anforderungen an den **Fachsprachenunterricht für Fremdsprachler ohne Sprachvorkenntnisse** richten sich zunächst einmal an den Erwerb der fremdsprachlichen Kenntnis und Kompetenz selbst. Hierbei sind wiederum zwei verschiedenartige Wege denkbar. Der erste dieser Wege besteht darin, zunächst eine umfassende Ausbildung im allgemeinsprachlichen Bereich der betreffenden Fremdsprache zu gewährleisten, um dann hieran anschließend eine spezielle Ausbildung im fachsprachlichen Bereich vornehmen zu können. Diese Spezialausbildung umfasst dann die fachsprachlichen Besonderheiten der

---

115 Zu den verschiedenen Gesichtspunkten des fremdsprachlichen Fachsprachenunterrichts vgl. über die Literaturhinweise zum muttersprachlichen Fachsprachenunterrichts hinaus: Baumgartner 1993; Bausch et al. 1989; Beier/Möhn 1988; Beneke 1989; Beneš 1969; Blei 1993; Bolten 1993; Boost 1984; Christ 1989; Clyne 1987; Deppner 1989; Ehlich 1993; Favrot/Nehm/Nübold 1992; Fluck 1997; Göpferich 1997; Hoberg 1990; Hofmann 1995; Hüllen 1987; Ickler 1984; Jung 1987; Petzel 1995; Riegel/Zahn 1989; Schröder 1988; Skudlik 1990; Ylönen 1991; Yzermann/Beier 1989.

betreffenden Fremdsprache im Allgemeinen sowie diejenigen innerhalb des einzelnen Fachbereiches im Besonderen. Hierbei ist eine kontrastive Unterrichtsmethode denkbar, die zum einen Vergleiche zwischen fremdsprachlicher Allgemein- und Fachsprache und zum anderen solche zwischen fremd- und muttersprachlicher Fachsprache zieht. So wünschenswert eine solche Ausbildung auch erscheinen mag: Sie erweist sich jedoch als derart zeit- und kostenaufwendig, dass sie vornehmlich solchen Berufsgruppen vorbehalten bleibt, deren Tätigkeit mehr dem fachsprach- und weniger dem fachsachlichen Bereich gilt und somit eine möglichst breit fundierte sprachliche Ausbildung erfordert; dies gilt zum Beispiel für Terminologen oder für Übersetzer und Dolmetscher. Im Falle anderer Berufsgruppen mag ein solcher Ausbildungsweg oftmals zu zeit- und kostenaufwendig erscheinen, so dass eine andere Art der Ausbildung erforderlich wird.

Dieser zweite Weg eines Fachsprachenunterrichtes für Fremdsprachler ohne Sprachvorkenntnisse setzt auf die **Vermittlung einer Auswahl fachsprachlich relevanter fremdsprachlicher Erscheinungen**. Diese Auswahl bilden all diejenigen Erscheinungen, die in der betreffenden fremdsprachlichen Fachsprache eine besonders hohe Vorkommenshäufigkeit aufweisen oder eine besonders große Bedeutung genießen. Die Grundidee einer solchen auswahlorientierten fremdsprachlichen Fachsprachenausbildung besteht also darin, den Lernenden auf möglichst unmittelbarem Weg mit denjenigen sprachlichen Erscheinungen mehr oder weniger schnell vertraut zu machen, die für ihn innerhalb der Fachkommunikation der betreffenden Sprache vermutlich von größerer Bedeutung sind; die übrigen fremdsprachlichen Erscheinungen bleiben danach einem weiterführenden Fachsprachstudium vorbehalten. Dieser auswählende Weg der Fachsprachenausbildung für Fremdsprachler sollte weder von sprachwissenschaftlicher noch von fremdsprachendidaktischer Seite her vorschnell abgeurteilt werden, steht hierbei doch das Ziel eines möglichst zeit- und kostengünstigen Erwerbs von Sprachkenntnissen im Vordergrund, mit denen eine möglichst unmissverständliche Fachkommunikation zu gewährleisten ist. Eine solche Rationalisierung des fachlichen Fremdsprachenerwerbs ist etwa im Falle von mehr oder weniger kurzfristigen wirtschaftlichen oder institutionellen Verhandlungen sowie bei nationalen wissenschaftlichen Projektplanungen mit internationaler Beteiligung der Fall. Darüber hinaus ist eine solche Ausbildung in aller Regel eher auf die fachsprachliche Rezeption als auf die fachsprachliche Produktion hin angelegt.

Aus dem Forschungs- und Unterrichtsbereich **Fachdeutsch als Fremdsprache**, der als ein Teil des übergeordneten Bereichs „Deutsch als Fremdsprache“ aufzufassen ist, liegen bereits Untersuchungen zu solchen fachsprachlichen Auswahlerscheinungen vor.[116] Im Falle fachsprachlichen Wortschatzes handelt es sich dabei vornehmlich um Wortfrequenzlisten, in denen jeweils die häufigsten fachsprachlichen oder fach- und gemeinsprachlichen Wörter erscheinen. Diese fachlichen Grund- und Ausbau- bzw. Erweiterungswortschatzlisten bilden dann die Grundlage für einen gezielten fremdsprachlichen Fachwortschatzerwerb, der einen schrittweisen Ausbau erlaubt. Auf der Ebene grammatischer Erscheinungen lassen sich ebenfalls solche Häufigkeitsangaben machen, die als Grundlage fachsprachlicher Ausbildungsprogramme dienen. So umfasst etwa die „Einführung in die deutsche Sprache der Wissenschaften" von Günter Schade folgende Erscheinungen, denen jeweils ein eigenes Kapitel gewidmet ist: Präpositionen, Deklination des Adjektivs, Relativsätze, Partizipien, Kausalsätze und Kausalangaben, Konjunktiv, der Gebrauch von *es* sowie Passiv. In der „Grammatik des Wissenschaftsdeutschen von Gerhard Fuhr sind dies „Grammatik" (Nominalgruppen und -phrasen, Verbformen und -komplexe, Konjunktionen und Pronomina), „Wortbildung" (Fremdwörter, Komposition und Derivation, Wortarten und Funktionsverbgefüge), „Orthographie und Zeichensetzung" sowie „Aussprache".

Eine systematische Übersicht über den Fachsprachenunterricht von Mutter- und Fremdsprachlern lässt deutlich werden, dass hierbei jeweils mindestens vier verschiedene Unterrichtstypen unterschieden werden können, die sich aus der Unterscheidung zwischen fachsprachlichem Unterricht für Experten und solchem für Laien sowie der Unterscheidung zwischen allgemeinem bzw. fachübergreifendem und speziellen einzelfachlichem Fachsprachenunterricht ergeben. Somit lassen sich nun insgesamt acht **Typen des Fachsprachenunterrichts** ansetzen (vgl. Abb. 28) und auf ihre Zielsetzung und gegenseitige Abhängigkeit hin bestimmen: Erstens der allgemeine Fachsprachenunterricht für muttersprachliche Laien (der vornehmlich der Verbesserung der Rezeptionskompetenz und der Überbrückung von fachsprachlichen Kommunikationsbarrieren dient); zweitens der spezielle Fachsprachenunterricht für muttersprachliche Laien (der aus systematischer Sicht zwar möglich erscheint, in der wirklichen Fachsprachenausbildung jedoch kaum eine Rolle spielt; zu denken ist hier allenfalls an so etwas wie Unterrichtseinheiten im Rahmen allgemeinbildender Weiterführungskurse an Volkshochschulen); drittens der allgemeine Fachsprachenunterricht für muttersprachliche Experten (der als Grundlage der fachsprachlichen Sonderausbildung dient); viertens der spezielle Fachsprachenunterricht für muttersprachliche Experten, der an den allgemeinen Fachsprachenunterricht anschließt und dabei weniger der Überbrückung von Kommunikationsbarrieren als vielmehr der Verbesserung der

[116] Vgl. etwa Fuhr 1989; Horne 1969; Kühn 1979; Schade 2002.

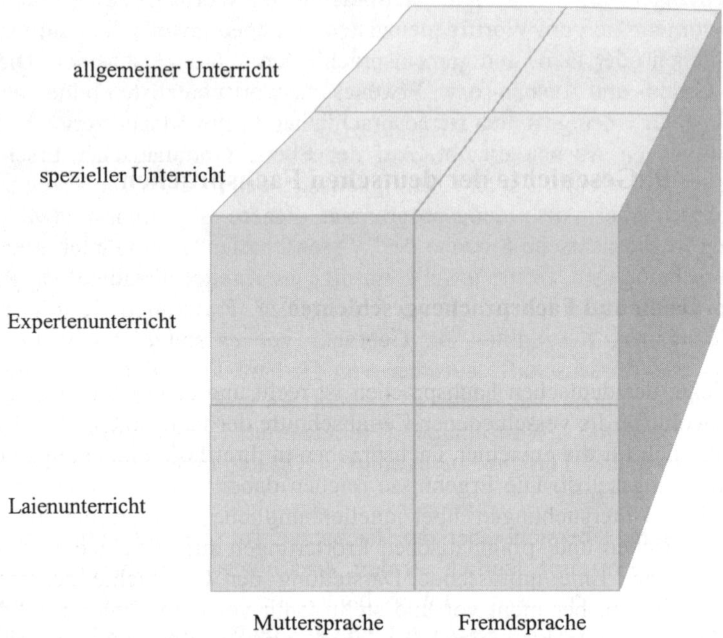

Abb. 28: Typologisches Schema für fachsprachlichen Unterricht unter drei Gesichtspunkten: Sprachkenntnisse des Lernenden (Muttersprache und Fremdsprache); Fachkenntnisse des Lernenden (Experten und Laien); Spezialisierung der Fachsprachenkenntnis und -kompetenz (allgemein bzw. überfachlich und speziell bzw. einzelfachlich).

fachsprachlichen Produktions- und Rezeptionskompetenz dient; fünftens der allgemeine Fachsprachenunterricht für fremdsprachliche Laien und sechstens der spezielle Fachsprachenunterricht für fremdsprachliche Laien, die beide aus systematischer Sicht ebenfalls denkbar, kaum aber von praktischer Bedeutung sind; siebtens der allgemeine Fachsprachenunterricht für fremdsprachliche Experten, der sich wiederum als Grundlage einer fachsprachlichen Sonderausbildung versteht und gegebenenfalls auch durch einen allgemeinen Fachsprachenunterricht für muttersprachliche Experten vertreten werden kann; sowie achtens schließlich der spezielle Fachsprachenunterricht für fremdsprachliche Experten, der nicht allein der Verbesserung der fachsprachlichen Produktions- und Rezeptionskompetenz, sondern darüber hinaus auch der Überbrückung von fachlichen Kommunikationsbarrieren dient.

9. Geschichte der deutschen Fachsprachen

9.1 Fachsprachen und Fachsprachengeschichten

Die Geschichte der deutschen Fachsprachen ist recht ungleichmäßig erforscht: Dies gilt sowohl für die verschiedenen Zeitabschnitte der fachsprachlichen Entwicklung als auch für die einzelnen Fachsprachen in ihrer horizontalen und vertikalen Gliederung selbst. Die Ergebnisse reichen dabei von fach- und sozialgeschichtlichen Untersuchungen über quellenkundliche Studien bis hin zu sprachsystematischen und -pragmatischen Erörterungen auf verschiedenen Beschreibungsebenen. Eine umfassende Darstellung der Geschichte deutscher Fachsprachen liegt bisher nicht vor und stellt somit vor dem Hintergrund der starken kultur- und sprachgeschichtlichen Bedeutung fachlicher Kommunikation ein wichtiges Desiderat der germanistischen Sprachwissenschaft dar.[117] Hierbei bleibt jedoch fraglich, ob eine solche Darstellung überhaupt als ganzheitlicher Entwurf im Sinne einer Fachsprachengeschichte, oder nicht vielmehr als mehr oder weniger lose Fügung einzelner Fachsprachengeschichten zu leisten ist.[118] Vor dem Hintergrund der allgemeinen Forschungslage und der hierdurch noch weiter verstärkten Problematik von **Fachsprachengeschichte und Fachsprachengeschichten** sind die folgenden Ausführungen als eine mehr

---

[117] Zu den zusammenfassenden sprachgeschichtlichen Darstellungen des Deutschen, die unter anderem auch fachsprachliche Aspekte berücksichtigen, gehören etwa Eggers 1986; von Polenz 1991; 1994; Sonderegger 1979; 1987. Gesamtdarstellungen zu den Fachsprachen des Deutschen unter Berücksichtigung historischer Gesichtspunkte finden sich mit Drozd/Seibicke 1973; Fluck 1996; von Hahn 1983.

[118] Die fachsprachenbezogenen Handbuchartikel in Sprachgeschichte 1984/85 sowie insbesondere jüngst die geschichtsbezogenen Handbuchartikel in Fachsprachen 1998 leisten erkennbare Fortschritte innerhalb einer solchen Fachsprachengeschichtenschreibung: Kapitel XXVI ist hier der deutschen Fachsprachengeschichte gewidmet und setzt dabei in chronologischer Folge recht unterschiedliche Schwerpunkte, die von der Betrachtung einzelner Texte und fachsprachlicher Varietäten bis hin zu historischen Fachsprachenkonzeptionen reichen. Kapitel XXVII behandelt die Geschichte der englischen, Kapitel XXVIII diejenige der französischen Fachsprachen.

oder weniger systematische Zusammenstellung und Zusammenfassung vorliegender Forschungsergebnisse unter Herausarbeitung einiger fachlich und sprachlich übergreifender Entwicklungslinien zu begreifen.

Eine **Periodisierung der deutschen Fachsprachengeschichte**, welche diese Entwicklungslinien einer gemeinsamen zeitlichen Gliederung unterwirft, wurde bislang ebenfalls nicht vorgelegt. Die Vorschläge, die zur Periodisierung der Geschichte der deutschen Sprache seit dem 17. Jahrhundert vorgelegt wurden, berücksichtigen zwar unter dem Kriterium sprachlicher Varietäten wiederholt auch die Entwicklung von Fachsprachen, werden dabei jedoch deren Besonderheiten kaum gerecht, da sie diese der Gesamtentwicklung des Deutschen und seiner Varietäten unterordnen.[119] Die bis in die Gegenwart hinein gebräuchlichen Einteilungen nach Jacob Grimm (Althochdeutsch 600-1100, Mittelhochdeutsch 1100-1500, Neuhochdeutsch seit 1500) und Wilhelm Scherer (althochdeutsche Zeit 750-1050, mittelhochdeutsche Zeit 1050-1350, frühneuhochdeutsche Zeit 1350-1650, neuhochdeutsche Zeit seit 1650), erweisen sich für eine Gliederung der deutschen Fachsprachengeschichte nur als bedingt tauglich, zumal sie anhand anderer Kriterien gewonnen wurden.[120] Im Folgenden wird die deutsche Fachsprachengeschichte in drei Perioden gegliedert, die zum einen die Kulturgeschichte des europäischen Sprachraums im Allgemeinen und zum anderen den Bestand an verschiedenen Fachsprachen im deutschen Sprachraum widerspiegeln (vgl. Abb. 29). Die erste Periode umfasst unter der Bezeichnung *mittelalterliche Fachsprachen* die Zeit vom Beginn der deutschen Sprachgeschichte um das 8. Jahrhundert bis etwa zur Mitte des 14. Jahrhunderts. Der deutsche Sprachraum ist hier durch das Bestehen von mundartlich geprägten Handwerkssprachen und (von vereinzelten wichtigen Ausnahmen abgesehen) das weitgehende Fehlen nationalsprachlicher Wissenschafts- und Institutionensprachen bestimmt. Die zweite Periode beinhaltet die *frühneuzeitlichen Fachsprachen* in der Zeit von etwa dem 14. Jahrhundert bis zum Ende des 17. Jahrhunderts. In dieser kulturgeschichtlich so bedeutsamen Epoche der Renaissance und des Humanismus leben die deutschen Handwerkssprachen fort, und es zeigen sich im deutschen Raum erste, wenn auch noch unter dem Druck des Latein oftmals noch erfolglose Versuche, nationalsprachliche Institutionen- und Wissenschaftssprachen zu entwickeln. In der dritten Periode der *neuzeitlichen Fachsprachen* schließlich bilden sich infolge der Aufklärung im deutschen Raum nationalsprachliche Wissenschafts- und Institutionensprachen heraus, die zusammen mit den deutschen Technikspra-

[119] Vgl. Roelcke 1995a, 302-318.

[120] Vgl. Grimm 1822, V-XIX; Scherer 1890, 10-14.

	mittelalterliche Fachsprachen (FS) (8. bis 14. Jahrhundert)	frühneuzeitliche FS (14. bis 17. Jh.)	neuzeitliche FS (18. bis 20. Jh.)
Handwerk und Technik			
Geist und Wissenschaft			
Recht und Institutionen			

Abb. 29: Periodisierung der deutschen Fachsprachen unter Berücksichtigung des weitgehenden Fehlens (hell unterlegt) sowie des eingeschränkten Bestehens (mittel unterlegt) und des uneingeschränkten Bestehens (dunkel unterlegt) von Sprachen in Handwerk und Technik, Geist und Wissenschaft sowie Recht und Institutionen.

chen eine Weiterentwicklung und wechselseitige Beeinflussung unter den fachgeschichtlich äußerst bedeutsamen Bedingungen der industriellen Revolution im 19. Jahrhundert und der weiteren technischen Fortschritte im 20. Jahrhundert erfahren. Die zweite Hälfte des 20. Jahrhunderts erweist sich im Rahmen dieser Periodisierung als Zeit des Umbruchs, da hier vor allem die nationalsprachlichen Wissenschaftssprachen unter zunehmenden Druck internationaler Fachkommunikation in englischer Sprache geraten.[121]

Der folgende Überblick über die Geschichte deutscher Fachsprachen folgt dieser Periodisierung unter Berücksichtigung der drei fachsprachlichen Bereiche Handwerk und Technik, Geist und Wissenschaft sowie Recht und Institutionen. Diese drei Bereiche werden dabei jeweils unter den folgenden **fachsprachengeschichtlichen Gesichtspunkten** in unterschiedlicher und ihrerseits jeweils schwankender Gewichtung erörtert: Erstens die kultur-, sozial- sowie medien-

[121] Die Einschätzung der institutionen- und wissenschaftssprachlichen Ansätze der frühen Neuzeit wie der wissenschaftssprachlichen Beschränkungen im 20. Jahrhundert als „eingeschränktes Bestehen“ in Abb. 29 mag sich freilich einer recht großzügigen sprachgeschichtlichen Sichtweise verdanken, erweist sich jedoch angesichts der jeweils herrschenden nationalen und internationalen Bedingungen fachlicher Kommunikation als bedenkenswert.

geschichtlichen Bedingungen der fachsprachlichen Kommunikation im Wandel der Zeit; zweitens die Entwicklung der horizontalen und vertikalen Gliederung der Fachsprachen sowie deren Interferenz untereinander; drittens ihr Verhältnis zu anderen sprachlichen Varietäten sowie zu fremdsprachlichen Fachsprachen; viertens die Erfassung, Erforschung und Normung der betreffenden Fachsprachen; und fünftens schließlich deren (wie auch immer geartete) sprachliche und semiotische Besonderheiten.

9.2 Mittelalterliche Fachsprachen

Die **Entstehung von Fachsprachen** überhaupt ist selbst nicht überliefert. Der Bestimmung von Fachsprachen als Kommunikationsmittel in spezialisierten menschlichen Tätigkeitsbereichen folgend ist ihre Entstehung in all denjenigen Fällen anzunehmen, in denen Menschen eine Arbeitsteilung vorgenommen und diese mit einer entsprechenden Kommunikation verbunden haben. Dies mag bereits in vorgeschichtlicher Zeit etwa im Rahmen der Beschaffung von Nahrungsmitteln oder der Herstellung von Werkzeugen der Fall gewesen sein, wobei vor allem an die Entstehung von spezifischen Wortschatzeinheiten unter Beibehaltung der jeweils allgemeinsprachlichen Syntax zu denken ist. Die Ausbildung fachspezifischer Eigenheiten auf den Ebenen Grammatik und Text ist vermutlich erst der fachlichen Kommunikation innerhalb sozial und kulturell recht komplexer menschlicher Gemeinschaften vorbehalten.

Der **Beginn der deutschen Fachsprachengeschichte** ist gemeinsam mit demjenigen der deutschen Sprachgeschichte überhaupt im achten Jahrhundert anzusetzen. Die Quellenlage der fachsprachlichen Kommunikation des deutschsprachigen Raums im Mittelalter ist jedoch recht uneinheitlich und gestattet somit nur ein recht unvollständiges Bild. Dies ist zum einen durch die in aller Regel untergeordnete Rolle des Deutschen innerhalb der wissenschaftlichen und institutionellen Kommunikation gegenüber anderen Sprachen (vor allem dem Lateinischen) und zum anderen durch die starke sprechsprachliche Prägung des handwerklichen Bereichs bedingt. Hinzu kommt hier, dass ein nicht geringer Teil der Überlieferung mittelalterlicher und frühneuzeitlicher Fachsprachen nicht durch eigentlich spezifisch fachliche Texte erfolgt, sondern durch solche, die entweder der fachlichen Wissensvermittlung (wie enzyklopädische Werke) oder der sozialen bzw. rechtlichen Organisation fachlicher Tätigkeiten (wie etwa Zunft- oder Bauordnungen) gewidmet sind.

Vor diesem Hintergrund lassen also die überlieferten Schriftzeugnisse ein nur unvollständiges Bild der mittelalterlichen Fachkommunikation erscheinen, während sich deren Anfänge mehr oder weniger ganz im Dunkeln verlieren. Trotz dieser doch recht ungünstigen Bedingungen dürfen die schriftlich überlieferten deutschen Fachsprachen des Mittelalters dennoch als ein recht gut erforschter Bereich der deutschen Sprachgeschichte gelten. Dies ist vor allem der sog. **Fachprosaforschung** aus den 60er und 70er Jahren des 20. Jahrhunderts um Gerhard Eis und dessen Schüler Gundolf Keil und Peter Assion zu verdanken, die umfangreiche und weitgehend verlässliche Ergebnisse auf der Grundlage intensiver Quellenrecherchen und -analysen hervorbringen konnte.[122] Hiernach hat eine Betrachtung der mittelalterlichen Fachliteratur dem Fächersystem der Artes zu folgen, wobei den umfassenden enzyklopädischen Werken der Zeit eine besondere Bedeutung beigemessen wird.

Das mittelalterliche Fächersystem teilt sich unterhalb der oberen Fakultäten im Wesentlichen in die Artes liberales, die Artes mechanicae und die Artes magicae. Die Artes magicae oder die sog. verbotenen Künste bilden hierbei wiederum die unterste Gruppe und umfassen Wahrsagungen und Beschwörungen (Geomantia, Hydromantia, Aeromantia und Pyromantia). Die sieben **Artes mechanicae** oder die sog. dienenden Eigenkünste bilden die nächst höhere Gruppe. Hierzu zählen erstens Lanificium (Wollverarbeitung und verarbeitendes Handwerk im Allgemeinen), zweitens Armatura (Waffenherstellung und technisches Handwerk im Allgemeinen), drittens Navigatio (Reisen und Handel), viertens Agricultura (Landwirtschaft und Gartenbau), fünftens Venatio (Jagd und Lebensmittelerzeugung), sechstens Medicina (Heilkunde) sowie siebtens Theatrica (Schauspiel, sog. Hofkünste). Die Schriften aus dem Bereich der Artes mechanicae bilden, vermutlich nicht zuletzt auch wegen mangelnder lateinischer Sprachkenntnisse ihrer Verfasser, den größten Teil der deutschsprachigen mittelalterlichen Fachliteratur bis in die frühe Neuzeit hinein und zeigen dabei auch eine recht große fachliche Breite.

Dies wird anhand weniger **Beispiele handwerklicher und technischer Artesliteratur** deutlich: So ist zum Beispiel aus der Gruppe des verarbeitenden Handwerks eine reichhaltige deutschsprachige Färberliteratur überliefert, die seit dem 14. Jahrhundert auch Rezeptsammlungen zur Farbmischung umfasst. Die Literatur der Baukunst, die der Gruppe technischer Handwerke zuzurechnen ist, lässt indessen bereits im Spätmittelalter technische Weiterentwick-

[122] Vgl. zusammenfassend Assion 1973; Eis 1967; 1971; Keil/Assion 1974. Vgl. des weiteren etwa Curtius 1993 oder Haage 1983. Einblicke in die jüngere Forschung erlauben Crossgrove 1994 sowie die einschlägigen Artikel und deren Literaturhinweise aus Kapitel XXVI in Fachsprachen, Bd. 2 (1998).

lungen verfolgen (etwa im Rahmen von Anweisungen zum Bau von Windmühlen, deren Erfindung bis auf das 12. Jahrhundert zurückreicht).[123] Zur Gruppe der Reise- und Handelsliteratur gehören etwa nautische Darstellungen wie das mittelniederdeutsche „Seebuch", das genaue Angaben über Strömungen oder Untiefen enthält. Schriften aus dem Bereich Landwirtschaft und Gartenbau bilden sog „Wetterbüchlein" oder das bekannte „Pelzbuch" Gottfrieds von Franken aus dem Beginn des 14. Jahrhunderts, das ein weit verbreitetes Lehrbuch für Obst- und Weinbau darstellte.[124] Aus der fünften Gruppe liegen etwa Anleitungen zur Beizjagd einschließlich der Falkenpflege oder Bücher zur Rossheilkunde vor; so etwa Meister Albrants „Roßarzneibuch" aus dem 13. Jahrhundert. Medizinische und pharmazeutische Schriften sind auch im Mittelalter naturgemäß sehr weit verbreitet. Ihre Überlieferung reicht bis in das 12. Jahrhundert zurück und lässt bereits früh Spezialisierungen erkennen. So sind neben Heilmittelbüchern (regimina sanitatis) Darstellungen zur Kinder-, Frauen- und Altenheilkunde (Pädiatrie, Gynäkologie und Geriatrie), zur Behandlung einzelner Krankheiten und Epidemien (vor allem der Pest) sowie zur Wundarznei bekannt. Bekannte Textbeispiele sind hier neben früh überlieferten Rezepten die „Praktik" des Meisters Bartolomäus aus dem 13. Jahrhundert, das sog. Physiologus-Fragment oder die Schriften der Hildegard von Bingen. Gerade im Falle der medizinischen und naturkundlichen Fächer wird deutlich, dass die Herausbildung mancher angewandten Wissenschaften der Gegenwart ihren Anfang in den „handwerklichen" Artes mechanicae genommen hat. Aus dem Bereich der verbotenen Künste schließlich sind etwa sog. „Traumbücher" bekannt, in denen der Versuch von Traumdeutungen unternommen wird.

Die **Produzenten und Rezipienten** handwerklicher und technischer Literatur gehören im Mittelalter verschiedenartigen sozialen Gruppen an und sind im Einzelnen oftmals nicht hinreichend zu bestimmen. Neben zahlreichen Überschneidungen können jedoch zwei bedeutsame soziale Gruppen unterschieden werden, die an der mittelalterlichen Fachkommunikation im Bereich der Artes mechanicae teilhaben.[125] Deren erste wird von Angehörigen eines niedrigen sozialen Standes gebildet und zeigt eine Fachsprache mit weitgehend mundartlicher Prägung und einer recht geringen stilistischen Ausformung. Der zweiten Gruppe gehören Personen eines höheren (weltlichen oder geistlichen) Standes an. Deren Fachsprache weist gegenüber derjenigen der ersten Gruppe eine Tendenz zur Überregionalität und eine ausgeprägtere stilistische Ausformung auf.

---

[123] Die Alchemie mit ihrer an Formeln und Metaphern reichen Arkansprache wurde im Mittelalter ebenfalls den Artes mechanicae zugerechnet, wird heute jedoch aufgrund ihres naturkundlichen Interesses zumeist dem wissenschaftlichen Bereich zugeschlagen.

[124] Vgl. schon Veith 1970.

[125] Vgl. etwa Haage 1988; 1993.

Die Fachsprache der Jagd (insbesondere der Beizjagd), durch deren Kenntnis eine entsprechende Standeszugehörigkeit bezeugt werden konnte, bildet hierfür ein gutes Beispiel: Daran wird deutlich, dass die deutschen Fachsprachen des Mittelalters bis in die frühe Neuzeit hinein nicht ausschließlich darstellungsfunktional, sondern bisweilen auch symptomfunktional motiviert sind und über die Bewältigung bestimmter Tätigkeitsbereiche hinaus auch der Identifikation gesellschaftlicher Gruppen dienen. Eine solche identitätsstiftende Funktion ist zum Beispiel auch der Arkansprache der Alchemisten zuzuschreiben; hinzu kommt hier jedoch ein ausgeprägtes Geheimhaltungsbestreben, sei es nun aus Macht- oder aus Verantwortungsbewusstsein heraus (zum Schutz gegenüber Ausbeutung und Missbrauch von Wissen). Eine nichtfachsprachliche Identifikationsstiftung fachlicher Gruppen im handwerklichen und technischen Bereich schließlich wird etwa seit dem 14. Jahrhundert durch Meistersang und Spruchdichtung geleistet.

Die deutschen Fachsprachen des Mittelalters aus dem handwerklichen und technischen Bereich machen eine Einordnung in das **Gefüge mittelalterlicher Varietäten** nicht leicht. Die (vermeintliche) Klarheit in der Einteilung der Artes mechanicae täuscht darüber hinweg, dass eine Zuordnung von handwerklichen und technischen Fachbereichen einerseits und entsprechenden Fachsprachen andererseits in dieser Zeit recht problematisch erscheinen muss. Hierfür ist zum einen die horizontal wie vertikal nicht immer nachvollziehbare Binnengliederung der einzelnen Bereiche verantwortlich; zum anderen finden sich Textsorten wie die soeben erwähnten, die zwar dem handwerklichen und technischen Umfeld zuzurechnen sind, dabei jedoch keine signifikanten fachsprachlichen Merkmale aufweisen. Die deutschen Fachsprachen des Mittelalters aus dem handwerklichen und technischen Bereich sind darüber hinaus in starkem Maße durch die mündliche Kommunikation bestimmt. Dies lässt auch die Handschriftenüberlieferung aus dem Bereich der Artes mechanicae deutlich werden, die in ihren Anfängen oftmals eher Reflexe der mündlichen Kommunikation zeigt und erst in ihrem weiteren Verlauf bis in die frühe Neuzeit hinein zum Teil so etwas wie eine eigene schriftsprachliche Tradition erkennbar werden lässt. So liegen Zeugnisse der älteren deutschen Fachsprachen aus dem handwerklichen und technischen Bereich in der Regel weniger in Form einer eigenständigen Fachliteratur vor, sondern sind vielmehr im Rahmen von organisierenden oder verwaltenden Schriften wie Ordnungen und Protokollen von Zünften zu finden. Trotz dieser medien- und hiermit verbundenen überlieferungsgeschichtlichen Probleme kann des Weiteren festgestellt werden, dass diese Fachsprachen aufgrund ihrer starken mundartlichen Prägung zahlreiche regionale Varianten aufweisen. Über die möglichen Ausmaße eines überregionalen Ausgleichs im Zuge der Wanderjahre handwerklicher Gesellen ist kaum etwas bekannt. Neben einer überregionalen standardsprachlichen Überdachung fehlt den mittelalterlichen Handwerkssprachen in der Regel auch eine theoretische Fundierung: Die Bezeichnung von fachlichen Gegenständen und Verfahren erfolgt hier zumeist unsystematisch und dabei recht anschaulich (vgl. zum Beispiel Bezeichnungen für das gleiche Körperteil bei verschiedenem Jagdwild wie *Ohr*, *Löffel* oder *Lauscher*).

Fachsprachliche Besonderheiten handwerklicher und technischer Literatur des Mittelalters treten insbesondere auf lexikalischer Ebene zutage. Hierbei fallen neben der sprechsprachlichen und mundartlichen Prägung des Wortschatzes vor allem **Interferenzerscheinungen** zwischen dem Deutschen und dem Lateinischen auf. Eine besonders reiche Überlieferung an deutschen und lateinischen Fachwörtern zeigen unter anderem die Bereiche Zoologie und Botanik sowie Bergbau und Hüttenwesen. Aus dem Bereich der Botanik ist hier etwa an die Schriften der Hildegard von Bingen zu denken, deren naturheilkundlichen Studien die Überlieferung zahlreicher Pflanzenbezeichnungen zu verdanken ist. Im Bereich von Bergbau und Hüttenwesen tritt die Interferenz zwischen der mündlichen deutschen Fachsprache und der schriftlichen lateinischen Urkundensprache besonders deutlich zutage, da fachunkundige Schreiber (zumeist Kleriker) den Anforderungen an eine fachgerechte Wiedergabe deutscher Fachwörter in lateinischer Sprache oftmals nicht gewachsen waren. So werden die deutschsprachigen Fachausdrücke entweder gar nicht oder nur äußerlich latinisiert aufgenommen (zum Beispiel *xenklochus* für das Gesenkloch), oder wörtlich in das Lateinische übersetzt, wobei zum Teil lateinische Neubildungen entstehen (so etwa *montanus* für den Bergmann anstelle der klassischen Bezeichnungen *fossor*, *metallarius* oder *scrutator*). Lateinische Entlehnungen in den deutschen Fachsprachen des handwerklichen und technischen Bereichs sind etwa aus dem Steinbau bekannt, dessen mündlich tradierter Fachwortschatz ebenfalls aus lateinischen und deutschsprachigen Quellen überliefert ist.

Weitere sprachliche Besonderheiten der handwerklichen und technischen Kommunikation im Mittelalter sind kaum mehr pauschal auszumachen. Hinzuweisen ist in diesem Zusammenhang insbesondere auf die vermehrte Ausschöpfung der synthetischen Wortbildungsmöglichkeiten deutscher Sprache, die zum Teil bereits recht früh beginnt (vgl. zum Beispiel schon um die Jahrtausendwende die Bezeichnung *ge-fedelgold-ôt* für das Versehen mit Fadengold bei Notker). Des Weiteren zeigen sich ebenfalls recht früh, wenn auch nicht durchwegs Ansätze zu eigenen fachsprachlichen Textsorten mit typischen Makrostrukturen (wie beispielsweise Rezeptbücher mit festen Einleitungsformeln und Verbindungsphrasen). In der Baukunst, die zu den am weitesten fortentwickelten und differenziertesten Fachbereichen des Mittelalters zu rechnen ist, gehört die Anfertigung von Skizzen (sog. Rissen) und somit die Verbindung verbaler und nonverbaler Mittel schon frühzeitig zu den gängigen Methoden fachlicher Kommunikation.

Der wissenschaftliche Bereich oberhalb der Artes mechanicae wird dem mittelalterlichen Fächersystem nach durch die **Artes liberales und die oberen Fakultäten** gebildet. Die Artes liberales werden um die Wende vom sechsten zum siebten Jahrhundert kanonisiert und untergliedern sich ihrerseits in das Trivium (bestehend aus Grammatik, Rhetorik und Dialektik) und das Quadrivium (bestehend aus Arithmetik, Geometrie, Musik und Astronomie). Ihr Studium erfolgt an der sog. Artistenfakultät der Universitäten und gilt in der Regel als Propädeutikum für das Studium an einer der oberen Fakultäten. Diese werden von Medizin, Jurisprudenz und Theologie gebildet.[126]

Im Gegensatz zum handwerklichen und technischen Bereich, aus dem ein reiches Schrifttum in deutscher Sprache vorliegt, hat in dem Bereich von Geist und Wissenschaft das **Latein als vorherrschende Sprache** zu gelten. Im gesamten Mittelalter erfolgt sowohl die schriftliche als auch die mündliche Kommunikation in den Bereichen der Artes liberales und der oberen Fakultäten nahezu ausschließlich in lateinischer Sprache. Das Latein stellt in dieser Zeit eine internationale europäische Gelehrtensprache dar, in der über die Grenzen der einzelnen Landessprachen hinweg gesprochen und geschrieben wurde. Sie bildet so die Grundlage für einen vielfältigen geistigen und kulturellen Austausch im europäischen Raum, der die europäische Kultur bis in die Gegenwart hinein bestimmt.[127]

Doch dieser Vorteil einer weit verbreiteten, internationalen mittelalterlichen Geistes- und Wissenschaftssprache ist damals wie heute auch mit einem erheblichen Nachteil verbunden, der in der **Exklusivität der fachlichen Kommunikation** besteht. Denn die Fachkommunikation im geistigen und wissenschaftlichen Bereich ist so nur einer kleinen Minderheit von Gelehrten an Klöstern und später an Universitäten möglich und bleibt dabei breiten Bevölkerungsschichten vorenthalten. Hinzu kommt hier, dass der geistige und wissenschaftliche Austausch im Mittelalter oftmals überregional und somit vornehmlich schriftlich erfolgt und nicht wie etwa im handwerklichen und technischen Bereich überwiegend regional und mündlich. Die Überregionalität und Schrift-

126 Vgl. Keil/Assion 1974; Lindgren 1992; Wolf 1987.

127 Über das Lateinische gelangen auch zahlreiche Wörter arabischer Herkunft in die europäischen Sprachen, etwa aus Mathematik, Astronomie, Alchimie oder Medizin. Im arabischen Raum wurden die antiken Wissenschaften aufgenommen und weiterentwickelt sowie später an die Völker christlichen Glaubens vermittelt. – Entlehnungen aus dem Altgriechischen erfolgen erst in der Zeit des Humanismus.

sprachlichkeit der geistigen und wissenschaftlichen Fachliteratur stellt eine weitere ernstzunehmende Kommunikationsbarriere für weite Teile der Bevölkerung dar. Die Exklusivität der geistigen und wissenschaftlichen Fachkommunikation im Mittelalter birgt jedoch auch Nachteile für die betreffenden Gelehrten, da diese hierdurch nicht selten in starker politischer, sozialer und nicht zuletzt eben auch wirtschaftlicher Abhängigkeit von geistlicher oder weltlicher Obrigkeit stehen.

Die reiche Literatur des geistigen und wissenschaftlichen Bereichs lässt bereits im Mittelalter die **Anfertigung wissensvermittelnder Schriften** erforderlich erscheinen. Und so entsteht im Verlauf der Zeit eine ganze Reihe an enzyklopädischen Übersichtswerken, sog. Summen. Die erste deutschsprachige Summa ist bereits aus dem 12. Jahrhundert überliefert: Der mittelhochdeutsche „Lucidarius“ umfasst drei Teile (Schöpfung und irdische Ordnung, Christenheit und Liturgie, Seelenschicksal nach dem Jüngsten Gericht) und wird dieser Gliederung halber zu den theologischen Schriften gezählt; er macht das naturwissenschaftliche, philosophische und theologische Wissen der Zeit einer volkssprachlichen Leserschaft zugänglich, wobei jedoch auch hier eine nicht geringe Vorbildung vorausgesetzt wird. Neben solchen enzyklopädischen Werken entsteht im Mittelalter und in der frühen Neuzeit eine recht umfangreiche Glossen- und Wörterbuchliteratur, die ihren Anfang in den frühen Glossierungen biblischer Bücher und antiker Autoren in lateinischer und deutscher Sprache nimmt; solche Glossen finden in der Regel in Unterricht und Predigt Verwendung. Mit als das bekannteste Beispiel für die mittelalterliche Glossenliteratur können der lateinische Abrogans und dessen althochdeutsche Übersetzung gelten.[128]

Frühe Versuche, fachliche Inhalte aus dem geistigen und wissenschaftlichen Bereich in deutscher Sprache zu erfassen, sind vor allem aus der Philosophie und der Theologie bekannt. Da es eine **deutsche Geistes- oder Wissenschaftssprache** im frühen Mittelalter nicht gab, folgen solche Fachtexte oftmals bis in die Syntax hinein den entsprechenden Vorlagen lateinischer Sprache; Einheiten des Fachwortschatzes werden dabei entweder unverändert integriert oder mehr oder weniger stark assimiliert. Das Latein zeigt somit einen starken Einfluss auf die Ansätze des wissenschaftlichen Deutsch im Mittelalter. Einen frühen Höhepunkt der Herausbildung einer deutschen Sprache im geistigen und wissenschaftlichen Bereich stellt das Schrifttum von Notker III. Labeo oder Teutonicus von St. Gallen um die Jahrtausendwende dar. Notker übte eine umfassende Übersetzertätigkeit aus, wobei er im Unterschied zu den üblichen Übersetzungsbestrebungen, die vor allem biblischen, theologischen und juristischen Schriften galten, ein besonderes Augenmerk auf Werke der Artes liberales, hier

[128] Vgl. Splett 1976.

vor allem aber des Triviums richtete und hierbei bedeutsame Ansätze zur Entwicklung deutscher Fachwörter in den Bereichen Grammatik, Rhetorik und Philosophie leistete, auch wenn diese der Übermacht des Latein kaum standhielten. Die Fachwörter Notkers stellen dabei Lehnübersetzungen (so zum Beispiel *nôtmáchunga* für *necessitas*), Lehnübertragungen (etwa *gnôtmárchunga* für *definitio*) oder Lehnschöpfungen (*uuîssprâchunga* für *disputatio*) dar, oder sie weisen Lehnbedeutungen auf (etwa *réda* für *ratio* unter der Bedeutung ‚Begriff, Überlegung' anstelle ‚Rede, Ausspruch').[129]

Das Latein stellt also im Mittelalter die vorherrschende Sprache der fachlichen Kommunikation im geistigen und wissenschaftlichen Bereich dar, wenn auch immer wieder Ansätze zur Entwicklung volkssprachlicher Fachkommunikation zu beobachten sind. Im Bereich von **Recht und Verwaltung** verhält es sich hier im frühen Mittelalter kaum anders: In der schriftlichen Rechtskommunikation war etwa bis zum 13. Jahrhundert das Lateinische weitgehend verbindlich; Ausnahmen bilden hier allein Namen und Sachbezeichnungen, die bisweilen als Einsprengsel in lateinischen Rechtsschriften zu finden sind, sowie einige wenige volkssprachliche Texte wie zum Beispiel die Straßburger Eide. Die deutsche Sprache war im rechtlichen Bereich allenfalls im Rahmen der mündlichen Kommunikation gebräuchlich. Seit dem 13. Jahrhundert finden sich dann später aber auch deutschsprachige Rechtstexte wie Urkunden oder etwa der Mainzer Landfrieden aus dem Jahre 1235; das älteste deutsche Rechtsbuch, der „Sachsenspiegel" Eike von Repgows, entstand zu Beginn des 13. Jahrhunderts und wurde seither in zahlreiche deutsche Mundarten übertragen.[130] Merkmale der älteren deutschen Rechtssprache sind zum einen deren Volkstümlichkeit, die auf ihre Entstehung vor der Begründung des juristischen Berufsstandes zurückzuführen ist, und zum anderen deren hiermit wiederum verbundene Anschaulichkeit; starke stilistische Unterschiede zwischen den Quellen lassen auf eine starke horizontale Gliederung schließen. Eine Vereinheitlichung der deutschen Rechtssprache wird erst seit dem 14. Jahrhundert angestrebt, als Deutsch zur offiziellen Amts- und Urkundensprache erhoben wurde und in den landesfürstlichen Kanzleien ein erhöhter Bedarf an Anleitungen zur Abfassung rechtlicher Schriftstücke herrschte. – Eine umfassende Darstellung der Geschichte der deutschen Rechtssprache liegt wie diejenige der Fachsprachengeschichte insgesamt bislang leider nicht vor; gleichwohl erfolgt eine umfassende wissen-

---

[129] Vgl. zusammenfassend Betz 1974; daneben auch Trier 1973 und Löffler 1989.

[130] Vgl. Oppitz 1990; Schmidt-Wiegand 1993.

schaftliche Bearbeitung der historischen deutschen Rechtssprache durch das bereits 1897 begründete Deutsche Rechtswörterbuch.[131]

9.3 Frühneuzeitliche Fachsprachen

Die frühe Neuzeit bildet einen Zeitabschnitt großer kultureller und sozialer Veränderungen im deutschen wie im gesamten europäischen Raum. Zu den bedeutendsten Erscheinungen der Kulturgeschichte gehören hierbei das **Weltbild der Renaissance** und das **Menschenbild des Humanismus**. Das neue Weltbild ist hierbei (vereinfacht gesagt) durch eine starke Orientierung an der griechischen und römischen Antike geprägt, mit der die christliche und heidnische Mystik des Mittelalters durch neue Klarheit und Schönheit überwunden werden sollte. Mit diesem neuen Welt- ist auch ein verändertes Menschenbild verbunden: Dieses macht sich durch eine starke Zentrierung auf das menschliche Individuum bemerkbar, die das Aufkommen weltlicher Werte und eines geänderten wissenschaftlichen und technischen Interesses begünstigte. Das humanorientierte Erkenntnisinteresse der frühen Neuzeit bedingt seinerseits die Durchsetzung einer weitgehend induktiven und empirischen wissenschaftlichen Vorgehensweise und stellt so mit den Beginn neuzeitlicher Kultur und Wissenschaft überhaupt dar. Einen institutionellen Niederschlag finden diese geistesgeschichtlichen Entwicklungen in der Gründung von Universitäten als gehobenen Forschungs- und Ausbildungsstätten (1348 Gründung der Universität Prag durch Karl IV.). Die kulturgeschichtlich herausragenden Persönlichkeiten der Renaissance selbst waren oftmals Wissenschaftler, Techniker und Künstler in Personalunion. Dies zeigt sich sowohl im eher handwerklichen und technischen Bereich (etwa mit der Erfindung und Anwendung der Buchdruckerkunst) als auch im eher wissenschaftlichen Bereich (so etwa bei der Bebilderung von Fachtexten).

Neben diesen kultur- und geistesgeschichtlichen Neuerungen stellt die frühe Neuzeit auch eine **Zeit starker welt- und sozialgeschichtlicher Veränderungen** dar. Zu diesen Veränderungen zählen zum einen zahlreiche Entdeckungen,

[131] Das Deutsche Rechtswörterbuch umfasst die Rechtssprache der Zeit von den frühen, gotischen Denkmälern bis zu den Kodifikationen des 18. Jahrhunderts und berücksichtigt dabei unmittelbare und mittelbare Rechtsquellen sowie sog. Rechtserkenntnisquellen aus dem hoch- und niederdeutschen Raum, zum Teil auch aus dem Niederländischen und dem Langobardischen (vgl. Dickel/Speer 1979; Speer 1989). – Zur deutschen Rechtssprache im juristischen Diskurs vgl. Warnke 1999.

die eine weit reichende Kolonialisierung zur Folge haben; mit dieser Kolonialisierung gehen dann des Weiteren eine starke Ausweitung des Handels sowie (im 15. und 16. Jahrhundert) die Gründung erster Handelsniederlassungen einher. In der frühen Neuzeit erfahren die Städte einen bedeutsamen politischen sowie wirtschaftlichen Aufschwung, der mit starken gesellschaftlichen Veränderungen verbunden ist: Es entwickelt sich ein selbstbewusstes Bürgertum, das sich einerseits gegen den Adel und andererseits gegen niedrigere soziale Gruppen wie etwa das Bauerntum abzugrenzen versucht. Die geänderte soziale Struktur innerhalb der Städte lässt eine komplexe Organisation handwerklicher und technischer Tätigkeiten zu, so dass in dieser Zeit neben einer Ausweitung des Handels bereits auch ein Übergang von handwerklicher zu frühindustrieller Produktionsweise zu beobachten ist. Zu den herausragenden technikgeschichtlichen Neuerungen der frühen Neuzeit gehören die Erfindung der Papierherstellung und der Buchdruckerkunst. Beide lassen die Buchproduktion ansteigen und führen, wenn auch zunächst nur recht verhalten, zu einem Anstieg der Lese- und Schreibfähigkeit innerhalb der Gesamtbevölkerung.

Das Aufblühen der Städte, die Ausweitung des Handels sowie die hiermit verknüpften sozialen Strukturen bringen also eine starke **Expansion und Differenzierung des handwerklichen Bereichs** mit sich, die sich unter anderem auch in zunehmender Technisierung und beginnender frühindustrieller Produktionsweise äußern. Es ist die Zeit, in der zahlreiche Berufsbezeichnungen zur Bezeichnung von Personen herangezogen werden (vgl. die noch heute gebräuchlichen Nachnamen *Müller*, *Maier*, *Schmidt* oder *Schulze*). Die Ausbreitung der Lese- und Schreibfähigkeit der Bevölkerung berührt den handwerklichen Bereich indessen nur am Rande: Schriftliche Kommunikation spielt in einem Tätigkeitsbereich, der traditionell durch eine Wissensvermittlung durch Vorbild und Nachahmung geprägt ist, eine nur untergeordnete Rolle; ganz zu schweigen von wirtschaftlichen Aspekten, die hier eine schriftliche Fachkommunikation ebenfalls nur langsam zunehmen ließen. Aber auch die mündliche Fachkommunikation vor Ort unterliegt noch geraume Zeit mitunter recht erheblichen Beschränkungen. Hierfür ist vor allem das Zunftwesen verantwortlich zu machen, das zusammen mit der geringen schriftlichen Kommunikation eine Ausbreitung von Wissen in einigen handwerklichen Bereichen noch auf längere Zeit behindert, wenn nicht gar verhindert.

Neben der allgemeinen Expansion und Differenzierung des handwerklichen Bereichs zeigen hier einige Teilbereiche der früheren Artes mechanicae eine **Zunahme der theoretischen wie empirischen Fundierung**. In diesen entsteht im Gegensatz zu den genuin handwerklichen Teilbereichen ein recht umfassendes Schrifttum. Aus der dritten Gruppe der Artes mechanicae (Navigatio: Reisen und Handel) sind hier etwa die Reiseberichte von Vasco da Gama, Amerigo Vespucci oder Christoph Kolumbus zu nennen, die bald auch in deutscher Übersetzung vorliegen. Die zahlreichen Berichte dieser und weiterer Entdecker und Gelehrter tragen zu einer breiten empirischen Fundierung des Weltwissens bei und lassen wissenschaftliche Aufbereitungen in Form von umfangreichen Kosmographien, exakten Länderbeschreibungen und einer weiterentwickelten Kartographie entstehen, die ihrerseits zu einer Popularisierung solcher Kenntnisse führen (so etwa Ende des 15. Jahrhunderts die Schedelsche „Weltchronik" aus dem Jahr 1493 oder auch Behaims „Globus" aus dem Jahr 1495). Die vierte und die fünfte Gruppe (Agricultura und Venatio) sind ebenfalls durch eine starke theoretische wie empirische Fundierung geprägt, so zum Beispiel auch das „Buch der Natur" von Konrad von Megenberg aus dem 14. Jahrhundert. Bis zum Ende der frühen Neuzeit entwickeln sich beschreibende Naturwissenschaften wie Chemie, Biologie oder Physik zu selbständigen Lehrfächern mit einem entsprechenden Fachschrifttum.[132]

Der handwerkliche und technische Bereich der früheren Artes mechanicae zeigt also in der frühen Neuzeit eine zunehmende theoretische und empirische Fundierung und einen Ausbau des Fachschrifttums. Die fachliche Kommunikation der handwerklichen und technischen Teilbereiche, aus dem sich später die beschreibenden und angewandten Wissenschaften entwickeln, zeigt im Rahmen dieser Entwicklung eine zunehmende Tendenz zum überregionalen Ausgleich, auch wenn dieser erst im Laufe des 18. Jahrhunderts erreicht wird. Die theoretische Fundierung schlägt sich in einer zunehmenden Vertikalisierung der Fachtexte nieder, wobei einzelne Handwerks- und Techniksprachen die Gestalt von **Frühformen von Fachsprachen angewandter Wissenschaften** von der Biologie bis hin zur Ökonomie annehmen. Trotz dieser Neuerungen und Fortschritte bleibt jedoch das Interesse von Seiten des geistlichen wie weltlichen Adels sowie von Seiten des Bürgertums an der älteren Artesliteratur bestehen: Mit Ende der frühen Neuzeit liegen zahlreiche der bedeutenderen Handschriften in Druckfassungen vor, so dass im handwerklichen und technischen Bereich nicht allein von einer sachlichen, sondern darüber hinaus auch von einer sprachlichen Fachtradition auszugehen ist.

Der Zunahme an theoretischer und empirischer Fundierung im handwerklichen und technischen Bereich korrespondiert eine **Zunahme praktischer Applikationen** im geistigen und wissenschaftlichen Bereich. Solche Umsetzungen theoretischer Erkenntnisse werden etwa im Bereich des Quadriviums (Arithmetik, Geometrie, Musik und Astronomie) spürbar und entsprechen dem frühneuzeitlichen Streben nach humanorientiertem Erkenntnisgewinn. Im Zuge dieser Ent-

[132] Zur Fachliteratur der Renaissance vgl. das grundlegende Werk von Olschki 1918-27.

wicklung entsteht ein praxisorientiertes Fachschrifttum, in welchem theoretische Erkenntnisse für handwerkliche und gewerbliche Berufe nutzbar gemacht werden. Hierzu gehören etwa Anleitungen in Arithmetik wie Rechenbücher für Kaufleute (so etwa die „Behende und hübsche Rechnung auf alle Kauffmannschafft" von Johann Widmann aus dem Jahre 1489) oder geometrische Anleitungsschriften für stein- oder holzverarbeitende Bauhandwerke (so etwa die „Geometrica deutsch", in der Steinmetzen und Plattnern die Konstruktion eines rechten Winkels und die Ermittlung des Mittelpunktes eines Kreises vermittelt wird, oder auch die „Underweisung der Messung mit dem Zirckel und Richtscheyt" von Albrecht Dürer aus dem Jahr 1525, welche aufgrund der Einführung perspektivischer Darstellung nicht allein große Bedeutung für bildende Künstler wie Maler oder Bildhauer, sondern auch für Baumeister, Goldschmiede und Tischler besaß).

Im Zuge des Strebens nach humanorientiertem Erkenntnisgewinn und humanorientierter Erkenntnisvermittlung treten in der frühen Neuzeit volkssprachliche Wissenschaftssprachen zunehmend in Konkurrenz zum Lateinischen. Es bildet sich eine **fachliche Zweisprachigkeit** zwischen der alten Wissenschaftssprache Latein und den neuen Wissenschaftssprachen volkssprachlichen Ursprunges heraus.[133] Der Beginn dieser Entwicklung ist jedoch zunächst einmal im Rahmen antiker Vorbildsuche durch eine Rückorientierung an das klassische Latein (sog. Relatinisierung) sowie durch eine Neubelebung des Altgriechischen geprägt. Ihr Ende aber ist seit etwa dem 16. und 17. Jahrhundert von der Dominanz volkssprachlicher Wissenschaftssprachen bestimmt – eine Folge zunehmenden Nationalbewusstseins innerhalb der europäischen Staaten, das sich unter anderem auch in der Pflege der eigenen Sprache äußert (so insbesondere auch in Italien oder Frankreich). Die Zeit zwischen dem 14. und dem 16. Jahrhundert ist derweil durch das Nebeneinander von Latein und Volkssprachen im wissenschaftlichen Bereich geprägt. Hierbei ist jeweils eine mehr oder weniger deutliche Vertikalisierung zu beobachten: Richten sich lateinische (und griechische) Texte vornehmlich an Fachwissenschaftler, zielen volkssprachliche Texte hingegen überwiegend auf ein breiteres Publikum. Aufgrund dieser Teilung bleiben wissenschaftliche Verständigungsprobleme und Kommunikationsbarrieren noch verhältnismäßig lange bestehen, im Gegenteil: durch die weiterreichende Differenzierung, die auch den wissenschaftlichen Bereich betrifft, nehmen diese Schwierigkeiten in früher Neuzeit sogar eher zu als ab.

Die Einführung volkssprachlicher Wissenschaftssprache erfolgt im deutschsprachigen Raum im Vergleich zu anderen europäischen Regionen verhältnismäßig zaghaft. Im 16. Jahrhundert sind es vor allem Dürer und Paracelsus, welche die

[133] Vgl. auch Habermann 2001

Entwicklung deutscher Wissenschaftssprachen vorantreiben. Die „Underweisung" Albrecht Dürers (1471-1528) stellt hierbei nicht allein eine bedeutsame Leistung der Applikation wissenschaftlicher Erkenntnisse dar, sondern erweist sich darüber hinaus auch als ein wichtiger Versuch zur Einführung eines deutschsprachigen mathematischen Fachwortschatzes. Die Einführung einer deutschen mathematischen Fachsprache durch Dürer blieb jedoch wie diejenige durch die Übersetzungen Johannes Keplers (1571-1630) etwa ein Jahrhundert später weitgehend erfolglos; sie gelang erst im 18. Jahrhundert durch Christian Wolff (1679-1754) und Johann Heinrich Lambert (1728-1777). Im Bereich der Medizin ist es Paracelsus (eigentlich Theophrast von Hohenheim, 1493-1541), der sich um die Einführung einer deutschen Wissenschaftssprache bemüht, als er 1527 als Stadtarzt in Basel eine deutschsprachige Vorlesung über Chirurgie hält, die sich nicht nur an Gelehrte, sondern auch an Wundärzte richtete: Der Gelehrte wird daraufhin der Stadt und der Universität verwiesen; und das Lateinische dominiert auch in der Medizin noch lange Zeit die wissenschaftliche Kommunikation. Dennoch findet sich in der frühen Neuzeit eine heilkundliche Fachsprache in der Tradition der Artes mechanicae, die eingedeutschte Ausdrücke der römischen Profankultur, Fremd- und Lehnwörter aus der lateinischen Wissenschaftssprache (wie etwa *Quecksilber* aus *argentum vivum*) sowie deutsche Neubildungen umfasst und vor allem aus Rezepten und Arzneibüchern überliefert ist.[134] Im Bereich von Sprache in Religion und Theologie ist hier vor allem Martin Luther (1483-1546) zu nennen, dessen Bibelübersetzung die deutsche Kulturgeschichte bis in die Gegenwart hinein prägt und neben anderem als Grundlage der deutschen Literatursprache angesehen werden kann.

Im Zuge der wachsenden Fachkommunikation im Bereich der beschreibenden und anwendenden sowie der theoretischen Wissenschaften erweitert sich im Verlauf der frühen Neuzeit auch der Kreis der fachlichen **Textproduzenten und -rezipienten**: Waren es im frühen Mittelalter noch nahezu ausschließlich Kleriker und im späten Mittelalter dann zunehmend Angehörige des weltlichen Adels, so erweitert sich der Kreis seit dem 14. Jahrhundert mit dem Aufblühen der Städte um eine weitere, bürgerliche Gelehrtenschicht, die sich insbesondere aus Kanzleischreibern, Beamten, Juristen und Ärzten zusammensetzt. Hinzu tritt hierbei eine steigende Unabhängigkeit der Gelehrten: War der wissenschaftliche Autor noch bis in das späte Mittelalter von geistlichen und weltlichen Mäzenen sozial, wirtschaftlich und nicht zuletzt auch in fachlicher Hinsicht weitgehend abhängig, so gewähren ihm die kulturellen, sozialen und wirtschaftlichen Veränderungen der Renaissance und des Humanismus im Laufe der Jahrhunderte eine zunehmende Unabhängigkeit. Die Erfindung der Papier-

[134] Vgl. etwa Baader 1974.

herstellung und des Buchdrucks tragen neben dem sozial- und kulturgeschichtlichen Wandel nicht unwesentlich auch zu einer Änderung des wirtschaftlichen Verhältnisses der Gelehrten zur geistlichen und weltlichen Obrigkeit bei. Im Vergleich mit Frankreich oder Italien zeigt der deutschsprachige Raum jedoch auch hier eine verhältnismäßig verhaltene Entwicklung. Dies gilt unter anderem auch für den universitären Bereich, der bis in das 18. Jahrhundert hinein in starkem Maße durch die Obrigkeit geprägt war.

Die großen fachlichen Umwälzungen der Renaissance und des Humanismus haben nicht allein das Spektrum an horizontal wie vertikal zu unterscheidenden fachsprachlichen Varietäten erheblich erweitert. Sie tragen darüber hinaus auch zu der **Herausbildung weiterer Fachtextsorten**, die der Forderung nach einem humanorientierten Erkenntnisprozess gerecht werden sollen, bei. Zu diesen Textsorten gehören unter anderem solche, die nicht aus genuin fachlichen Kommunikationsbereichen stammen und dabei einen möglichst abwägenden Darstellungscharakter zeigen. Hierzu zählen etwa Essays, die eine formal ungebundene Darstellungsweise von Thesen und Argumenten gestatten; Briefe, die über die ungebundene Darstellungsweise hinaus die (vermeintliche) Unverbindlichkeit privater und situativer Äußerungen garantieren; sowie Dialoge als Textsorte eines mehr oder weniger lockeren Austausches von Thesen und Argumenten. Angesichts des abwägenden Charakters dieser Textsorten darf jedoch nicht übersehen werden, dass ihr Darstellungs- und Argumentationsanspruch demjenigen herkömmlicher Fachtextsorten wenigstens ebenbürtig ist. Weitere fachliche Textsorten der frühen Neuzeit stellen wissensvermittelnde Schriften wie Lexika und Wörterbücher, Grammatiken, Lehrbücher oder auch Kommentare dar. Hinzu kommen im Zuge der Stärkung volkssprachlicher Kommunikation innerhalb einzelner Fachbereiche (etwa im kaufmännischen Bereich) mehrsprachige Fachwörterbücher, die zwischen den volkssprachlichen Fachsprachen vermitteln.[135]

Seit dem Anfang des 16. Jahrhunderts ist die deutsche Rechtsgeschichte der frühen Neuzeit durch den Übergang vom germanischen zum römischen Recht (1518) geprägt. Es entstehen neue lateinische, später ins Deutsche übersetzte Gesetzestexte, die wiederum erklärende Fachschriften erforderten (Lehrwerke für Kanzleien und Notariate). Diese Entwicklung hat eine **Erweiterung der deutschen Rechtssprache** durch Fremd- und Lehnwörter zur Folge. Eine umfassende Reform der deutschen Rechtssprache wird jedoch erst mit der aufklärerischen Kodifikationsbewegung gegen Ende des 18. Jahrhunderts durchgesetzt. Die Loslösung vom Latein nimmt indessen auch im Verwaltungsbe-

[135] Vgl. neben der umfassenden Darstellung bei Olschki 1918-27 auch die Übersicht bei Kalverkämper 1998d; zu den lateinischen Fachtextsorten vgl. Briesemeister 1996.

reich nur langsam zu. Die wachsende Institutionalisierung und Bürokratisierung der städtischen Verwaltung bringt in der frühen Neuzeit vor allem deutschsprachige Schriftstücke wie unter anderem Urkunden, Erlasse und Verordnungen hervor.

9.4 Neuzeitliche Fachsprachen

Die dritte Periode der deutschen Fachsprachengeschichte ist etwa vom Ende des 17. Jahrhunderts bis zur Gegenwart hin anzusetzen. Diese etwa drei Jahrhunderte umfassende Zeit ist durch eine ganz Reihe welt-, technik-, kultur- und sozialgeschichtlicher Ereignisse und Veränderungen geprägt, die sich, wenn überhaupt, dann nur unter großem Zwang unter einem gemeinsamen Gesichtspunkt betrachten lassen. Vor diesem Hintergrund erscheint es hier sinnvoll, lediglich auf einige fachsprachengeschichtlich bedeutsame Entwicklungen ohne einen Anspruch auf Vollständigkeit hinzuweisen. In **geistesgeschichtlicher Hinsicht** ist hierbei einerseits auf die Aufklärung mit ihrem Idealbild eines in Denken und Handeln vernünftigen (und das heißt eigenständigen und selbstverantwortlichen) Menschen hinzuweisen, welches die wissenschaftliche Methodik bis in die Gegenwart hinein prägt. Zum anderen ist hier die Säkularisierung zu nennen, die in engem geistesgeschichtlichen Zusammenhang mit der Aufklärung steht und sich in weiten kulturellen und gesellschaftlichen Bereichen, nicht zuletzt auch in demjenigen der Schulen und Universitäten, bis in das 20. Jahrhundert hinein ausbreitet. Die Romantik schließlich trägt im Verlauf des 19. Jahrhunderts nicht unwesentlich zur wissenschaftlichen Themenfindung bei und entwickelt eine durch Assoziativität geprägte wissenschaftliche Methodik, die ebenfalls bis in die Gegenwart hinein spürbar ist. Andere bedeutsame kultur- und geistesgeschichtliche Strömungen zeigen hingegen im Hinblick auf die fachsprachengeschichtliche Gegenwart einen geringeren (so etwa der Positivismus oder die Postmoderne) oder so gut wie keinen Einfluss (wie zum Beispiel Pietismus, Naturalismus oder Expressionismus).

Die deutsche **Sozialgeschichte** ist seit dem 18. Jahrhundert ebenfalls von starken Veränderungen gekennzeichnet. Diese betreffen etwa des Bestand an gesellschaftlichen Gruppen: Gab es zu Beginn des 18. Jahrhunderts kaum ein aufstrebendes und dabei überregional erfolgreiches Bürgertum, so zeichnen sich gegen Ende des Jahrhunderts bereits deutliche Veränderungen ab: Neue Gruppen des Beamten-, Bildungs- und Handelsbürgertums bringen die überlieferte Ständeordnung im Verlauf des 19. Jahrhunderts zunehmend ins Schwanken.

Hinzu tritt in dieser Zeit die Entstehung des sog. Industrieproletariats. Die infolge dieser Umwälzungen stark veränderte und gegenüber sozialen wie wirtschaftlichen Entwicklungen trotz (oder auch wegen) der zahlreichen Rechts-, Verwaltungs- und Finanzreformen des 19. Jahrhunderts recht anfällige Gesellschaftsstruktur zeigt nur etwa bis zum Beginn des 20. Jahrhunderts Bestand. In der zweiten Hälfte des 20. Jahrhundert wird sie nach erfolglosen Demokratisierungsversuchen und den beiden Weltkriegen durch die moderne Massengesellschaft der heutigen Tage mit hoher sozialer Durchlässigkeit abgelöst. Neben der Entwicklung einzelner gesellschaftlicher Gruppen stellt auch die Bildungsgeschichte einen wichtigen Gesichtspunkt der fachsprachenrelevanten Sozialgeschichte dar; Eckpunkte dieser Geschichte sind: Die Einführung der allgemeinen Schulpflicht durch Friedrich Wilhelm I. von Preußen (1716/17), die sich regional jedoch nur langsam durchsetzt; die zunehmende Ausrichtung der Schulausbildung in Real- und Handelsschulen an den Anforderungen von Handel und Gewerbe seit dem 19. Jahrhundert, wobei das Ansehen dieser Schuleinrichtungen jedoch bis heute kaum an das der humanistischen Gymnasien heranreicht; weitere Gründungen von Universitäten mit zunehmender Unabhängigkeit sowie von technischen und anderen Hochschulen und berufsbezogenen Akademien. Die Lese- und Schreibfähigkeit der Bevölkerung nimmt mit dem Anstieg der Buchproduktion im Verlauf dieser Zeit stark zu: Wird der Anteil des lesefähigen Publikums an der deutschen Gesamtbevölkerung im 17. Jahrhundert noch auf etwa 25 Prozent geschätzt, steigt er im Verlauf des 18. und 19. Jahrhunderts und dann insbesondere im 20. Jahrhundert deutlich an, auch wenn er um die Jahrtausendwende noch immer nicht die gesamte Bevölkerung ausmacht.[136]

Die neuzeitliche **Technikgeschichte** ist zum einen durch die Industrielle Revolution im 19. Jahrhundert geprägt. Durch die Erfindung der Dampfmaschine (um 1770 durch James Watt) ermöglicht und durch den Fortschritt der Naturwissenschaften vorangetrieben führt die Industrielle Revolution nicht allein zu einem gewaltigen technischen Fortschritt, sondern darüber hinaus auch zu der Herausbildung neuer Produktionsformen wie etwa zunehmender Arbeitsteilung und Massenproduktion sowie zum Untergang der Zünfte und anderer traditionell abgegrenzter Tätigkeitsbereiche. Die Erfindung der Rotationspresse im

136 Walther von Hahn gibt für die Buchproduktion im deutschen Raum folgende Zahlen an (vgl. von Hahn 1983, 45):

Jahr:	1570	1600	1650	1700	1750	1800	1850	1900	1965
Bücher:	299	791	725	951	1.219	3.335	9.053	24.792	27.247

Jahre 1817 gestattet die Herstellung von Großmengen an Druckerzeugnissen. Hinzu kommen neue Möglichkeiten der fachlichen Kommunikation, die durch die funk- und nachrichtentechnischen Erfindungen des 19. und beginnenden 20. Jahrhunderts (Telefon, Funk und Fernsehen) möglich wurden. Im 20. Jahrhundert ist die technische Geschichte dann zum einen durch eine rasche Fortentwicklung von bestehenden technischen Möglichkeiten sowie zum anderen insbesondere durch die Neuentwicklung der modernen Computertechnik und die hiermit verbundenen Möglichkeiten zur Bewältigung komplexer und präziser technischer wie auch wissenschaftlicher und institutioneller Anforderungen geprägt; die Entwicklung und rasche Ausbreitung der sog. neuen Medien zeigen ebenfalls bereits Auswirkungen auf die fachliche Kommunikation in verschiedenen Bereichen (etwa im Rahmen wirtschaftlicher oder wissenschaftlicher Korrespondenz oder der elektronischen Publikation naturwissenschaftlicher Arbeiten).[137]

Die **Herausbildung und Weiterentwicklung technischer Bereiche und angewandter Wissenschaften**, die bereits in der frühen Neuzeit einsetzt und sich einerseits einer theoretischen und empirischen Fundierung des handwerklichen und technischen Bereichs und andererseits einer Zunahme praktischer Applikationen innerhalb des geistigen und wissenschaftlichen Bereichs verdankt, findet in der Neuzeit eine weitere Fortsetzung. So gewinnen etwa im Zuge des Merkantilismus bzw. Kameralismus die handwerklichen und gewerblichen Berufe zunehmend an Bedeutung und erfahren eine entsprechende theoretische Begründung wie staatliche Einflussnahme, die durch die Einrichtung von Universitätslehrstühlen für „Cameralia und Oeconomia" in der ersten Hälfte des 18. Jahrhunderts institutionalisiert wird. Im Rahmen dieser Entwicklung liegt seit dem Ende des 18. Jahrhunderts ein reiches Schrifttum an volkswirtschaftlicher Literatur, daneben auch an Handwerks- und Industriebeschreibungen in Form von Monographien, von Aufsätzen in Sammelwerken bzw. Periodika oder von Lexika (zum Teil auch als Übersetzungen) vor. Neben einem Schwinden alter bringt die Industrielle Revolution dann insbesondere das Entstehen zahlreicher neuer handwerklicher und technischer Fachbereiche mit sich. Im Zuge dieser Entwicklung entsteht eine Vielzahl neuer Fachsprachen, nicht allein innerhalb dieser neuartigen Bereiche selbst, sondern darüber hinaus auch auf den inner- und zwischenbetrieblichen Kommunikationswegen oder zwischen Handel und Gewerbe. Sowohl die Zunahme wissenschaftlicher und technischer Anwendung als auch die Ausdifferenzierung wissenschaftlicher und technischer Berufe setzen sich dann im 20. Jahrhundert weiter fort. Zu denken ist hier zum Beispiel nur an den Bereich der elektronischen Datenverarbeitung, der sich von der all-

[137] Vgl. auch Burger 1984; Jakobs/Knorr/Molitor-Lübbert 1995; Kühn 1988.

täglichen Anwendung im Büro oder zuhause bis hin zur wissenschaftlichen Forschung erstreckt und dabei eine ganze Reihe von technischen und akademischen Berufen (wie den EDV-Techniker oder den Diplom-Informatiker) hervorgebracht hat.[138]

Die technischen Fortschritte des 19. und 20. Jahrhunderts sowie das Aufbrechen traditioneller Zuständigkeitsbereiche bringen nicht allein neue Fachbereiche und entsprechende Fachsprachen hervor. Sie zeigen daneben auch fachliche und sprachliche Einflüsse auf die herkömmlichen handwerklichen oder landwirtschaftlichen Bereiche wie auch auf einzelne wissenschaftliche Disziplinen und lassen dabei eine starke **fachsprachliche Interferenz** erkennen: So dringt etwa mit der Anwendung neuer Erkenntnisse und Methoden technischer, chemischer und physikalischer Fachwortschatz in den Bereich landwirtschaftlicher Produktion ein, während elektrotechnische Ausdrücke etwa zunehmend in den modernen medizinischen oder naturwissenschaftlichen Fachbereichen wieder zu finden sind (in der Medizin etwa innerhalb der Elektrodiagnostik oder in der Chemie durch die Elektrolyse). Über eine solche Interferenz zwischen horizontal und vertikal zu unterscheidenden Fachsprachen hinaus ist in weiten Teilen des handwerklichen Sprachgebrauchs vor allem im 20. Jahrhundert eine zunehmende Überregionalisierung festzustellen, die zum einen durch die Standardisierung im allgemeinsprachlichen Bereich und zum anderen durch eine zum Teil überregional organisierte Ausbildung bedingt ist. Im Zuge der steigenden sozialen Mobilität, des ansteigenden Bildungsgrades und Bildungsinteresses der Gesamtbevölkerung sowie der wachsenden Informationsdichte durch Presse und andere Medien ist des weiteren vor allem in der jüngeren deutschen Sprachgeschichte eine tendenzielle Verfachsprachlichung und Technisierung der allgemeinen Standardsprache zu beobachten, die sich vor allem in einer mehr oder weniger stark simplifizierenden Übernahme fachspezifischer Ausdrücke und Bedeutungen äußert.[139] Im Zuge der hohen sozialen Durchlässigkeit der modernen Gesellschaft verliert die wissenschaftliche Kommunikation weitgehend ihre Gebundenheit an einzelne gesellschaftliche Gruppen und trägt vielmehr ihrerseits zu der Etablierung solcher (wenn auch sozial offener) Gruppen bei.

Nicht allein die handwerklichen und technischen Bereiche bis hin zu den angewandten Wissenschaften, auch verschiedene **wissenschaftliche Disziplinen** ge-

[138] Vgl. neben Fluck 1989 und Jakob 1991 auch die folgenden ausgewählten Einzeluntersuchungen: Dröge 1978; Klenz 1991 (Druckerei). von Hahn 1971 (Textilindustrie). Fleskes 1996; Hums 1989; Krüger 1979 (Eisenbahn). Kehr 1964 (Forstwesen). Patocka 1987 (Salz). Piirainen 1989; Wolf 1958 (Bergbau). Spiegel 1972 (Eisenhüttenwesen).

[139] Vgl. etwa Braun 1993.

raten in der Neuzeit mehr oder weniger deutlich in Bewegung und sind dabei in jeweils unterschiedlichem Maße von einer Säkularisierung und Popularisierung betroffen. Die Säkularisierung zeigt sich in der zunehmenden Unabhängigkeit akademischer Lehrbereiche von Theologie und Kirche, wobei neben der Philosophie insbesondere die naturkundlichen Fächer die Aufgabe einer allgemeinen Welterklärung übernehmen. Im Rahmen dieser wachsenden Bedeutung zahlreicher geistiger und wissenschaftlicher Disziplinen erweitert sich mit der Zeit die Zahl der Fakultäten: Die Philosophie emanzipiert sich bis zum 18. Jahrhundert gegenüber der Theologie bis hin zur Gründung einer eigenen Fakultät. Die sich verselbständigenden Naturwissenschaften, die der traditionellen Einteilung nach den Artes liberales zuzurechnen sind, werden zunächst im Rahmen der Philosophie oder der Medizin betrieben; im 19. Jahrhundert werden sie im Zuge der Industrialisierung endgültig aus der philosophischen Fakultät ausgegliedert und bilden sodann eine eigene, fünfte Fakultät. Die Verselbständigung der Philosophie und der naturkundlichen Fächer trägt dabei auch zu einer Verselbständigung der entsprechenden Fachkommunikation bei.[140] Im weiteren Verlauf der universitären Entwicklung bilden sich dann des weiteren auch die neueren Geistes- und Gesellschaftswissenschaften mit ihren jeweils eigenen Fachsprachen heraus, so zum Beispiel Psychologie, Pädagogik, Soziologie, Sprachwissenschaft, Archäologie oder Orientalistik.

Die neuzeitliche Fachsprachengeschichte im geistigen und wissenschaftlichen Bereich ist jedoch nicht allein durch die starken Veränderungen im Hinblick auf die verschiedenartigen Disziplinen und deren fachliche Kommunikation gekennzeichnet. Mit dem Beginn der Neuzeit im 17. Jahrhundert werden gerade auch im deutschsprachigen Raum (wie bereits früher in Italien, Frankreich oder England) Bestrebungen spürbar, das Lateinische als Sprache der wissenschaftlichen Kommunikation zurückzudrängen und dabei **volks- oder nationalsprachliche Wissenschaftssprachen** zu begründen. Diese Entwicklung beginnt unter anderem mit den Forderungen nach einer deutschen Wissenschaftssprache durch Gottfried Wilhelm Leibniz (1646-1716), der dabei jedoch noch am Lateinischen als lingua europaea universalis et durabilis ad posteritatem festhält, sowie der skandalauslösenden deutschsprachigen Vorlesungsankündigung von Christian Thomasius (1655-1728) am schwarzen Brett der Universität Leipzig (1687). Sie findet darauf mit den deutschsprachigen Schriften von Christian Wolff (1679-1754), der als Begründer der deutschen Wissenschafts-

---

[140] Zur Geschichte der deutschen Naturwissenschaftssprachen vgl. etwa Pörksen 1986; 1994; Schrader 1990. Des weiteren zum Beispiel Barke 1991; Crosland 1962; Flood 1963 (Chemie); Glaser 1935 (Astronomie); Busch 1933; Krüger 1992; Schirmer 1912 (Mathematik); Gardt/Lemberg/Reichmann/Roelcke 1991 (Sprachtheorie); Hundt 1995 (Wirtschaft).

sprache der Philosophie und Mathematik gelten darf, einen ersten Höhepunkt. Mit den rationalistischen Sprachkonzeptionen Wolffs werden zu Beginn des 18. Jahrhunderts die ideologischen Grundlagen für die oftmals noch heute anerkannten terminologischen Postulate der Definiertheit, Exaktheit und Eineindeutigkeit wissenschaftlicher Fachwörter vor dem Hintergrund eines systemlinguistischen Inventarmodells eingeführt.[141] Den ersten großen lexikographischen Niederschlag erfährt diese Entwicklung seit der Mitte des 18. Jahrhunderts in dem Erscheinen von Zedlers „Universal-Lexikon" nach dem Vorbild der französischen Enzyklopädie von Diderot und d'Alembert.[142]

Die Einführung deutscher Wissenschaftssprachen erfolgt im 18. und 19. Jahrhundert wie bereits schon im Mittelalter nach recht unterschiedlichen Verfahren, umfasst hier jedoch neben der Übernahme einzelner syntaktischer Strukturen im Rahmen von Übersetzungen vornehmlich den Wortschatz. Zu diesen Verfahren der **Ersetzung lateinischer Fachwörter** durch deutsche gehören unter anderem die folgenden: Erstens die Innovation, die ihrerseits entweder in der Bildung neuer Ausdrücke durch Komposition oder Derivation (wie zum Beispiel *Vernunftlehre* für *Philosophie* oder *Kunst=Wort* für *terminus artis*) oder in der Festlegung neuer Bedeutungen (so etwa *Nation* als die für das gemeinschaftliche Wohl selbst verantwortliche Gesellschaft gegenüber derjenigen, die in der Verantwortung eines bestimmten Herrschergeschlechtes steht). Zweitens die Integration von Fremdwörtern in deutschsprachigem Kontext, wobei diese zum Teil morphologisch assimiliert werden. Oder drittens die Translation, die ihrerseits entweder unvermittelt (also ohne Nennung des Fremdwortes) oder vermittelt (im Text oder als Register im Anhang) erfolgen kann; ein Beispiel für eine solche vermittelte Translation findet sich etwa bei Christian Thomasius: *Das alleroberste und gemeinste Kunst=Wort ist Ens oder Aliqvid ein Ding / Wesen / oder Etwas / durch welches ich alles / was ausser dem Menschen oder in demselbigen / und in seinen Gedancken gewesen ist / noch ist / und künfftig seyn wird / verstehe.*[143] Über die umgekehrten Einflüsse der einzelnen neuzeitlichen nationalsprachlichen Wissenschaftssprachen auf die neulateinische Gelehrtensprache ist im Unterschied hierzu bis heute verhältnismäßig wenig bekannt.

Die **Verdrängung des Latein als Wissenschaftssprache** durch das Deutsche umfasst das gesamte 18., in einigen wenigen Fachbereichen (darunter etwa die Theologie oder auch die Mathematik) darüber hinaus auch den Beginn des 19.

---

141 Vgl. Arndt 1979; Haßler 1984; Menzel 1996; Ricken 1990; Roelcke 1995b; 2002d.
142 Vgl. hierzu auch die Kapitel XX und XXII in Fachsprachen, Bd. 2 (1998).
143 Thomasius 1691, 123.

Jahrhunderts.[144] Dies belegen einige Angaben zum Anteil naturwissenschaftlicher Schriften am gesamten Schrifttum im deutschsprachigen Raum während des 18. Jahrhunderts: So machen solche naturwissenschaftlichen Schriften 1740 etwa 1,5% des Gesamtschrifttums aus (überwiegend in lateinischer Sprache); 1770 sind dies bereits rund 4% (davon etwa zwei Drittel deutsch, ein Drittel lateinisch); und 1800 beträgt ihr Anteil um die 5% (davon fünf Sechstel deutsch, ein Sechstel lateinisch).[145] Spätestens mit der ersten Hälfte des 19. Jahrhunderts verliert das Lateinische seine Funktion als Wissenschaftssprache im deutschen Sprachraum. Dennoch bleibt es zusammen mit dem Griechischen national wie international recht bedeutsam, da es im Rahmen von wissenschaftlichen Bezeichnungssystemen nach wie vor Verwendung findet und sich dabei nicht geringer Produktivität erfreut. Im Zuge der internationalen Angleichung von Terminologien und Nomenklaturen, die im Verlaufe des 20. Jahrhunderts stark zunimmt, gewinnt das Inventar an Wurzeln lateinischer und griechischer Herkunft in der jüngeren Geschichte der Wissenschaftssprachen erneut und vermehrt an Bedeutung.

Im Hinblick auf die Geschichte der deutschen **Sprache in Recht und Verwaltung** in der Neuzeit stellt die Kodifikationsbewegung des 18. Jahrhunderts ein entscheidendes Ereignis dar.[146] Diese verfolgt das Ziel, die Rechtssprache durch den Gebrauch volkssprachlicher Ausdrucksmittel und durch weitgehende Allgemeinverständlichkeit zu reformieren: Der mündige und gebildete Bürger sollte sich im Sinne volksaufklärerischen Gedankenguts unabhängig von Rechtsgelehrten in möglichst unmissverständlich und übersichtlich gestalteten Gesetzesbüchern selbst über seine Rechte informieren können. Das Ziel dieser Reformbewegung wird – gegen den erheblichen Widerstand der an der lateinischen Fachsprache festhaltenden Juristen – mit dem Preußischen Allgemeinen Landrecht (1794) erreicht. Die weitere Geschichte der deutschen Rechtssprache ist wie diejenige der deutschen Verwaltungssprache durch zahlreiche Neuansätze, ideologische Veränderungen und inhaltliche Erweiterungen geprägt.

---

144 Vgl. Besch 1968; Blackall 1966; Mattheier 1981; Reichmann 1980. Die nationalsprachlichen Bestrebungen des Spätbarock und der Frühaufklärung richten sich im gleichen Zuge auch gegen die französische Kultur und Sprache, die sich im Zuge fehlender nationaler Identität nach dem Westfälischen Frieden (1648) im partikularistischen und absolutistischen Deutschland großer Beliebtheit erfreuen. Das Französische übernimmt in dieser Zeit jedoch nur zum kleineren Teil eine fachkommunikative, sondern zum größeren Teil eine statusanzeigende Funktion. Die Beliebtheit des Französischen schlägt hier erst nach der französischen Besetzung des Rheinlandes (1794-1814) und den Befreiungskriegen (1813/14) in Ablehnung um.

145 Vgl. Pörksen 1984; Schiewe 1996.

146 Vgl. Hattenhauer 1987; Heller 1992.

Bei diesen vielfältigen Entwicklungen wurde zwar an dem Deutschen als Rechts- und Verwaltungssprache festgehalten, doch sind die Rechtstexte deutscher Sprache gegenwärtig in der Regel weit davon entfernt, von Laien ohne fachlichen Beistand verstanden werden zu können; der Sprachgebrauch von Institutionen zeigt eine hiermit vergleichbare Tendenz.

Die Entwicklung der deutschen Wissenschaftssprachen zeichnet sich seit dem 18. Jahrhundert nicht allein durch einen Wandel und eine Erweiterung des Systems an wissenschaftlichen Disziplinen und deren einzelner Fachsprachen aus. Auf der lexikalischen Ebene ist sie dabei innerhalb einzelner Fächer insbesondere auch durch einen starken **Ausbau des wissenschaftlichen Fachwortschatzes** geprägt. Für diesen Ausbau ist unter anderem auch die Entstehung umfangreicher Nomenklaturen innerhalb verschiedener Fachbereiche seit dem 18. Jahrhundert verantwortlich. Hierzu zählen etwa die taxonomische Nomenklatur des schwedischen Naturforschers Karl von Linné (1707-1778), nach der Klasse, Ordnung, Gattung und Art von Lebewesen unterschieden werden, innerhalb der Chemie die Nomenklatur nach Antoine Lavoisier (1743-1794) und das symbolische System nach Jöns Jacob Berzelius (1779-1848) oder nicht zuletzt auch die physikalische Terminologie nach Isaac Newton (1643-1727), deren Einheiten zum Teil bereits zu Beginn des 18. Jahrhunderts in deutscher Übersetzung erscheinen (*Schwere* und *Centrifugal Kraft*). Im Laufe des 19. und des 20. Jahrhunderts nimmt der Fachwortschatz zahlreicher wissenschaftlicher und technischer Disziplinen infolge des raschen Erkenntnisfortschrittes schnell zu und zeigt dabei eine fortschreitende Spezialisierung; hinzu kommt eine abnehmende Verwendungsdauer einzelner Ausdrücke oder Bedeutungen, an der sich jeweils die Entwicklungsgeschwindigkeit der betreffenden Fachbereiche ablesen lässt. Im Bereich der Sprachwissenschaft ist hier etwa an den Wortschatz der hochspezialisierten generativen Grammatik zu denken, die seit ihrer Entwicklung durch Noam Chomsky in den 60er Jahren des 20. Jahrhunderts (damals noch unter der Bezeichnung *Generative Transformationsgrammatik*) bereits zahlreiche theoretische Modifikationen mit entsprechenden terminologischen Änderungen erfahren hat. Der fortlaufende und starke Ausbau des wissenschaftlichen und technischen Fachwortschatzes lässt bereits seit dem 19. Jahrhundert auf nationaler wie internationaler Ebene fachsprachliche Normungen erforderlich erscheinen.[147]

Neben dem Ausbau des Wortschatzes bilden sich während des 19. und 20. Jahrhunderts zahlreiche weitere **Charakteristika der modernen deutschen Wissenschaftssprachen** aus, die jedoch innerhalb der verschiedenen Disziplinen und deren Textsorten recht unterschiedliche Ausprägungen zeigen. Hier-

[147] Vgl. hierzu Kap. 6.3.

zu zählen unter anderem die erhöhte Abstraktion und Systematizität des Wortschatzes; eine mehr oder weniger strenge syntaktische Fügung fachsprachlicher Äußerungen auf Satz- und Textebene, die neben anderem auch verstärkt logischen und argumentativen Anforderungen genügt; oder auch die Entstehung oder Weiterentwicklung von Textsorten wie etwa wissenschaftlichen Monographien, wissenschaftlichen Aufsätzen, Buchbesprechungen, Forschungsberichten oder Lehrbüchern und nicht zuletzt auch von verschiedenartigen Formen der mündlichen Kommunikation wie Vorlesungen, Referaten oder Diskussionen.[148] Im 19. Jahrhundert erfahren populärwissenschaftliche Schriften mit der sog. „Sachprosa" einen fachsprachengeschichtlichen Höhepunkt. Während in anderen Sprachbereichen (etwa im angloamerikanischen oder im skandinavischen Raum) die Abfassung populärwissenschaftlicher Literatur auch in der Gegenwart ein hohes Ansehen genießt und zur fachlichen Profilierung eines Wissenschaftlers beiträgt, besteht im deutschsprachigen Raum bedauerlicherweise kaum mehr eine vergleichbare Tradition wissenschaftlich fundierter und gesellschaftlich orientierter Wissensvermittlung. Ein weiteres Merkmal der Wissenschafts- wie der Techniksprache der vergangenen Jahrhunderte ist die immer weiterreichende Verknüpfung mit nonverbalen Ausdrucksmitteln, seien es nun Skizzen und Abbildungen, Symbole und Formeln oder auch Ton- und Bildfolgen.[149] Im Hinblick auf die Kombination von sprech- und schriftsprachlichen Texten sowie von Filmsequenzen steht die Geschichte wissenschaftlicher und technischer Fachsprachen vor einem weiteren Abschnitt ihrer Entwicklung.

Die deutschen Fachsprachen in Handwerk und Technik, Geist und Wissenschaft sowie Recht und Institutionen zeigen sich in der Gegenwart als Kommunikationsmittel mit großer horizontaler Breite und großer vertikaler Tiefe. Doch geraten sie seit dem Ende des Zweiten Weltkrieges zunehmend unter den Druck des Englischen, das sich in den vergangenen Jahrzehnten mehr und mehr als internationale Sprache der unterschiedlichsten Bereiche etabliert und dabei so etwas wie eine internationale Universalsprache darstellt, wie sie noch im Mittelalter oder in der frühen Neuzeit vom Lateinischen gebildet wurde. Im Zuge der internationalen **Ausbreitung des Englischen** gehen Veröffentlichungen in deutscher oder etwa auch französischer Sprache immer weiter zurück. Dieser allgemeine Befund bedarf jedoch einer Spezifizierung unter vertikalen und horizontalen Gesichtspunkten. Die deutschen Fachsprachen erfreuen sich in den Bereichen nationaler sowie eher anwendungsorientierter Kommunikation nach wie vor großer Beliebtheit, während sie auf internationaler und eher

[148] Vgl. hierzu im einzelnen die Kap. 2 bis 5.

[149] Zu künstlichen Sprachen vgl. Kapitel XII aus Fachsprachen, Bd. 1 (1998), 900-943.

grundlagenbezogener Ebene in verschiedenen Fachbereichen in unterschiedlicher Stärke durch den Gebrauch des Englischen zurückgedrängt werden. So sind hier etwa die Naturwissenschaften wie zum Beispiel Mathematik, Physik oder Medizin stark vom Englischen dominiert; Publikationen innerhalb dieser Disziplinen werden aus Gründen der internationalen Rezeption und Profilierung in aller Regel in englischer Sprache vorgelegt. Die geisteswissenschaftlichen Fächer, zu denen hier neben anderen klassische Philologie, Archäologie, Pädagogik oder auch Theologie zu rechnen sind, sind demgegenüber in einem weitaus stärkeren Maße nationalsprachlich geprägt und zeigen sich mehr oder weniger „polyglott“: Sprache und Erkenntnis werden in diesen Fachbereichen als eine Einheit betrachtet, so dass der Gebrauch der nationalsprachlichen Fachsprachen innerhalb der internationalen Kommunikation im allgemeinen nicht aufgegeben wird. Den signifikantesten vielsprachigen Charakter zeigt hier der Bereich der Rechtswissenschaft. Eine dritte Fächergruppe schließlich ist teils nationalsprachlich teils englischsprachig geprägt. Hierzu zählen unter anderem Tiermedizin, angewandte Naturwissenschaften, Psychologie oder allgemeine Sprachwissenschaft. Die Kommunikation in diesen Fächern ist in weiten Bereichen durch den Gebrauch der entsprechenden Nationalsprachen gekennzeichnet, zeigt jedoch insbesondere auf internationaler Ebene eine Bevorzugung des Englischen. Die breite Nationalsprachlichkeit der Fachkommunikation ist hier entweder durch die wissenschaftsgeschichtliche Verwurzelung oder nationale Forschungstradition der betreffenden Fächer (wie etwa im Falle von Philosophie oder Psychologie) oder durch deren nationale Gebundenheit (wie im Rahmen der angewandten Naturwissenschaften) geprägt.[150]

Die zunehmende Ausbreitung des Englischen trägt, der Dominanz des Lateinischen in Mittelalter und früher Neuzeit vergleichbar, nicht allein zu einer Erleichterung internationaler Fachkommunikation bei. Sie lässt darüber hinaus auch wiederum **Kommunikationsbarrieren** entstehen, die jeweils mit einer unzureichenden Kenntnis der englischen Allgemeinsprache wie der betreffenden englischen Fachsprache verbunden sind. Vor diesem Hintergrund ist im Rahmen der fachlichen Ausbildung in den einschlägigen wissenschaftlichen und technischen Disziplinen, zum Teil aber auch institutionellen Bereichen, neben einer deutschsprachigen Fachsprachenausbildung auch eine Einführung in die entsprechende englische Fachsprache und hier wiederum vor allem deren Wortschatz zu fordern.[151] Neben dieser Ausbreitung des Englischen tragen je-

150 Vgl. Skudlik 1990 sowie Ammon 1991; 1998. Darüber hinaus auch: Ammon 1999; Fiß 1993; Fluck 1985; Fluck/Saarbeck/Zhu/Zimmer 1996; Ickler 1997; Kalverkämper/Weinrich 1986; Monteiro 1990; Ramadan 1992; Riegel 1989; Robinson 1984; 1992; Sager/Dungworth/ McDonald 1980; Weber 1989.

151 Vgl. Kap. 8.

doch auch einige weitere Faktoren zu einem Ausbau fachlicher Kommunikationsbarrieren bei.[152] Hierzu zählt zum einen die starke Differenzierung einzelner Fächer in Teildisziplinen und die damit verbundene horizontale und vertikale Ausweitung der betreffenden Fachwortschätze, die darüber hinaus oftmals mit einer zunehmenden fachbereichsinternen Bedeutungsspezialisierung der einzelnen Fachwörter einhergeht. Zum anderen führt auch die fachsprachliche Tendenz zu einer starken Informationsverdichtung zur Erschwerung fachlicher Kommunikation; solch eine starke Informationsverdichtung ist vor allem ein Kennzeichen von Fachkommunikation auf hoher vertikaler Ebene, so dass hier wiederum die Forderung nach einer fachlich und sprachlich angemessenen Vertikalisierung oder Popularisierung eine deutliche Unterstützung erfährt. Eine weitere Ursache für die Zunahme fachlicher Kommunikationsbarrieren ist schließlich in der zunehmenden Verwendung von Symbolen und Formeln zu sehen, die ebenfalls als Merkmal einer höheren vertikalen Kommunikationsebene zuzurechnen ist und somit ebenfalls geeigneter Vertikalisierungsmethoden bedarf. Trotz zahlreicher Bemühungen um die Vermittlung fachspezifischen Wissens, wie sie gegenwärtig auch im deutschsprachigen Raum durch Sachliteratur und Wissenschaftsjournalismus oder durch allgemeinbildende Maßnahmen in der Schul- und Hochschulausbildung verfolgt werden, bleibt die Popularisierung des stark anwachsenden Wissens ein wichtiges Problem der sog. modernen Informationsgesellschaft. Dieses Problem äußert sich nicht zuletzt auch in der zunehmenden Verwissenschaftlichung und Technisierung der Allgemeinsprache, bei der fachliche Ausdrücke und Bedeutungen oftmals nur unter nicht unbedeutenden denotativen Verfremdungen und konnotativen Erweiterungen Verwendung finden.

9.5 Fachsprachenforschung im 20. Jahrhundert

Die **Auseinandersetzung mit Fachsprachen** des handwerklichen und technischen, des geistigen und wissenschaftlichen sowie des rechtlichen und institutionellen Bereiches ist vermutlich kaum weniger alt wie die fachliche Kommunikation selbst. Diese ursprüngliche Auseinandersetzung ist dabei in aller Regel weniger abstrakter und theoretischer als vielmehr konkreter und praktischer Natur. Eine wissenschaftliche Auseinandersetzung, die theoretische Aspekte der fachsprachlichen Kommunikation berücksichtigt, bildet sich allem Anschein nach erst im Rahmen einer zunehmenden sozialen und kulturellen sowie damit

[152] Vgl. etwa Pörksen 1994.

auch fachlichen Differenzierung menschlicher Gemeinschaften heraus und wird dabei zunächst einmal vornehmlich innerhalb der betreffenden fachlichen Bereiche selbst vorgenommen, um hier jeweils eine möglichst effiziente fachliche Kommunikation zu gewährleisten; hierbei spielen denn auch präskriptive Ansätze eine große Rolle. Eine sprachwissenschaftliche Auseinandersetzung mit Fachsprachen zeichnet sich in der Neuzeit bereits mit den fachsprachlichen Forderungen und Maßnahmen des 18. und 19. Jahrhunderts (so etwa der Aufklärung oder der sog. Wirtschaftslinguistik)[153] ab, ist jedoch auch hier letztlich noch präskriptiv im Rahmen der Etablierung nationalsprachlicher Fachsprachen bestimmt; zudem erfolgt auch hier die Fachsprachenreflexion noch immer in starkem Maße innerhalb der einzelnen Fachbereiche selbst. Eine genuin sprachwissenschaftliche Erforschung etabliert sich nach solchen Ansätzen erst im 20. Jahrhundert, zeigt jedoch auch hier zunächst kaum Selbständigkeit, sondern erfolgt im Rahmen anderer sprachwissenschaftlicher Forschungsansätze. Als ein mehr oder weniger deutlich abgrenzbarer Bereich der (angewandten) Sprachwissenschaft erscheint die Fachsprachenlinguistik erst seit etwa den 50er Jahren, unterliegt jedoch auch seither noch zahlreichen sprachwissenschaftlichen Einflüssen.[154]

Solch **sprachwissenschaftliche Einflüsse** auf die Fachsprachenforschung lassen sich sowohl im Hinblick auf unterschiedliche Forschungsschwerpunkte einzelner sprachwissenschaftlicher Disziplinen als auch auf verschiedene linguistische Modelle sowie auf linguistische Methoden beobachten. Zu den linguistischen Disziplinen, die mit unterschiedlichen Forschungsschwerpunkten auch zu der Erforschung von Fachsprachen beigetragen haben, gehören unter anderem auch Dialektologie (vor allem mit der Erforschung von Handwerkssprachen), Mediävistik (etwa mit der Erforschung der Artesliteratur oder der mittelalterlichen Rechtssprache), die sog. Funktionalstilistik (mit Arbeiten über den allgemeinsprachlichen und wissenschaftlichen Stil) oder die Terminologiearbeit (im Rahmen der Konstituierung sowie Normierung von Fachwortschätzen). Im Hinblick auf den Wandel sprachtheoretischer Modelle ist die Fachsprachenlinguistik der 50er bis 70er Jahre noch vor allem systemlinguistisch geprägt, während diejenige seit Mitte der 70er bis zum Beginn der 90er Jahre eine zunehmende Prägung durch Pragmalinguistik, Stilistik und Textlinguistik, seit den 80er Jahren dann auch durch Kommunikationswissenschaft und Semiotik erfährt; kulturanthropologische und psychologische sowie jüngst auch kognitive Ansätze bestimmen darüber hinaus die Fachsprachenlinguistik der 90er Jahre. So stark und zahlreich die linguistischen Einflüsse auf die Fachsprachen-

[153] Vgl. Siebenschein 1936.
[154] Vgl. Kapitel IV in Fachsprachen, Bd. 1 (1998), 289-372.

forschung hinsichtlich einzelner Forschungsschwerpunkte oder theoretischer Modelle sind, so stark und zahlreich sind sie schließlich auch angesichts der Methoden, die innerhalb der Fachsprachenforschung Verwendung finden.[155] Zu diesen Methoden gehören unter anderem auch empirische und statistische Verfahrensweisen, wie sie etwa aus der Soziolinguistik oder Sprachstatistik hinreichend bekannt sind, oder philologische Vorgehensweisen, wie sie etwa auf dem Gebiet der Mediävistik mit Erfolg vertreten werden.

Ist die Erforschung von Fachsprachen bis zur Mitte des 20. Jahrhunderts vornehmlich am Wortschatz orientiert, so zeigen sich seit der Mitte des 20. Jahrhunderts verschiedenartige **Forschungsschwerpunkte** der Fachsprachenlinguistik mit unterschiedlichen geschichtlichen Gewichtungen. Diese Forschungsschwerpunkte spiegeln sich in der Kapiteleinteilung des vorliegenden Bandes wider und umfassen dabei die folgenden Bereiche: Erstens die Bestimmung und die Gliederung von Fachsprachen, vor allem die Abgrenzung zwischen Fach- und Gemeinsprache sowie die Unterscheidung von Fachsprachen verschiedener Fächer oder eines einzelnen Fachbereichs selbst (Schwerpunkt von den fünfziger bis zu den siebziger Jahren; vgl. Kap. 2.1 bis 2.3). Zweitens die lexikalische Fachsprachensemantik mit den Bereichen Definitionslehre, Fachworteigenschaften (Exaktheit und Eindeutigkeit) und Anlage von Fachwortschätzen (Schwerpunkt seit den fünfziger Jahren bis zur Gegenwart; vgl. Kap. 3). Drittens die Fachsprachengrammatik im Hinblick auf Wortbildungsmittel (Komposition und Derivation, Abkürzungen) sowie Bau und Länge fachsprachlicher Sätze (Schwerpunkt in den 60er und 70er Jahren; vgl. Kap. 4). Viertens die Fachtextlinguistik, die sich mit der inhaltlichen Gliederung von Fachtexten (im Rahmen der Satzsemantik auch mit derjenigen von Sätzen), der Diskussion von Textualitätsmerkmalen (insbesondere der Kohärenz und Kohäsion, daneben aber auch der Intertextualität, Informativität und Situationalität), der Bestimmung von Fachtextsorten und deren spezifischen Merkmalen beschäftigt (Schwerpunkt in den achtziger und neunziger Jahren; vgl. Kap. 2.4 und 5). Fünftens die fachsprachliche Pragmatik und Kommunikationswissenschaft, unter der fachsprachliche Eigenschaften wie Deutlichkeit, Ökonomie oder Identifikation nicht auf einzelnen Ebenen, sondern über mehrere dieser Ebenen hinweg aus allgemeinen sprach- und kommunikationstheoretischen Erwägungen heraus diskutiert werden (Schwerpunkt seit den achtziger Jahren bis zur Gegenwart; vgl. Kap. 1). Des weiteren bestehen unter den spezifischen Gesichtspunkten angewandter Sprachwissenschaft folgende Forschungsschwerpunkte: Verzeichnung und Normung von Fachsprachen, insbesondere von Terminologien (bereits vor den 50er Jahren bis zur Gegenwart; vgl. Kap. 6.2);

155 Vgl. Kapitel III von Fachsprachen, Bd. 1 (1998), 230-288.

Anfertigung von Fachwörterbüchern und jüngst auch deren metalexikographische Diskussion (Schwerpunkt der Metafachlexikographie seit den neunziger Jahren; vgl. Kap. 7); Didaktik von Fachsprachen im mutter- und im fremdsprachlichen Unterricht (Schwerpunkt in den 70er und 80er Jahren; vgl. Kap. 8.1 und 8.2) sowie Übersetzung von Fachsprachen (Schwerpunkt seit den siebziger Jahren bis zur Gegenwart; vgl. Kap. 8.1).

Trotz dieser zahlreichen Schwerpunkte, in denen die Fachsprachenforschung zum Teil bemerkenswerte Ergebnisse hat erzielen können, werden gerade auch in diesem Bereich zahlreiche **Forschungsdefizite und -desiderata** erkannt und benannt. Die Benennung solcher Defizite und Desiderata hat sich geradezu zu einer unliebsamen Tradition innerhalb dieser noch so jungen sprachwissenschaftlichen Forschungsdisziplin entwickelt.[156] Dennoch seien auch an dieser Stelle wenigstens jeweils drei solcher Defizite und Desiderata angeführt. Zu den Defiziten gehören erstens die mangelnde Scheidung der drei zentralen fachsprachlichen Bereiche Handwerk und Technik, Geist und Wissenschaft sowie Recht und Verwaltung; zweitens die Schwächen der fachsprachlichen Pragma- und Textlinguistik im Hinblick auf die Einordnung sprachlicher Erscheinungen auf lexikalischer und syntaktischer Ebene; sowie drittens die oftmals unzureichende funktionale Interpretation solcher Erscheinungen im Hinblick auf kommunikative Effizienz oder andere Funktionen. Zu den Desiderata der Fachsprachenforschung gehören unter anderem eine gründliche und eigenständige Theorie- und Methodenbildung auf kommunikationswissenschaftlicher und kognitionslinguistischer Grundlage, um so grundsätzlich abgesicherte Erkenntnisse über fachsprachliche Erscheinungen und deren Funktion zu erhalten; zweitens eine Modellierung fachsprachlicher Vertikalisierung als Grundlage künftiger Fachsprachendidaktik, -übersetzung und auch -normung; und drittens schließlich umfassende Untersuchungen zur Geschichte der Fachsprachen als wichtiger Beitrag zur Erforschung der deutschen und europäischen Kulturgeschichte.

Der genannte Aufschwung der wissenschaftlichen Beschäftigung mit Fachsprachen spiegelt sich ungeachtet solcher Forschungsdefizite und -desiderata nicht zuletzt auch in Zahl und Art der **Veranstaltungen und Veröffentlichungen**

[156] Es mag bereits als ein wissenschaftsgeschichtliches Charakteristikum der Fachsprachenforschung gewertet werden, dass diese Desiderata oft benannt, nur selten jedoch ernsthaft wissenschaftlich bearbeitet werden, denn bereits zu Beginn der 80er Jahre stellt Walther von Hahn nicht zu unrecht fest: „Das ‚Forschung-Fordern‘ ist in der Fachsprachen-Literatur immer eine ungute Sitte gewesen, das ‚Forschung-Machen‘ dagegen zu wenig selbstverständliche Voraussetzung des Schreibens.“ (von Hahn 1983, 3).

zur Fachsprachenlinguistik wider.[157] So bestehen im europäischen Raum mit Infoterm (Wien) oder mit dem Fagsprogligt Center (Kopenhagen) wichtige Zentren der internationalen Terminologiearbeit, die regelmäßig fachsprachenlinguistische Veranstaltungen durchführen oder organisieren; aus dem nordamerikanischen Raum sind hier etwa GIRSTERM und OLF (Québec) zu nennen. In die theoretischen und praktischen Grundlagen der Terminologiearbeit führen ein Reiner Arntz, Heribert Picht: *Einführung in die Terminologiearbeit* (1989, 1995) sowie Helmut Felber, Gerhard Budin: *Terminologie in Theorie und Praxis* (1989). Zahlreiche kleinere Fachtagungen und Kongress-Sektionen sind ebenfalls fachsprachlichen Erscheinungen gewidmet. Aus germanistischer Perspektive sind hier unter anderen die folgenden sprachwissenschaftlichen Gesellschaften maßgeblich beteiligt: Die Gesellschaft für Angewandte Linguistik (GAL), die Internationale Vereinigung für Germanische Sprach- und Literaturwissenschaft (IVG), der Internationale Deutschlehrer-Verband (IDV); daneben sind zu nennen die Association Internationale de Linguistique Appliquée (AILA) und die Fédération Internationale des Professeurs de Langues Vivantes (FIPLV). Die Fülle an Veröffentlichungen zu fachsprachenlinguistischen Themen hat zur Gründung ganzer Zeitschriften und Buchreihen geführt, die sich auf Fachsprachenforschung spezialisiert haben. Unter den Zeitschriften sind hier etwa zu nennen: *Fachsprache/Special Language* (Wien), *English for Specific Purposes* (Ann Arbor), *Term Net News* (Wien) und *UNESCO ALSED-LSP Newsletter* (Kopenhagen). Die für Germanisten einschlägigen Buchreihen lauten: *Forum für Fachsprachen-Forschung* (Tübingen), *Hamburger Arbeiten zur Fachsprachenforschung*, *Fachsprache-Fremdsprache-Muttersprache* (Dresden) sowie *Leipziger Fachsprachen-Studien*.

Aus der großen Zahl an germanistischen Einführungen, Forschungsberichten und **Übersichtsdarstellungen zur Fachsprachenlinguistik** seien die folgenden genannt und jeweils kurz charakterisiert: Lubomir Drozd, Wilfried Seibicke: *Deutsche Fach- und Wissenschaftssprachen* (1973) als eine der ersten Übersichtsdarstellungen mit Schwerpunkten auf Fachsprachengeschichte, Terminologielehre, Unterschieden zwischen Fach- und Gemeinsprache sowie Wortbildung. Hans-Rüdiger Fluck: *Fachsprachen* (1976, 1996) als knapp und einfach gehaltene Einführung in eine Reihe wichtiger Teilbereiche der Fachsprachenlinguistik. Walther von Hahn: *Fachkommunikation* (1983) als kurze Übersichtsdarstellung mit Schwerpunkten auf Fachsprachengeschichte, Theorie, Praxis und Eigenschaften von Fachsprachen, insbesondere auch der betrieblichen Kommunikation. Lothar Hoffmann: *Kommunikationsmittel Fachsprache* (1976, 1985) als eine systematische Darstellung fachsprachlicher Eigenschaften

[157] Vgl. zu den folgenden Aufstellungen auch Fachsprachen, Bd.1 (1998), XXIX.

auf verschiedenen Beschreibungsebenen von der Lautung und Schreibung bis zum Text, die insbesondere auch Ergebnisse der osteuropäischen Fachsprachenforschung zugänglich macht. Dieter Möhn, Roland Pelka: *Fachsprachen* (1984) als eine Einführung in die Fachsprachenlinguistik mit besonderer Berücksichtigung variationslinguistischer und textlinguistischer Gesichtspunkte. Klaus-Dieter Baumann. *Integrative Fachtextlinguistik* (1992) als Band, der jüngere, vor allem auch textlinguistische Ansatzpunkte vorstellt. Aus anglistischer, romanistischer und slavistischer Perspektive seien darüber hinaus genannt: Juan C. Sager, David Dungworth, Peter F. McDonald: *English Special Languages* (1980). Rudolf Beier: *Englische Fachsprache* (1980). Tom Hutchinson, Alan Waters: *English for Specific Purposes* (1987). Rostislav Kocourek: *La langue française de la technique et de la science* (1982, 1991). Willy Birkenmaier, Irene Mohl: *Russisch als Fachsprache* (1991). Mit das umfangreichste Werk zur internationalen und germanistischen Fachsprachenforschung ist derzeit *Fachsprachen / Languages for Special Purposes*, herausgegeben von Lothar Hoffmann, Hartwig Kalverkämper und Herbert Ernst Wiegand (1998), das in zwei Bänden weit über zweihundert Artikel zu den verschiedensten Bereichen enthält und dabei den Forschungsstand um die Mitte der 90er Jahre umfassend widerspiegelt.

Die wissenschaftliche Literatur ist vor allem in den vergangenen drei oder vier Jahrzehnten derart umfangreich geworden, dass neben solchen Übersichtsdarstellungen und Handbüchern auch **bibliographische Hilfsmittel** erforderlich wurden, so zum Beispiel aus germanistischer Perspektive die Bibliographien von Erhard Barth (1971), Lothar Hoffmann und Karin Leube (1976) Norbert Yzermann und Rudolf Beier (1989), Heinz Leonhard Kretzenbacher (1992), Michael Moran und Debra Journet (1985), Markus Nussbaumer 1997 sowie Hans-Rüdiger Fluck 1998; darüber hinaus ist hier auf die fortlaufenden Bibliographien der Zeitschriften Fachsprache, Germanistik und Isis hinzuweisen. Die genannten Übersichtsdarstellungen und Handbücher enthalten zum Teil ebenfalls umfangreiche und nützliche Bibliographien.

10. Beispiele deutscher Fachsprachen

10.1 Vielfalt und Beispiel

Fachsprachen lassen sich in vielfältiger Weise gliedern[158]: Zum einen horizontal im Hinblick auf die verschiedenen Fächer und Fachbereiche; zum anderen vertikal in Bezug auf verschiedenartige Abstraktionsebenen innerhalb der einzelnen Fächer selbst. Hinzu kommt hier die Unterscheidung verschiedenartiger Textsorten, die sich als fachsprachliche Verwendungsweisen jeweils über breite horizontale und vertikale Bereiche erstrecken können. Weder über die horizontale und vertikale Gliederung noch über die Textsortendifferenzierung der deutschen Fachsprachen herrscht in der germanistischen Forschung Einigkeit; die Vorschläge hierzu sind ebenso zahl- wie oft auch umfangreich. Vor diesem Hintergrund erscheint das Unterfangen, eine **Auswahl deutscher Fachsprachen** exemplarisch zu charakterisieren, nicht unbedenklich. Da jedoch im Rahmen der Reihe „Grundlagen der Germanistik" sprachliche Gegebenheiten des Deutschen in der Regel nicht allein in systematischer, sondern auch in materieller Hinsicht behandelt werden, sollen im folgenden zwei ausgewählte Fachsprachen vorgestellt werden.

Dabei bietet es sich an, von der horizontalen Unterscheidung zwischen Wissenschafts-, Technik- und Institutionensprachen auszugehen und möglichst jeweils einen ihrer Vertreter unter verschiedenartigen Gesichtspunkten zu charakterisieren. Aus dem Bereich der Wissenschaftssprachen wird hier die Fachsprache der Medizin und aus dem Bereich der Techniksprachen die der Kraftfahrzeugtechnik behandelt; Institutionensprachen werden in deren Rahmen ebenfalls vorgestellt. Dabei werden jeweils folgende **Gesichtspunkte der Fachsprachenbeschreibung** berücksichtigt: Die Bestimmung und Gliederung des betreffenden Faches und seiner sprachlichen Varietäten selbst; deren charakteristische Textsorten und ihr Aufbau sowie die spezifischen lexikalischen Eigenschaften der betreffenden Fachsprachen; Aspekte der fachsprachlichen Interferenz und Ver-

[158] Zur fachsprachlichen Gliederung vgl. Kap. 2.

tikalisierung. Auf die Erörterung nonverbaler Ausdrucksmittel wird verzichtet. Zur Illustration sind jeweils einige Beispiele verschiedener Textsorten aus unterschiedlichen vertikalen Ebenen aufgeführt.

10.2 Wissenschaftssprache der Medizin

Die Medizin versteht sich als Wissenschaft von der Erkenntnis und der Behandlung menschlicher Krankheiten und weist bereits mit diesem Selbstverständnis auf eine ausgeprägte **horizontale und vertikale Schichtung** hin.[159] Aus horizontaler Sicht gliedert sich die Medizin zum einen in theoretische Disziplinen wie Anatomie, Physiologie, Biochemie, (medizinische) Psychologie, (medizinische) Soziologie, Pathologie, Mikrobiologie und Pharmakologie. Die sog. klinischen Fächer werden nach organischen Systemen, Patientengruppen oder nach Methoden unterschieden: Nach organischen Systemen sind hier etwa zu nennen die Neurologie oder die Innere Medizin, nach Patientengruppen beispielsweise die Gynäkologie oder die Geriatrie und nach medizinischen Verfahren die Chirurgie oder die Radiologie. Da all diese Disziplinen eine mehr oder weniger große sachliche und sprachliche Selbständigkeit zeigen, bringt die starke horizontale Schichtung der Medizin zuweilen nicht eben geringe intrafachliche Kommunikationsprobleme mit sich. Diese Probleme verstärken sich unter Berücksichtigung der vertikalen Schichtung der medizinischen Fächer und ihrer Fachsprachen. Diese umfasst (stark vereinfacht) insbesondere drei Ebenen: Erstens die Wissenschaftsebene im engeren Sinne, auf der über medizinische Erkenntnisse kommuniziert wird, wobei des weiteren zwischen der Kommunikation unter Forschern und derjenigen zwischen Forschern und behandelnden Ärzten zu unterscheiden ist; zweitens die Praxisebene, auf der zwischen Ärzten und medizinischem Fachpersonal wie Krankenschwestern oder Medizinisch-Technischen Assistenten (MTA's) kommuniziert wird; und drittens schließlich die Behandlungsebene zwischen Ärzten und Patienten.[160] Diese vertikale Schichtung der medizinischen Fachsprache spiegelt sich auch in der Verwendung des Englischen als international verbreiteter Fachsprache wider: So wird auf der Wissenschaftsebene derzeit nahezu ausschließlich auf Englisch kommuniziert, so dass hier deutschsprachige medizinische Fachtexte bereits verhältnismäßig rar sind und dann zumeist neben deutsch- auch englischsprachige Zusammenfassungen (sog. Abstracts) aufweisen (vgl. Abb. 30). Auf der Praxis-

[159] Vgl. Lippert 1978; 1985; Lüking 1994.
[160] Vgl. hierzu auch Busch 1994; Ehlich 1990; Löning/Rehbein 1993.

und mehr noch auf der Behandlungsebene nimmt der Gebrauch des Englischen in der Regel ab und derjenige des Deutschen entsprechend zu.

Zu den wichtigsten **Textsorten** der medizinischen Fachkommunikation gehören Lehr- und Handbücher, Wörterbücher, Aufsätze, Fall- und Tagungsberichte sowie Arztbriefe und Krankengeschichten. All diese Textsorten zeichnen sich durch eine ausgeprägte Makrostruktur aus, die eine zuverlässige Orientierung des Rezipienten unterstützt.[161] So werden etwa Krankheiten in einem Lehrbuch der Inneren Medizin, das sich vor allem an Studenten und Assistenzärzte richtet und somit grundlegende Informationen enthält, in der Regel wie folgt erfasst: Definition, Ätiologie und Pathogenese, Klinik, Diagnostik und Differenzialdiagnostik, Therapie. Das medizinische Handbuch ist demgegenüber auch an medizinische Spezialisten gerichtet und enthält somit weiterreichende Informationen, die auch Sonderfälle betreffen; die Makrostruktur solcher zumeist recht umfangreichen Werke ist derjenigen von Lehrbüchern vergleichbar, wenn nicht komplexer. Wissenschaftliche Zeitschriftenartikel gliedern sich dem internationalen Standard folgend in der Regel in Einleitung, Methoden, Ergebnis und Diskussion; wissenschaftliche Fallberichte in Einleitung, Kasuistik und Diskussion. Gemeinsam sind solchen Fachbüchern und Fachartikeln Literaturverzeichnisse. Krankengeschichten gliedern sich im allgemeinen in Anamnese, Aufnahmebefund, Diagnoseaufzeichnungen, Krankheitsverlauf, Therapie, Pflegebericht und Arztbrief; hinzu kommen je nach Art der Diagnostik Fieberkurven, Befunde über Labor-, Röntgen-, EKG- und Ultraschalluntersuchungen, Berichte über Konsiliaruntersuchungen sowie Aufklärungs- und Einverständniserklärungen der betroffenen Patienten. Im Grenzbereich zur Pharmakologie stehen sog. Beipackzettel von Medikamenten, die sich an Ärzte wie an Patienten richten.[162] Auch diese zeigen eine recht einheitliche Makrostruktur, die in aller Regel Informationen über Zusammensetzung, Darreichungsform und Inhalt, Wirkungsweise und Anwendungsgebiete, Gegenanzeigen, Vorsichtsmaßnahmen für die Anwendung und Warnhinweise, Wechselwirkungen, Dosierungsanleitung, Art und Dauer der Anwendung, Anwendungsfehler und Überdosierung, Nebenwirkungen, Haltbarkeit und Aufbewahrung, Stand der Information sowie über den pharmazeutischen Unternehmer und den Hersteller des Präparates enthalten. Das Problem der Mehrfachadressierung auf verschiedenen horizontalen und vertikalen Ebenen tritt in dieser Textsorte besonders deutlich zutage (vgl. Abb. 31).

---

[161] Vgl. Burg 1990; Neumann-Mangold 1970; zuletzt Wiese 1998.
[162] Vgl. Schuldt 1992.

Kälteagglutinine sind menschliche Antikörper, die mit Erythrozyten-Autoantigenen reagieren. Kälteagglutinine, die bei Patienten mit chronischer lymphozytärer Proliferation (zum Beispiel bei chronischer lymphatischer Leukämie, beim Immunozytom) auftreten, sind ausnahmslos monoklonale Antikörper. Kälteagglutinine sind die am besten untersuchten monoklonalen Antikörper im humanen Modell. Aufgrund ihrer Monoklonalität sind individuelle Kälteagglutinine absolut homogene Molekülpopulationen. An ihnen konnten Analysen der Primärstruktur der variablen Abschnitte von Schwer- und Leichtketten durchgeführt und in Beziehung zur Antikörperspezifität gesetzt werden. Die Beziehungen zwischen Antikörperstruktur und -spezifität werden geschildert. Individuelle monoklonale Kälteagglutinine erkennen identische Feinstrukturen (Antigendeterminanten, Epitope) nicht nur auf Erythrozyten sondern auf einer Vielzahl humaner und tierischer Zellen und Gewebe. Sie sind nicht Zell-spezifisch, doch sind sie ideale Indikatoren für chemisch weitgehend aufgeklärte Glykokonjugate von Zelloberflächen. Anti-I/i-Kälteagglutinine erkennen verzweigte oder lineare Polylactosaminketten an Glykolipiden und –proteinen, die Grundstrukturen der ABH-Antigene darstellen. Zahlreiche Kälteagglutinine gegen Neuraminsäure-determinierte Antigene wurden in den letzten Jahren in meinem Labor entdeckt. Sie erkennen immundominante Neuraminylgruppen an Membran-Sialoglykoproteinen (Anti-Pr) oder reagieren mit Gangliosiden und Glykoproteinen, deren terminale Neuraminsäure an gestreckten Lactosaminketten Vo-Antigene, an verzweigten Ketten Fl-Antigene und an beiden Kettentypen Gd-Antigene generiert. Die Bedeutung humaner monoklonaler Kälteagglutinine wird im Vergleich zu der Bedeutung monoklonaler Hybridom-Antikörper diskutiert.

Cold Agglutinins: Human Monoclonal Antibodies against Glycoconjugate-Antigens.

Cold agglutinins are human antibodies reacting with erythrocyte autoantigens. Cold agglutinins occurring in patients with chronic lymphoproliferation (e. g. chronic lymphocytic leukemia, immunocytoma) are monoclonal antibodies. Cold agglutinins are the most effectively studied human monoclonal antibodies. Because of their monoclonality, individual cold agglutinins are homogeneous molecule populations which were suited for amino acid sequence analyses of the variable parts of heavy and light chains. The data demonstrated interrelations between primary structures and specificities of antibodies. Individual monoclonal cold agglutinins recognize identical fine structures (determinants, epitopes) not only on erythrocytes but also on a variety of human and animal cells and tissues. They are not cell-specific but are ideal markers for chemically well defined glycoconjugate structures on cell surfaces. Anti-I/i-cold agglutinins recognize branched and linear polylactosamine chains on glycolipids and glycoproteins representing basic structures of ABH antigens. Numerous cold agglutinins indicating neuraminic acid-determined antigens have been detected in my laboratory within the last years. They recognize immunodominant neuraminyl groups on membrane sialoglycoproteins (anti-Pr) or react with gangliosides and glycoproteins whose terminal neuraminic acid on linear chains creates Vo, on branched chains Fl and on both types of chains Gd antigenic determinants. The characteristics and the importance of human monoclonal cold agglutinins compared to monoclonal hybridoma antibodies are discussed.

Abb. 30: Zusammenfassung/Abstract eines wissenschaftlichen Fachaufsatzes in deutscher Sprache (Aus: Dieter Roelcke: Kälteagglutinine: Humane monoklonale Antikörper gegen Glykokonjugat-Antigene von Zelloberflächen. In: Funkt. Biol. Med. (1984), H.3, 106-127; 106).

Liebe Patientin, lieber Patient!

Bitte lesen Sie die folgende Gebrauchsinformation aufmerksam, weil sie wichtige Informationen darüber enthält, was Sie bei der Anwendung dieses Arzneimittels beachten sollen. Wenden Sie sich bei Fragen bitte an Ihre Ärztin/Ihren Arzt oder Ihre Apothekerin/Ihren Apotheker.

Gebrauchsinformation

Voltaren® Resinat

Kapseln 140 mg
Wirkstoff Diclofenac-Colestyramin

Zusammensetzung
1 Kapsel enthält:
Arzneilich wirksame Bestandteile:
140 mg Diclofenac-Colestyramin
(entsprechend 75 mg Diclofenac-Natrium)
Sonstige Bestandteile:
(Acryl-, Methacrylsäure, Divinyl-, Ethylvinylbenzol)-Copolymer, Farbstoffe E 171 und E 172, Gelatine, medizinische Kohle, Magnesiumstearat

Darreichungsform und Inhalt
Kapseln
Packungen mit 20 (N1) Kapseln, 50 (N2) Kapseln, 100 (N3) Kapseln

Stoff- oder Indikationsgruppe
Voltaren Resinat ist ein schmerzstillendes und entzündungshemmendes Arzneimittel aus der Gruppe der sogenannten nichtsteroidalen Antiphlogistika/Analgetika (Entzündungs- und Schmerzhemmer).

Pharmazeutischer Unternehmer und Hersteller
Novartis Pharma GmbH
90327 Nürnberg
Telefon: (09 11) 273-0
Telefax: (09 11) 273-12 653
Internet/E-Mail: www.novartispharma.de

Mitvertrieb:
Novartis Pharma Vertriebs GmbH
90327 Nürnberg
Telefon: (09 11) 273-0
Telefax: (09 11) 273-12 653

Mitvertrieb:
Novartis Pharma Marketing GmbH
90327 Nürnberg
Telefon: (09 11) 273-0
Telefax: (09 11) 273-12 653

Anwendungsgebiete
- Akute Gelenkentzündungen (einschließlich Gichtanfall)
- Chronische Gelenkentzündungen, insbesondere rheumatoide Arthritis (chronische Polyarthritis)
- Spondylitis ankylosans (Morbus Bechterew) und andere entzündlich-rheumatische Wirbelsäulenleiden
- Reizzustände bei degenerativen Gelenk- und Wirbelsäulenerkrankungen (aktivierte Arthrosen und Spondylarthrosen, Zervikalsyndrom, Lumbalgien, Ischialgien)
- Weichteilrheumatismus
- Schmerzhafte Schwellungen oder Entzündungen nach Verletzungen oder Operationen
- Schmerzhafte Regelblutung (Dysmenorrhö ohne Organbefund)
- Schmerzen bei akuter und subakuter Eileiterentzündung (Adnexitis); als Grundbehandlung ist im allgemeinen eine antibiotische Therapie angezeigt
- Tumorschmerzen, insbesondere bei Skelettbefall oder entzündlichem tumorumgebendem Ödem

Abb. 31: Gebrauchsinformation: Voltaren® Resinat (Stand der Information November 2002; gekürzter Ausschnitt). © Novartis Pharma 2005

Der **medizinische Fachwortschatz** umfasst heute nach einschlägiger Schätzung rund 500.000 Einheiten; darunter fallen etwa mindestens 20.000 Bezeichnungen für organische Funktionen sowie 60.000 für Krankheiten, Untersuchungs- und Operationsmethoden.[163] Im Hinblick auf die Bezeichnung von Körperteilen sind international rund 10.000 Bezeichnungen lateinischer und griechischer Provenienz eingeführt (so zum Beispiel *Erythrozyten*, *Musculus biceps brachii* oder *Appendix vermiforis*); hinzu kommt eine hohe Zahl an synonymen deutschsprachigen Fachwörtern (hier also etwa *rote Blutkörperchen*, *zweiköpfiger Armmuskel* und *Wurmfortsatz des Blinddarms*), zu denen eine ganze Reihe an internationalen wie deutschen Synonymen tritt (zum Beispiel synonyme oder hyperonyme Kurzformen wie *Erys*, *Biceps* oder *Appendix* bzw. *Blutkörperchen*, *Bizeps* oder *Blinddarm*). Diese Beispiele lassen bereits deutlich werden, dass die deutsche Fachsprache der Medizin in starkem Maße durch den internationalen lateinisch-griechischen Fachwortschatz[164] geprägt ist, wobei der internationale wie der deutsche Wortschatz oftmals unvermittelt nebeneinander Verwendung finden; der internationale Fachwortschatz wird bisweilen morphologisch assimiliert, also der deutschen Flexion und Wortbildung angepasst. Neben diesen internationalen Fachwörtern lateinischer oder griechischer Provenienz wird die deutsche Fachsprache der Medizin im Zuge der internationalen Forschungslage und -kommunikation zunehmend auch durch solche anglo-amerikanischer Herkunft beeinflusst (so zum Beispiel *Compliance* ‚Bereitschaft, Einwilligung des Patienten zur medizinischen Behandlung' oder *AIDS* als Abkürzung für die Bezeichnung *acquired immune deficiency syndrome* ‚erworbenes Immundefektsyndrom'). In zahlreichen Texten oder Aufstellungen kommen Wortschatzeinheiten anderer Fachsprachen, vor allem der Naturwissenschaften und der Technik hinzu (vgl. hierzu auch Abb. 30-32).

Der große Umfang des medizinischen Wortschatzes lässt den starken Benennungsbedarf des Faches deutlich werden. Die große Zahl an Organen, Krankheiten oder Heilverfahren machen zahlreiche Fachbezeichnungen erforderlich, die nicht Teil des allgemeinen Wortschatzes sind. Diese Bezeichnungen werden durch verschiedene Verfahren gewonnen. Zu den wichtigsten Verfahren gehört dabei wie gezeigt die Entlehnung von Wortschatzeinheiten aus den Sprachen der klassischen Antike, daneben auch aus dem Englischen wie Amerikanischen. Ein weiteres Verfahren besteht in der Wortbildung, wobei in der deutschen Fachsprache der Medizin internationale wie deutsche Bezeichnungen neben- und miteinander Verwendung finden. Dies wird am Beispiel der **Benennung**

---

[163] Porep/Steudel 1974, V, 9. Vgl. auch Ahlheim 1992; Schipperges 1988.
[164] Vgl. Ahrens 1992; Becher/Lindner/Schulze 1991.

von Krankheiten und Syndromen[165] deutlich. Hier lassen sich mindesten vier verschiedene Bildungsmuster unterscheiden: Erstens Bildungen unter Verwendung von Bezeichnungen auffälliger Erkennungsmerkmale (insbesondere bei älteren Krankheitsbezeichnungen); zum Beispiel: *Mongolismus* im Hinblick auf Gesichtsmerkmale der Betroffenen; *Scharlach* nach mittellateinisch *scarlatum* ‚rote Farbe' im Hinblick auf die Färbung des Hautausschlags; *Gürtelrose* im Hinblick auf die Form des Hautausschlages; *Tollwut* im Hinblick auf das gestörte Verhaltensbild des Erkrankten. Zweitens Bildungen mit Bezug auf biomedizinischen Befunde (bei jüngeren Krankheitsbezeichnungen): *Trisomie 21* im Hinblick auf das dreifache Vorkommen des 21. Chromosoms; *Vitamin-B_{12}-Mangel-Anämie* für die schwere Malaria; *Typ-I-Diabetes-mellitus* (insulin-abhängiger Diabetes mellitus, IDDM) und *Typ-II-Diabetes-mellitus* (nicht-insulin-abhängiger Diabetes mellitus, NIDDM). Drittens Bildungen mit Eigennamen oder geographischen Namen: *Down-Syndrom* nach dem britischen Arzt John L. Down (1828-1896); *Morbus Basedow* nach Karl A. von Basedow (1799-1854); *Hongkong-Grippe*; *Mallorca Akne*. Und viertens Bildungen durch systematische Suffigierung: *Meningitis* und *Appendizitis* mit dem Suffix *-itis* zur Bezeichnung von Entzündungen; *Hämatom* und *Nephrom* mit dem Suffix *-om* zur Bezeichnung von Schwellungen; *Arthrose* und *Neurose* mit dem Suffix *-ose* zur Bezeichnung degenerativer Entwicklungen. Das Beispiel der Bezeichnungen *Mongolismus*, *Trisomie 21* und *Down-Syndrom* zeigt, dass unterschiedlich motivierte Bildungen als Synonyme auftreten können; diese terminologische Vielfalt schlägt sich innerhalb medizinischer Lehrbücher oftmals in zahlreichen Synonymenangaben nieder.

Der erhebliche und dabei ständig wachsende Umfang des medizinischen Fachwortschatzes lässt schon früh Normierungsbestrebungen entstehen. Die **medizinische Terminologienormung** nimmt bereits im 19. Jahrhundert mit den „Basler Nomina Anatomica" aus dem Jahre 1895 ihren Anfang; dabei steht die Erfassung des lateinischen Fachwortschatzes im Vordergrund. Diese Nomenklatur wurde im 20. Jahrhundert wiederholt überarbeitet und erweitert. Als international verbindlich gelten heute die „Nomina anatomica", „Nomina histologica" und „Nomina embryologica", die 1975 festgelegt wurden.[166] Weitere Werke, in denen medizinische Nomenklatur erfasst wird, sind etwa die „Internationale Klassifikation der Krankheiten, Verletzungen und Todesursachen" (ICD) oder die „Systematized Nomenclature of Medicine" (SNOMED), deren Umfang in der deutschsprachigen Ausgabe über 80.000 Einträge umfasst. Zahlreiche Fach-

---

165 Vgl. Wiese 1984; ein Teil der Beispiele folgt Wiese 1998, 1279-1282.
166 Vgl. Lippert 1993, 4.

4	**Erkrankungen der Atemwege und der Lungen, des Rippenfells und Bauchfells**
41	**Erkrankungen durch anorganische Stäube**
4101	Quarzstaublungenerkrankung (Silikose)
4102	Quarzstaublungenerkrankung mit aktiver Lungentuberkolose (Silikotuberkulose)
4103	Asbeststaublungenerkrankung (Asbestose) oder durch Asbeststaub verursachte Erkrankung der Pleura, des Peritoneums oder des Perikards
4104	Lungenkrebs in Verbindung mit Asbeststaublungenerkrankung (Asbestose) oder mit durch Asbeststaub verursachter Erkrankung der Pleura oder bei Nachweis der Einwirkung einer kumulativen Asbestfaserstaubdosis am Arbeitsplatz von mindestens 25 Faserjahren
4105	durch Asbest verursachtes Mesotheliom des Rippenfells, des Bauchfells oder des Perikards
4106	Erkrankungen der tieferen Atemwege und der Lungen durch Aluminium oder seine Verbindungen
4107	Erkrankungen an Lungenfibrose durch Metallstäube bei der Herstellung oder Verarbeitung von Hartmetallen
4108	Erkrankungen der tieferen Atemwege und der Lungen durch Thomasmehl (Thomasphosphat)
4109	bösartige Neubildungen der Atemwege und der Lungen durch Nickel oder seine Verbindungen
4110	bösartige Neubildungen der Atemwege und der Lungen durch Kokereirohgase
42	**Erkrankungen durch organische Stäube**
4201	exogen-allergische Alveolitis
4202	Erkrankungen der tieferen Atemwege und der Lungen durch Rohbaumwoll-, Rohflachs- oder Rohhanfstaub (Byssinose)
4203	Adenokarzinome der Nasenhaupt- und Nasennebenhöhlen durch Stäube von Eichen- oder Buchenholz
43	**Obstruktive Atemwegerkrankungen**
4301	durch allergisierende Stoffe verursachte obstruktive Atemwegerkrankungen (einschließlich Rhinopathie)
4302	durch chemisch-irritativ oder toxisch wirkende Stoffe verursachte obstruktive Atemwegerkrankungen

Abb. 32: Berufskrankheitenverordnung. Liste der Berufskrankheiten, Stand 1996/1997. Anlage 1 der BKVO (Ausschnitt).

wörterbücher tragen zur Verbreitung und Vermittlung des medizinischen Fachwortschatzes bei.[167]

[167] Vgl. insbesondere die Beiträge in Dressler/Schaeder 1994.

10.3 Techniksprache der Kraftfahrzeugtechnik

Die Karftfahrzeugtechnik befasst sich mit der „Entwicklung, Herstellung, Wartung sowie Entsorgung und Wiederverwertung“ von „maschinell angetriebenen Landfahrzeugen, die nicht an Gleise gebunden sind“.[168] Sie erweist sich dabei als eine sehr komplexe Disziplin, die sich horizontal einerseits in verschiedenartige Handlungsbereiche wie etwa Forschung und Entwicklung, Konstruktion und Test, Produktion und Qualitätssicherung, Logistik, Rechnungsstellung, Marketing und Öffentlichkeitsarbeit, Service und Entsorgung sowie andererseits nach verschiedenen Fahrzeugteilen selbst untergliedert. Diese horizontal zu unterscheidenden **Bereiche der Kraftfahrzeugtechnik** sind jeweils vertikal weiter untergliedert, wobei mit dem Entwicklungs-, dem Fertigungs- und Wartungs- sowie dem Anwendungsbereich wiederum grob etwa drei zentrale Ebenen unterschieden werden können, zwischen denen zahlreiche Interferenzen herrschen.

Zu den wichtigen **Textsorten** der kraftfahrzeugtechnischen Entwicklungsebene gehören Monographien, Tagungsakten, Aufsätze und Forschungsberichte sowie Versuchsprotokolle; diese zeigen (vom Gegenstandsbereich abgesehen) zahlreiche Gemeinsamkeiten mit anderer Fachliteratur aus dem naturwissenschaftlichen und technischen Bereich. Auf der Ebene der Fertigung und Wartung finden sich zum Beispiel Werkstatthandbücher, die in der Regel je Modellreihe etwa 2.000 bis 4.000 Seiten umfassen sowie zahlreiche Abbildungen und einen hohen Anteil an Fachwörtern aufweisen. Weitere Textsorten des Werkstattbereichs sind Ersatzteillisten oder (etwa nach Mercedes-Benz) Einführungsschriften, Service-Informationen, Fehlersuchbäume, Diagnosehandbücher, Wartungshandbücher, Reparaturanleitungen, Arbeitsanleitungen, Einbauanleitungen, Tabellenbücher, Lackieranweisungen, elektrische Schaltpläne, oder Betriebsstoffvorschriften. Aus dem Anwendungsbereich sind vor allem zu nennen Verkaufsprospekte, Betriebsanleitungen (vgl. Abb. 33), Do-it-yourself-Handbücher oder populärtechnische Zeitschriften wie „auto motor und sport“ (vgl. daraus das tabellarische Testergebnis in Abb. 34), die im Allgemeinen keine geringen sachlichen und sprachlichen (oder auch semiotischen) Vorkenntnisse der Rezipienten voraussetzen. Eine vierte Gruppe von kraftfahrzeugtechnischen Textsorten ergibt sich durch institutionelle Belange; hierunter fallen technik- und institutionensprachliche Mischtextsorten wie Kraftfahrzeugpapiere (Fahrzeugbrief und Fahrzeugschein), Bescheide über Kfz-Steuer (vgl. Abb. 35) oder Untersuchungsberichte des Technischen Überwachungs-Vereins (TÜV).

---

[168] Khai/Schmitt 1998, 1153 (unter Berufung auf DIN 70010).

Fremdstarthilfe

Zum Starten des Motors keine Starthilfesprays verwenden.

Bei entladener Batterie kann der Motor mit der Batterie eines anderen Fahrzeugs über zwei Starthilfekabel angelassen werden. Verwenden Sie dazu nur Starthilfekabel mit vollisolierten Polzangen, z.B. nach DIN 72551.

⚠ Das Berühren von spannungsführenden Teilen ist lebensgefährlich.

Weichen Sie nicht von der folgenden Vorgehensweise ab, sonst können Personenschäden oder Schäden an beiden Fahrzeugen entstehen:

1 Prüfen, ob die Batterie des anderen Fahrzeugs 12 Volt Spannung und etwa die gleiche Kapazität (Ah) aufweist (ist aufgedruckt).

2 Entladene Batterie nicht vom Bordnetz trennen.

3 Zwischen beiden Fahrzeugen keinen Karosseriekontakt herstellen - Kurzschlußgefahr!

4 Pluspole beider Batterien mit einem Starthilfekabel verbinden. Befindet sich die Batterie des BMW nicht im Motorraum, steht in diesem ein Fremdstartstützpunkt (Abdeckkappe ist mit „+"markiert, zum Abnehmen Lasche ziehen [...]) zur Verfügung.
Danach die Minuspole der Batterien verbinden. Dazu erst am Minuspol der stromgebenden Batterie bzw. an einer Motor- oder Karosseriemasse des stromgebenden Fahrzeugs anschließen und dann an der Motor- oder Karosseriemasse des zu startenden Fahrzeugs anklemmen. Beim BMW ist es eine spezielle Mutter [...], bzw. die Mutter befindet sich ggf. weiter vorn, am Federbeindom.

⚠ Reihenfolge beim Anklemmen der Starthilfekabel auch bei der Hilfestellung an andere Fahrzeuge einhalten, um Funkenbildung an der Batterie zu vermeiden.

5 Bei schwacher Batterie des stromgebenden Fahrzeugs dessen Motor laufenlassen.
Motor des betroffenen Fahrzeugs wie gewohnt starten und ebenfalls laufenlassen. Ggf. Startversuch nach einigen Minuten wiederholen, um Stromaufnahme der entladenen Batterie zu ermöglichen.
Am BMW vor Abklemmen der Starthilfekabel Beleuchtung, heizbare Heckscheibe und höchste Gebläsestufe einschalten, um eine Überspannung vom Regler zu den Verbrauchern zu vermeiden. Anschließend Starthilfekabel in umgekehrter Reihenfolge wieder abklemmen.

Je nach der Fehlerursache die Batterie nachladen lassen.

Abb. 33: Fremdstarthilfe. Aus Betriebsanleitung BMW 3er (deutsch VIII/97), 188 (Ausschnitt); die Kürzungen [...] beziehen sich auf Abbildungsverweise.

Der deutsche **Fachwortschatz der Kraftfahrzeugtechnik** umfasst unter Einschluss von Kraftwagen, Krafträdern und Nutzfahrzeugen schätzungsweise rund 20.000 bis 40.000 Einheiten: Die Terminologiedatenbank INTERFASS von Mercedes-Benz enthält je Sprache 30.000 Einträge, während die Zahl der Einträge in verschiedenen Fachwörterbüchern zwischen etwa 2.000 und 110.000 schwankt.[169] Dieser Technikwortschatz unterliegt national wie international nur einer geringen Normierung und ist durch zahlreiche Synonymien geprägt, für die verschiedenartige Faktoren verantwortlich gemacht werden können.[170] Erstens herstellerspezifische Bezeichnungsvariation: Zum Beispiel *Wärmeschutzverglasung* bei VW/Audi, *wärmedämmendes Glas* bei Mercedes-Benz, *grünes Wärmeschutzglas* bei BMW, *wärmedämmende, getönte Rundumverglasung* bei Opel oder *Colorglas* bei Lancia für athermische Scheiben. Zweitens orthographische Varianten: *16-Ventiler*, *Sechzehnventiler*, *16-Ventil-Motor*. Drittens unterschiedliche Sprachregister oder Stilebenen: *Auspuff* gegenüber *Abgasanlage* oder *Kat* gegenüber *Abgaskatalysator*. Viertens (oftmals ambige) Kompositionskürzungen: *Halter* statt *Bremssattelhalter* oder *Anzeiger* statt *Fahrtrichtungsanzeiger*. Fünftens Komposita mit oder ohne Verwendung von Abkürzungen: *AGR-Ventil* gegenüber *Abgasrückführventil* oder *ABS-Anzeige* gegenüber *Antiblockiersystemanzeige*. Und sechstens Interferenzerscheinungen: *Deformation* und *Lackapplikation* aus dem Bereich der klassisch antiken Sprachen gegenüber *Verformung* und *Lackauftrag*; oder *Anti-Squat-System* und *bichromatisch* aus dem Bereich der Anglo-Amerikanismen gegenüber *Anfahrnickabstützung* und *zweifarbig*. Ein wichtiges Charakteristikum der deutschen Fachsprache der Kraftfahrzeugtechnik sind überalterte Bezeichnungen, die auf eine lange Tradition der Entwicklung und Herstellung von Kraftfahrzeugen im deutschen Sprachraum zurückgehen; so etwa *Armaturenbrett* oder *Stoßstange*.

Die hohe Bedeutung von Kraftfahrzeugen als Konsumgütern, zu denen oftmals eine starke individuelle Bindung besteht, lässt neben diesem Synonymenreichtum eine intensive vertikale Vermittlung sachlicher und sprachlicher Gegebenheiten im Hinblick auf den Kunden erforderlich erscheinen. So findet sich etwa im Werbeprospekt zur BMW 8er Reihe ein „Technik-Lexikon“ am Seitenrand, das unter anderem die folgenden Einheiten berücksichtigt: *Digitale Motor Elektronik (DME)*, *Elektronische Motorleistungsregelung (EML)*, *Nockenwelle mit exzentrisch versetzten Zwischenstücken*, *Dynamische Stabilitäts Control (DSC)*, *Crash-Sensor*, *Sicherheitskonzept F.I.R.S.T.* und *automatische Umluft Control (AUC)*. Solche und andere Fachinformationen wecken im potentiellen Käufer zudem technisches Vertrauen und finanzielle (Un)Vernunft(?).

---

[169] Vgl. Schmitt 1992; Wyhlidal 1991.

[170] Vgl. zum folgenden Khai/Schmitt 1998, 1160f.

Fahrzeugtyp	BMW M Coupé	Ferrari F 355 F1 Berlinetta	Porsche 911 Carrera
Motorbauart/Zylinderzahl	Reihe/6	V/8	B/6
Hubraum cm³	3201	3496	3387
Leistung kW (PS) bei 1/min	236 (321) 7400	280 (380) 8200	221 (300) 6800
max. Drehm. Nm bei 1/min	350 bei 3250	360 bei 5800	350 bei 4600
Leergewicht/Zuladung kg	1445/215	1496/184	1405/315
Länge x Breite mm x Höhe	4025 x 1740 x 1280	4250 x 1900 x 1170	4430 x 1765 x 1305
Gepäckraum L/VDA	210	220	130
Testwagenbereifung vorn hinten	Michelin MXX 3 225/45 ZR 17 245/40 ZR 17	Pirelli P Zero 225/40 ZR 18 265/40 ZR 18	Pirelli P Zero 225/40 ZR 18 265/35 ZR 18
Kraftübertragung	Hinterradantrieb Fünfganggetriebe	Hinterradantrieb Sechsganggetriebe	Hinterradantrieb Sechsganggetriebe
Beschleunigung s 0 - 80 km/h 0 - 100 km/h 0 - 160 km/h 0 - 200 km/h 1 km mit steh. Start	 4,0 5,5 12,6 20,8 25,1	 4,0 5,4 12,0 19,2 24,5	 4,0 5,4 12,3 19,6 24,7
Elastizität s 60 - 100 km/h (IV./V. G.) 80 - 120 km/h (V./VI. G.)	 5,9/7,8 7,6/-	 6,3/8,4 8,0/11,5	 6,3/7,9 8,1/10,5
Höchstgeschw. km/h	250	295	280
Bremsweg (Verzögerung) aus 100 km/h kalt m (m/s²) aus 100 km/h warm m (m/s²)	 37,2 (10,4) 37,5 (10,3)	 36,6 (10,6) 37,5 (10,3)	 36,6 (10,6) 36,6 (10,6)
Testverbrauch L/100 km min. - max. Normrunde	12,3 7,8 - 14,5 8,2	17,3 12,5 - 21,9 12,8	13,2 8,8 - 17,2 9,1
ECE-Verbrauch L/100 km Stadt über Land gesamt	Super Plus 16,6 7,9 11,1	Super Plus 26,1 11,9 17,1	Super Plus 17,6 8,6 11,9
Innengeräusch dB(A) bei 100 km/h bei 140 km/h bei 180 km/h	 71 75 80	 75 79 83	 71 75 80
Fahrversuche km/h Slalom 35 m ISO-Wedeltest VDA-Ausweichgasse Einfahrgeschwindigkeit Ausfahrgeschwindigkeit	 129,6 140,4 73,9 57,4	 122,3 136,1 67,3 52,3	 123,8 137,0 70,4 55,0

Abb. 34: Testergebnis aus: auto motor und sport 18 (1998), 21 (Ausschnitt).

[Zuständiges Finanzamt]

[Steuerpflichtiger]

Bescheid
über
Kraftfahrzeugsteuer

	Kraftfahr-zeugsteuer DM
Festsetzung	
Die Steuer wird für das Fahrzeug mit dem amtlichen Kennzeichen ❋❋-❋❋ ❋❋ festgesetzt: für die Zeit ab ❋❋.❋❋.19❋❋ auf jährlich	336,00
Zahlungsaufforderung	
Steuer für die Zeit vom ❋❋.❋❋.19❋❋ bis ❋❋.❋❋.19❋❋...	336,00
Bitte zahlen Sie spätestens am ❋❋.❋❋.19❋❋	336,00
und künftig jährlich spätestens am ❋❋.❋❋.	336,00

Grundlagen der Festsetzung

Fahrzeugart................Personenkraftwagen
Erstzulassung..............am ❋❋.❋❋.19❋❋
Antriebart.................Otto / gKat
Hubraum....................2793 cm^3
Schadstoffschlüssel........26 (Fahrzeugpapiere Ziff.1, Stellen 5 und 6)
Steuersatz
je angefangene 100 cm^3......12,00 DM nach § 9 Abs. 1 Nr.2
..........................Buchst. b KraftStG

Erläuterungen

Bitten teilen Sie für spätere Erstattungen Ihre Bankverbindung schriftlich mit. Sollten Sie gleichzeitig ein Fahrzeug abgemeldet oder veräußert haben, wird Ihnen für dieses Fahrzeug in Kütze ein Bescheid über Beendigung der Steuerpflicht zugehen und ein evtl. Restguthaben erstattet werden.

Rechtsbehelfsbelehrung

Dieser Bescheid kann mit dem Einspruch angefochten werden. Der Einspruch ist bei dem vorbezeichneten Finanzamt schriftlich einzureichen oder zur Niederschrift zu erklären. Die Frist für die Einlegung des Einspruchs beträgt einen Monat. Sie beginnt mit Ablauf des Tages, an dem Ihnen dieser Bescheid bekanntgegeben worden ist. Bei Zusendung durch einfachen Brief oder Zustellung durch eingeschriebenen Brief gilt die Bekanntgabe mit dem dritten Tag nach Aufgabe zur Post als bewirkt, es sei denn, daß der Bescheid zu einem späteren Zeitpunkt zugegangen ist. Bei Zustellung mit Postzustellungsurkunde oder gegen Empfangsbekenntnis ist der Tag der Bekanntgabe der Tag der Zustellung. Auch wenn Sie einen Einspruch einlegen, müssen Sie die angeforderten Beträge fristgemäß zahlen, es sei denn, daß die Vollziehung des Bescheids ausgesetzt oder Stundung gewährt worden ist.

Abb. 35: Bescheid über Kraftfahrzeugsteuer (nach: Ba-Wü KraftSt-Bescheid; 02/98 EDV-Form 7251; Ausschnitt)

11. Fröhliche Wissenschaftssprache

11.1 Persiflage und Prototypikalität

Die herausragende Bedeutung, die der fachlichen Kommunikation in der Gegenwart wie in der Vergangenheit zukommt, hat nicht allein wiederholt zu deren deskriptiver und präskriptiver Betrachtung geführt. Fachkommunikation ist immer wieder auch zum Gegenstand von Spott und Witz geworden. Hierbei werden in der Regel fachsprachliche oder fachkommunikative Besonderheiten nachgeahmt, um sie so belächeln und aufdecken zu können. Eine derartige Persiflage setzt vor allem an solchen Besonderheiten an, die für fachliche Sprache und Kommunikation als besonders charakteristisch zu erachten sind, und neigt dazu, diese zu überzeichnen oder zu verfremden. Die Nachahmung fachsprachlicher und -kommunikativer Charakteristika lässt dabei bisweilen Texte entstehen, die gerade durch die Überzeichnung oder Verfremdung solcher Charakteristika als mehr oder weniger beispielhaft für die Kommunikation in dem betreffenden Fachbereich erscheinen. Fachsprachliche und -kommunikative Persiflagen stellen in solchen Fällen künstliche, wenn nicht gar künstlerische Prototypen fachlicher Texte dar. Über eine **prototypische Persiflage** dieser Art kann und soll zunächst gelacht oder zumindest geschmunzelt werden. Im nachhinein kann und soll sie vielleicht aber auch zu tieferer Einsicht in fachliche Sprache und Kommunikation verhelfen, sei es im Sprachalltag oder eben auch in der Sprachwissenschaft, in der es bedauerlicherweise viel zu selten etwas zum Lachen gibt.

Vor dem Hintergrund dieser sprachwissenschaftlichen Überlegungen und Bedürfnisse werden im Folgenden drei **Beispiele für wissenschaftssprachliche Persiflagen** abgedruckt. Sie mögen einerseits zum Schmunzeln oder Lachen anregen; andererseits mögen sie aber auch den Ehrgeiz wecken, nach den darin vorgeführten fachsprachlichen Besonderheiten zu suchen und diese möglichst gut zu erfassen. Im ersten Falle handelt es sich um eine kunstgeschichtliche Beschreibung einer Zeichnung aus der Zeit der Renaissance: „Teddy im Kreis“

von Bheronardo da Plyci aus dem Jahre 1492, enthalten in „Die Ted-Galerie" von Volker Brummig, erschienen 1997; man betrachte die Zeichnung im Spiegel. Das zweite Beispiel entstammt nicht dem geistes-, sondern dem naturwissenschaftlichen Bereich: Es besteht in der zoologischen Einordnung und Charakterisierung eines bemerkenswerten Lebewesens, des Flugohrs (Otopteryx volitans), enthalten in „Bau und Leben der Rhinogradentia" von Harald Stümpke, zuletzt erschienen 1998; für Zweifler: das Skelett dieses Tieres, das als Kulturflüchter bislang kaum bekannt wurde, ist übrigens im Zoologischen Institut der Universität Heidelberg zu besichtigen. Das dritte Beispiel schließlich entstammt dem bekannten klinischen Wörterbuch „Pschyrembel"; es handelt sich dabei um den Artikel zur Steinlaus (Petrophaga lorioti), der bereits in einigen Auflagen in verschiedenen Überarbeitungen seit Mitte der 80er Jahre zu einem Markenzeichen dieses Wörterbuches geworden ist und dessen hierin beschriebenes Tierchen seither als Kulturfolger die jüngere deutsche Geschichte in bemerkenswerter Weise mitgestaltet hat.

11.2 Bheronardo da Plyci: *Teddy im Kreis*[171]

Mit Bheronardo, der den Namen seines Geburtsortes Plyci führte, wenden wir uns der Kunst der Renaissance zu. Zum ersten Mal seit der Antike rückte das Diesseits, geriet der einfache Teddy wieder ins allgemeine Bewußtsein. Daher hat diese Epoche auch ihren Namen, denn die Antike sollte eine Wiedergeburt erleben. Kunst und Wissenschaft begannen sich aus dem Diktat der geistlichen Herren heraus zu bewegen, was rasch zu gewaltigen Umwälzungen in beiden Bereichen führte.

Der Teddy ist das Maß aller Dinge – deutlicher als Bheronardos berühmte Skizze vermag kaum etwas das Leitmotiv der Epoche zum Ausdruck zu bringen. Dabei handelt es sich um ein Muster der Proportionen, um eine Anleitung zur korrekten Darstellung des Teddys. Bei ausgebreiteten Ärmchen, so sinnge-

[171] Abdruck mit freundlicher Genehmigung des Autors: © 1997, Volker Zähme: Die Ted Galery – Eine Weltkunstgeschichte, Seite 18-19.
Als weiteres Beispiel sei hier eine musikwissenschaftliche Biographie genannt – Peter Schickele: Die endgültige Biographie des P. D. Q. Bach. Ein Leben gegen die Musik. Aus dem Amerikanischen von Rudolf von Bitter. Atlantis Musikbuch-Verlag, Mainz, 1998 (mit CD; deutsch zuerst 1985; englisches Original 1976).

BHERONARDO DA PLYCI (1452-1419):

Teddy im Kreis, 1492. Feder, 150 x 150 cm. Brom: Galleria de Sant'Osso.

mäß der begleitende Text, lässt sich ein Teddy in ein Quadrat einbeschreiben, bei gespreizten Beinchen und halberhobenen Pratzen in einen Kreis, dessen Zentrum sich mitten auf der Teddybrust befindet. Das Quadrat wird in Höhe dieses Punktes im Goldenen Schnitt geteilt. Der Goldene Schnitt, lateinisch divino sectio, ist Ausdruck göttlich gegebener Maßverhältnisse; er teilt eine Strecke in zwei ungleich lange Teilstrecken, so daß die kürzere sich zur längeren Teilstrecke verhält, wie diese zur ganzen.

Der Künstler der Renaissance war ein vielseitig interessierter Charakter, wofür Bheronardo ein ideales Beispiel ist. Er galt als Genie in den Bereichen Malerei, Architektur, Ingenieurkunst, Anatomie, ja er betätigte sich sogar in der Waffen- und Kriegstechnik. Bei ihm und seinen Zeitgenossen ist es auch zum ersten Mal angeraten, von Künstlern statt von Handwerkern zu sprechen, Teddys, die vom göttlichen Funken inspiriert sind und, durchaus gottähnlich, erhabene Werke erschaffen.

11.3 Flugohr, *Otopteryx volitans*[172]

Das Flugohr, *Otopteryx volitans B. d. B.* (= *Hopsorrhinus viridiauratus* Stu.), ist, als einziger Vertreter seiner Gattung, in seinem Bau unschwer als abgewandelter Hopsorrhine zu erkennen [...]. Es unterscheidet dieses Tier eigentlich nichts anderes von seinen Vettern als die enorme Größe der Ohren und die mit dem Flugvermögen zusammenhängende Differenzierung und Verstärkung der Muskulatur, welche die Ohrmuschel bewegt. Der andere Unterschied, der verkümmerte Schwanz, ist ein Organisationsunterschied geringeren Gewichts. In allen anderen Stücken ist *Otopteryx* ein typischer Hopsorrhine, so daß noch STULTÉN gezögert hat, ihn von der anderen Gattung abzutrennen. Immerhin ist, neben dem Gesagten, für die Aufstellung einer eigenen Gattung noch folgendes anzuführen: Das Nasarium ist überaus schlank und grazil gebaut. Die Muskeln, welche die Rhinangen bewegen, sind z. T. reduziert, so daß das Tier sich nicht mit der Geschicklichkeit von Hopsorrhinen auf unebenem Gelände fortbewegen kann. Andererseits sind die Abduktoren der Rhinangen besonders kräftig; sie dienen zum Spreizen des als Steuerschwanz dienenden Autonasiums. Am Kopf

---

[172] Abdruck aus Harald Stümpke: Bau und Leben der Rhinogradentia. Mit 15 farbigen Tafeln und 12 Abbildungen im Text von Gerolf Steiner. 51.-53. Tausend. Gustav Fischer Verlag, Stuttgart. Seite 44-50.

ist noch die Ausbildung besonderer Knochenkämme – die Anheftungsstellen der Ohrmuskulatur – sowie das Os alae auris zu erwähnen, das indessen kein Knochen, sondern ein verkalkter Faserknorpel ist; weiterhin noch die Bildung von luftführenden Nasennebenhöhlen unter- und innerhalb der genannten Knochenkämme. Mit den Hopsorrhinen gemeinsam hat auch *Otopteryx* die Inversion des Haarstriches auf großen Teilen der Rumpfoberfläche.

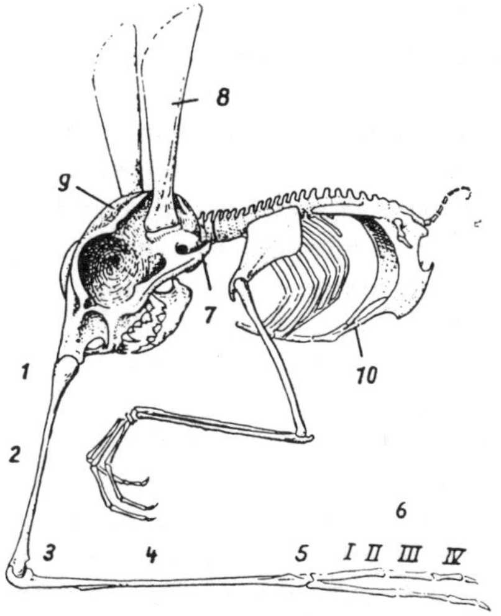

Otopteryx volitans, Skelett. 1. Articulatio nasofrontalis; 2. Nasur; 3. Articulatio deutonasalis; 4. Nasibia; 5. Articulatio carponasalis; 6. Rhinanges (= Nasanges) I-IV; 7. Processus jugalauris; 8. Os alae auris (= Cartilago aeroplana); 9. Crista temporalis; 10. Processus publici. (Orig.)

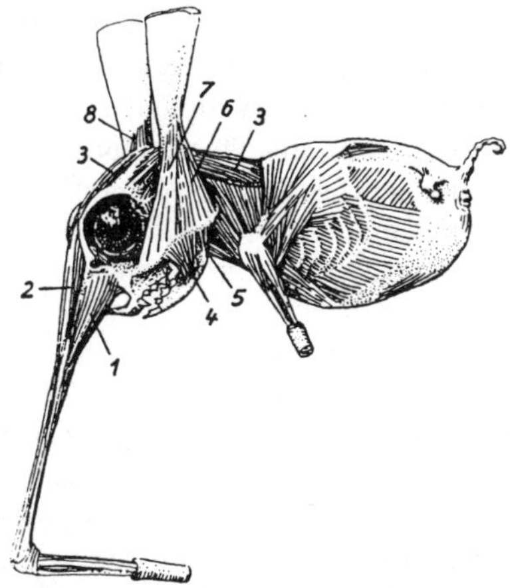

Otopteryx volitans, Muskulatur. 1. M. lacrymonasuralis; 2. M. extensor nasipodii superficiallis; 3. M. extensor nasipodii lingus; 4. M. masseter; 5. M. depressor mandibulae; 6. M. aeroplano-jugalauris posterior; 7. M. aeroplanojugalauris anterior; 8. Levator aeroplanae. (Bei 3 rechts ist der M. extensor nasipodii durch teilweise Wegnahme des M. trapezius cervicalis freigelegt.) (Orig.)

Bei *Otopteryx* erreicht der Schillerglanz des Felles, das schon den übrigen Vertretern der Sklerorrhinen den Schimmer von Metall oder Edelsteinen gibt, seine stärkste Ausprägung, so daß man ihn nur mit tropischen Faltern oder Kolibris vergleichen kann. Es ist deshalb ein prächtiges Bild, wenn das Tier mit geschwinden Ohrenschlägen niedrig über die blumigen Bergwiesen dahinsaust und dort Libellen oder Hexapteren nachstellt oder sich jäh zum blauen Himmel hochschwingt, um dort in spielerischer Weise sich mit seinesgleichen zu tummeln. Ganz allerliebst sind auch die neugeborenen Jungen, die – kaum daß sie die Ohren steif halten können - callopteryxartig um die Blumen gaukeln, um dort kleine Insekten zu haschen. Das Eigenartige dabei ist immer, daß *Otopteryx* rückwärts fliegt, was allerdings auch verständlich ist, wenn man bedenkt, daß sich der Flug von *Otopteryx* vom Gleitflug des rückwärts hüpfenden Hopsorrhinen ableitet.

Besonders eigenartig ist Start und Landung des Flugohrs: Das Tier, das zunächst auf seiner eingeknickten Nase ruht, „spitzt" zunächst die Ohren, d. h. es stellt sie ganz senkrecht nach oben, so daß sie sich berühren; sodann knickt das Deutonasalgelenk noch stärker ein, wie bei Hopsorrhinus [...], worauf die einzelnen Phasen ähnlich ablaufen wie bei diesem, mit dem Unterschied, daß der Sprung steiler nach oben ausgeführt wird. Kurz vor Erreichen der Scheitelhöhe des Sprunges werden dann die Ohren kräftig nach unten geschlagen. Die ausgestreckte Nase wird im Autonasium gespreizt, und das Tier fliegt. Diese Phasen lassen sich indessen nur mit der Zeitlupe analysieren. Der Flug selbst ist äußerst abwechslungsreich: Bei der Verfolgung eines gut fliegenden Insekts, oder auch beim Spielflug, werden große Strecken rasant zurückgelegt, indem die Ohren ohne Unterbrechung mit ca. 10 Schlägen/sec auf- und niederschlagen. Beim Suchflug wechseln ebenso schnelle Schläge geringer Amplitude mit kurzem Schwebeflug ab. Am Hang und bei den meist frischen Winden auf den Inseln versteht *Otopteryx* es auch, lange Zeit zu segeln. Sehr hoch erhebt er sich allerdings nicht in die Luft, sondern bleibt meist in Höhen nicht viel über 20 m. Eigenartig ist die Landung des Tieres, welche dadurch erschwert ist, daß ja die Nase die Doppelaufgabe des Fußes und des Schwanzsteuers zu erfüllen hat: Will ein Flugohr sich niederlassen, dann nähert es sich meist in steilem Gleitflug seinem Landeplatz, wobei die Ohren meist etwas dorsal und nasal gehalten werden. Kurz über dem Boden stellt es sie plötzlich waagrecht und etwas caudal, was zur Folge hat, daß das Tier plötzlich wieder einen Schwung nach oben bekommt, wobei das Schwanzsteuer – d. h. die Nasenspitze – fast den Boden berührt. In dieser Stellung, bei der die Ohren stark gewölbt werden (Musculi inarcantes auris), schwebt das Tier noch eine kurze Strecke knapp über dem Boden hin, an Höhe und Geschwindigkeit verlierend. Dann faltet es plötzlich die Nasensteuerhaut zusammen, schlägt die Nase ventralwärts ein und lässt sich nach Hochklappen der Ohren elastisch auf seine weit caudal gerichtete Nase nieder. Diese letzte Phase der Landung entspricht wieder weitgehend dem Niedersprung der Hopsorrhinen [...].

Die, vom morphologischen Standpunkte aus gesehen, ganz außergewöhnliche Lösung des Fortbewegungsproblems bei *Otopteryx* fordert zu einem Vergleich mit den sonst im Tierreich zu findenden Fliegern heraus. Echte Flieger sind ja -

außer bei den Rhinogradentiern – im ganzen nur viermal aufgetreten: Die Insekten, die Flugsaurier, die Vögel und die Fledermäuse. Unter diesen sind die Insekten, bei denen die Flugeinrichtungen zusätzlich sind, ohne das Gehvermögen zu beeinträchtigen, eigentlich die vollendetste Lösung. Bei den Vögeln ermöglichte der bipede Gang ebenfalls eine große Beweglichkeit sowohl auf der Erde wie in der Luft, obwohl die Flügel der Lauf-Fortbewegung eigentlich „gestohlen" wurden. Bei den Flugsauriern und den Fledermäusen ist das Flugvermögen auf Kosten der Fortbewegung zu Fuß entstanden; und beide Gruppen waren und sind deshalb den ebengenannten nicht vollkommen konkurrenzfähig. Bei *Otopteryx* lägen nun die Verhältnisse gerade so günstig wie bei den Insekten, d. h. die Ohren wären eigentlich zusätzliche Fluginstrumente. Nur ist durch die vorangegangenen Extremitätenreduktionen *Otopteryx* ohnehin von stark einseitig spezialisierten Tieren abzuleiten, die mit ihrer nasalen „Monopodie" allenfalls mit hüpfenden Vögeln verglichen werden können. Immerhin ist *Otopteryx* gegenüber Flugsauriern oder Fledermäusen deutlich im Vorteil; denn er hüpft doch ganz gewandt, und seine Nase ist durch ihre Beteiligung am Flug nicht so sehr der terrestrischen Fortbewegung entfremdet wie bei diesen die Vorderextremitäten. Ob er einer schärferen Konkurrenz festländischer Tiere gewachsen wäre, ist fraglich. Auf den Inseln jedenfalls hat er kaum ernstliche Feinde. Weder die einheimischen Röhrenschreivögel noch die zeitenweise an der Küste häufigen Seevögel können ihn im Fluge erhaschen. Hiermit stimmt auch überein, daß man nur selten trächtige Tiere findet. Die Tragzeit ist jedenfalls so kurz wie bei den Hopsorrhinen. Es wird immer nur ein einziges Junges gezeitigt (HARROKERIA u. IRRI-EGINGARRI). Man vermutet, daß die Weibchen jährlich zwei Junge haben.

In Gefangenschaft ist das Flugohr nicht zu halten, weil er stets schreckhaft bleibt und bei seinen wilden Sprüngen und Flugversuchen sich den Steiß wundstößt und bald an sich daraus ergebenden Infektionen eingeht.

11.4 Steinlaus, *Petrophaga lorioti*[173]

Der Artikel Steinlaus erscheint im „Pschyrembel" zum ersten Mal in der 255. Auflage (1986) und in überarbeiteter Fassung ein weiteres Mal in der 256.

[173] Abdruck mit freundlicher Genehmigung von V. von Bülow (Abbildungen) und des Verlages Walter de Gruyter (Text); vgl. die folgenden Nachweise. © 2001, 2004, Pschyrembel. Klinisches Wörterbuch. 255.-256. Auflage, bearbeitet von der Wörterbuch-Redaktion des Verlages unter der Leitung von Christoph Zink; 257.-258. Auflage, bearbeitet von der Wörterbuch-Redaktion des Verlages unter der Leitung von Helmut Hildebrandt. Verlag Walter de Gruyter, Berlin.

Auflage (1990); in der 257. Auflage (1994) fehlt der Steinlaus-Artikel und findet sich erst, erneut überarbeitet, in der derzeit aktuellen 258. Auflage (1998) wieder. Die verschiedenen Fassungen des Artikels, welche die wichtigsten Etappen in der Forschungsgeschichte der Petrophagologie widerspiegeln, sind im folgenden abgedruckt.

Steinlaus, f: syn. Petrophaga lorioti; zur Familie der Lapivoren gehöriges einheimisches Nagetier (ΓΓ 0,2-0,3 mm; EE 0,3-0,4 mm, gravide EE etwas größer), dessen Existenz erst in jüngster Zeit (1983) dokumentiert werden konnte (s. Abb.). Während die gemeine St. nur selten beobachtet wird, sind einzelne humanpathogene Vertreter der Gattung von zunehmendem med. Interesse: Nieren-St. (P. nephrotica), Blasen-St. (P. vesicae), Gallen-St. (P. cholerica), neuerdings auch Speichel-St. (P. salivatoria), deren (ätiologische?) Rolle bei Uro-, Chole- und Sialolithiasis noch der Klärung bedarf. Ein therap.

Steinlaus:
Gemeine S. (Petrophaga lorioti). [295]

Einsatz der St. kommt nach heutigem Wissen eher nicht in Frage; vgl. Chemolitholyse, Lithotripsie.

[255. Auflage (1986), S.1591]

Stein|laus: syn. Petrophaga lorioti; zur Familie der Lapivora gehörende einheimische Nagetiergattung mit zahlreichen Species. Seit ihrer Erstbeschreibung (1983) ist die St. – u. a. infolge der noch immer offenen Frage ihrer realen Existenz – Gegenstand intensiver Forschung in- und ausländischer Arbeitsgruppen. Im Mittelpunkt der Diskussion stehen Fragen des therapeutischen Einsatzes bestimmter Subspezies (Gallen-St., Zahn-St. u. v. a.), eine mögliche Verwendung zur architektonischen Umgestaltung von Groß-

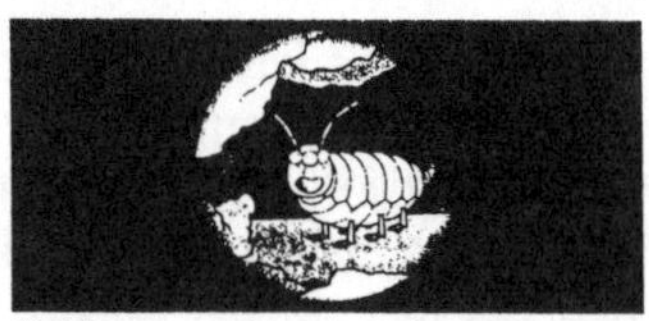

Steinlaus:
Gemeine St. (Petrophaga lorioti) [295]

städten (s. Biotop), evtl. auch von Großhirnen (Rindenarchitektonik*). Wenngleich nachhaltige Erfolge der

St.-Forschung im Bereich der Ökologie* noch ausstehen, sind positive Effekte auf die Befindlichkeit der Forschenden vielfach beschrieben. Die Petrophagologie selbst hat insofern wohl gesicherte therapeutische Funktionen; vgl. Heilverfahren, alternative (4.).

[256. Auflage (1990), S.1583]

Stein|laus: syn. Petrophaga lorioti; zur Familie der Lapivora gehörende einheimische Nagetiergattung (Klassifizierung umstritten) mit zahlreichen Species. Seit dem ersten Auf-

Steinlaus:
die Steinlaus von 1983 (aus der 255. Auflage) [295]

treten (1983; 255. Auflage dieses Werkes) u. den Anfängen der Petrofagologie wird die St. nun vorwiegend dem großstadtarchitektonischen Biotop* zugeordnet u. das med. Interesse beschränkt sich auf die Nieren-St. (Petrophaga nephrotica), Blasen-St. (Petrophaga vesicae), Gallen-St. (Petrophaga cholerica). Das Ausbleiben von Beobachtungen nach 1989 (256. Auflage dieses Werkes) scheint einerseits die Theorie zu bestätigen, nach der die St. den Fall der Berliner Mauer nicht nur ausgelöst, sondern dadurch auch zugleich zur Vernichtung ihrer Existenzgrundlage beigetragen habe. Da jedoch gerade gefährdete u. umstrittene Existenzen wie die der St. erfahrungsgemäß eine bes. starke Überlebenskraft i. R. der natürl. Auslese beweisen, war die Folgerung, die St. sei dem Artensterben zum Opfer gefallen u. ihre Stelle im Alphabet dieses Werkes werde vakant bleiben, von Anfang an von zweifelhafter Schlüssigkeit. Tatsächlich ist eine Species der St., unter Aussparung der Großbaustelle Berlin, 1996 in einer bayerischen Klinik aufgetreten u. als Petrophaga hospitalis Cranacensis beschrieben - allerdings nicht, wie der Name vermuten ließe, in der Inneren Abteilung, sondern, umweltfreundlich domestiziert, i. R. von Bauarbeiten.

Steinlaus:
die Schuttzerkleinerungsmaschine, in der die gebändigten Steinlauskolonien leben und ihre Tätigkeit verrichten

[258. Auflage (1986), S.1500]

Literatur

Adamzik, Kirsten (Hrsg.): Kontrastive Textologie. Untersuchungen zur deutschen und französischen Sprach- und Literaturwissenschaft. Tübingen 2001.

Ahlheim, Karl-Heinz (Hrsg.): Duden. Das Wörterbuch medizinischer Fachausdrücke. 5., überarbeitete Aufl. Mannheim, Leipzig, Wien, Zürich 1992.

Ahrens, Gerhard: Medizinisches und naturwissenschaftliches Latein. Mit latinisiertem griechischem Wortschatz. 2., durchgesehene Aufl. Leipzig, München, Wien, Zürich, New York 1992.

Aitchison, Jean: Words in the Mind. An Introduction to the Mental Lexicon. Oxford 1987.

Akhmanova, Olga: Linguistic Terminology. Moscow 1979.

Alanne, Eero: Die deutsche Weinbauterminologie in althochdeutscher und mittelhochdeutscher Zeit. Helsinki 1950.

Albrecht, Erhard: Sprache und Erkenntnis. Logisch-linguistische Analysen. Berlin 1967.

- Sprachphilosophie. Berlin 1991.

Albrecht, Erhard; Hans-Rudolf Frieling; Hans-Dietrich Decker: Weltanschauliche und erkenntnistheoretische Aspekte des Aufbaus von Wissenschaftssprachen. In: Zeitschrift für Phonetik, Sprachwissenschaft und Kommunikationsforschung 27 (1974), 476-486.

Albrecht, Jörn: Europäischer Strukturalismus. Ein forschungsgeschichtlicher Überblick. Tübingen 1988.

- Terminologie und Fachsprachen. In: Beyer 1995, 111-161.

Albrecht, Jörn; Richard Baum (Hrsg.): Fachsprache und Terminologie in Geschichte und Gegenwart. Tübingen 1992 (Forum für Fachsprachen-Forschung 14).

Althaus, Hans Peter; Helmut Henne; Herbert Ernst Wiegand (Hrsg.): Lexikon der Germanistischen Linguistik. 2., vollständig neubearbeitete und erweiterte Auflage. Tübingen 1980.

Ammon, Ulrich: Die internationale Stellung der deutschen Sprache. Berlin, New York 1991.

- Ist Deutsch noch internationale Wissenschaftssprache? Englisch auch für die Lehre an den deutschsprachigen Hochschulen. Berlin, New York 1998.
- Probleme der Statusbestimmung von Fachsprachen. In: Fachsprachen, Bd.1 (1998), 219-229.
- Deutsch als Wissenschaftssprache. Die Entwicklung im 20. Jahrhundert und die Zukunftsperspektive. In: Wiegand 1999, 668-685.

Arndt, Hans Werner: Methodo scientifica pertractatum. Mos geometricus und Kalkülbegriff in der philosophischen Theoriebildung des 17. und 18. Jahrhunderts. Berlin, New York 1971 (Quellen und Studien zur Philosophie 4).

- Semiotik und Sprachtheorie im klassischen Rationalismus der deutschen Aufklärung. Eine historische Einordnung. In: Zeitschrift für Semiotik 1 (1979), 305-308.

Arntz, Reiner; Rainer Barczaitis: Die Rolle von Fachsprachen im Kontakt von Einzelsprachen IV: Fachübersetzung in den Naturwissenschaften und der Technik. In: Fachsprachen, Bd.1 (1998), 792-800.

Arntz, Reiner; Heribert Picht: Einführung in die Terminologiearbeit. 3. Aufl. Hildesheim, Zürich, New York 1995 [1. Aufl. 1989] (Studien zu Sprache und Technik 2).

Assion, Peter: Altdeutsche Fachliteratur. Berlin 1973 (Grundlagen der Germanistik 13).

Baader, Gerhard: Die Entwicklung der medizinischen Fachsprache im hohen und späten Mittelalter. In: Keil/Assion 1974, 88-123.

Baakes, K.: Key Issues of Syntax in the Special Languages of Science and Technology. English-German. Heidelberg 1994.

Bachmann, Roland: Übersetzen technischer Fachtexte. Was muß man können? Wie kann man es lernen? Ein Beitrag aus praktischer und didaktischer Sicht. In: Lebende Sprachen 37 (1992), 145-151.

Ball, Milner: Lying Down Together. Law, Metaphor, and Theology. Madison, Wisc. 1985.

Bangen, Georg: Die schriftliche Form germanistischer Arbeiten. Empfehlungen für die Anlage und die äußere Gestaltung wissenschaftlicher Manuskripte unter besonderer Berücksichtigung der Titelangaben von Schrifttum. 8., durchgesehene Auflage. Stuttgart 1981 (Sammlung Metzler 13).

Barke, Jörg: Die Sprache der Chymie. Am Beispiel von vier Drucken aus der Zeit zwischen 1574-1761. Tübingen 1991 (Reihe Germanistische Linguistik 111).

Barth, Erhard: Fachsprache. Eine Bibliographie. In: Germanistische Linguistik 3 (1971), 209-363.

Bartschat, Brigitte: Methoden der Sprachwissenschaft. Von Hermann Paul bis Noam Chomsky. Berlin 1996.

Baßler, Harald: Wissenstransfer in intrafachlichen Vermittlungsgesprächen. Eine empirische Untersuchung von Unterweisungen in Lehrwerkstätten für Automobilmechaniker. Tübingen 1996 (Reihe Germanistische Linguistik 162).

- Definierte Wörter. Fachsprachliche Terminologie. In: Dittmann/Schmidt 2002, 211-231.

Bauer, Gerhard (Hrsg.): Stadtsprachenforschung. Vorträge des Symposiums vom 30.3.-3.4.1987 an der Universität Mannheim. Göppingen 1988.

Baumann, Klaus-Dieter: Integrative Fachtextlinguistik. Tübingen 1992 (Forum für Fachsprachen-Forschung 18).

- Fachlichkeit von Texten. Egelsbach, Frankfurt, Washington 1994 (Deutsche Hochschulschriften 1023).
- Die Verständlichkeit von Fachtexten. Ein komplexer Untersuchungsansatz. In: Fachsprache 17 (1995), 115-126.
- Fachtextsorten und Kognition – Erweiterungsangebote an die Fachsprachenforschung. In: Kalverkämper/Baumann 1996, S.355-388.
- Das Postulat der Exaktheit für den Fachsprachengebrauch. In: Fachsprachen, Bd.1 (1998[a]), 373-377.
- Textuelle Eigenschaften von Fachsprachen. In: Fachsprachen, Bd.1 (1998[b]), 408-416.
- Die Vermittlung einer fachkommunikativen Kompetenz als berufsrelevante Perspektive der universitären fremdsprachenausbildung. In: Jung/Kolesnikova 2003, 119-134.

Baumann, Klaus-Dieter; Hartwig Kalverkämper (Hrsg.): Kontrastive Fachsprachenforschung. Tübingen 1992 (Forum für Fachsprachen-Forschung 20).

Baumann, Zygmunt: Moderne und Ambivalenz. Das Ende der Eindeutigkeit. Hamburg 1992.

Baumgartner, Wilhelm; Robert Gibson: Englischunterricht an der Berufsschule. Erfahrungen aus einem Modellversuch. In: Praxis des Neusprachlichen Unterrichts 40 (1993), 37-43.

Bausch, Karlheinz; Siegfried Grosse (Hrsg.): Grammatische Terminologie in Sprachbuch und Unterricht. Düsseldorf 1987 (Sprache der Gegenwart 69).

Bausch, Karl-Richard; Herbert Christ; Werner Hüllen; Hans-Jürgen Krumm (Hrsg.): Handbuch Fremdsprachenunterricht. Tübingen 1989 (Uni-Taschenbücher).

Baxmann-Krafft, Eva-Maria, Gottfried Herzog: Normen für Übersetzer und technische Autoren. Berlin 1999.

de Beaugrande, Robert-Alain; Wolfgang Ulrich Dressler: Einführung in die Textlinguistik. Tübingen 1981 (Konzepte der Sprach- und Literaturwissenschaft 28).

Becher, Ilse; Albert Lindner; Peter Schulze: Lateinisch-griechischer Wortschatz der Medizin. 3. Aufl. Berlin 1991.

Becker, Andrea; Markus Hundt: Die Fachsprache in der einzelsprachlichen Differenzierung. In: Fachsprachen, Bd.1 (1998), 118-133.

Becker, Thomas [et al.] (Hrsg.): Sprache und Technik. Verständliches Gestalten technischer Fachtexte. Aachen 1990.

Becker, Thomas; Ludwig Jäger; Walter Michaeli; Heinrich Schmalen (Hrsg.): Sprache und Technik: Verständliches Gestalten technischer Fachtexte. Aachen 1990.

Becker-Mrotzek, Michael: Diskursforschung und Kommunikation in Institutionen. Heidelberg 1992 (Studienbibliographien Sprachwissenschaft 4).

Becker-Mrotzek, Michael, Ch. Doppler (Hrsg.): Medium Sprache im Beruf. Eine Aufgabe für die Linguistik. Tübingen 1999.

Becker-Mrotzek, Michael, R. Fiehler (Hrsg.): Unternehmenskommunikation. Tübingen 2002.

Behrens, Okko: Die Eindeutschung der römisch-rechtlichen Fachsprache. In: Eckert/Hattenhauer 1991, 3-24.

Beier, Rudolf: Englische Fachsprache. Stuttgart 1980.

Beier, Rudolf; Dieter Möhn: Fachsprachlicher Fremdsprachenunterricht. Voraussetzungen und Entscheidungen. In: Die Neueren Sprachen 87 (1988), 1-2, 19-75.

Beneke, Jürgen: Betriebsinterner Fremdsprachenunterricht - Tendenzen und Perspektiven. In: Kleinschmidt 1989, 319-335.

Beneš, Eduard: Syntaktische Besonderheiten der deutschen wissenschaftlichen Fachsprache. In: Deutsch als Fremdsprache 3 (1966), 26-36.

- Fachsprache im Unterricht. In: Triesch 1969[a], 204-216.
- Zur Typologie der Stilgattungen der wissenschaftlichen Prosa. In: Deutsch als Fremdsprache 6 (1969[b]), 225-233.
- Die sprachliche Kondensation im heutigen deutschen Fachstil. In: Linguistische Studien III. Hrsg. von Hugo Moser. Düsseldorf 1973 (Sprache der Gegenwart 13), 40-50.
- Die formale Struktur der wissenschaftlichen Fachsprachen in syntaktischer Sicht. In: Bungarten 1981, 185-212.

Bergenholtz, Henning: Zu der Sprache der Psychologie und ihrer lexikographischen Erfassung. In: Henne 1978, 102-115.

- Zehn Thesen zur Fachlexikographie. In: Schaeder/Bergenholtz 1994, 43-56.

Bergenholtz, Henning; Jan Engberg: Schwerpunkte der neueren Fachsprachenforschung in Dänemark. In: Fachsprache 17 (1995), 1-2, 55-62.

Bergenholtz, Henning; Sven Tarp (eds.): Manual of Specialised Lexicography. The Preparation of Specialised Dictionaries. Amsterdam, Phil. 1995 (Benjamins Translation Library 12).

Bergmann, Rolf: Verzeichnis der althochdeutschen und altsächsischen Glossenhandschriften. Berlin, New York 1973.

Berr, Marie-Anne: Technik und Körper. Berlin 1990.

Berruto, Gaetano: Varietät. In: Sociolinguistics, Vol.1 (1987), 263-267.

Besch, Werner: Zur Entstehung der neuhochdeutschen Schriftsprache. In: Zeitschrift für deutsche Philologie 87 (1968), 405-426.

Betz, Werner: Deutsch und Lateinisch. Die Lehnbildungen der althochdeutschen Benediktinerregel. 2. Aufl. Bonn 1965.

- Lehnwörter und Lehnprägungen im Vor- und Frühdeutschen. In: Maurer/Rupp 1974, 135-163.

Beyer, Manfred [et al.] (Hrsg.): Realities of Translation. Heidelberg 1995 (Anglistik und Englischunterricht 55/56).

Biere, Bernd Ulrich: Verständlich-Machen. Hermeneutische Tradition - Historische Praxis - Sprachtheoretische Begründung. Tübingen 1989 (Reihe Germanistische Linguistik 92).

Biere, Bernd Ulrich, Wolf-Andreas Liebert: Metaphern in Wissenschaft und Wissenschaftsvermittlung. In: Biere/Liebert 1997, 11-22.

- (Hrsg.): Metaphern, Medien, Wissenschaft. Zur Vermittlung der AIDS-Forschung in Presse und Rundfunk. Opladen 1997.

Bierwisch, Manfred: Linguistik als kognitive Wissenschaft - Erläuterungen zu einem Forschungsprogramm. In: Zeitschrift für Germanistik (1987), 645-668.

Bierwisch, Manfred; Ferenc Kiefer: Remarks on Definitions in Natural Language. In: Kiefer 1969, 55-79.

Birkenmaier, Willy: Russisch als Fachsprache. Tübingen 1991 (Uni-Taschenbücher 1606).

Birkenmaier, Willy; Irene Mohl: Bibliographie zur russischen Fachsprache. Tübingen 1990 (Forum für Fachsprachen-Forschung 12).

Blackall, Eric A.: Die Entwicklung des Deutschen zur Literatursprache. Stuttgart 1966.

Blei, Dagmar: Fachlichkeit und Fachsprachlichkeit in didaktischer Sicht. In: Schröder 1993, 395-406.

Boesch, Bruno: Lehrhafte Literatur. Lehre in der Dichtung und Lehrdichtung im deutschen Mittelalter. Berlin 1977 (Grundlagen der Germanistik 21).

Bolten, Jürgen: ‚Fachsprache' oder ‚Sprachbereich'? Empirisch-pragmatische Grundlagen zur Beschreibung der deutschen Wirtschafts-, Medizin- und Rechtssprache. In: Bungarten 1992, 57-72.

- Interkulturelle Wirtschaftskommunikation. Das Jenaer Studiengangskonzept. In: Fiß 1993, 133-140.

Boost, Wolfgang; Helmut Birkenfeldt: Fremdsprachlicher Fachunterricht für Schüler. Eine Zwischenbilanz. In: Fachsprachen 6 (1984), H.1-2, 52-59.

Brand, Kaspar: Gänsefüßchen und Elefantenrüssel. Zur Metaphorik in der Fachsprache des Schriftsetzers. In: Fachsprache 17 (1995), 1-16.

Branzell, Karl-Gustav: Zur Geschichte der Post-Fachsprache. In: Muttersprache 82 (1972), 158-168.

Braun, Peter: Tendenzen in der deutschen Gegenwartssprache. Sprachvarietäten. 3., erweiterte Aufl. Stuttgart, Berlin, Köln 1993 (Urban-Taschenbücher 297).

Briesemeister, Dietrich: Neulatein. In: Holtus/Metzeltin/Schmitt 1996, 113-120.

Brinker, Klaus: Linguistische Textanalyse. Eine Einführung in Grundbegriffe und Methoden. 5., durchgesehene und ergänzte Aufl. Berlin 2001 (Grundlagen der Germanistik 29).

Bromme, Rainer: Prototypikalität bei exakt definierten Begriffen: Das Beispiel der geraden und ungeraden Zahlen. In: Sprache & Kognition 9 (1990), 155-167.

Brünner, Gisela: Kommunikation in institutionellen Lehr-Lern-Prozessen. Diskursanalytische Untersuchungen zu Instruktionen in der betrieblichen Ausbildung. Tübingen 1987[a].

- Metaphern für Sprache und Kommunikation in Alltag und Wissenschaft. In: Diskussion Deutsch 18 (1987[b]), H.94, S.100-119.

Brünner, Gisela, E. Gülich (Hrsg.): Krankheit verstehen. Interdisziplinäre Beiträge zur Sprache in Krankheitsdarstellungen. Bielefeld 2002.

Budin, Gerhard: Wie (un)verständlich ist das Soziologendeutsch? Begriffliche und textuelle Strukturen in den Sozialwissenschaften. Frankfurt 1993 (Werkstattreihe Deutsch als Fremdsprache 42).

- Wissensorganisation und Terminologie. Die Komplexität und Dynamik wissenschaftlicher Informations- und Kommunikationsprozesse. Tübingen 1996 (Forum für Fachsprachen-Forschung 28).

Bühler, Karl: Sprachtheorie. Die Darstellungsfunktion der Sprache. Mit einem Geleitwort von Friedrich Kainz. (Ungekürzter Neudruck der Ausgabe 1934). Stuttgart, New York 1982.

Buhlmann, Rosemarie, Anneliese Fearns: Handbuch des Fachsprachenunterrichts. Unter besonderer Berücksichtigung naturwissenschaftlich-technischer Fachsprachen. 7. überarb. und erw. Aufl. Tübingen 2000 (narr studienbücher).

Bundesminister für Bildung und Wissenschaft (Hrsg.): Handreichung Fachsprache in der Berufsausbildung ausländischer Jugendlicher. Bonn 1987.

Bungarten, Theo: HAFF. Hamburger Arbeiten zur Fachsprachenforschung. Ein neues Forum für die pragmatische Diskussion. In: Bungarten 1992, 9-14.

- (Hrsg.): Wissenschaftssprache. Beiträge zur Methodologie, theoretischen Fundierung und Deskription. München 1981.
- (Hrsg.): Wissenschaftssprache und Gesellschaft. Aspekte der wissenschaftlichen Kommunikation und des Wissenstransfers in der heutigen Zeit. Hamburg 1986.
- (Hrsg.): Sprache und Information in Wirtschaft und Gesellschaft. Tostedt 1988.
- (Hrsg.): Konzepte zur Unternehmenskommunikation, Unternehmenskultur und Unternehmensidentität. Tostedt 1991 (Beiträge zur Wirtschaftskommunikation 2).
- (Hrsg.): Beiträge zur Fachsprachenforschung. Sprache in Wissenschaft und Technik, Wirtschaft und Rechtswesen. Tostedt 1992 (Hamburger Arbeiten zur Fachsprachenforschung 1).
- (Hrsg.): Fachsprachentheorie. Bd.1: Fachsprachliche Terminologie, Begriffs- und Sachsysteme, Methodologie. Bd.2: Konzeptionen und theoretische Richtungen. Tostedt 1993.
- (Hrsg.): Kommunikationsprobleme in und von Unternehmungen: Wege zu ihrer Erkennung und Lösung. Tostedt 1994[a].
- (Hrsg.): Technische Kommunikation. Tostedt 1994[b] (Beiträge zur Wirtschaftskommunikation 9).
- (Hrsg.): Sprache und Kultur in der interkulturellen Marketingkommunikation. Tostedt 1994[c] (Beiträge zur Wirtschaftskommunikation 11).
- (Hrsg.): Kommunikationstraining und Trainingsprogramme im wirtschaftlichen Umfeld. Tostedt 1994[d] (Beiträge zur Wirtschaftskommunikation 12).
- Wirtschaftshandeln. Kommunikation in Management, Marketing und Ausbildung. Tostedt 1999 (Beiträge zur Wirtschaftskommunikation).

Bungarten, Theo, J. Engberg: Recht und Sprache. Eine internationale Bibliographie in juristischer und linguistischer Fachsystematik. Tostedt 2003.

von Burg, Engelina: Die schriftliche Arbeitssprache der Medizin. Eine linguistische Untersuchung am Beispiel der Krankengeschichte. Bern, Frankfurt, New York, Paris 1990 (Europäische Hochschulschriften XXI, 80).

Burger, Harald: Sprache der Massenmedien. Eine Einführung. Berlin, New York 1984 (Sammlung Göschen 2225).

Busch, Albert: Laienkommunikation. Vertikalitätsuntersuchungen zu medizinischen Experten-Laien-Kommunikationen. Frankfurt 1994 (Germanistische Arbeiten zur Sprach- und Kulturgeschichte 26).

Busch, C.: Metaphern in der Informatik. Modellbildung, Formalisierung, Anwendung. Wiesbaden 1998.

Busch, Wilhelm: Die deutsche Fachsprache der Mathematik. Ihre Entwicklung und ihre wichtigsten Erscheinungen mit besonderer Rücksicht auf Johann Heinrich Lambert. Gießen 1933 (Gießener Beiträge zur deutschen Philologie 30).

Busch-Lauer, Ines-Andrea; Sabine Fiedler; Marion Ruge (Hrsg.): Texte als Gegenstand linguistischer Forschung und Vermittlung. Festschrift für Rosemarie Gläser. Frankfurt 1995 (Leipziger Fachsprachen-Studien 10).

Busse, Dietrich: Sprachwissenschaftliche Terminologie. Verständlichkeits- und Vermittlungsprobleme der linguistischen Fachsprache. In: Muttersprache 99 (1989), 27-38.

- Recht als Text. Linguistische Untersuchungen zur Arbeit mit Sprache in einer gesellschaftlichen Institution. Tübingen 1992 (Reihe Germanistische Linguistik 131).

Casper-Hehne, H., E. Hidalgo-Serna (Hrsg.): Sprache – Kultur – Technik. Festschrift 25 Jahre Sprachenzentrum der Technischen Universität Braunschweig. Braunschweig 1998.

Charles, M., H. Kangasharju (Eds.): New Orientations and Developments. Business Communication Research and Teaching. Helsinki 2000.

Chen, Shing-Lung: Pragmatik des Passivs in chemischer Fachkommunikation. Frankfurt 1995 (Arbeiten zur Sprachanalyse 23).

Cherubim, Dieter: Wissenschaftliche und populärwissenschaftliche Texte im Kontrast: Beispielanalysen. In: Ermert 1982, 83-105.

Christ, Walter: Fremdsprachenunterricht an der Berufsschule im dualen System. In: Kleinschmidt 1989, 298-308.

CILT (ed.): Languages for Special Purposes. London 1969 (Centre for Information on Language Teaching. Reports and Papers 1).

Clausen, Regina; Roland Daube-Schackat (Hrsg.): Gedankenzeichen. Festschrift für Klaus Oehler zum 60. Geburtstag. Mit einem Geleitwort von Hellmut Flashar. Tübingen 1988.

Clyne, Michael: Cultural Differences in the Organization of Academic Texts, English and German. In: Journal of Pragmatics 11 (1987), 211-247.

- Pragmatik, Textstruktur und kulturelle Werte. Eine interkulturelle Perspektive. In: Schröder 1993, 3-18.

Cop, Margaret: Babel Unravelled. An Annotated World Bibliography of Dictionary Bibliographies, 1658-1988. Tübingen 1990 (Lexicographica. Series Maior 36).

Coseriu, Eugeniu: Die Geschichte der Sprachphilosophie von der Antike bis zur Gegenwart. Eine Übersicht. Tübingen o.J.

CREDIF (ed.): Eléments de bibliographie internationale pour l'analyse et l'enseignement des langues de spécialité. Paris 1971.

Crosland, Maurice P.: Historical Studies in the Language of Chemistry. London 1962.

Crossgrove, William C.: Die deutsche Sachliteratur des Mittelalters. Bern [et al.] 1994 (Germanistische Lehrbuchsammlung 63).

Cruse, David Alan: Lexical Semantics. Cambridge 1986.

Curtius, Ernst Robert: Europäische Literatur und lateinisches Mittelalter. 11. Aufl. Tübingen, Basel 1993 [1. Aufl. 1948].

Dahlberg, Ingetraud: Grundlagen universaler Wissensordnung. Probleme und Möglichkeiten eines universalen Klassifikationssystems des Wissens. Pullach 1974 (DGD - Schriftenreihe 3).

- Über Gegenstände, Begriffe, Definitionen und Benennungen. Zur möglichen Neufassung von DIN 2330. In: Muttersprache 86 (1976), 81-117.

Daneš, František: Zur linguistischen Analyse der Textstruktur. In: Folia Linguistica 4 (1970), 72-78.

Debatin, Bernhard: Die Rationalität der Metapher. Eine sprachphilosophische und kommunikationstheoretische Untersuchung. Berlin, New York 1995 (Grundlagen der Kommunikation und Kognition).

Denk, Rudolf: ‚Musica getutscht'. Deutsche Fachprosa des Spätmittelalters im Bereich der Musik. München, Zürich 1981 (Münchener Texte und Untersuchungen zur deutschen Literatur des Mittelalters 69).

Deppner, Jutta: Fachsprache der Chemie in der Schule. Empirische Untersuchung zum Textverständnis und Ansätze zur sprachlichen Förderung türkischer und deutscher Schüler. Heidelberg 1989 (Sammlung Groos 36).

Deutsch als Wissenschaftssprache im 20. Jahrhundert. Vorträge des Internationalen Symposiums vom 18./19. Januar 2000. Mainz, Stuttgart 2000.

Deutsches Rechtswörterbuch. Wörterbuch der älteren deutschen Rechtssprache. Hrsg. von der Preußischen Akademie der Wissenschaften. Weimar 1917ff.

Dickel, Günther; Heino Speer: Deutsches Rechtswörterbuch. Konzeption und lexikographische Praxis während acht Jahrzehnten (1897-1977). In: Henne 1979, 20-37.

Dieckmann, Walther: Vielleicht ist Wortsemantik doch noch erlaubt? In: Zeitschrift für germanistische Linguistik 17 (1989), 221-225.

- Sprachliche Ausdrucksformen wissenschaftlicher Autorität. In: Zeitschrift für germanistische Linguistik 26 (1998), 177-194.

Dietz, Gunther: Titel wissenschaftlicher Texte. Tübingen 1995 (Forum für Fachsprachen-Forschung 26).

van Dijk, Teun Andrianus: Textwissenschaft. Eine interdisziplinäre Einführung. Deutsche Übersetzung von Christoph Sauer. Tübingen 1980.

DIN-Normenheft 10: Grundlagen der Normungsarbeit des DIN. 6. geänderte Auflage. Hrsg.: DIN Deutsches Institut für Normung e.V. Berlin, Wien, Zürich 1995.

DIN 820, Teil 1: Normungsarbeit: Grundsätze. Berlin 1994.

DIN 820, Teil 2: Normungsarbeit: Gestaltung von Normen. Berlin 1992 (Vornorm).

DIN 820, Teil 2: Normungsarbeit: Gestaltung von Normen. Berlin 1995 (Entwurf).

DIN 820, Teil 3: Normungsarbeit: Begriffe. Berlin 1994.

DIN 1463, Teil 1: Erstellung und Weiterentwicklung von Thesauri: Einsprachige Thesauri. Berlin 1987.

DIN 2330: Begriffe und Benennungen: Allgemeine Grundsätze. Berlin 1979.

DIN 2331: Begriffssysteme und ihre Darstellung. Berlin 1980.

DIN 2332: Benennen international übereinstimmender Begriffe. Berlin 1988.

DIN 2333: Fachwörterbücher. Stufen der Ausarbeitung. Berlin 1987.

DIN 2335: Sprachenzeichen. Berlin 1982.

DIN 2336: Lexikographische Zeichen für manuell erstellte Fachwörterbücher. Berlin 1979.

DIN 2338, Teil 1: Begriffssystem Zeichen: Allgemeine Grundlagen. Berlin 1984 (Vornorm).
DIN 2338, Teil 2: Begriffssystem Zeichen: Zeichentypologie. Berlin 1984 (Vornorm).
DIN 2339, Teil 1: Ausarbeitung und Gestaltung von Veröffentlichungen mit terminologischen Festlegungen: Stufen der Terminologiearbeit. Berlin 1987.
DIN 2339, Teil 2: Ausarbeitung und Gestaltung von Veröffentlichungen mit terminologischen Festlegungen: Normen. Berlin 1986 (Entwurf).
DIN 2340: Kurzformen für Benennungen und Namen. Bilden von Abkürzungen und Ersatzkürzungen. Begriffe und Regeln. Berlin 1982.
DIN 2341, Teil 1: Format für den maschinellen Austausch terminologischer / lexikographischer Daten - MATER: Kategorienkatalog. Berlin 1986 (Entwurf).
DIN 2342, Teil 1: Begriffe der Terminologielehre: Grundbegriffe. Berlin 1992.
DIN 5485: Benennungsgrundsätze für physikalische Größen. Wortzusammensetzungen mit Eigenschafts- und Grundwörtern. Berlin 1986.
DIN 31 623, Teil 1: Indexierung zur inhaltlichen Erschließung von Dokumenten: Begriffe, Grundlagen. Berlin 1988.
DIN 31 623, Teil 2: Indexierung zur inhaltlichen Erschließung von Dokumenten: Gleichordnende Indexierung mit Deskriptoren. Berlin 1988.
DIN 31 623, Teil 3: Indexierung zur inhaltlichen Erschließung von Dokumenten: Syntaktische Indexierung mit Deskriptoren. Berlin 1988.
Dittmann, Jürgen, Claudia Schmidt (Hrsg.): Über Wörter – Grundkurs Linguistik. Freiburg 2002 (Rombach Grundkurs 5).
Dressler, Stephan; Burkhard Schaeder (Hrsg.): Wörterbücher der Medizin. Beiträge zur Fachlexikographie. Tübingen 1994 (Lexicographica. Series Maior 55).
Dressler, Wolfgang U.; Ruth Wodak (Hrsg.): Fachsprache und Kommunikation. Experten im sprachlichen Umgang mit Laien. Wien 1989.
Dröge, Kurt: Die Fachsprache des Buchdrucks im 19. Jahrhundert. Lemgo 1978.
Drozd, Lubomir: Zum Eineindeutigkeitsprinzip. In: Fachsprachen 1 (Sonderheft 1979), 30-32.
Drozd, Lubomir; Wilfried Seibicke: Deutsche Fach- und Wissenschaftssprache. Bestandsaufnahme - Theorie - Geschichte. Wiesbaden 1973.
Eckert, Jörn; Hans Hattenhauer (Hrsg.): Sprache, Recht, Geschichte. Rechtshistorisches Kolloquium 5.-9. Juni 1990 Christian-Albrechts-Universität zu Kiel. Heidelberg 1991.
Eggers, Hans: Deutsche Sprachgeschichte. 2 Bde. 2. Aufl. Reinbek bei Hamburg 1986 (Rowohlts Enzyklopädie).
Eggs, Ekkehard: Strukturen der Argumentation in Fachtexten. In: Kalverkämper/Baumann 1996, 618-636.
Ehlich, Konrad: Language in the Professions: Text and Discourse. In: Grindsted/Wagner 1992, 9-29.
- Deutsch als fremde Wissenschaftssprache. In: Jahrbuch Deutsch als Fremdsprache 19 (1993), 13-42.
- (Hrsg.): Medizinische und therapeutische Kommunikation. Diskursanalytische Untersuchungen. Opladen 1990.
- (Hrsg.): Instruktion durch Text und Diskurs. Zur Linguistik „technischer Texte". Opladen 1994.
Ehnert, R. (Hrsg.): Wirtschaftskommunikation kontrastiv. Frankfurt 2000.
Eichhoff, Jürgen: Die Sprache des Niederdeutschen Reepschlägerhandwerks. Köln 1968.
Eis, Gerhard: Mittelalterliche Fachliteratur. 2. Aufl. Stuttgart 1967 (Sammlung Metzler 14).
- Forschungen zur Fachprosa. Ausgewählte Beiträge. Bern, München 1971.

Engberg, Jan: Prinzipien einer Typologisierung juristischer Fachtexte. In: Fachsprache 15 (1993), 1-2, 31-38.

Erk, Heinrich: Zur Lexik wissenschaftlicher Fachtexte: Verben - Frequenz und Verwendungsweise. München 1972 (Schriften der Arbeitsstelle für wissenschaftliche Didaktik des Goethe-Instituts 4).

- Zur Lexik wissenschaftlicher Fachtexte: Substantive - Frequenz und Verwendungsweise. München 1974 (Schriften der Arbeitsstelle für wissenschaftliche Didaktik des Goethe-Instituts 5).

Ermert, Karl (Hrsg.): Sprache und Recht. Loccum 1980 (Loccumer Protokolle 31, 1980).

- (Hrsg.): Wissenschaft - Sprache - Gesellschaft. Über Kommunikationsprobleme zwischen Wissenschaft und Öffentlichkeit und Wege zu deren Überwindung. Tagung vom 18.-21. März 1982. Rehburg-Loccum 1982 (Loccumer Protokolle 6, 1982).

Eucken, Rudolf: Geschichte der philosophischen Terminologie, im Umriß dargestellt. Leipzig 1879 (Nachdruck Hildesheim 1960).

Eydam, Erhard: Die Technik und ihre sprachliche Darstellung. Grundlagen der Elektrotechnik. Hildesheim 1992 (Studien zu Sprache und Technik 4).

Fachsprachen / Languages for Special Purposes. Ein internationales Handbuch zur Fachsprachenforschung und Terminologiewissenschaft / An International Handbook of Special-Language and Terminology Research. Hrsg. / Ed. by Lothar Hoffmann, Hartwig Kalverkämper, Herbert Ernst Wiegand. In Verbindung mit / Together with Christian Galinski, Werner Hüllen. 2 Halbbde. / Vols. Berlin, New York 1998 (Handbücher zur Sprach- und Kommunikationswissenschaft 14).

Fachwörterbücher und Lexika. Ein internationales Verzeichnis. International Bibliography of Dictionaries. 5. Aufl. München-Pullach, Berlin 1972 (Handbücher der technischen Dokumentation und Bibliographie 4).

Favrot, Brigitte; Ulrich Nehm; Peter Nübold (Hrsg.): Fachbezogener Fremdsprachenunterricht an Hochschulen in Europa. Themenheft: Fremdsprachen und Hochschule (FuH) 35 (1992).

Feer, Hans: Die Sprache der Psychiatrie: Eine linguistische Untersuchung. Berlin 1987 (Monographien aus dem Gesamtgebiete der Psychiatrie 48).

Felber, Helmut; Gerhard Budin: Terminologie in Theorie und Praxis. Tübingen 1989 (Forum für Fachsprachen-Forschung 9).

Felber, Helmut; M. Krommer-Benz; A. Manu: International Bibliography of Standardized Vocabularies. 2nd ed. München-Pullach, Berlin 1972 (Infoterm Series 2).

Felber, Helmut; Friedrich Lang; Gernot Wersig (Hrsg.): Terminologie als angewandte Sprachwissenschaft. Gedenkschrift für Univ.-Prof. Dr. Eugen Wüster. München 1979.

Felix, Sascha W.; Siegfried Kanngießer; Gert Rickheit (Hrsg.): Sprache und Wissen. Studien zur kognitiven Linguistik. Opladen 1990 (Psycholinguistische Studien).

Fiehler, Reinhard; Wolfgang Sucharowski (Hrsg.): Kommunikationsberatung und Kommunikationstraining. Anwendungsfelder der Diskursforschung. Opladen 1992.

Fiß, Sabine (Hrsg.): Deutschsprachige Fachkommunikation im universitären und außeruniversitären Bereich. Beiträge der Fachtagung Chemnitz 1992. Regensburg 1993.

Fleskes, Gabriele: Untersuchungen zur Textsortengeschichte im 19. Jahrhundert. Am Beispiel der ersten deutschen Eisenbahnen. Tübingen 1996 (Reihe Germanistische Linguistik 176).

Flood, W. E.: The Problem of Vocabulary in the Popularization of Science. London 1958.

- Scientific Words, their Structure and Meaning. London 1960.

Flowerdew, J.: English for Specific Pruposes: A selective Review of the Literature. In: English Language Teaching Journal (1990), 326-337.

Fluck, Hans-Rüdiger: Arbeit und Gerät im Wortschatz der Fischer des Badischen Hanauerlandes. Untersuchungen zur Fachsprache am Oberrhein. Freiburg, München 1974 (Forschungen zur Oberrheinischen Landesgeschichte 25).

- Deutsch als Fachsprache in der Volksrepublik China - Vermittlung und Anwendung. In: Zielsprache Deutsch 16 (1985), 9-16.
- Aspekte der Entstehung und Entwicklung der modernen wissenschaftlich-technischen Fachsprachen (19./20. Jh.) und ihres Einflusses auf die Gemeinsprache. In: Der Deutschunterricht 41 (1989), H.5, 56-75.
- Didaktik der Fachsprachen. Aufgaben und Arbeitsfelder, Konzepte und Perspektiven im Sprachbereich Deutsch. Tübingen 1992 (Forum für Fachsprachen-Forschung 16).
- Fachsprachen. Einführung und Bibliographie. 5., aktualisierte und erweiterte Aufl. Tübingen 1996 [1. Aufl. 1976] (Uni-Taschenbücher 483).
- Fachdeutsch in Naturwissenschaft und Technik. Eine Einführung in die Fachsprachen und die Didaktik/Methodik des fachorientierten Fremdsprachenunterrichts (Deutsch als Fremdsprache). 2., vollständig neu bearbeitete Aufl. Heidelberg 1997.
- Bedarf, Ziele und Gegenstände fachsprachlicher Ausbildung. In: Fachsprachen, Bd.1 (1998), 944-954.
- Fachsprachen und Fachkommunikation. Heidelberg 1998 (Studienbibliographien Sprachwissenschaft 26).

Fluck, Hans-Rüdiger; Ursula Saarbeck; Jianhua Zhu; Thomas Zimmer (Hrsg.): Deutsch als Fach- und Fremdsprache in Ost- und Zentralasien. Situationen, Sprachbeschreibungen, didaktische Konzepte. Heidelberg 1996 (Sammlung Groos 61).

Fraas, Claudia: Terminologiearbeit - Sache der Fachleute oder der Linguisten? In: Fachsprache 3-4 (1989), 105-113.

- Terminologiebetrachtung im Kontext der modernen Sprachwissenschaft. In: Bungarten 1992, 152-161.
- Lexikalisch-semantische Eigenschaften von Fachsprachen. In: Fachsprachen, Bd.1 (1998), 428-437.

Frilling, Sabine: Textsorten in juristischen Fachzeitschriften. Münster 1995 (Internationale Hochschulschriften 138).

Fuchs-Khalkar, Christine: Die Verwaltungssprache zwischen dem Anspruch auf Fachlichkeit und Verständlichkeit. Tübingen 1987.

Fuhr, Gerhard: Grammatik des Wissenschaftsdeutschen. Heidelberg 1989.

Gardt, Andreas: Sprachtheoretische Grundlagen und Tendenzen der Fachsprachenforschung. In: Zeitschrift für germanistische Linguistik 26 (1998), 31-66.

Gardt, Andreas; Ingrid Lemberg; Oskar Reichmann; Thorsten Roelcke: Sprachkonzeptionen in Barock und Frühaufklärung. Ein Vorschlag für ihre Beschreibung. In: Zeitschrift für Phonetik, Sprachwissenschaft und Kommunikationsforschung 44 (1991), 17-33.

Gauger, Hans-Martin: Zur Sprache der Wissenschaft. In: Kalverkämper/Weinrich 1985, 120.

Gerzymisch-Arbogast, Heidrun: Termini im Kontext. Verfahren zur Erschließung und Übersetzung der textspezifischen Bedeutung von fachlichen Ausdrücken. Tübingen 1996 (Forum für Fachsprachen-Forschung 31).

Gipper, Helmut: Denken ohne Sprache? Düsseldorf 1971.

Glaser, Karl: Die deutsche astronomische Fachsprache Keplers. Giessen 1935 (Giessener Beiträge zur Deutschen Philologie 38).

Gläser, Rosemarie: Fachtextsorten im Englischen. Tübingen 1990 (Forum für Fachsprachen-Forschung 13).
- Linguistic Features and Genre Profiles of Scientific English. Frankfurt 1995 (Leipziger Fachsprachen-Studien 9).
Gloy, Karen: Das Verständnis der Natur. Bd.1: Die Geschichte des wissenschaftlichen Denkens. Bd.2: Die Geschichte des ganzheitlichen Denkens. München 1995-96.
Glumpler, Edith; Uwe Sandfuchs (Hrsg.): Mit Aussiedlerkindern lernen. Braunschweig 1992.
Gnutzmann, Claus; John Turner (Hrsg.): Fachsprachen und ihre Anwendung. Tübingen 1980 (Tübinger Beiträge zur Linguistik 144).
Godglück, Peter (Hrsg.): Text - Fachwort - Übersetzen. Beiträge eines Kolloquiums in Sofia/Bulgarien. Frankfurt 1992 (Sprachwelten 7).
Göpferich, Susanne: Die translatorische Behandlung von Textsortenkonventionen in technischen Texten. In: Lebende Sprachen 38 (1993), 49-53.
- Textsorten in Naturwissenschaften und Technik. Pragmatische Typologie - Kontrastierung - Translation. Tübingen 1995[a] (Forum für Fachsprachen-Forschung 27).
- Von der Terminographie zur Textographie: Computergestützte Verwaltung textsortenspezifischer Textversatzstücke. In: Fachsprache 17 (1995[b]), 1-2, 17-41.
- Fachliches adressatengerecht vermitteln. Interkulturelles Technical Writing. Ein Lehr- und Arbeitsbuch. Tübingen 1997 (Forum für Fachsprachen-Forschung 40).
- Textproduktion im Zeitalter der Globalisierung. Entwicklung einer Didaktik des Wissenstransfers. Tübingen 2002 (Studien zur Translation 15).
Görgen, A.: Rechtssprache in der frühen Neuzeit. Eine vergleichende Untersuchung der Fremdwortverwendung in Gesetzen des 16. und 17. Jahrhunderts. Frankfurt 2002.
Greimas, Algirdas J.: Sémantique structurale. Recherches de méthode. Paris 1966.
Greule, Albrecht; Uwe Ruhberg (Hrsg.): Sprache, Literatur, Kultur. Studien zur deutschen Sprache im deutschen Süden und Westen. Festschrift für Wolfgang Kleiber. Stuttgart 1989.
Grimm, Jacob: [Vorrede]. In: Grimm, Jacob; Wilhelm Grimm: Deutsches Wörterbuch. Bd.1: A-Biermolke. Leipzig 1854 [Nachdruck München 1984], Sp. II-LXVII.
Grindsted, Annette; Johannes Wagner (eds.): Communication for Specific Purposes. Tübingen 1992 (Kommunikation und Institution 21).
Grojer, Gabriele: Prüfungstexte auf dem Prüfstand. Ein interdisziplinärer Ansatz zur Untersuchung der Fachlichkeit. In: Lebende Sprachen 40 (1995), 51-56.
Grosse, Rudolf; Hans Wellmann (Hrsg.): Textsorten und Sprachwandel nach der Erfindung des Buchdrucks. Heidelberg 1996 (Sprache, Literatur und Geschichte 13).
Grütz, Doris: Strategien zur Rezeption von Vorlesungen. Frankfurt 1994 (Werkstattreihe Deutsch als Fremdsprache 48).
Gülich Elisabeth; Wolfgang Raible: Linguistische Textmodelle. Grundlagen und Möglichkeiten. München 1977 (Uni-Taschenbücher 130).
Gunnarsson, Britt-Louise: The LSP Text and Its Social Context. A Model for Text Analysis. In: Halliday 1990, 394-414.
- Studies in Languages for Specific Purposes. Uppsala 1992.
Haage, Bernhard Dietrich: Deutsche Artesliteratur des Mittelalters. Überblick und Forschungsbericht. In: Schlieben-Lange/Kreutzer 1983, 185-205.
- Deutsche Fachliteratur und deutsche Fachsprache der Artes in der mittelalterlichen und frühneuzeitlichen Stadt. In: Bauer 1988, 271-325.

- Wissenstradierende und gesellschaftliche Konstituenten mittelalterlicher deutscher Fachsprache. In: Bungarten 1993, 229-268.

Habermann, Markus: Deutsche Fachtexte der frühen Neuzeit. Naturkundlich-medizinische Wissensvermittlung im Spannungsfeld von Latein und Volkssprache. Berlin, New York, 2001.

Habscheid, Stephan: Sprache in der Organisation. Sprachreflexive Verfahren im systemischen Beratungsgespräch. Berlin, New York 2003 (Linguistik – Impulse und Tendenzen 1).

Haensch, Günther: Die zweisprachige Fachlexikographie und ihre Probleme. In: Wörterbücher, Bd.3 (1991), 2937-2948.

Häfele, Margot: Anforderungen der betrieblichen Wirklichkeit an die Sprache. In: Muttersprache 87 (1977), 86-98.

von Hahn, Walther: Die Fachsprache der Textilindustrie im 17. und 18. Jahrhundert. Düsseldorf 1971 (Technikgeschichte in Einzeldarstellungen 22).

- Fachsprachen im Niederdeutschen. Eine bibliographische Sammlung. Berlin 1979 (Bibliographien zur deutschen Literatur des Mittelalters, Beiheft 1).
- Fachsprachen. In: Althaus/Henne/Wiegand 1980, 390-395.
- Fachkommunikation. Entwicklung, linguistische Konzepte, betriebliche Beispiele. Berlin, New York 1983 (Sammlung Göschen 2223).
- Vagheit bei der Verwendung von Fachsprachen. In: Fachsprachen, Bd.1 (1998), 378-382.
- (Hrsg.): Fachsprachen. Darmstadt 1981 (Wege der Forschung 498).

Halliday, M. A. K. (ed.): Learning, Keeping, and Using Language. Vol.II. Amsterdam 1990.

Halliday, M. A. K.; Ruqaiya Hasan (eds.): Cohesion in English. London 1976 (English Language Series 9).

Harms, Wolfgang (Hrsg.): Text und Bild, Bild und Text. DFG-Symposion 1988. Stuttgart 1990 (Germanistische Symposien. Berichtsbände XI).

Harré, R.: The Principles of Scientific Thinking. London 1970.

Hartmann, Dietrich: Über den Einfluß von Fachsprachen auf die Gemeinsprache. Semantische und variationslinguistische Überlegungen zu einem wenig erforschten Zusammenhang. In: Gnutzmann/Turner 1980, 27-48.

Haß-Zumkehr, Ulrike (Hrsg.): Sprache und Recht. Berlin, New York 2002.

Haßler, Gerda: Sprachtheorien der Aufklärung. Berlin 1984.

Hattenhauer, Hans: Zur Geschichte der deutschen Rechts- und Gesetzessprache. Hamburg 1987 (Berichte aus den Sitzungen der Joachim-Jungius-Gesellschaft der Wissenschaften e.V. Hamburg, 5. Jahrgang, Heft 2).

Hausmann, Franz Josef: Wörterbuchtypologie. In: Wörterbücher 1989, 968-981.

Hebel, Franz; Rudolf Hoberg: Deutschunterricht an beruflichen Schulen. Anforderungen an seine Lehrer. Frankfurt 1985.

Heinemann, Wolfgang; Dieter Viehweger: Textlinguistik. Eine Einführung. Tübingen 1991 (Reihe Germanistische Linguistik 115).

Heller, Klaus: Der Wortschatz unter dem Aspekt des Fachwortes - Versuch einer Systematik. In: Wissenschaftliche Zeitschrift der Karl-Marx-Universität Leipzig. Gesellschafts- und Sprachwissenschaftliche Reihe 19 (1970), 531-544 [wiederabgedruckt in von Hahn 1981, 218-238].

Heller, M.: Die Reform der deutschen Rechtssprache im 18. Jahrhundert. Frankfurt 1992.

Henne, Helmut (Hrsg.): Praxis der Lexikographie. Berichte aus der Werkstatt. Tübingen 1979.

Henne, Helmut; Wolfgang Mentrup; Dieter Möhn; Harald Weinrich (Hrsg.): Interdisziplinäres deutsches Wörterbuch in der Diskussion. Düsseldorf 1978 (Sprache der Gegenwart 45).

Hennig, J., M. Tjarks-Sobhani (Hrsg.): Lokalisierung von Technischer Dokumentation. Lübeck 2002.

Hennig, J., M. Tjarks-Sobhani (Hrsg.): Visualisierung in Technischer Dokumentation. Lübeck 2003

Hennigfeld, Jochen: Die Sprachphilosophie des 20. Jahrhunderts. Grundpositionen und -probleme. Berlin, New York 1982.

Hess, Hans-Werner: Die Kunst des Drachentötens. Zur Situation von Deutsch als Fremdsprache in der Volksrepublik China. München 1992.

Hess-Lüttich, Ernest W. B.: Fachsprachenerwerb im Zweitsprachenerwerb. Probleme der Vermittlung von Fachsprachen in ethnisch heterogenen Gruppen. In: Sprissler 1987, 118-128.

Hess-Lüttich, Ernest W. B. (Hrsg.): Textproduktion und Textrezeption. Tübingen 1983 (*forum* Angewandte Linguistik 3).

Hinderling, Robert: Fase, ‚abgeschrägte Kante'. Ein Beitrag zur Geschichte der Fachsprache des Schreinerhandwerks. In: Zeitschrift für deutsche Philologie 96 (1977), Sonderheft, 118-133.

Hoberg, Rudolf: Möglichkeiten und Grenzen der Behandlung von Fachsprachen im Deutschunterricht. In: Der Deutschunterricht 31 (1979), H.5, 6-21.

- Fachsprachenforschung und Fachsprachenunterricht. In: Peuser/Winter 1981, 136-149.
- Ist die Behandlung der Fachsprachen im Deutschunterricht für Ausländer wirklich so wichtig? In: Pfeiffer 1990, 81-88.
- Probleme bei der Erstellung fachsprachlicher Textdatenbanken für Deutsch als Fremdsprache. In: Hoberg 1994, 333-348.
- (Hrsg.): Technik und Sprache in Literatur. Darmstadt 1994.

Høedt, Jørgen; Robin Turner (eds.): The World of LSP. Copenhagen 1981.

Hoffmann, Lothar: Kommunikationsmittel Fachsprache. Eine Einführung. 2., völlig neu bearbeitete Aufl. Tübingen 1985 [1. Aufl. 1976] (Forum für Fachsprachen-Forschung 1).

- Vom Fachwort zum Fachtext. Beiträge zur Angewandten Linguistik. Tübingen 1988 (Forum für Fachsprachenforschung 5).
- Fachsprachenlinguistik in Gutachten. Dresden 1990.
- Fachwissen und Fachkommunikation. Zur Dialektik von Systematik und Linearität in den Fachsprachen. In: Bungarten 1993, Bd.2, 595-617.
- Syntaktische und morphologische Eigenschaften von Fachsprachen. In: Fachsprachen, Bd.1 (1998), 416-427.
- (Hrsg.): Fachsprachen und Sprachstatistik. Berlin 1975 (Sammlung Akademie-Verlag 41 Sprache).

Hoffman, Lothar; Karin Leube: Kleine Bibliographie fachsprachlicher Untersuchungen. In: Hoffmann 1976, 419-493.

Hoffmann, Lothar; Rajmond G. Piotrowski: Beiträge zur Sprachstatistik. Leipzig 1979 (Linguistische Studien).

Hoffmann, Lothar (Hrsg.): Empfehlung - Standard - Norm. Beiträge zur Rationalisierung der Fachkommunikation. Tübingen 1990.

Hoffmann, Ludger (Hrsg.): Rechtsdiskurse. Tübingen 1989.

Hofmann, Ingeborg: Zur sach- und sprachstofflichen Fundierung des studienbegleitenden Deutschunterrichts an Universitäten. In: Info Deutsch als Fremdsprache 22 (1995), 581-590.

Holtus, Günter; Michael Metzeltin; Christian Schmitt (Hrsg.): Lexikon der Romanistischen Linguistik. Bd. II, 1: Lateinisch und Romanisch. Historisch-vergleichende Grammatik der romanischen Sprachen. Tübingen 1996.
Homberger, Dieter: Von Experte zu Laie. Fachsprachliche Kommunikation und Wissenstransfer. In: Rickheit/Wichter 1990, 375-393.
Hoppe, Brigitte: Naturwissenschaftliche Fachgespräche in der Zeit der Aufklärung in Europa. In: Schlieben-Lange 1989, 115-167.
Horn-Helf, B.: Technisches Übersetzen in Theorie und Praxis. Tübingen, Basel 1999.
Horne, J.: A Basic Vocabulary of Scientific and Technological German. Oxford 1969.
Hüllen, Werner: Englisch als Fremdsprache: Beiträge zur Theorie des Englischunterrichts an deutschen Schulen. Tübingen 1987.
von Humboldt, Wilhelm: Schriften zur Sprachphilosophie. Hrsg. von Andreas Flitner und Klaus Giel. 6., unveränderte Auflage. Darmstadt 1988 (Werke in fünf Bänden, Bd.III).
Hums, Lothar: Zur Problematik metaphorischer Benennungen in Wissenschaft und Technik. In: Zeitschrift für Germanistik 9 (1988), 43-56.
- Zur Genese der Fachsprache der Eisenbahn. In: Muttersprache (1989), H.1, 39-54.
Hundt, Markus: Modellbildung in der Wirtschaftssprache. Zur Geschichte der Institutionen- und Theoriefachsprachen der Wirtschaft. Tübingen 1995 (Reihe Germanistische Linguistik 150).
Hupka, Werner: Wort und Bild. Die Illustrationen in Wörterbüchern und Enzyklopädien. Tübingen 1989 (Lexicographica. Series Maior 22).
Hutchinson, Tom; Alan Waters: English for Specific Purposes. A Learning-centred Approach. Cambridge 1987.
Ickler, Theodor: Deutsch als Fremdsprache. Eine Einführung in das Studium. Tübingen 1984 (Germanistische Arbeitshefte 29).
- Zur Funktion der Metapher, besonders in Fachtexten. In: Fachsprache 15 (1993), 96-110.
- Die Disziplinierung der Sprache. Fachsprachen in unserer Zeit. Tübingen 1997 (Forum für Fachsprachen-Forschung 33).
Internationale Klassifikation der Krankheiten, Verletzungen und Todesursachen (ICD) in der Fassung der vom Bundesminister für Jugend, Familie und Gesundheit herausgegebenen 9. Revision. 2., überarbeitete Aufl. Köln 1988.
Ischreyt, Heinz: Studien zum Verhältnis von Sprache und Technik. Düsseldorf 1965 (Sprache der Gegenwart 4).
Isis Current Bibliography of the History of Sciences and its Cultural Influences. In: Isis (jährlich fortgesetzt).
ISO 639: Code for the representation of names of languages. Genf 1988.
ISO 704: Principles and methods of terminology. *Principes et méthodes de la terminologie.* Genf 1987.
ISO 860: International harmonization of concepts and terms. Genf 1988 (Working Draft).
ISO 1087: Terminology - Vocabulary. Terminologie - Vocabulaire. Genf 1990.
ISO 1087, Part 2: Terminology work - Vocabulary: Computational aids in terminology. Genf 1994 (Draft International Standard).
ISO 1951: Lexicographical symbols particularly for use in classified defining vocabularies. Genf 1973.
ISO 2788: Documentation - Guidelines for the establishment and development of monolingual thesauri. Genf 1986.

ISO 5964: Documentation - Guidelines for the establishment and development of multilingual thesauri. Genf 1985.

ISO 6156: Magnetic tape exchange format for terminological/lexicographical records (MATER). Genf 1987.

Jahr, Silke: Das Fachwort in der kognitiven und sprachlichen Repräsentation. Essen 1993[a] (Allgemeine Literatur- und Sprachwissenschaft 1).

- Verständlichkeit von Fachtexten in der Verständigung zwischen Experten und Laien. In: Info Deutsch als Fremdsprache 20 (1993[b]), 651-658.
- Das Verstehen von Fachtexten. Rezeption - Kognition - Applikation. Tübingen 1996 (Forum für Fachsprachen-Forschung 34).

Jakob, Karlheinz: Maschine, Mentales Modell, Metapher. Studien zur Semantik und Geschichte der Techniksprache. Tübingen 1991 (Reihe Germanistische Linguistik 123).

- Techniksprache als Fachsprache. In: Fachsprachen, Bd.1 (1998), 142-150.

Jakobs, Eva-Maria; Dagmar Knorr; Sylvie Molitor-Lübbert (Hrsg.): Wissenschaftliche Textproduktion. Mit und ohne Computer. Frankfurt 1995.

Janich, Nina: Fachliche Information und inszenierte Wissenschaft. Fachlichkeitskonzepte in der Wirtschaftswerbung. Tübingen 1998 (Forum für Fachsprachen-Forschung 48).

Johnson, Mark: The Body in the Mind. The Bodily Basis of Meaning, Imagination, and Reason. Chicago 1987.

Jung, Lothar: Fachsprachenorientierter Deutschunterricht für nichttechnisch-naturwissenschaftlich-mathematische Fächer des Universitätsstudiums. In: Zielsprache Deutsch 18 (1987), 13-29.

Jung, Matthias: Öffentlichkeit und Sprachwandel. Zur Geschichte des Diskurses über die Atomenergie. Opladen 1994.

Jung, U., A. Kolesnikova (Hrsg.): Fachsprachen und Hochschule. Frankfurt/M. 2003.

Kallmeyer, Werner (Hrsg.): Kommunikationstypologie. Handlungsmuster, Textsorten, Situationstypen. Düsseldorf 1986 (Sprache der Gegenwart 67).

Kalverkämper, Hartwig: Die Axiomatik der Fachsprachenforschung. In: Fachsprache 2 (1980), 2-20.

- Orientierung zur Textlinguistik. Tübingen 1981 (Linguistische Arbeiten 100).
- Gattungen, Textsorten, Fachsprachen. Textpragmatische Überlegungen zur Klassifikation. In: Hess-Lüttich 1983[a], 91-103.
- Textuelle Fachsprachen-Linguistik als Aufgabe. In: Schlieben-Lange/Kreuzer 1983[b], 124-166.
- Die Fachwelt in der allgemeinen einsprachigen Lexikographie (deutsch - englisch - französisch - italienisch). In: Fachsprache 10 (1988), 98-123.
- Gemeinsprache und Fachsprachen - Plädoyer für eine integrierende Sichtweise. In: Deutsche Gegenwartssprache (1990[a]), 88-133.
- Das Fachwörterbuch für den Laien. In: Wörterbücher Bd.2 (1990[b]), 1512-1523.
- Die kulturanthropologische Dimension von ‚Fachlichkeit' im Handeln und Sprechen. Kontrastive Studien zum Deutschen, Englischen, Französischen, Italienischen und Spanischen. In: Albrecht/Baum 1992, 31-58.
- Im Zentrum der Interessen: Fachkommunikation als Leitgröße. In: Hermes 16 (1996[a]) 1-61.
- Vom Weg und Ziel und ihrer Unvereinbarkeit: Fachsprachenforschung und Fachsprachentheorie. In: Fachsprache 18 (1996[b]), 36-56.
- Fach und Fachwissen. In: Fachsprachen, Bd.1 (1998[a]), 1-24.

- Rahmenbedingungen für die Fachkommunikation. In: Fachsprachen, Bd.1 (1998[b]), 24-47.
- Fachsprache und Fachsprachenforschung. In: Fachsprachen, Bd.1 (1998[c]), 48-59.
- Fachliches Handeln, Fachkommunikation und fachsprachliche Reflexionen in der Renaissance. In: Fachsprachen, Bd.1 (1998[d]), 301-322.

Kalverkämper, Hartwig; Klaus-Dieter Baumann (Hrsg.): Fachliche Textsorten. Komponenten - Relationen - Strategien. Tübingen 1996 (Forum für Fachsprachen-Forschung 25).

Kalverkämper, Hartwig, Klaus-Dieter Baumann, K. Steinberg-Rahal (Hrsg.): Sprachen im Beruf: Stand – Probleme – Perspektiven. Tübingen 2000.

Kalverkämper, Hartwig; Harald Weinrich (Hrsg.): Deutsch als Wissenschaftssprache. Tübingen 1986 (Forum für Fachsprachen-Forschung 3).

Kamlah, Wilhelm; Paul Lorenzen: Logische Propädeutik. Vorschule des vernünftigen Redens. 2., verbesserte und erweiterte Auflage. Mannheim, Wien, Zürich 1973.

Kästner, Hannes: Mittelalterliche Lehrgespräche. Textlinguistische Analysen, Studien zur poetischen Funktion und pädagogischen Intention. Berlin, Bielefeld, München 1979 (Philologische Studien und Quellen 94).

Kehr, Kurt: Die Fachsprache des Forstwesens im 18. Jahrhundert. Eine wort- und sachgeschichtliche Untersuchung zur Terminologie der deutschen Forstwirtschaft. Gießen 1964 (Beiträge zur Deutschen Philologie 32).

Keil, Gundolf: Literaturbegriff und Fachprosaforschung. In: Keil/Assion 1974, 183-196.
- (Hrsg.): Fachliteratur des Mittelalters. Festschrift für Gerhard Eis. Stuttgart 1968.
- (Hrsg.): Fachprosa-Studien. Beiträge zur mittelalterlichen Wissenschafts- und Geistesgeschichte. Berlin, Bielefeld, München 1982.

Keil, Gundolf; Peter Assion (Hrsg.): Fachprosaforschung. Acht Vorträge zur mittelalterlichen Artesliteratur. Berlin, Bielefeld, München 1974.

Keim, Lucrecia: Interkulturelle Interferenzen in der deutsch-spanischen Wirtschaftskommunikation. Frankfurt 1994 (Werkstattreihe Deutsch als Fremdsprache 47).

Kelz, Heinrich P.: Fachsprachen und Studienbewältigung. In: Die neueren Sprachen 87 (1988), 111-122.
- (Hrsg.): Fachsprache 1: Sprachanalyse und Vermittlungsmethoden. Bonn 1983.
- (Hrsg.): Fachsprache 2: Didaktik der Fachsprachen. Bonn 1985.

Keseling, Gisbert: Schreibprozeß und Textstruktur. Empirische Untersuchungen zur Produktion von Zusammenfassungen. Tübingen 1993 (Reihe Germanistische Linguistik 141).

Khai Le-Hong; Peter A. Schmitt: Technische Fachsprachen im Bereich der Kraftfahrzeugtechnik. In: Fachsprachen, Bd.1 (1998), 1153-1163.

Kiefer, Ferenc (ed.): Studies in Syntax and Semantics. Dordrecht 1969.

Kittredge, Richard; John Lehrberger (eds.): Sublanguage. Studies of Language in Restricted Semantic Domains. Berlin, New York 1982 (Foundations of Communication).

Kjaer, Anne Lise: Normbedingte Wortverbindungen in der juristischen Fachsprache. In: Fremdsprachen Lehren und Lernen (1992), 46-64.

Klauke, Michael: Instruktive Fachtexte des Englischen. Eine linguistische Analyse englischsprachiger Betriebs- und Wartungsanleitungen unter besonderer Berücksichtigung funktionaler und struktureller Aspekte. Frankfurt 1993.

Klauser, Rita: Die Fachsprache der Literaturkritik, dargestellt an den Textsorten Essay und Rezension. Frankfurt 1992 (Leipziger Fachsprachen-Studien 3).

Kleiber, Georges: Prototypen-Semantik. Tübingen 1990.

Klein, M.: Einführung in die DIN-Normen. 8., neubearbeitete und erweiterte Aufl. Stuttgart, Berlin 1980.

Kleine Bibliographie fachsprachlicher Untersuchungen. In: Fachsprache (halbjährlich fortgesetzt).

Kleinschmidt, Eberhard (Hrsg.): Fremdsprachenunterricht zwischen Sprachenpolitik und Praxis. Festschrift für Herbert Christ zum 60. Geburtstag. Tübingen 1989 (Tübinger Beiträge zur Linguistik 340).

Klenz, Heinrich: Die deutsche Druckersprache. Scheltenwörterbuch. Neudruck der Ausgabe Straßburg 1900 mit einem Nachwort und einer Bibliographie von Heidrun Kämper-Jensen. Berlin, New York 1991.

Klute, Wilfried (Hrsg.): Fachsprache und Gemeinsprache. Texte zum Problem der Kommunikation in der arbeitsteiligen Gesellschaft. Frankfurt 1975 (Kommunikation/Sprache).

Knobloch, Clemens: Zum Status und zur Geschichte des Textbegriffs. Eine Skizze. In: Zeitschrift für Literaturwissenschaft und Linguistik 77 (1990), 66-87.

- Grundlegende Begriffe und zentrale Fragestellungen der Textlinguistik, dargestellt mit Bezug auf Fachtexte. In: Fachsprachen, Bd.1 (1998), 443-456.
- (Hrsg.): Fachsprache und Wissenschaftssprache. Essen 1987 (Siegener Studien 42).
- Inwiefern wissenschaftliche Gegenstände sprachlich konstituiert sind (und inwiefern nicht). In. Wiegand 1999, 221-243.

Knobloch, Clemens; Burkhard Schaeder (Hrsg.): Nomination - fachsprachlich und gemeinsprachlich. Opladen 1996.

Kocourek, Rostislav: La langue française de la technique et de la science. 2., erweiterte und verbesserte Auflage. Wiesbaden 1991 [1. Aufl. 1982].

Köhler, Claus: Verben in deutschsprachigen Fachtexten - Supplementverben (eine Voraussetzung der Nominalität von Fachtextsätzen). Dresden 1985 (Fachsprache - Fremdsprache - Muttersprache 1).

Kolde, Gottfried: Über Varianten der Begriffsexplikation in deutschen, französischen und englischen Fachwörterbüchern der Linguistik. In: Adamzik 2001, 235-285.

Koller, Werner: Einführung in die Übersetzungswissenschaft. 4., völlig neu bearbeitete Auflage. Heidelberg, Wiesbaden 1992 (Uni-Taschenbücher 819).

Kollmann, F. G.: Deutsch als Wissenschaftssprache im 20. Jahrhundert – eine Einführung. In: Deutsch als Wissenschaftssprache im 20. Jahrhundert, 11-18.

Konerding, Klaus-Peter: Frames und lexikalisches Bedeutungswissen. Untersuchungen zur linguistischen Grundlegung einer Frametheorie und zu ihrer Anwendung in der Lexikographie. Tübingen 1993 (Reihe Germanistische Linguistik 142).

Konerding, Klaus-Peter; Andrea Lehr (Hrsg.): Linguistische Theorie und lexikographische Praxis. Symposiumsvorträge, Heidelberg 1996. Tübingen 1997 (Lexicographica. Series Maior 82).

Koskela, Merja: Thematic Patterning in Scientific and Popular Scientific Texts. In: Kalverkämper/Baumann 1996, 774-788.

Koskensalo, Anniki: Fachsprache und Übersetzen. Textanalytische und interkulturelle Aspekte des fachsprachlichen Übersetzens. In: Fremdsprache und Hochschule 34 (1992), 53-69.

Kresta, Ronald: Realisierungsformen der Interpersonalität in vier linguistischen Fachtextsorten des Englischen und Deutschen. Frankfurt 1995 (Theorie und Vermittlung der Sprache 24).

Kretzenbacher, Heinz Leonhard: Rekapitulation. Textstrategien der Zusammenfassung von wissenschaftlichen Fachtexten. Tübingen 1990 (Forum für Fachsprachen-Forschung 11).
- Zur Linguistik und Stilistik des wissenschaftlichen Fachworts. In: Deutsch als Fremdsprache 28 (1991), 195-201; 29 (1992), 38-46.
- Wissenschaftssprache. Heidelberg 1992 (Studienbibliographien Sprachwissenschaft 5).
- 'Just Give Us the Facts!' The Connection Between the Narrative Taboo, the Ego Taboo and the Metaphor Taboo in Scientific Style. In: Lingua e Stile 29 (1994), 115-130.

Kretzenbacher, Heinz Leonhard; Harald Weinrich (Hrsg.): Linguistik der Wissenschaftssprache. Berlin, New York 1994 (Akademie der Wissenschaften zu Berlin. Forschungsbericht 10).

Krings, Hans P. (Hrsg.): Wissenschaftliche Grundlagen der Technischen Kommunikation. Tübingen 1996 (Forum für Fachsprachen-Forschung 32).

Krüger, Dagobert: Anmerkungen zur Entstehung und Diskussion mathematischer Termini an Beispielen des 17. und 18. Jahrhunderts. In: Albrecht/Baum 1992, 117-133.

Krüger, Sabine: Zum Fachwortschatz des frühen deutschen Eisenbahnwesens (1800-1860). Düsseldorf 1979.

Kühn, H. A.: Die Veränderung der Fachsprache des Schriftsetzers durch den Einfluß der elektronischen Datenverarbeitung. Trier 1988.

Kühn, Peter: Deutsche Wörterbücher. Eine systematische Bibliographie. Tübingen 1978 (Reihe Germanistische Linguistik 15).
- Der Grundwortschatz. Bestimmung und Systematisierung. Tübingen 1979 (Reihe Germanistische Linguistik 17).
- Mehrfachadressierung. Untersuchungen zur adressatenspezifischen Polyvalenz sprachlichen Handelns. Tübingen 1995 (Reihe Germanistische Linguistik 154).

Kuntz, Helmut: Zur textsortenmäßigen Binnendifferenzierung des Faches Kraftfahrzeugtechnik. Eine syntaktische Analyse mittels valenzspezifischer Muster insbesondere im Bereich der Satzbaupläne. Göppingen 1979 (Göppinger Arbeiten zur Germanistik 261).

Lakoff, George: Categories and Cognitive Models. Trier 1982.

Lakoff, George; Mark Johnson: Metaphors we Live by. Chicago 1980.

Langeheine, V. (Hrsg.): Deutsch in der beruflichen Kommunikation. Grundlagen, Unterrichtspraxis, Materialien. Göttingen 2001.

Laurén, Christer: Fackspråk. Form, innehåll, funktion. Lund 1993.

Laurén, Christer; Marianne Nordman (eds.): Special Language. From Humans Thinking to Thinking Machines. Clevedon, Phil. 1989.

Laurén, Christer; Heribert Picht (Hrsg.): Ausgewählte Texte zur Terminologie. Wien 1993 (Serie IITF/Infoterm 1).

Lavric, E. (Hrsg.): Fachsprache und Allgemeinsprache in der wirtschaftssprachlichen Ausbildung. LSP and LGP in Business Language Teaching. Langue de spécialité et langage commun dans l'enseignement du langage économique. Tostedt 2000.

Lehr, Andrea, Matthias Kammerer, Klaus-Peter Konerding, Angelika Storrer, Caja Thimm, Werner Wolski (Hrsg.): Sprache im Alltag. Beiträge zu neuen Perspektiven in der Linguistik. Herbert Ernst Wiegand zum 65. Geburtstag gewidmet. Berlin, New York: 2001.

Leibniz, Gottfried Wilhelm: Ermahnung an die Deutschen, ihren Verstand und ihre Sprache besser zu üben [...]. Hannover 1846 (entstanden um 1682/83). Ausgabe: Stuttgart 1983.

Leibniz, Gottfried Wilhelm: Unvorgreifliche Gedanken, betreffend die Ausübung und Verbesserung der deutschen Sprache. Hannover 1717 (entstanden um 1697). Ausgabe Stuttgart 1983.

Leibniz, Gottfried Wilhelm: Nouveaux essais sur l'entendement humain. 1765 (entstanden 1704). Ausgabe: Frankfurt 1961.

Leisen, Josef: Handbuch des deutschsprachigen Fachunterrichts (DFU). Didaktik, Methodik und Unterrichtshilfen für alle Sachfächer im DFU und fachsprachliche Kommunikation in Fächern wie Physik, Mathematik, Chemie, Biologie, Geographie, Wirtschafts-/Sozialkunde. Bonn 1994.

Lenz, Friedrich: Organisationsprinzipien in mündlicher Fachkommunikation. Zur Gesprächsorganisation von Technical Meetings. Frankfurt 1989.

Leube, Karin: Kleine Bibliographie fachsprachlicher Untersuchungen. Fortsetzung. Leipzig 1978.

Liang, Yong: Zur Fremdheitsproblematik in der interkulturellen Fachkommunikation. In: Wierlacher 1993, 153-171.

Liebert, Wolf-Andreas: Fremdagens, Eindringlinge, Piraten und unsichtbare Killer. Metaphern-Modelle als Übergangsphänomene zwischen Theorietexten, fachlichen PR-Texten und populärwissenschaftlichen Texten zum Thema AIDS und HIV-Forschung. In: Spillner 1994, 85-87.

Lindgren, Uta: Die Artes liberales in Antike und Mittelalter. München 1992.

Lippert, Herbert: Fachsprache Medizin. In: Henne [et al.] 1978, 86-101.

- Sprachliche Mittel in der Kommunikation im Bereich der Medizin. In: Mentrup 1979, 84-99.
- Englisch – neue Wissenschaftssprache der Medizin. In: Kalverkämper/Weinrich 1985, 39-43.
- Lehrbuch Anatomie. 3., erweiterte Aufl. München, Wien, Baltimore 1993.

Lippert-Burmeister, Wunna: Medizinische Fachsprache: Programmiertes Lehrbuch für Medizinstudium und Gesundheitsberufe. Stuttgart 1994.

Littmann, Günther: Fachsprachliche Syntax. Zur Theorie und Praxis syntaxbezogener Sprachvariantenforschung. Hamburg 1981 (Hamburger Philologische Studien 52).

Liu, Yongdong: Fachsprachliche Zeige- und Verweisstrukturen in Patentschriften. München 1992 (Studien Deutsch 14).

Löffler, Heinrich: Deutsch-lateinische Schreib-Diglossie im späten Mittelalter. Zur textfunktionalen Verteilung von Deutsch und Latein in der urbarialen Verwaltungssprache des frühen 15. Jahrhunderts. Eine Fallstudie. In: Greule/Ruhberg 1989, 125-137.

Löning, Petra: Zur medizinischen Fachsprache. Stilistische Gliederung und Textanalysen. In: Muttersprache 91 (1981), 79-92.

Löning, Petra; Jochen Rehbein (Hrsg.): Arzt-Patienten-Kommunikation. Analysen zu interdisziplinären Problemen des medizinischen Diskurses. Berlin, New York 1993.

Luchtenberg, Sigrid: Fachsprache im Unterricht mit Aussiedlern. In: Glumpler/Sandfuchs 1992, 147-160.

Lüking, Silke: Bibliographie zur Fachsprache der Medizin. In: Dressler/Schaeder 1994, 281-301.

Lüschow, Frank: Sprache und Kommunikation in der technischen Arbeit. Frankfurt 1992.

Lutzeier, Peter Rolf: Wort und Feld. Tübingen 1981.

- Linguistische Semantik. Stuttgart 1985 (Sammlung Metzler 219).

Luyten, Norbert A. (Hrsg.): Wirklichkeitsbezug wissenschaftlicher Begriffe. Gleichnis oder Gleichung? Freiburg, München 1986 (Grenzfragen 14).
Lyons, John: Linguistic Semantics. An Introduction. Cambridge 1995.
Mackay, Ronald; Alan Mountford (eds.): English for Specific Purposes. A Case Study Approach. 2nd ed. London 1979.
Mangold, Jürgen: Fachsprache Mathematik und Deutsch als Fremdsprache. Frankfurt 1985 (Werkstattreihe Deutsch als Fremdsprache 15).
Mattheier, Klaus J.: Wege und Umwege zur neuhochdeutschen Schriftsprache. In: Zeitschrift für germanistische Linguistik 9 (1981), 274-307.
Maurer, Friedrich; Heinz Rupp (Hrsg.): Deutsche Wortgeschichte. 3., neubearb. Aufl. Berlin 1974.
Mayer, F. (Hrsg.): Language for Special Purposes: Perspectives for the New Millennium. 2 Vols. Tübingen 2000/2001.
Mayer, F., K.-D. Schmitz, J. Zeumer (Hrsg.): eTerminology. Akten des Symposions Köln, 12.-13. April 2002. Köln 2002.
Meesen, August: Begriffsbildung und Modellvorstellungen in der Physik. In: Luyten 1986, 11-46.
Mentrup, Wolfgang: Gemeinsprache und Fachsprachen. Überlegungen zur Methodik ihrer lexikographischen Erfassung. In: Wirkendes Wort 26 (1976), 431-443.
- Überlegungen zur lexikographischen Erfassung der Gemeinsprache und der Fachsprachen. In: Henne 1978, 48-77.
- Der Sprach- und Wörterbuchausschnitt ‚Anweisung durch Packungsbeilage von Medikamenten'. Zur lexikographischen Beschreibung des Vokabulars. In: Mentrup 1982, 1-33.
- (Hrsg.): Fachsprachen und Gemeinsprache. Jahrbuch 1978 des Instituts für deutsche Sprache. Düsseldorf 1979 (Sprache der Gegenwart 46).
- (Hrsg.): Konzepte zur Lexikographie. Studien zur Bedeutungserklärung in einsprachigen Wörterbüchern. Tübingen 1982.
Menzel, Wolfgang W.: Vernakuläre Wissenschaft. Christian Wolffs Bedeutung für die Herausbildung und Durchsetzung des Deutschen als Wissenschaftssprache. Tübingen 1996 (Reihe Germanistische Linguistik 166).
Michler, M.; J. Benedum: Einführung in die medizinische Fachsprache. Berlin, Heidelberg, New York 1972.
Mikkelsen, Hans-Kristian; Hans-Peder Kromann: Fagsprog og fagsproglig kommunikation ca. 1970-1988. En udforlig systematisk bibliografi på database. Kopenhagen 1988.
Mitzka, Walther (Hrsg.): Wortgeographie und Gesellschaft. Festgabe für Ludwig Erich Schmitt zum 60. Geburtstag. Berlin 1968.
Möhn, Dieter: Fach- und Gemeinsprache. Zur Emanzipation und Isolation der Sprache. In: Mitzka 1968, 315-348.
- Formen der fachexternen Kommunikation. Linguistische Analyse und fachdidaktische Vermittlung. In: Der Deutschunterricht 31 (1979), H.5, 71-87.
Möhn, Dieter; Roland Pelka: Fachsprachen. Eine Einführung. Tübingen 1984 (Germanistische Arbeitshefte 30).
Monteiro, Maria: Deutsche Fachsprachen im Ausland am Beispiel Brasiliens. Heidelberg 1990 (Sammlung Groos 39).
Monteiro, Maria; Dietmar Rösler: Eine Vorlesung ist nicht nur eine Vor-Lesung: Überlegungen zur Beschreibung eines kommunikativen Ereignisses in der Lehre an der Hochschule. In: Fachsprache 15 (1993), 1-2, 54-67.

Moran, Michael; Debra Kournet (eds.): Research in Technical Communication. A Bibliographic Sourcebook. Westport, Conn., London 1985.

Morgenroth, Klaus (Hrsg.): Methoden der Fachsprachendidaktik und -analyse. Frankfurt 1993 (Werkstattreihe Deutsch als Fremdsprache 45).

Moschitz-Hagspiel, Birgit: Die sowjetische Schule der Terminologie (1931-1991). Wien 1994 (IITF-Series 5)

Möslein, Kurt: Einige Entwicklungstendenzen in der Syntax der wissenschaftlich-technischen Literatur seit dem Ende des 18. Jahrhunderts. In: Beiträge zur Geschichte der deutschen Sprache und Literatur (Halle) 94 (1974), 156-198.

Mounin, Georges: Die Übersetzung. Geschichte, Theorie, Anwendung. München 1967 (Sammlung Dialog 20).

Muckenhaupt, Manfred: Text und Bild. Grundfragen der Beschreibung von Text-Bild-Kommunikationen aus sprachwissenschaftlicher Sicht. Tübingen 1986 (Tübinger Beiträge zur Linguistik 271.)

Müller, Bernd-Dietrich: Interkulturelle Wirtschaftskommunikation. 2., überarbeitete und erweiterte Aufl. München 1993 (Studium Deutsch als Fremdsprache. Sprachdidaktik 9).

Müller, F.: Untersuchungen zur Rechtslinguistik. Interdisziplinäre Studien zu praktischer Semantik und strukturierender Rechtslehre in Grundfragen der juristischen Methodik. Berlin 1989.

Müller, Horst M.: Sprache und Evolution. Grundlagen der Evolution und Ansätze einer evolutionstheoretischen Sprachwissenschaft. Berlin, New York 1990 (Grundlagen der Kommunikation und Kognition).

Munsberg, Klaus: Mündliche Fachkommunikation. Das Beispiel der Chemie. Tübingen 1994 (Forum für Fachsprachen-Forschung 21).

Munske, Horst Haider; Peter von Polenz, Oskar Reichmann, Reiner Hildebrandt (Hrsg.): Deutscher Wortschatz. Lexikologische Studien. Ludwig Erich Schmitt zum 80. Geburtstag. Berlin, New York 1988.

Nabrings, Kirsten: Sprachliche Varietäten. Tübingen 1981 (Tübinger Beiträge zur Linguistik 147).

Nehm, Ulrich (Hrsg.): Fachsprachen - Organisation und Vermittlung. Bochum 1991 (Fremdsprachenunterricht und Hochschule 32).

Neubauer, Fritz: Die Struktur der Explikationen in deutschen einsprachigen Wörterbüchern. Eine vergleichende lexiko-semantische Analyse. Hamburg 1980 (Papiere zur Textlinguistik 27).

Neubert, Gottfried: Zur Synonymenproblematik in der terminologischen Lexik technischer Fachsprachen. In: Fachsprache 9 (1987), 31-44.

Neubert, Gunter (Hrsg.): Textgattungen der Technik. Praktische Hinweise für den Übersetzer. Berlin 1980.

Neumann-Mangold, Peter: Der Arztbrief. Eine Fibel zum praktischen Gebrauch. 2., überarbeitete Aufl. München, Berlin, Wien 1970.

Niederhauser, Jörg, Kirsten Adamzik (Hrsg.): Wissenschaftssprache und Umgangssprache im Kontakt. Frankfurt 1999.

Nielsen, Sandro: The Bilingual LSP Dictionary. Principles and Practice for Legal Language. Tübingen 1994 (Forum für Fachsprachen-Forschung 24).

Nord, Christine: Einführung in das funktionale Übersetzen. Tübingen, Basel 1993 (Uni-Taschenbücher 1734).

Nordman, Marianne: Svenskt fackspråk. Lund 1992[a].

- (Hrsg.): Fachsprachliche Miniaturen. Festschrift für Christer Laurén. Frankfurt 1992[b] (Nordeuropäische Beiträge aus den Human- und Gesellschaftswissenschaften 2).

Nuopponen, A., T. Harakka, R. Tatje (Hrsg.): Interkulturelle Wirtschaftskommunikation – Forschungsobjekte und Methoden. Intercultural Business Communication – Objects and Methods. Vaasa 2002.

Nussbaumer, Markus: Sprache und Recht. Heidelberg 1997 (Studienbibliographien Sprachwissenschaft 20).

Oksaar, Els: Fachsprachen, interaktionale Kompetenz und Kulturkontakt. In: Kelz 1983, 30-45.

- Fachsprachliche Dimensionen. Tübingen 1988 (Forum für Fachsprachen-Forschung 4).

Oksaar, Els; Sabine Skudlik; Jürgen von Stackelberg (Hrsg.): Gerechtfertigte Vielfalt. Zur Sprache in den Geisteswissenschaften. Darmstadt 1988.

Oldenburg, Hermann: Angewandte Fachtextlinguistik. „Conclusions" und Zusammenfassungen. Tübingen 1992 (Forum für Fachsprachen-Forschung 17).

- Das Problem der Normung von Fachtextsorten. In: Kalverkämper/Baumann 1996, 541-553.

Olschki, Leonardo: Geschichte der neusprachlichen wissenschaftlichen Literatur. Bd.1: Die Literatur der Technik und der angewandten Wissenschaften vom Mittelalter bis zur Renaissance in Italien. Heidelberg 1918. Bd.2: Bildung und Wissenschaft im Zeitalter der Renaissance in Italien. Leipzig [et al.] 1922. Bd.3: Galilei und seine Zeit. Halle 1927.

Opitz, Kurt: The Technical Dictionary for the Expert. In: Wörterbücher Bd.2 (1990[a]), 1505-1512.

- Formen und Probleme der Datenerhebung III: Fachwörterbücher. In: Wörterbücher Bd.2 (1990[b]), 1625-1631.

Oppitz, Ulrich-Dieter: Deutsche Rechtsbücher des Mittelalters. Bd.1: Beschreibung der Rechtsbücher. Bd.2: Beschreibung der Handschriften. Köln, Wien 1990.

Pack, Solja: Die sprachliche Form hypothetischen Denkens in der Wissenschaftssprache. München 1993 (Studien Deutsch 17).

Patocka, Franz: Das österreichische Salzwesen. Eine Untersuchung zur historischen Terminologie. Wien, Köln, Graz 1987[a] (Schriften zur deutschen Sprache in Österreich 15).

Patocka, Franz: Zur Problematik der Erforschung älterer Fachsprachen. In: Fachsprache 9 (1987[b]), 52-59.

Pelka, Roland: Werkstückbenennung in der Metallverarbeitung. Göppingen 1971.

Petöfi, Janos Sándor (Hrsg.): Texte und Sachverhalte. Aspekte der Wort- und Textbedeutung. Hamburg 1983 (Papiere zur Textlinguistik 42).

Petzel, Eike H.; Hardarik Blühdorn: Deutsch als Unterrichtssprache im Physikunterricht für fremdsprachige Schüler. In: Zielsprache Deutsch 26 (1995), H.2, 71-81.

Peuser, G.; S. Winter (Hrsg.): Angewandte Sprachwissenschaft. Grundfragen – Berichte – Methoden. Bonn 1981.

Pfeiffer, Waldemar (Hrsg.): Deutsch als Fachsprache in der Deutschlehrerausbildung und -fortbildung. Poznan 1990.

Pfundmayr, M., A. Preissner: Terminologie in der Normung: Die Terminologiedatenbank des DIN. In: Mayer/Schmitz/Zeumer 2002, 38-48.

Picht, Heribert: Bibliografi over terminologiske artikler og af handlinger i videste forstand. Kopenhagen 1982.

- Terminologie - Ein trans- und interdisziplinäres Wissensgebiet. Die Entwicklung nach Eugen Wüster. In: Fachsprache 15 (1993), 1-18.

Picht, Robert (Hrsg.): Praxisfeld Wirtschaft. Fremdsprachliche und interkulturelle Aus- und Weiterbildung. München 1989 (Jahrbuch Deutsch als Fremdsprache 15, 79-306).

Piirainen, Ilpo Tapani: Historizität der Fachsprachen am Beispiel der deutschen Bergbausprache. In: Laurén/Nordman 1989, 80-88.

Pinchuk, Isadore: Scientific and Technical Translation. London 1977.

Pinkal, Manfred: Logik und Lexikon - Die Semantik des Unbestimmten. Berlin, New York 1985[a].

- Kontextabhängigkeit, Vagheit, Mehrdeutigkeit. In: Schwarze/Wunderlich 1985[b], 27-63.

Pogarell, Rainer: Linguistik im Industriegebiet. Eine annotierte Auswahlbibliographie. Aachen 1988.

Pohl, Inge, Klaus-Peter Konerding (Hrsg.): Stabilität und Flexibilität in der Semantik. Strukturelle, kognitive, pragmatische und historische Perspektiven. Frankfurt/M. 2004 (Sprache – System und Tätigkeit 52).

von Polenz, Peter: Über die Jargonisierung von Wissenschaftssprache und wider die Deagentivierung. In: Bungarten (1981), 85-110.

- Deutsche Satzsemantik. Grundbegriffe des Zwischen-den-Zeilen-Lesens. 2. Aufl. Berlin, New York 1988 (Sammlung Göschen 2226).

- Deutsche Sprachgeschichte vom Spätmittelalter bis zur Gegenwart. Bd.1: Einführung, Grundbegriffe, Deutsch in der frühbürgerlichen Zeit. Berlin, New York 1991 (Sammlung Göschen 2237). Bd.2: 17. und 18. Jahrhundert. Berlin, New York 1994 (de Gruyter Studienbuch).

Pöll, Bernhard (Hrsg.): Fachsprache - kontrastiv: Beiträge der gleichnamigen Sektion des 21. Österreichischen Linguistentags, Salzburg 23.-26. Oktober 1993. Bonn 1994 (Abhandlungen zur Sprache und Literatur 71).

Porep, Rüdiger; Wolf-Ingo Steudel: Medizinische Terminologie. Ein programmierter Kurs zur Einführung in die medizinische Fachsprache. Stuttgart 1974.

Pörksen, Uwe: Deutsche Naturwissenschaftssprachen. Historische und kritische Studien. Tübingen 1986 (Forum für Fachsprachen-Forschung 2).

- Wissenschaftssprache und Sprachkritik. Untersuchungen zu Geschichte und Gegenwart. Tübingen 1994 (Forum für Fachsprachen-Forschung 22).

Posner, Roland: What is an Academic Discipline? In: Claussen/Daube-Schackat 1988, 165-185.

Pudszuhn, Manfred: Fachunterricht versus Sprachunterricht. Frankfurt 1994 (Deutsch als Fremdsprache in der Diskussion 2).

Putnam, Hilary: The Meaning of Meaning. In: Hilary Putnam: Mind, Language, and Reality. Philosophical Papers. Cambridge 1979, Vol.2, 215-271. – Dt.: Die Bedeutung von „Bedeutung“. Hrsg. und übers. von W. Spohn. Frankfurt/M. 1979.

Quine, Willard Van Orman: Grundzüge der Logik. Übersetzt von Dirk Siefkes. Frankfurt/M. 1974 (suhrkamp taschenbuch wissenschaft 65).

Rainer, F., M. Stegu unter Mitarbeit von H. Kiko (Hrsg.): Wirtschaftssprache: Anglistische, germanistische, romanistische und slavistische Beiträge, gewidmet Peter Schifko zum 60. Geburtstag. Frankfurt/M. 1998,

Ramadan, Hassan: Deutsch als Fachsprache in Ägypten. Begründung eines fachsprachlichen Curriculums (DaF) an der Al-Azhar Universität Kairo. Heidelberg 1992 (Sammlung Groos 46).

von Randow, Elise: Verständlichkeit als Problem sozialwissenschaftlicher, insbesondere soziologischer Fachtexte. In: Bungarten 1992, 140-151.

Reichmann, Oskar: Germanistische Lexikologie. 2., vollständig umgearbeitete Auflage von „Deutsche Wortforschung“. Stuttgart 1976 (Sammlung Metzler 82).

- Nationalsprache. In: Althaus/Henne/Wiegand 1980, 515-519.

Reinart, Sylvia: Terminologie und Einzelsprache. Frankfurt 1993 (Europäische Hochschulschriften. Reihe 21: 130).

Reinhardt, Werner: Produktive verbale Wortbildungstypen in der Fachsprache der Technik. In: Wissenschaftliche Zeitschrift der Pädagogischen Hochschule Potsdam. Gesellschafts- und sprachwissenschaftliche Reihe 10 (1966), 183-195.

Reinhardt, Werner; Claus Köhler; Gunter Neubert: Deutsche Fachsprache der Technik. Ein Ratgeber für die Sprachpraxis. 3., neubearbeitete Auflage. Hildesheim 1992 (Studien zu Sprache und Technik 3).

Reinhardt, Werner; Gunter Neubert: Zu Wortbildungsmodellen in der deutschen Fachsprache der Technik. In: Neubert 1980, 29-54.

Reuter, Ewald; Hartmut Schröder; Liisa Tiitula: Deutsch-finnische Kulturunterschiede in der Wirtschaftskommunikation. Fragestellungen, Methoden und Ergebnisse eines Forschungsprojekts. In: Jahrbuch Deutsch als Fremdsprache 15 (1989), 237-269.

Rey, Alain: La terminologie: Noms et Notions. Paris 1979.

Ricken, Ulrich: Sprachtheorie und Weltanschauung in der europäischen Aufklärung. Berlin 1990.

- Zum Thema Christian Wolff und die Wissenschaftssprache der deutschen Aufklärung. In: Kretzenbacher/Weinrich 1994, 41-90.

Rickheit, Gerd; Sigurd Wichter (Hrsg.): Dialog. Festschrift für Siegfried Grosse. Tübingen 1990.

Riegel, Claudia; Rosemarie Zahn (Hrsg.): Der Bedarf an Fremdsprachenkenntnissen in Wissenschaft, Hochschulunterricht und akademischen Berufen. Erhebung zum Fremdsprachenbedarf von Nichtphilologen aus der Sicht der Lehrpersonen ausgewählter bundesdeutscher Hochschulen. Bochum 1989 (AKS-Dokumentation).

Riha, Ortrun: Das systematologische Defizit der Artesforschung. In: Archiv für das Studium der neueren Sprachen und Literaturen 229 (1992), 255-276.

Robinson, Pauline: ESP (English for Specific Purposes): The present position. 2nd ed. Oxford 1984.

- ESP today: A Practitioner's Guide. Helmel Hempstead 1992 (Prentice Hall International).

- ESP – English for Specified People – A View of ESP Today. In: Spillner 1994, 33-40.

Robinson, Richard: Definition. 4th ed. Oxford 1965.

Roelcke, Thorsten: Die Terminologie der Erkenntnisvermögen. Wörterbuch und lexikosemantische Untersuchung zu Kants „Kritik der reinen Vernunft“. Tübingen 1989 (Reihe Germanistische Linguistik 95).

- Das Eineindeutigkeitspostulat der lexikalischen Fachsprachensemantik. In: Zeitschrift für germanistische Linguistik 19 (1991), 194-208.

- Lexikalische Bedeutungsrelationen. Varietätenimmanenz und Varietätentranszendenz im onomasiologischen und im semasiologischen Paradigma. In: Zeitschrift für Dialektologie und Linguistik 59 (1992[a]), 183-189.

- Lexikalische Konversen. Definition und Klassifikation. In: Zeitschrift für germanistische Linguistik 20 (1992[b]), 318-327.

- Dramatische Kommunikation. Modell und Reflexion bei Dürrenmatt, Handke, Weiss. Berlin, New York 1994[a] (Quellen und Forschungen zur Sprach- und Kulturgeschichte der germanischen Völker 107 [231]).
- Wörterbuch zu den philosophischen Schriften Friedrich Schillers. Konzeption und Probeartikel. In: Lexicographica 10 (1994[b]), 43-60.
- Periodisierung der deutschen Sprachgeschichte. Analysen und Tabellen. Berlin, New York 1995[a] (Studia Linguistica Germanica 40).
- Fachwortkonzeption und Fachwortgebrauch. Hintergründe einer Diskrepanz zwischen Sprachwissenschaft und Sprachwirklichkeit. In: Zeitschrift für deutsche Philologie 114 (1995[b]), 394-409.
- Sprachtypologie des Deutschen. Historische, regionale und funktionale Variation. Berlin, New York 1997[a] (Sammlung Göschen 2812).
- Fachlexikologie und Fachlexikographie. Eine historische und systematische Problemskizze. In: Konerding/Lehr 1997[b], 207-217.
- Die deutschsprachige Fachlexikographie der Philosophie: eine Übersicht. In: Fachsprachen, Bd.2 (1998[a]).
- Das Kunstwort in der Zeit der Aufklärung. Wissenschaftliche Konzeption und faktischer Gebrauch. In: Fachsprachen, Bd.2 (1998[b]).
- Sprachwissenschaft und Wissenschaftssprache. In: Wiegand 1999, 595-618.
- Fachsprachen im Alltag: Probleme und Perspektiven der Kommunikation zwischen Experten und Laien. In: Lehr [et al.] 2001[a], 219-231.
- Was bringt die Kognitive Semantik dem fachlexikalischen Wissenstransfer? In Wichter/Antos 2001[b], 51-63.
- Zusammenhänge zwischen typologischen und funktionalen Charakteristika der deutschen Fachsprachen - eine systematische Annäherung. In: Sprachwissenschaft 27 (2002[a]), 37-53.
- Homonymie und Polysemie in den terminologischen und terminographischen Grundsatznormen des Deutschen Instituts für Normung e.V. (DIN). In: Lexicographica 17 (2001 [2002b]), 92-143.
- „Besser wäre z.B. ‚JArbAnBMldg'". Überlegungen zur Konzeption von sprachlicher Ökonomie in der terminologischen Grundsatznormung. In: Fachsprache 24 (2002[c]), 36-49.
- Einfalt statt Vielfalt? Deutsche und internationale Wissenschaftssprachen im Zeitalter des Rationalismus und in der Gegenwart. In: Jahrbuch der ungarischen Germanistik 2001 [Budapest 2002d], 179-192.
- Fachsprache und Fachkommunikation. In: Der Deutschunterricht 54 (2002[e]), 9-20.
- Efficiency of communication: A new concept of language economy. In: Glottemetrics 4 (2002[f]): To honor G. K. Zipf. Vol. 2. S. 27-38.
- Synthetischer und analytischer Sprachbau in den deutschen Fachsprachen der Gegenwart. in: Das Wort. Germanistisches Jahrbuch der GUS 2002 [Moskau 2002g], 179-195.
- Wörterbücher der Philosophie im Spannungsverhältnis zwischen philosophischem Diskurs und lexikographischer Struktur. In: Lexicographica 18 (2002[h]), 65-88.
- Kommunikative Effizienz. Eine Modellskizze. Heidelberg: Winter, 2002[i] (Sprache – Literatur und Geschichte 23).
- Stabilität statt Flexibilität? Kritische Anmerkungen zu den semantischen Grundlagen der modernen Terminologielehre. In: Pohl/Konerding 2004, 137-150.

Rolf, Eckard: Die Funktionen der Gebrauchstextsorten. Berlin, New York 1993 (Grundlagen der Kommunikation und Kognition).
Rosch, Eleanor: Human Categorization. In: Warren 1977, 1-49.
Ruge, Jürgen: Der landwirtschaftliche Wortschatz in der Wilstermarsch. Generationenspezifische Untersuchungen zu seiner Entwicklung. Hamburg 1995.
Sachtleber, Susanne: Die Organisation wissenschaftlicher Texte. Eine kontrastive Analyse. Frankfurt 1993 (Europäische Hochschulschriften. Reihe 21: Linguistik 127).
Sager, Juan C., David Dungworth, Peter F. McDonald: English Special Languages. Principles and Practice in Science and Technology. Wiesbaden 1980.
Satzger, Axel (Hrsg.): Sprache und Technik. Frankfurt/M. 1999.
de Saussure, Ferdinand: Cours de linguistique générale. Publié par Charles Bally et Albert Sechehaye avec la collaboration de Albert Riedlinger. Édition critique préparée par Tullio de Mauro. Paris 1972 (Bibliothèque scientifique).
von Savigny, Eike: Grundkurs im wissenschaftlichen Definieren. 5. Aufl. München 1980.
Savory, Theodore H.: The Language of Science. 2nd ed. London1967.
Schade, Günter: Einführung in die deutsche Sprache der Wissenschaften. Ein Lehrbuch für Ausländer. 12. Aufl. Berlin 2002.
Schaeder, Burkhard: Untersuchungen zur Kodifikation der Wirtschaftssprache in fachsprachlichen und gemeinsprachlichen Wörterbüchern. In: Mentrup 1982, 65-91.
- Germanistische Lexikographie. Tübingen 1987 (Lexicographica. Series Maior 21).
- Zu einer Theorie der Fachlexikographie. In: Schaeder/Bergenholtz 1994, 11-41.
- (Hrsg.): Fachsprachen und Fachkommunikation in Forschung, Lehre und beruflicher Praxis. Essen 1994 (Siegener Studien 54).
Schaeder, Burkhard; Henning Bergenholtz (Hrsg.): Fachlexikographie. Fachwissen und seine Repräsentation in Wörterbüchern. Tübingen 1994 (Forum für Fachsprachen-Forschung 23).
Schefe, Peter: Statistische syntaktische Analyse von Fachsprachen mit Hilfe elektronischer Rechenanlagen am Beispiel der medizinischen, betriebswirtschaftlichen und literaturwissenschaftlichen Fachsprachen im Deutschen. Göppingen 1975 (Göppinger Arbeiten zur Germanistik 165).
Schellenberg, Wilhelm (Hrsg.): Untersuchungen zur Strategie der Sprachgestaltung ausgewählter Fachtextsorten aus Gegenwart und Neuzeit. Tostedt 1994 (Hamburger Arbeiten zur Fachsprachenforschung 2).
Scherer, Wilhelm: Zur Geschichte der deutschen Sprache. 2. Aufl. Berlin 1890.
Schierholz, Stefan: Fachlexikograpghie und Terminographie. In: Zeitschrift für Angewandte Linguistik 39 (2003), 5-27.
Schiewe, Jürgen: Sprachenwechsel - Funktionswandel - Austausch der Denkstile. Die Universität Freiburg zwischen Latein und Deutsch. Tübingen 1996 (Reihe Germanistische Linguistik 167).
Schipperges, Heinrich: Die Sprache des Arztes. Stuttgart 1976 (Schriftenreihe der Bezirksärztekammer Nordwürttemberg 25).
- Die Sprache der Medizin. Medizinische Terminologie als Einführung in das ärztliche Denken und Handeln. Heidelberg 1988.
Schirmer, Alfred: Der Wortschatz der Mathematik nach Alter und Herkunft untersucht. Straßburg 1912 (Zeitschrift für deutsche Wortforschung, Beiheft 14).
Schlieben-Lange, Brigitte: Dialog und Aufklärung. In: Schlieben-Lange 1989, 1-16.

- (Hrsg.): Fachgespräche in Aufklärung und Revolution. Tübingen 1989 (Konzepte der Sprach- und Literaturwissenschaft 47).

Schlieben-Lange, Brigitte; Helmut Kreuzer (Hrsg.): Fachsprache und Fachliteratur. Zeitschrift für Literaturwissenschaft und Linguistik 51-52 (1983).

Schlobinski, Peter: Empirische Sprachwissenschaft. Opladen 1996 (WV studium 174).

Schmidt, Ch. (Hrsg.): Wirtschaftsalltag und Interkulturalität. Fachkommunikation als interdisziplinäre Herausforderung. Wiesbaden 2002.

Schmidt, Siegfried J.: Texttheorie. Probleme einer Linguistik der sprachlichen Kommunikation. 2., verbesserte und ergänzte Aufl. München 1976.

- Grundriß der empirischen Literaturwissenschaft. Frankfurt/M. 1991.

- Kognitive Autonomie und soziale Orientierung. Konstruktivistische Bemerkungen zum Zusammenhang von Kognition, Kommunikation, Medien und Kultur. Frankfurt/M. 1994.

Schmidt-Wiegand, Ruth: Eike von Repgow. Sachsenspiegel. Die Wolfenbütteler Bilderhandschrift. Faksimile - Textband - Kommentarband. Berlin 1993.

Schmitt, Peter A.: PONS Fachwörterbuch der Kraftfahrzeug-Technik. Englisch - Deutsch, Deutsch - Englisch. 2 Bände. Stuttgart 1992.

- Anglizismen in den Fachsprachen. Eine pragmatische Studie am Beispiel der Kerntechnik. Heidelberg 1985.

- Die „Eindeutigkeit“ von Fachtexten: Bemerkungen zu einer Fiktion. In: Snell-Hornby 1994, 252-282.

Schmitt, Wolfram (Hrsg.): Deutsche Fachprosa des Mittelalters. Berlin, New York 1972 (Kleine Texte für Vorlesungen und Übungen 190).

Schnädter, Herbert: Zur Rolle der Fachsprachen in den Lehrplänen der Gymnasialen Oberstufe. In: Die Neueren Sprachen 87 (1988), 1-2, 122-148.

Schnelle, Helmut: Die Natur der Sprache. Die Dynamik der Prozesse des Sprechens und Verstehens. Berlin, New York 1996 (Grundlagen der Kommunikation und Kognition).

Scholz, Oliver R.: Metaphern in der Wissenschaft. In: Petöfi 1983, 23-33.

Schrader, Norbert: Termini zwischen wahrer Natur und willkürlicher Beziehung. Exemplarische Untersuchungen zu Theorie und Praxis historischer Wissenschaftssprache. Tübingen 1990 (Reihe Germanistische Linguistik 105).

Schröder, Hartmut: Aspekte einer Didaktik/Methodik des fachbezogenen Fremdsprachenunterrichts (Deutsch als Fremdsprache) unter besonderer Berücksichtigung sozialwissenschaftlicher Fachtexte. Frankfurt 1988 (Werkstattreihe Deutsch als Fremdsprache 20).

- Linguistic and Text-theoretical Research on Languages for Special Purposes. A Thematic and Bibliographical Guide. In: Schröder 1991, 1-48.

- Interkulturelle Fachkommunikationsforschung. Aspekte kulturkontrastiver Untersuchungen schriftlicher Wirtschaftskommunikation. In: Bungarten 1993, Bd. 1, 517-550.

- (Hrsg.): Subject-oriented Texts. Languages for Special Purposes and Text Theory. Berlin, New York 1991 (Research in Text Theory 16).

- (Hrsg.): Fachtextpragmatik. Tübingen 1993 (Forum für Fachsprachen-Forschung 19).

Schuldt, Janina: Den Patienten informieren. Beipackzettel von Medikamenten. Tübingen 1992 (Forum für Fachsprachen-Forschung 15).

Schütte, Wilfried: Scherzkommunikation unter Orchestermusikern. Interaktionsformen in einer Berufswelt. Tübingen 1991 (Forschungsberichte des Instituts für deutsche Sprache 67).

Schüttler, Susanne: Zur Verständlichkeit von Texten mit chemischem Inhalt. Frankfurt 1994 (Theorie und Vermittlung der Sprache 19).

Schwarz, Monika: Kognitive Semantiktheorie und neuropsychologische Realität. Repräsentationale und prozedurale Aspekte der semantischen Kompetenz. Tübingen 1992[a] (Linguistische Arbeiten 273).

- Einführung in die Kognitive Linguistik. Tübingen 1992[b] (Uni-Taschenbücher 1636).

Schwarze, Christoph; Dieter Wunderlich (Hrsg.): Handbuch der Lexikologie. Königstein/Ts. 1985.

Seibert, Thomas-Michael: Zur Fachsprache in der Juristenausbildung. Sprachkritische Analysen anhand ausgewählter Textbeispiele aus juristischen Lehr- und Lernbüchern. Berlin 1977 (Schriften zur Rechtstheorie 57).

Seibicke, Wilfried: Fachsprache und Gemeinsprache. In: Muttersprache 69 (1959), 70-84.

- Fachsprachen in historischer Entwicklung. In: Sprachgeschichte, Bd. 2 (1985), 1998-2008.

Selting, Margret: Verständigungsprobleme. Eine empirische Analyse am Beispiel der Bürger-Verwaltungs-Kommunikation. Tübingen 1987.

Semantik / Semantics. Ein internationales Handbuch der zeitgenössischen Forschung / [...]. Hrsg. von Arnim von Stechow und Dieter Wunderlich. Berlin, New York 1991 (Handbücher zur Sprach- und Kommunikationswissenschaft 6).

Sichelschmidt, Lorenz: Experimentelle Linguistik. Grundlagen der Versuchsplanung und statistischen Auswertung. Opladen 1997.

Siebenschein, Hugo: Abhandlungen zur Wirtschaftsgermanistik. Prag 1936.

Siegrist, Christoph: Das Lehrgedicht der Aufklärung. Stuttgart 1974 (Germanistische Abhandlungen 43).

Skudlik, Sabine: Sprachen in den Wissenschaften. Deutsch und Englisch in der internationalen Kommunikation. Tübingen 1990 (Forum für Fachsprachen-Forschung 10).

Snell-Hornby, Mary (Hrsg.): Übersetzungswissenschaft – Eine Neuorientierung: Zur Integrierung von Theorie und Praxis. 2. Aufl. Tübingen, Basel 1994 (Uni-Taschenbücher 1415).

Sociolinguistics / Soziolinguistik. An International Handbook of the Science of Language and Society. / [...]. Ed. by Ulrich Ammon, Norbert Dittmar, Klaus J. Mattheier. 2 Vols. Berlin, New York 1987-1988 (Handbücher zur Sprach- und Kommunikationswissenschaft 3).

Sonderegger, Stefan: Grundzüge deutscher Sprachgeschichte. Diachronie des Sprachsystems. Bd.1: Einführung, Genealogie, Konstanten. Berlin, New York 1979.

- Althochdeutsche Sprache und Literatur. Eine Einführung in das älteste Deutsch. Darstellung und Grammatik. 2., durchgesehene und erweiterte Aufl. Berlin, New York 1987 (Sammlung Göschen 8005).

Sonneveld, Helmi B.; Kurt L. Loening (Hrsg.): Terminology. Applications in Interdisciplinary Communication. Amsterdam, Phil. 1993.

Speer, Heino: Das Deutsche Rechtswörterbuch. Historische Lexikographie einer Fachsprache. In: Lexicographica 5 (1989), 85-128.

Spiegel, Heinz-Rudi: Zum Fachwortschatz des Eisenhüttenwesens im 18. Jahrhundert in Deutschland. Düsseldorf 1972.

Spillner, Bernd: Style and Register. In: Sociolinguistics, Vol.1 (1987), 273-285.

- (Hrsg.): Fachkommunikation. Frankfurt 1994.
- (Hrsg.): Stil in Fachsprachen. Frankfurt 1996.

Splett, Jochen: Abrogans-Studien. Kommentar zum ältesten deutschen Wörterbuch. Wiesbaden 1976.

Sprachgeschichte. Ein Handbuch zur Geschichte der deutschen Sprache und ihrer Erforschung. Hrsg. von Werner Besch, Oskar Reichmann, Stefan Sonderegger. 2 Halbbde. Berlin, New York 1984-1985. (Handbücher zur Sprach- und Kommunikationswissenschaft 2).

Sprachphilosophie/Philosophy of Language/La philosophie du langage. Ein internationales Handbuch zeitgenössischer Forschung / [...]. Hrsg. von Marcelo Dascal, Dietfried Gerhardus, Kuno Lorenz, Georg Meggle. 2. Halbbde. Berlin, New York 1992-1994 (Handbücher zur Sprach- und Kommunikationswissenschaft 7).

Sprissler, Manfred (Hrsg.): Standpunkte der Fachsprachenforschung. Tübingen 1987 (*forum* Angewandte Linguistik 11).

Steger, Hugo: Erscheinungsformen der deutschen Sprache. Alltagssprache – Fachsprache – Standardsprache - Dialekt und andere Gliederungstermini. In: Deutsche Sprache 16 (1988), 289-319.

Steinberg, Danny S.: An Introduction to Psycholinguistics. London, New York 1993.

Stickel, Gerhard (Hrsg.): Deutsche Gegenwartssprache. Tendenzen und Perspektiven. Berlin, New York 1990 (Jahrbuch 1989 Institut für deutsche Sprache, Mannheim).

Stolze, Radegundis: Hermeneutisches Übersetzen. Linguistische Kategorien des Verstehens und Formulierens beim Übersetzen. Tübingen 1992 (Tübinger Beiträge zur Linguistik 368).

- Die Rolle von Fachsprachen im Kontakt von Einzelsprachen III: Fachübersetzung in den Geistes- und Sozialwissenschaften. In: Fachsprachen, Bd.1 (1998), 784-791.

Störel, Thomas: Metaphorik im Fach. Bildfelder in der musikwissenschaftlichen Kommunikation. Tübingen 1997 (Forum für Fachsprachen-Forschung 30).

Tatje, Rolf: Die Fachsprache der Mineralogie. Eine Analyse französischer und deutscher Fachzeitschriftenartikel. Frankfurt 1995 (Studien zur allgemeinen und romanistischen Sprachwissenschaft 1).

Taylor, J. R.: Linguistic Categorization. Prototypes in Linguistic Theory. Oxford 1989.

Terminology Work in Subjectfields. Proceedings 3rd Infoterm Symposium. Wien 1993.

Thimm, Caja (Hrsg.): Unternehmenskommunikation offline/online. Wandelprozesse interner und externer Kommunikation durch neue Medien. Frankfurt/M. 2002.

Thomasius, Christian: Von Nachahmung der Franzosen. Nach den Ausgaben von 1687 und 1701. Stuttgart 1894.

- Einleitung zur Vernunftlehre. Halle 1691. Ausgabe: Hildesheim 1968.

Thorn, M.; A. Badrick: An Introduction to Technical English. Cassell 1992.

Thurmair, Maria: Doppelterminologie im Text oder: hydrophob ist wasserscheu. In: Kretzenbacher/Weinrich 1995, 247-280.

Timm, Christian: Gibt es eine Fachsprache der Literaturwissenschaft? Fachtextlinguistische Untersuchungen an englischen Texten der Literaturgeschichtsschreibung. Frankfurt 1992 (Leipziger Fachsprachen-Studien 4).

Tonelli, Giorgio: A Short-title List of Subject Dictionaries of the Sixteeth, Seventeeth and Eighteeth Century as Aids to the History of Ideas. London 1971.

Trier, Jost: Der deutsche Wortschatz im Sinnbezirk des Verstandes. Von den Anfängen bis zum Beginn des 13. Jahrhunderts. 2. Aufl. Heidelberg 1973 [1. Aufl. 1931] (Germanische Bibliothek. 3. Reihe).

Triesch, Manfred (Hrsg.): Probleme des Deutschen als Fremdsprache. Bericht von der 1. Internationalen Deutschlehrertagung 1967 in München. München 1969.

Tugendhat, Ernst; Ursula Wolf: Logisch-semantische Propädeutik. Stuttgart 1983 (Universal-Bibliothek 8206).

Umbach, Horst: Fachsprachenmetaphorik im individualsprachlichen Wörterbuch. In: Germanistische Linguistik 1-4 (1982), 383-400.

Ungerer, Friedrich; Hans-Jörg Schmid: An Introduction to Cognitive Linguistics. London, New York 1996.

Variationstypologie/Variation Typology. Ein sprachtypologisches Handbuch der europäischen Sprachen in Geschichte und Gegenwart/A Typological Handbook of European Languages Past and Present. Hrsg. von Thorsten Roelcke. Berlin, New York: de Gruyter, 2003.

Vater, Heinz: Einführung in die Textlinguistik. Struktur, Thema und Referenz in Texten. München 1992 (Uni-Taschenbücher 1660).

Veith, Werner H.: Gottfrieds Pelzbuch – Grundlage oder Abbild einer Terminologie. In: Zeitschrift für Deutsche Philologie 89 (1970), 74-89.

Ventola, E., C. Shalom, S. Thompson (Hrsg.): The Language of Conferencing. Frankfurt 2002.

Vollmer, Günter: Sprache und Begriffsbildung im Chemieunterricht. Frankfurt 1980.

Wagner, Hildegard: Die deutsche Verwaltungssprache der Gegenwart. Eine Untersuchung der sprachlichen Sonderform und ihrer Leistung. Düsseldorf 1970 (Sprache der Gegenwart 9).

Walch, Johann Georg: Philosophisches Lexicon. 4. Aufl. Leipzig 1775. Ausgabe: Hildesheim 1968.

Wandruszka, Mario: Interlinguistik. Umrisse einer neuen Sprachwissenschaft. München 1971.

Warnke, Ingo: Wege zur Kultursprache. Die Polyfunktionalisierung des Deutschen im juristischen Diskurs (1200-1800). Berlin 1999.

Warnke Ingo: Juristische Terminologisierung und Entterminologisierung zwischen 1500 und 1800. Zum Spannungsfeld Deutsch – Latein – Französisch in der deutschen Rechtsterminologie. In: Sprachwissenschaft (2003), 355-371.

Warren, N. (ed.): Studies in Cross Cultural Psychology. London 1977.

Weber, Heinrich; Harald Weydt (Hrsg.): Sprachtheorie und Pragmatik. Tübingen 1976 (Linguistische Arbeiten 34).

Weber, Siegfried (Hrsg.): Fachkommunikation in deutscher Sprache. Ergebnisse, Probleme und Methoden der Fachsprachenforschung. Leipzig 1989.

Wegner, Norbert [et al.]: Die Hildesheimer Terminologieklassifikation – ein neuer Ansatz zur Sachgebietsklassifikation terminologischer Bestände. In: Lebende Sprachen 40 (1995), 145-151.

Weingartner, Paul (Hrsg.): Die Sprache in den Wissenschaften. Freiburg, München 1993 (Grenzfragen 20).

Weinrich, Harald: Sprache in Texten. Stuttgart 1976.

- Wege der Sprachkultur. Stuttgart 1985.
- Sprache und Wissenschaft. In: Kalverkämper/Weinrich 1986, 183-193.
- Formen der Wissenschaftssprache. In: Jahrbuch 1988 der Akademie der Wissenschaften zu Berlin. Berlin, New York 1989. 119-158.
- Textgrammatik der deutschen Sprache. Unter Mitarbeit von Maria Thurmair, Eva Breindl und Eva-Maria Willkop. Mannheim, Leipzig, Wien, Zürich 1993.
- Wissenschaftssprache, Sprachkultur und die Einheit der Wissenschaft. In: Kretzenbacher/Weinrich 1994, 155-174.

Wichter, Sigurd: Signifikantgleiche Zeichen. Untersuchungen zu den Problembereichen Polysemie, Homonymie und Vagheit auf der Basis eines kommunikativen Zeichenbegriffes am Beispiel deutscher Substantive, Adjektive und Verben. Tübingen 1988 (Tübinger Beiträge zur Linguistik 160).

- Zur Computerwortschatz-Ausbreitung in die Gemeinsprache. Elemente der vertikalen Sprachgeschichte einer Sache. Frankfurt 1991 (Germanistische Arbeiten zur Sprach- und Kulturwissenschaft 17).
- Experten- und Laienwortschätze. Umriß einer Lexikologie der Vertikalität. Tübingen 1994 (Reihe Germanistische Linguistik 144).
- Vertikalität von Wissen. Zur vergleichenden Untersuchung von Wissens- und insbesondere Wortschatzstrukturen bei Experten und Laien. In: Germanistische Linguistik 23 (1995), 284-313.

Wichter, Sigurd, Gerd Antos (Hrsg.): Wissenstransfer zwischen Experten und Laien. Umriss einer Transferwissenschaft. Frankfurt/M. 2001 (Transferwissenschaften 1).

Wiegand, Herbert Ernst: Kommunikationskonflikte und Fachsprachengebrauch. In: Mentrup 1979, 25-58.

- Was ist eigentlich ein Lemma? Ein Beitrag zur Theorie der lexikographischen Sprachbeschreibung. In: Wiegand 1983, 401-474.
- Was eigentlich ist Fachlexikographie? Mit Hinweisen zum Verhältnis von sprachlichem und enzyklopädischem Wissen. In: Munske [et al.] 1988, 729-790.
- Der gegenwärtige Status der Lexikographie und ihr Verhältnis zu anderen Disziplinen. In: Wörterbücher, Bd.1 (1989[a]), 246-280.
- Aspekte der Makrostruktur im allgemeinen einsprachigen Wörterbuch: alphabetische Anordnungsformen und ihre Probleme. In: Wörterbücher, Bd.1 (1989[b]), 371-409.
- Arten von Mikrostrukturen im allgemeinen einsprachigen Wörterbuch. In: Wörterbücher, Bd.1 (1989[c]), 462-501.
- Zur Unterscheidung von semantischen und enzyklopädischen Daten in Fachwörterbüchern. In: Schaeder/Bergenholtz 1994, 103-132.
- Zur Einführung und bibliographischen Orientierung. In: Lexicographica 11 (1995[a]), 1-14.
- Über die gesellschaftliche Verantwortung der wissenschaftlichen Lexikographie. In: Hermes 18 (1997), 177-201.
- (Hrsg.): Studien zur neuhochdeutschen Lexikographie III. Zürich, New York 1983 (Germanistische Linguistik 1-4/82).
- (Hrsg.): Fachlexikographie. Lexicographie spécialisée. Lexicography for Special Purposes. In: Lexicographica 11 (1995[b]), 1-134.
- (Hrsg.): Sprache und Sprachen in den Wissenschaften. Geschichte und Gegenwart. Festschrift für Walter de Gruyter & Co. Anlässlich einer 250jährigen Verlagstradition. Berlin, New York 1999.

Wierlacher, Alois (Hrsg.): Kulturthema Fremdheit. München 1993.

Wiese, Ingrid: Fachsprache der Medizin. Eine linguistische Analyse. Leipzig 1984 (Linguistische Studien).

- Medizinische Fachsprache und Fachlexikographie. Theoretische Aspekte. In: Dressler/Schaeder 1994, 13-24.
- Die neuere Fachsprache der Medizin seit der Mitte des 19. Jahrhunderts unter besonderer Berücksichtigung der Inneren Medizin. In: Fachsprachen, Bd.1 (1998), 1278-1285.

Wilss, Wolfram: Fachsprache und Übersetzen. In: Felber 1979, 177-191.

- Kognition und Übersetzen. Zu Theorie und Praxis der menschlichen und der maschinellen Übersetzung. Tübingen 1988 (Konzepte der Sprach- und Literaturwissenschaft 41).
Wimmer, Rainer: Umgang mit Termini. In: Weber/Weydt 1976, 337-345.
Wolf, Herbert: Studien zur deutschen Bergmannsprache in den Bergmannsliedern des 16.-20. Jahrhunderts, vorwiegend nach mitteldeutschen Quellen. Tübingen 1958 (Mitteldeutsche Forschungen 11).
Wolf, Norbert Richard (Hrsg.): Wissensorganisierende und wissensvermittelnde Literatur im Mittelalter. Perspektiven ihrer Erforschung. Kolloquium 5.-7. Dezember 1985. Wiesbaden 1987 (Wissensliteratur im Mittelalter 1).
Wolff, Christian: Anfangsgründe aller mathematischen Wissenschaften. Halle 1710. Ausgabe: Hildesheim, New York 1973 (Gesammelte Werke I.12).
- Vernünftige Gedanken von den Kräften des menschlichen Verstandes und ihrem richtigen Gebrauche in Erkenntnis der Wahrheit. Halle 1712. Ausgabe: Hildesheim, New York 1978 (Gesammelte Werke I.1).
- Vernünfftige Gedanken von Gott, der Welt und der Seele des Menschen, auch allen Dingen überhaupt. Halle 1720. Ausgabe: Hildesheim, Zürich, New York 1983 (Gesammelte Werke I.2).
- Ausführliche Nachricht von seinen eigenen Schriften, die er in deutscher Sprache heraus gegeben. Frankfurt 1733. Ausgabe: Hildesheim, New York 1973 (Gesammelte Werke I.9).
Wolski, Werner: Schlechtbestimmtheit und Vagheit – Tendenzen und Perspektiven. Methodologische Untersuchungen zur Semantik. Tübingen 1980 (Reihe Germanistische Linguistik 28).
- Fachtextsorten und andere Textklassen: Probleme ihrer Bestimmung, Abgrenzung und Einteilung. In: Fachsprachen, Bd.1 (1998), 457-468.
Wörterbücher / Dictionaries / Dictionnaires. Ein internationales Handbuch zur Lexikographie / [...]. Hrsg. von Franz Josef Hausmann, Oskar Reichmann, Herbert Ernst Wiegand und Ladislav Zgusta. 3 Teilbde. Berlin, New York 1989/1990/1991 (Handbücher zur Sprach- und Kommunikationswissenschaft 5).
Wüster, Eugen: Internationale Sprachnormung in der Technik, besonders in der Elektrotechnik. (Die nationale Sprachnormung und ihre Verallgemeinerung). Dritte, abermals ergänzte Auflage. Bonn 1970 (Sprachforum, Beiheft 2) [1. Aufl. 1931].
- Die Allgemeine Terminologielehre - Ein Grenzgebiet zwischen Sprachwissenschaft, Logik, Ontologie, Informatik und den Sachwissenschaften. In: Linguistics 119 (1974), 61-106.
- Einführung in die Allgemeine Terminologielehre und Terminologische Lexikographie. Hrsg. von Richard Braun und Frank-Rutger Hausmann unter Mitwirkung von Jürgen Grimm. 3. Aufl. Bonn 1991 (Abhandlungen zur Sprache und Literatur 20) [1. Aufl. 1979].
Wyhlidal, Ferdinand: Kraftfahrzeugtechnisches Wörterbuch. Deutsch – Englisch, Englisch – Deutsch. Leonberg 1991.
Ylönen, Sabine: Zur Erstellung von Unterrichtsmaterialien für den fachbezogenen Fremdsprachenunterricht aus textlinguistischer Sicht. Beispiel „Deutsch für Mediziner“. In: Finlance 10 (1991), 67-99.
- (Hrsg.): Diachrone Fachsprachenforschung / Diachronic LSP-Research. In: Finlance 12 (1993).

Yong, Liang: Untersuchungen zur deutschen Fachsprache der Elektronischen Datenverarbeitung (EDV). - Eine morphematisch-semantische Analyse der Substantivbenennungen. Stuttgart 1985.

Yzermann, Norbert, Rudolf Beier: Bibliographie zum fachsprachlichen Fremdsprachenunterricht. Frankfurt 1989 (Augsburger I&I-Schriften 52; DNS-Dokumentation 1).

Zedlers Grosses vollständiges Universal-Lexicon aller Wissenschaften und Künste. 64 Bde. und 4 Suppl.-Bde. Leipzig, Halle 1732-1754.

Zgusta, Ladislav: Manual of Lexicography. Prague, The Hague, Paris 1971 (Janua Linguarum. Series Maior 39).

Zhang, Dingxiang: Komplexe lexikalische Einheiten in Fachsprachen. Eine Untersuchung am Beispiel der Fachsprachen der Umformtechnik und der Fertigungstechnik. Heidelberg 1990.

Zhu, Jianhua: Wortbildung in kontrastiver Sicht: Deutsch-Chinesisch, unter Berücksichtigung der Fachsprachenentwicklung. In: Fachsprache 14 (1992), 3-4, 132-140.

Zhu, Jianhua, Thomas Zimmer (Hrsg.): Fachsprachenlinguistik, Fachsprachendidaktik und interkulturelle Kommunikation. Wirtschaft – Technik – Medien. Frankfurt/M. 2003.

Zimbardo, Philip G.: Psychologie. Bearbeitet und herausgegeben von Siegfried Hoppe-Graff und Barbara Keller. 5., neu übersetzte und bearbeitete Auflage. Berlin, Heidelberg, New York 1992 (Springer-Lehrbuch).

Register